| 第一辑 | 卢卡奇专辑　本辑主编　周　凡

新马克思主义评论

REVIEW OF NEW MARXISM

主　编　衣俊卿
执行主编　周　凡

超越物化的狂欢

卷首语

开启国外马克思主义研究的比较视野

衣俊卿

雅斯贝尔斯曾把公元前800年至公元前200年称作世界历史的"轴心期"（Axial Period）。他认为，在这一期间，人类精神在中国、印度、波斯、巴勒斯坦和希腊几个彼此独立的地域同时觉醒，人类意识开始从历史深处的潜流中涌出，变成自觉的精神光环，映照着原本沉默无言的历史。"轴心期"最突出的标志是作为先知和立言人的思想家群星般地涌出：孔子、老子、庄子、孟子、佛陀释迦牟尼、巴门尼德、赫拉克利特、苏格拉底、柏拉图、修昔底德、亚里士多德、阿基米德、索罗亚斯德，等等。这一轴心期十分重要，因为它奠定了人类精神的基石。按照雅斯贝尔斯的说法，直至今日，人类一直靠轴心期产生、思考和创造的一切而生存。他断言，世界历史可能会出现第二个轴心期，但是，这一时刻迟迟没有到来，即便推动人类社会进入快车道的科技时代也还不是这种意义上的轴心期。

我们虽不敢断言20世纪人类开始了一个新的轴心期，但是，我们的确看到人类精神新突破的可能性。支撑着人类两千多年的"轴心期"文化精神在20世纪既充分展示了自己的创造力和潜能，也清楚地显露出自身的误区和极限，因此，人类精神或许可以通过自我反思而开辟新的地平线。最为重要的是，在这种自觉的文化批判中，我们仿佛又看到了公元前世纪历史轴心期那种思想家群星灿烂的场景：胡塞尔、弗洛伊德、韦伯、西美尔、舍勒、柏格森、维特根斯坦、罗素、斯宾格勒、汤因比、海德格尔、雅斯贝尔斯、萨特、阿伦特、波伏娃、本尼迪克特、德里达、福柯、德勒兹、伽达默尔，等等。在20世纪文化批判理论的谱系中，西方马克思主义、东欧新马克思主义和其他新马克思主义流派构成了一道亮丽的理论风景线和一个最耀眼的思想星丛：卢卡奇、葛兰西、科尔施、布洛赫、本雅明、霍克海默、阿多诺、马尔库塞、弗洛姆、列菲伏尔、哥德曼、赖希、萨特、梅洛－庞蒂、阿尔都塞、哈贝马斯、沙夫、科拉科夫斯基、科西克、赫勒、彼得洛维奇、马尔科维奇、弗兰尼茨基，以及分析的马克思主义、生态学的马克思主义、女性主义的马克思主义、文化的马克思主义、后马克思主义等流派的思想家。新马克思主义思想家秉持马克思和恩格斯的人道主义情怀和价值立场，直面当代人类重大问题和文化困境，展开了多维度、多视角、多层面的文化批判、政治批判和社会批判，不仅极大地丰富了人类思想和文化精神，而且为人类更加自觉、更加主动地掌控历史变局、摆脱危机灾难、保持清醒的反思意识，作出了重要的贡献。因此，不全面了解新马克思主义的理论探索和思想创新，我们很难深刻把握20世纪人类历史的内涵和人类文化精神的演进。

　　过去30多年，在我国改革开放的历史大潮中，对西方马克思主义、东欧新马克思主义和各种其他新马克思主义流派的研究，是我国马克思主义理论界，以及哲学社会科学许多领域的重要课题。毋庸置疑，我们的国外马克思主义研究特别是新马克思主义研究已经取得了可喜的进展，其研究的触角几乎已经伸入所有主要新马克思主义流派和代表人物的思想之中，并且对新马克思主义的问题意识和理论建树作出了各种梳理和总结。而且，我国的新马克思主义研究已经从20年前主要关注已故的重要西方马克思主义代表人物，拓展到同步跟踪当代国外各种具有马克思主义倾向的学者。可以断言，世纪之初马克思主义理论学科的独立设立和国外马克思主义研究二级学科的正式设置，必将推动国外马克思主义研究特别是新马克思主义研究的进一步升温。

　　毫无疑问，新马克思主义研究的全面展开，从思想资源、问题意识、理论范畴、研究范式等许多方面丰富了我国的马克思主义研究，并且为我们更加深刻地理解20世纪人类社会历史和人类文化精神的演进开凿了一个特别的透视路径。然而，对于新马克思主义这一丰富的理论宝库，我们的研究不能满足于这种开疆拓土式的"初耕耘"，必须进一步地精耕细作。目前学术界也在从不同视角思考如何在新世纪的历史背景下深化新马克思主义研究的问题，这是一个十分积极的现象。我们认为，在这个问题上，特别应当清楚的一点是：迄今为止，我们的研究主要停留于按照我们自己的理解框架和研究范式来解读新马克思主义，而没有自觉地开启和展开关于新马克思主义研究的比较视野，特别是国际比较视野。这也是我国马克思主义研究总体上处于"接受式"的解读，无法行之有效地开展国际学术交流和对话的重要原因之一。

基于此，《新马克思主义评论》拟搭建一个开启新马克思主义研究国际比较视野的平台，对于人们公认的、具有重大影响的新马克思主义代表人物和流派逐一推出"专辑"，选译和推介国外重要的相关研究成果，为学术界更加深入地开展关于新马克思主义的国际比较研究提供文献支撑和理论借鉴。显然，这样一项工作对于深化我们关于新马克思主义的理解，对于加深我们关于当代人类社会重大问题的把握，对于我们在全球化背景下开展积极的国际理论交流，都具有重要的价值。甚至可以说，对于综合实力和国际影响力正在快速提升，机遇、挑战和责任正在无限增大的中国来说，这是我们不能不开启的重要的国际比较视野和多维的世界眼光。记得著名文化人类学家格尔兹在《文化的解释》中曾经强调，不应埋头孤立地探究文化的起源和本质，而应当致力于对各种文化现象的解释和比较研究。他说："阐释人类学的基本使命不是回答我们最深切的问题，而是让我们了解在其他山谷放牧其他羊群的其他人所给予的回答，从而把这些答案收入可供咨询的有关人类言说的记录当中。"当然，我们关于新马克思主义的研究不会满足于关于各种具体的文化现象和理论观点的记录和阐释，但是，多维度的比较视野永远都是不可或缺的。

2012 年 7 月于北京

目 录
CONTENTS

引 论 纯粹意识中的主体生成
　　——论卢卡奇物化概念的多重思想来源　周　凡 …………… 1

卢卡奇的物化理论　安德鲁·阿拉托 …………………………… 30

物化的再思考　汉纳·F. 皮特金 ………………………………… 90

物化、唯物主义与实践
　　——阿多诺对卢卡奇的批判　蒂莫西·霍尔 ………………… 123

对我们自己说出真相
　　——卢卡奇、虚假意识以及民主的困境　彼得·A. 迈耶斯 …… 144

意识的物化
　　——卢卡奇同一的主体—客体中的胡塞尔现象学　理查德·韦斯特曼
　　………………………………………………………………… 199

走向一种对物化的政治批判
　　——卢卡奇、霍耐特与批判理论的目标　阿尼塔·查里 ………… 241

马克思和卢卡奇的异化和物化概念　乔治·马尔库什 …………… 264

逃离物化的控制
——卢卡奇、阿多诺和哈贝马斯的物化概念　哈瑞·F. 达姆斯 …………………………………………………………… 291

超越韦伯的现代性范畴？
——卢卡奇与施米特早期论合理化　约翰·P. 麦考密克 ………… 315

科学认识和政治行动
——卢卡奇《历史与阶级意识》中的思想悖论　吉多·斯塔罗斯塔
………………………………………………………………… 359

早期卢卡奇的马克思主义：一个评估　加里斯·斯特德曼·琼斯 ……
………………………………………………………………… 383

附　录　一位伟大思者孤绝心灵的文化守望　衣俊卿 ………… 436

引 论

纯粹意识中的主体生成

——论卢卡奇物化概念的多重思想来源

周 凡

国内哲学界对卢卡奇的研究已历时三十余载,《历史与阶级意识》已有了三个汉译本,关于卢卡奇哲学思想方面的论文在数量上已有相当的"积累",但这并不表明我们对卢卡奇的研究已达到了较高的水准。国内哲学学者们对卢卡奇的"青睐"和"热情"有多方面的复杂因素,除了卢卡奇哲学本身的独特魅力之外,恐怕在很大程度上还有一种中介性的意味,即通过卢卡奇来表达对教条式马克思主义哲学话语"不绝于耳"的不满、通过卢卡奇对马克思的解读来"激活"对马克思哲学的开放性的深入的学术探索,这种寄寓性的愿望确乎促进了对卢卡奇思想的介绍并引发对卢卡奇和马克思的"比较研究"。但是,由于学术动机的不纯粹和肤浅的外在的比较的败坏,致使对卢卡奇的理解既不全面同时又欠深度。对卢卡奇哲学思想的把握有三个背景取置:一是马克思主义哲学之内的卢卡奇,二是西方马克思主义之内的卢卡奇,三是现代西方哲学之内的卢卡奇。长期以来,我们对卢卡奇的研究只是定位第一个背景和第二个背景之中,并且往往以第二个背景中的卢卡奇作为一个固定的"标签"将之放在第一个背景之中来"挖掘"卢卡奇的错误。这种研究方式本身是成问题的,它先"定性"然后找"毛病",这几乎成了一种意识形态"批斗"模式,严格说来,算不上是一种纯哲学的研究。我以为,应该从卢卡奇的文本出发,充分审视卢卡奇哲学思想的源流,把他放在现代西方哲学的大背景下重新进行理论观照。

应该看到，在传统西方哲学向现代哲学的"转向"过程中，卢卡奇是一位十分重要的哲学家。他早年十分喜爱诺瓦利斯、克尔凯郭尔和陀思妥耶夫斯基的作品，因此他早期的作品总以文论的形式来解读人生和世界。同时，他有深厚的德国古典哲学的素养，又受到了生命哲学、新康德主义以及现象学的浓染重陶。在20世纪，他的哲学思想又影响了海德格尔、萨特、阿多诺、马尔库塞、哈贝马斯等一大批现当代哲学家。事实上，卢卡奇在转向马克思之前曾历经了漫长的精神之旅和心路历程，如果我们把卢卡奇写作《历史与阶级意识》的时期与第一次世界大战以前的时段隔离开来作孤立的封闭的"片断"式的考察，我们就很难看清楚卢卡奇思想发展的来龙去脉，就很难弄明白卢卡奇思想转变的实质蕴含，就很难准确地把握卢卡奇哲学的一些中心概念的深刻意义。我的观点是，必须把《历史与阶级意识》置于卢卡奇一战前思想发展的延长线上来考量。

一

我们知道，在《历史与阶级意识》中，卢卡奇运用了两个核心概念——"总体性"和"物化"来建构自己的哲学。"总体性"的概念是从黑格尔那里得来的，早在《小说理论》中这一概念已发挥了作用。在卢卡奇看来，总体性的丧失是现代的时代特征，而小说作为一种"理念的先验的故乡丧失状态的形式"才以文学的方式来筑造虚幻的总体性。关于物化概念，卢卡奇自称是从马克思对商品拜物教性质的分析中得出的。但应该明确的是，卢卡奇在早期著作中，不论是《现代戏剧发展史》还是《心灵与形式》中都已经使用了"异化"（Entfremdung）这一概念，并且《心灵与形式》的主题就是论"异化"。而在《历史与阶级意识》中卢卡奇基本上废弃了"异化"这一措辞而启用"物化"（Verdinglichung）这一术语。而我们长期诟病于卢卡奇的恰恰是指摘卢卡奇用"物化"概念表达了马克思用"异化"概念所表达的思想，而卢卡奇的"物化"概念又等同于对象化（Vergegenständlichung），这就是说卢卡奇的错误在于两个"混同"：一是物化和异化的混同；二是物化和对象化的混同。甚至卢卡奇本人也承认了自己在这方面犯下了"错误"。但我认为，这种指责并没有很硬的道理，其中大有牵强的成分。我们承认卢卡奇早期作品中的"异化"概念和《历史与阶级意识》中的"物化"概念确有联系并且有意义上的交叠，但是另一方面，它们又不是完全等同的两个概念。如果认为卢卡奇将二者完全等同化，我们就无法解释卢卡奇的《历史与阶级意识》在何种意义和程度上构成了对西美尔和韦伯的批判。

我们知道，卢卡奇早年十分迷恋西美尔的文化哲学，他自己曾坦言，为他的处女作《现代戏剧发展史》提供方法论前提的把握文化史的理论框架本身并不具有原创性，它实质就是西美尔哲学。至1912年始，卢卡奇又和著名社会学家韦伯过从甚密并受到韦伯很深的影响。而《小说理论》对黑格尔思想的接受则表明卢卡奇已在疏离属于新康德主义学派的西美尔和韦伯，而在《历史与阶级意识》中卢卡奇则鲜明地对西美尔和韦伯展开了批判。所以从《现代戏剧发展史》经《小说理论》到《历史与阶级意识》代表了卢卡奇在思想上分别接受康德哲学、黑格尔哲学和马克思哲学影响的演变历程。

在卢卡奇思想的新康德主义时期，占支配地位的核心概念是"异化"。在《心灵与形式》中，卢卡奇说"生活是苦难，生存是悲凉，工作是无聊"，卢卡奇认为异化是人的不可逃避的必然命运。他断言："人注定是要异化的。"而异化的克服只能以艺术为途径，当时卢卡奇认为克服异化的艺术形式是诗和悲剧，在论及诗人对总体性的追求时，卢卡奇这样写道："这条通向内心的道路是向着他们对统一和普遍性的伟大综合的渴望的唯一可能性。他们在寻找一种秩序，但不是一种包容一切的秩序，而是一种不再需要被迫放弃的秩序；他们尝试着用从所有不和谐的乐音合奏中产生一部和谐的交响乐这样一种方式来覆盖整个世界。"①在转向黑格尔之后，"总体性"成了卢卡奇论述小说理论的理论方法："小说世界的客观结构展现了一个异质的、由调控理念所控制的

---

① 卢卡奇：《卢卡奇早期文选》，张亮、吴勇立译，南京：南京大学出版社，2004年版，第174页。

总体性，这个总体性的意义虽已被指明，但没有被给定。所以，人的个性和世界的统一——这个统一体被记忆朦胧地照亮，也曾经一度是我们所体验到的经验的一部分——主体决定性与本质的客体反映性的统一是承担小说形式所要求的总体性的最深刻、最本真的手段。"[1]但这种"总体性"还不是"健康"的总体性，它仅仅是一种企盼和渴望，它是对英雄叙事诗时代所拥有的生命的完整性的深切眷顾，它是对主观文化和客观文化的二元对峙和分裂的强势反拨，这种"总体性"终究是虚幻的，它只能在作为艺术形式的"小说"中实现自身。卢卡奇当然不满足于这种栖身于小说之中的"总体性"，他总想在社会现实中寻找对总体性的"真实"地表达。历史为卢卡奇提供了机缘。匈牙利革命的迅速成功又突然夭亡，卢卡奇本人从匈牙利共产党要员、教育副总长转眼间亡命天涯并一度沦为囚徒。成与败、荣与辱、是与非、观念与现实，这一切交织在卢卡奇的心头、萦绕在脑际。但正是在这"观念"迸发出建构世界的奇异力量的革命运动中，卢卡奇获得了、抓住了一种神奇的意识体验，卢卡奇感到"无产阶级意识"本身就是一种客观现实的改造性力量，是"总体性"的历史表达和"武器的批判"。所以从消极性的"异化"概念到虚幻的总体性再到现实的具体的总体性构成了青年卢卡奇思想发展的理路和脉络。

  从时间上看，卢卡奇的"异化"概念主要是他1912年前的作品的基础性用语；从卢卡奇思想的学派渊源来看，他的"异化"概念是受新康德主义熏染的产物，而这一时段给予卢卡奇以重要影响的同时代哲学家是狄尔泰和西美尔。卢卡奇和韦伯发生接触和思想上的联系始于1912年，卢卡奇早年作品中的异化理论并没有也不可能从韦伯的思想中汲取什么养料。长期以来，我们总是笼统地说卢卡奇受到属于新康德主义学派的西美尔与韦伯的影响，而没有注意到卢卡奇接受二者影响的时间的先后，特别是没有注意到西美尔和韦伯之间的思想差异，更没有注意到二者对卢卡奇造成的不同思想效应。甚至在《理性的毁灭》中，卢卡奇

---

[1] 卢卡奇：《卢卡奇早期文选》，张亮、吴勇立译，南京：南京大学出版社，2004年版，第95页。

也没有把西美尔和韦伯放在同一章中论述,而是将西美尔和狄尔泰一同归入第四章的"生命哲学",将韦伯归入第六章的"社会学"。所以,我认为,卢卡奇早期作品的"异化"概念源之于狄尔泰的生命哲学和西美尔的文化哲学。

卢卡奇的异化论对狄尔泰和西美尔思想的吸纳表现在以下几个方面。

其一,按照狄尔泰的观点,生命本身是混沌无序的、既无定型又没有目的,而"形式"是"生命"的规范,是"生命"的固定化和秩序化,心灵就是借助于"形式"而获得永恒的生命。生命通过形式获得客观化从而获得可理解性。"在经验和理解过程之中,这个精神世界是通过生命的各种客观化过程,在我们面前展示出来的"。[①]所以在狄尔泰的精神科学中存在一个"体验—表现—理解"构成的链条。而在卢卡奇看来,生命被形式化的同时也就是被异化了,形式化就是异化。

其二,西美尔对历史的把握建立在主观文化与客观文化的二元分裂及不可逆性之上。西美尔认为,主观文化作为本来意义的"生命"流露受到"货币"系统客观文化的压制,货币经济"最终让货币价值作为唯一有效的价值出现,人们越来越迅速地同事物中那些经济上无法表达的特别意义擦肩而过。对此的报应似乎就是产生了那些沉闷的、十分现代的感受:生活的核心和意义总是一再从我们手边滑落;我们越来越少获得确定无疑的满足,所有的操劳最终毫无价值可言"。[②]人创造的文化、文明本应受制于人,但却摆脱了人的控制实现了独立化并反过来逐渐成为压迫作为主体的人的外在的力量。西美尔将这种现象称为"文化悲剧",并认为这种文化的客观化就是异化。卢卡奇接受了西美尔的这一观点并在文学理论领域中以各种方式突显这一异化状态。

其三,西美尔认为客观文化对现代生活风格的塑造突出表现在"算计功能"在对付世界以及调整个人和社会的内在关系所起的普遍有效的

---

① 威廉·狄尔泰:《历史中的意义》,艾彦、逸飞译,北京:中国城市出版社,2002年版,第90页。

② 西美尔:《金钱、性别、现代生活风格》,同仁明译,上海:华东师范大学出版社,2010年版,第8页。

作用之上。"货币经济迫使我们在日常事务处理中必须不断地进行数学计算。许多人的生活充斥着这种对质的价值进行评估、盘算、算计，并把它们简化成量的价值行为。"①在现代生活中，经济关系的准确、精密、严格贯彻到了实践的方方面面，人的伦理生活与精神世界也被"计算"的概念占据。

其四，西美尔对劳动分工在"文化悲剧"中所起的作用给予了深入而敏锐的分析。他认为，劳动分工是造成主观文化与客观文化分裂的原因。"在生产方面通常被强调的是，产品是以牺牲生产者的发展为代价完成的。从事单面化劳动的结果是身体—心理能力的提高，这对整体的个人而言毫无价值，甚至经常使其成长受到阻碍。"②依西美尔之见，由于生产者生产的对象缺乏统一性、完整性，那么在心理—实践意义上这一片断化过程必然在生产者个性的塑造上起作用，这就是说劳动分工使主体的整体性遭到肢解。在此基础上，西美尔进一步剖析了分工所造成的异化："由于大规模的专门化过程造成的，工人的存在形式和其产品的存在形式之间的不恰当关系很容易致使产品与工人完全分道扬镳。产品的意义不是从其生产者的心灵中衍生，而是产生于它和别的渊源不同的产品之间的关系。由于专门化生产的产品片断式特点，它缺乏精神性的特征，而在完全由单个人完成的劳动产品中却很容易看到这种精神性的特征。因此专门化生产的产品的意义既非主体的反映，也不是创造性精神的反映，而只能在远离主体的客观成就中找到。"③西美尔这段著名的论述，和马克思关于异化劳动的阐述极为相近。所以一些西方学者认为，卢卡奇在写作《历史与阶级意识》之前的很早时期便通过西美尔摄取到了马克思思想的精髓了。

二

必须看到，狄尔泰和西美尔是从个体的"生命"以及"文化"的角

---

① 西美尔：《货币哲学》，陈戎女等译，北京：华夏出版社，2002年版，第359页。
② 西美尔：《货币哲学》，陈戎女等译，北京：华夏出版社，2002年版，第368页。
③ 西美尔：《货币哲学》，陈戎女等译，北京：华夏出版社，2002年版，第386页。

度来谈论"异化"现象的，生命哲学对异化的诠释是同掺和了黑格尔主义的新康德主义立场完全吻合的。"应该"与"现实"的对峙首先被预设，而对"现实"他们又感到有一种阻碍，把现实置于怀疑之下，同时又力图在具有某种能动的形式的精神中使客观的对立通过返回到的主观中来而加以克服。施太格瓦尔德曾颇有见地说："把生命哲学和新黑格尔原则结合在一起的哲学理论，只是在第一次世界大战后才在德国广泛流行，但是它早先就存在了。卢卡奇的老师西美尔是为这种理论的发展创造了条件的众多著作家之一。"[1]正是这种潜藏在新康德主义中的黑格尔主义因素使得卢卡奇早期作品的"异化"和《历史与阶级意识》中的"物化"有着相通之处并在意义的规定上存在着一些的交叉相容。关于西美尔对资本主义时代的"计算"化特征及劳动分工对生产者造成的负面影响的分析，卢卡奇在《历史与阶级意识》中给予了充分的肯定。他不仅称赞西美尔的《货币哲学》在细节上"十分有趣"、"感觉敏锐"，而且指出对于物化意识形态，西美尔等思想家"决不想否认搞乱这种现象，他们或多或少明白这种现象的毁坏人性的作用"。[2] 这就是说，西美尔的异化概念是一个消极性的描述概念，旨在对资本主义的异化状态进行一种文化上把捉和工艺性的玩味。西美尔本人对工艺品有特别的嗜好，甚至将这种嗜好带到了他的哲学中。在《货币哲学》中他对买卖妇女以及卖淫现象的微妙的心理分析都无不流露出对工艺品进行品鉴的韵味来。

　　卢卡奇早年作品中的"异化"概念基本上没有超出西美尔所赋予的意义。可以说，西美尔给卢卡奇的思想效应是"正向"的，毕竟，在西美尔的评头论足式的妙语珠言中蕴含着嘲讽和不满，对异化给生产者的心理及人格带来的破坏西美尔作了精湛的"描写"。但从西美尔式的异化观过渡到《历史与阶级意识》中的"物化"概念还有一个特殊的中间环节，这就是韦伯的影响。和西美尔从文化史的视域将资本主义定格作

---

[1] 《关于卢卡契哲学、美学思想论文选译》，张伯霖等译，北京：中国社会科学出版社，1985年版，第51页。

[2] 卢卡奇：《历史与阶级意识》，杜章智等译，北京：商务印书馆，1996年版，第157页。

"客观文化"的时代不同的是,韦伯主要是从宗教社会学的角度把资本主义把握为一种合理化的进程。在《新教伦理与资本主义精神》中韦伯说道:"资本主义精神的发展完全可以理解为理性主义整体发展的一部分,而且可以从理性主义对于生活基本问题的根本立场中演绎出来。"①在韦伯看来,资本主义的经济组织方式、现代国家机制、科技、艺术、宗教、法律以及伦理甚至个人的生活方式,这一切都表现了理性的原则和精神。显然,韦伯的"合理化"思想和卢卡奇的思想基调存在巨大的反差,正是这种强烈的反差把卢卡奇从对西美尔的依附中"惊醒"过来,一如日本学者初见基所正确地指出的那样,卢卡奇和韦伯"在思想观点方面的紧张关系,自1912年第一次相遇以来,一直到他们各自死亡之前,就始终没有得到缓解"。②毋庸置疑,韦伯的"合理性"概念是一个积极性记述概念,它和西美尔的"异化"观的消极性质很不相容,卢卡奇对这种"不相容"在行动上的回应是:他于1918年加入共产党,他把手稿及一千六百多封信件寄存在海德堡的一家银行,告别了韦伯,投身到匈牙利革命中去了。在经历了革命的洗礼之后,他借助于马克思对资本主义的批判在理论中又对这种不相容作出了回应:他对韦伯的"合理化"加以"逆转"从而推出了自己的"物化"概念。在卢卡奇看来,资本主义的合理化就是物化。在《交往行动理论》中哈贝马斯十分经典地论述了卢卡奇的物化概念和韦伯的合理化概念之间的关系。他说:"卢卡奇把合理化和物化理解为同一过程的两个方面,并为之准备好了两个论据,这两个论据是以韦伯的分析为基础的,但却是反对韦伯分析的结论的。"③可以说,韦伯的"合理化"思想给卢卡奇造成了迅猛的"反弹",这种观念深处的"逆动"使卢卡奇甚至感到西美尔的"异化"概念的消极性还远远不够,必须寻求一种彻底的否定性的概念,以便为彻底否定这一彻底否定性的概念的出现创造条件。

---

① 马克斯·韦伯:《新教伦理与资本主义精神》,于晓、陈维纲等译,北京:生活·读书·新知三联书店,1987年版,第56页。
② 初见基:《卢卡奇》,范景武译,石家庄:河北教育出版社,2001年版,第206页。
③ 哈贝马斯:《交往行动理论》上册,洪佩郁、蔺青译,重庆:重庆出版社,1994年版,第450页。

通过对《资本论》中马克思关于商品拜物教性质分析的解读，卢卡奇得出了自己的"物化"概念。在《物化和无产阶级意识》中，卢卡奇对物化概念进行了详尽地规定和阐述。从表面看，卢卡奇对物化的规定似乎并没有超出西美尔和韦伯的思想，因为卢卡奇把人的活动同人本身相对立地被客观化，把以可计算性来加以调节的合理化原则，把分工造成的生产的机械性支离、生产者的原子化和孤立化，把生产者由于劳动的不完整性而带来的人格的破碎都纳入了"物化"的特性之中，而这些均是西美尔或韦伯思想中已有之义。但卢卡奇在《历史与阶级意识》中又十分尖锐地把西美尔和韦伯的这些思想称作"物化的意识"，说他们"最终失望地放弃了对以这种形式主义作为基础的物化的透彻了解"，①并从多个层面展开了对他们的严厉的批判。所以，我们不能仅从卢卡奇对"物化"的表现所作的"描述"上来狭隘地理解卢卡奇的物化概念，因为物化的直接的表现是连西美尔和韦伯也承认不讳的，关键在于：物化的实质究竟是什么？正是在如何把握明显地呈现在人们面前并成为现时代的"特征"的物化现象的意蕴上，卢卡奇与西美尔和韦伯产生了原则上的分歧。

卢卡奇从多方面展开了对西美尔和韦伯的批判。首先，卢卡奇批判了西美尔和韦伯思想的"直接性"，说他们"始终停留在分析物化的直接性上面"，"没有因此而超出单纯的描写，他们对这个问题的'深化'，就是围绕着物化的外部表现形式兜圈子"。②正是由于他们的"习惯于对纯直接性的思维和感觉"，他们才将"对象的直接既定的物的形式"当作"首要的、真实的、客观的"存在。其次，卢卡奇批判了西美尔和韦伯思想的"形式性"。卢卡奇认为，直接性思维的表现就是概念的形式性。卢卡奇指出，理性的形式主义的认识方式被当做把握现实的唯一可能的方式，这其实是一种独断主义的假设。这种把历史形式化的要害就在于它以形式的合理性掩盖实质的不合理性，把无法纳入形式的东西统统视为"偶然"的、异在的、非理性的东西加以排斥，而把物化了的世界当作唯一可能的、唯一从概念上可以把握的、可以理解的世界。第

---

① 卢卡奇：《历史与阶级意识》，杜章智等译，北京：商务印书馆，1996年版，第170页。
② 卢卡奇：《历史与阶级意识》，杜章智等译，北京：商务印书馆，1996年版，第158页。

三，卢卡奇批判了西美尔和韦伯的思想对现实基础的遮蔽和悬置，说他们"越来越陷入印度传说中的那种'批判'状况，那种'批判'面对关于世界是站在一只象身上的古老想象，提出了'批判性'问题：象站在什么上面？而当得到关于象是站在乌龟上面的回答后，批判也就停止了。不过显而易见的是，即使进一步提出类似的'批判性的'问题，至多能引出第三种神奇动物，但并不能解决现实问题"①。这种思想对真实"基础"的永久性漠视和对存在问题的坚决抛弃造成了一个奇怪的颠倒：它把虚假意识当做永恒的价值形式，它把中介性的东西当作实体，它把物化当做"自然规律"。

从卢卡奇对西美尔和韦伯的批判中，我们不难看出卢卡奇对物化的理解已远远超出了他早年的"异化观"，因为此时的"物化"概念已不是一个具有浓厚的抽象的人本主义倾向的描述性或记述性概念，而是一个真正的彻底的批判性的概念。它不是要对物化作文化哲学的诠释，也不是要对物化作社会学的合理化论证，而是要彰显物化的内在结构、揭示物化的"历史规律"。卢卡奇对物化的本质规定体现在以下几个方面：第一，物化的产生以商品形式成为整个社会的普遍范畴为前提的。卢卡奇的物化概念是从马克思对商品结构的分析中得出的，这就是说，卢卡奇把物化仅仅归之于"交换的抽象"获得霸权地位和统治形式的结果，在卢卡奇看来，物化是一个历史范畴，它根本没有谋取"永恒的自然规律或永远有效的文化价值"的资格。正是在这种意义上，卢卡奇的物化概念并不等同于对象化，卢卡奇只是将资本主义范围之内的对象化理解为物化。第二，卢卡奇的物化的核心意蕴是社会关系的物化。卢卡奇反复强调，物化的实质在于"人与人的关系获得了物的性质并从而获得一种'幽灵般的对象性'，这种对象性以其严格的、仿佛十全十美和合理的自律性掩盖着它的基本本质，即人与人之间的关系的所有痕迹。"② 这就是说，卢卡奇是从社会关系的角度来谈论物化和规定物化的，在卢卡

---

① 卢卡奇：《历史与阶级意识》，杜章智等译，北京：商务印书馆，1996年版，第177页。

② 卢卡奇：《历史与阶级意识》，杜章智等译，北京：商务印书馆，1996年版，第145页。

奇看来，物化是资本主义社会关系的隐藏形式，在这种形式中"人们相互之间以及人们同满足自己现实需要的真正客体之间的关系逐渐消失得无法觉察和无法辨认了，所以这些关系必然成为物化意识的社会存在的真正代表"。① 透过物的"面纱"看出非物性的本相，不仅把物的形式视作异在形式，看成是本相对显相的歪曲和篡改，而且，也把物和关系看成是同在形态，物就是关系，关系就是物，因而就有双向度的"异化"同时存在着，资本主义制度造成奇异景观就是，人性的异化和物性的异化是同一个过程。所以卢卡奇特意引用了马克思的一大段话："私有财产不仅使人的个性异化，而且也使物的个性异化。土地与地租没有任何共同之处，机器与利润没有任何共同之处……这一特性的程度以至它的存在，都取决于社会关系……"② 所以，物化也可理解为一种特别的异化，但是在卢卡奇那里，物化并不等同于一般意义的异化，卢卡奇只是把资本主义条件下的异化状态界定为物化，正是由于这一点，卢卡奇在《历史与阶级意识》中才构成与前期思想的差异，才构成了对西美尔异化观的反叛。第三，卢卡奇的物化不仅仅是指涉主体和主体创造的客体间的僵硬对立，更为重要的是，它包含着一种在资本主义社会中占统治地位的对象性形式对世界关系的预先判断，用哈贝马斯的话就是"社会关系和经历与事物的一种特有的同化，就是说与我们可以知觉和支配的客体的同化。这三种世界，通过生活世界的社会先天十分复杂地合作化了"③。这就是说，物化是主体的梦幻性认识，正在做梦的人无法感受到梦的虚假性，所以物化是一种错认，是一种精神的无能为力，它以"混同"的方式直接地"取消了"实际差别。正是由于卢卡奇把物化看成是特殊历史境况和形式主义认识方式的"私生子"，他才在《物化和无产阶级意识》中用了很长篇幅来论述认识论问题。在卢卡奇看来，历史和认识之间发生了双重的伤害，历史使认识认不出自己的错误；认

---

① 卢卡奇：《历史与阶级意识》，杜章智等译，北京：商务印书馆，1996年版，第156页。

② 卢卡奇：《历史与阶级意识》，杜章智等译，北京：商务印书馆，1996年版，第155页。

③ 哈贝马斯：《交往行动理论》，上册，洪佩郁、蔺青译，重庆：重庆出版社，1994年版，第449页。

识使历史丧失时间性而凝固为非历史。所以必须把历史从非历史中解放出来，而结束人类的这一"史前史"状态必须诉诸具有总体性的无产阶级意识，一如哈贝马斯所正确指出的："卢卡奇通过阶级意识的一种理论，来补充他的物化理论。"① 在卢卡奇看来，只有把物化理解为不具永久性和普遍性的暂时的东西，作为主体的无产阶级意识才能涌现，而历史不过是客体意义上的阶级意识而已，所以主体和客体的"合二为一"有赖于对物化意识的克服和扬弃。

三

在《历史与阶级意识》中，卢卡奇以一种马克思主义的方式进行着一种奇妙的概念转换：比如，把韦伯的"合理性"转换为"物化"，把西美尔的"文化社会学"转换为"文化批判"，把狄尔泰的"生命的客观化"转化为"历史的主客体"。转换已是无可争辩的事实，但是，我们仍然可以问：这一转换是如何可能的？最正统的回答当然是：借助于黑格尔和马克思，或者说干脆说，借助于黑格尔式的马克思。

这无疑是正确的答案，但还不够充分。因为，在这种转换中，还有一个至关重要的中介，而正是这个中介加快了卢卡奇对他的老师们的批判立场，也正这个中介助推卢卡奇造就了一种新型的"哲学化"的马克思主义样态。1955 年，梅洛－庞蒂在他那本第一次为"西方马克思主义"命名的《辩证法的历险》中，在论及卢卡奇在《历史与阶级意识》完成的哲学化时，这样赞誉道：

> 卢卡奇原则上为超越意识形态的意识恢复了地位，但同时又不承认意识先天地就拥有一切：他没有宣称穷尽了对前资本主义的过去的分析，而历史的合理性，对于他来说，也只是对它的资本主义发展的一个设定。大部分马克思主义者则恰恰是倒过来做的：他们在原则上质疑意识，致力于整体的可理解的结构而不明说出来，因

---

① 哈贝马斯：《交往行动理论》，上册，洪佩郁、蔺青译，重庆：重庆出版社，1994 年版，第 461 页。

为他们已经武断地预设了每一阶段的意义和逻辑，他们也就很容易地发现了它们。卢卡奇的难能可贵的功绩——这使他的书在今天还是一本哲学书——恰恰就在于，哲学在那里不是被不言明地被当做教条，而是得到实践，就在于，它不是被用来为历史作"准备"，而是成了历史在人的经验中的链接本身。①

长期以来，梅洛-庞蒂这一评价所蕴含的意义完全没有得到真正领会。但是，只要人们稍微留意一个时间上的"契合"——即，1922年，胡塞尔的《观念Ⅰ》第二次印刷出版不久，正是卢卡奇写作《物化与无产阶级意识》之时，一个多少显得有些别致的想法或许就会立即闪现出来：《历史与阶级意识》中篇幅最长也是最哲学化的部分是卢卡奇在胡塞尔的现象学观念的激发下写出的。实际上，卢卡奇与现象学的关系，或者更准确地说，卢卡奇受现象学的影响，早在第一次世界大战之前就已经明显呈现出来。1911年春天，德国新康德主义者创办了《逻各斯》（Logos）杂志（胡塞尔是这个杂志的学术顾问之一），在其创刊号上，胡塞尔发表了其早期重要论文《作为严格科学的哲学》。② 卢卡奇对这个刊物非常熟悉，并且是该刊的匈牙利版《精神》的创办者，他收录于《心灵与形式》中的一篇著名文章《悲剧形而上学》的德语版就发表在《逻各斯》第二期上。这个时候，卢卡奇已读过胡塞尔的《作为严格科学的哲学》。卢卡奇从1912年5月开始留居海德堡，第二年4月，胡塞尔的《纯粹现象学和现象学哲学的观念》第一卷（即《观念Ⅰ》）出版，写于一战前的《海德堡艺术哲学手稿》中大量直接引证了《观念Ⅰ》的内容。这表明，在1913年4月至1914年7月间，卢卡奇认真研读了《观念Ⅰ》并熟稔其核心思想。在这个时期，卢卡奇受拉斯克的影响更加直接。康登在《青年卢卡奇》中指出："在海德堡，除了韦伯之外，只有一个人对卢卡奇的思想方向产生了持久影响，这个人就是孤独

---

① 莫里斯·梅洛-庞蒂：《辩证法的历险》，杨大春、张尧译，上海：上海译文出版社，2009年版，第45页。
② *Logos*, 1910/1911, Ⅰ/3, 289–341.

的拉斯克。"① 拉斯克对卢卡奇的影响主要体现在关于判断学说与逻辑研究，前者主要涉及康德哲学，而后者与现象学相关。拉斯克在这两个领域的原创性思想给卢卡奇以很大的启迪，就像贝塞尔所说："卢卡奇早期美学的许多观念都受惠于拉斯克。"② 1915 年 5 月，年轻的拉斯克在一战中不幸阵亡，卢卡奇 1916 年撰写的《海德堡美学手稿》在很大程度上就是与这位"亡友"的对话——在此主要涉及的是拉斯克两部代表性著作《哲学逻辑与范畴论》③ 和《判断学说》④ 中观点与方法。1917 年，卢卡奇在著名的《康德研究》杂志上发表了一篇对拉斯克充满感激之情的悼念性文章。⑤ 日本学者大西克礼在 1937 年出版的《现象学派美学》这部著作收录了卢卡奇美学手稿中享有盛名的《论美学中主客体的关系》一文（该文最初也发表于《逻各斯》杂志上），⑥ 这充分表明，卢卡奇美学中的现象学因素是早就被认定了的。

应当说，关于卢卡奇对现象学的接受的历史追溯，确实有助于我们增强这样一种观念：卢卡奇的物化理论中存在着规范的现象学因素。如此一来，我们也就可以堂而皇之地说：梅洛－庞蒂对卢卡奇的解读是一种双重意义上的现象学的解读，即是说，这是一位现象学家对第一部现象学马克思主义作品的欣赏性解读。但是，要作出这样的论断，光靠一闪之念是行不通的，即便是申明，在《物化与无产阶级意识》这篇文章的一个注脚中，卢卡奇提到了胡塞尔的《观念 I》，即便是申明，卢卡奇在这篇文章中五次以赞赏的口吻提到了拉斯克，但这都还不足以断言，卢卡奇的《历史与阶级意识》采取了现象学的立场。关键是要说明，在《历史与阶级意识》中，卢卡奇的核心概念与思维方式是否契合于现象学的特征，特别是要证明，他已将他所熟悉的现象学观点与方法

---

① Lee Congdon, *The Young Lukacs*, The University of North Carolina Press, 1983, p. 85.
② Frederick Beiser, "Emil Lask and Kantianism", *Philosophical Forum*. Summer 2008, Vol. 39 Issue 2, p. 285.
③ Emil Lask, *Die Logik der Philosophie und die Kategorienlehre*, Tübingen, J. C. B. Mohr, 1911.
④ Emil Lask, *Die Lehre vom Urteil*. Tübingen, 1912.
⑤ Georg Lukács, "Emil Lask," *Kant-Studien* XXII (1917 – 18)：349 – 370.
⑥ 初见基：《卢卡奇》，范景武译，石家庄：河北教育出版社，2001 年版，第 127 页。

运用到了对于"阶级意识"的分析之中。

值得一提的是,一些学者已经注意到了卢卡奇的《历史与阶级意识》与胡塞尔现象学思想的"交叠共识"。比如,安德鲁·阿拉托(Andrew Arato)在1972年的一篇文章中指出,卢卡奇关于量与质的辩证关系的分析"与胡塞尔反对自然主义的量化、而为现象学的'生活世界'所进行的辩护是遥相呼应的"①。布达佩斯学派的重要哲学家米哈利·瓦伊达(Mihály Vajda)在指证卢卡奇与胡塞尔现象学的相似性上作出了更加富有教益的探索,他在《卢卡奇与胡塞尔》这篇文章中,对《历史与阶级意识》与《欧洲科学危机和超验现象学》的共同主题——对科学的批判——进行了比较研究。他的结论是:(一)"由于两部作品对科学的批判是一致的,所以,这两种立场实际上难以区分";②(二)"在描述和目标上,卢卡奇特有的激进马克思主义与现象学是相符的";③(三)"对胡塞尔而言,先验现象学的态度……不仅仅是一种新的理论态度,而且是一种新的实践的态度……理论与实践的统一能够并且应当被实现,这一点,既是马克思主义的固有成分,也是胡塞尔现象学的内在要素。"④ 不过,由于阿拉托和瓦伊达都是把《历史与阶级意识》与胡塞尔写于《历史与阶级意识》之后的晚年著作相比较,人们可能把这种思想类同归之于晚年胡塞尔受了卢卡奇的影响,或者,也可能把这种类同解释为全无互动的巧合,而并不能从逻辑上必然得出:卢卡奇对德国古典哲学与欧洲科学的批判本来就是在现象学的视域之下写成的。

最近,阿拉托和瓦伊达的这种不足已由理查德·韦斯特曼(Richard Westerman)有效地弥补了。他在《意识的物化:卢卡奇同一主客体中的胡塞尔现象学》一文中,对卢卡奇《历史与阶级意识》中的意识概念给出了一种别开生面的分析。在他看来,《历史与阶级意识》不仅仅带

---

① Andrew Arato, *Lukács' Theory of Reification*, Telos, No. 11, 1972, p. 59.
② Mihály Vajda, *Lukács and Husserl*, in Agnes Heller (ed.): *Lukács Revalued*, p. 109, Basil Blackwell, 1983.
③ Mihály Vajda, *Lukács and Husserl*, in Agnes Heller (ed.): *Lukács Revalued*, pp. 110 – 111, Basil Blackwell, 1983.
④ Mihály Vajda, *Lukács and Husserl*, in Agnes Heller (ed.): *Lukács Revalued*, pp. 111 – 112, Basil Blackwell, 1983.

有明显的现象学痕迹，而且具有规范的现象学主题，卢卡奇在这部开创性著作中成功地实现了关于意识的解释原则的根本转换——他不再从认识论的角度把意识看成一种被决定的、次生的、第二性的东西，而是从本体的层面将意识看成是"有其自身绝对独特存在"的一种存在。基于此，韦斯特曼宣称："卢卡奇是从现象学的角度出发，对意识进行研究的。他分析了意识所特有的内在的逻辑结构，这一结构既不是对世界的反映，也不是一个主体的投射，它本身是一个独特的、基础性的领域——即，它不能还原为其他任何一种存在模式。"① 在几十年来的卢卡奇研究中，韦斯特曼的这种阐释，是最大胆、最新颖、最痛快、最具有突破性、最能激动人心的一种评价与定位。虽然在此之前，已经有人对卢卡奇与现象学的关联作出一些提示，并且，也已经有人对这种关系做出某种尝试性的探索，但是，从来没有人像韦斯特曼这样明确无疑的、一步到位的、从解释原则的高度作出一种实质性的全面推进。

需要指出的是，《历史与阶级意识》的现象学踪迹并不仅仅是上文所说的卢卡奇对胡塞尔和拉斯基的几处引证，重要的在于，卢卡奇在其论证过程中已经"显白"地使用了现象学的重要表述形式，诸如"关于意识的意识"、"意识的形式"、"意识的内在结构"、"真正的意识"、"意识内部本身的统一"、"意识的内部层次"、"直接性的意识形式"、"物化意识结构"、"意识的此岸性"、"意识的客观可能性"、"意识的客观理论"、"从事情本身出发"，"改变意识和客体的关系的方式"，等等。当然，更具决定意义是，卢卡奇在《物化与无产阶级意识》这篇最重要的文章中，还积极运用了胡塞尔现象学一个核心概念——意向（Intention）。在这篇文章的第三部分"无产阶级的立场"的第二节的结尾，卢卡奇提出了一个著名的观点：

> 工人意识到他在生产过程中的地位是举足轻重的，另一方面这一地位又具有直接的商品性的形式（像每天的市场波动那样的不稳定）。而同时，在其他的领域中是有着稳定的假象（服务条例，养

---

① Richard Westerman, "The Reification of Consciousness: Husserl's Phenomenology in Lukács's Identical Subject – Object", *New German Critique* 111, Vol. 37, No. 3, Fall 2010, p. 103.

老金等等）和个人上升为统治阶级的抽象可能性。这样，"地位意识"就被培养起来了，这种意识能有效地阻止阶级意识的产生。因此，工人存在中的纯粹抽象的消极性，从客观上来讲，不仅是物化最典型的表现形式，不仅是资本主义社会化的结构模式，而且——正因此——从主观上来看，它又是一个转折点，通过它可以意识到这一结构，并因而实际上打破这一结构。①

接下来的第三节，就是论述工人如何在这个"转折点"上"意识到"这一结构并实际地打破这一结构，正是这一论述中，卢卡奇使用了胡塞尔现象学中的"意向"概念。他指出，作为商品的工人能够意识到自己就是商品，已经是一种大的进步，但是，这还远不足以解决物化问题，因为这种意识并没有改变意识和客体的关系方式。"客观地、社会地来看，一个'思想着的'奴隶和一个'无意识的'奴隶之间并无根本的区别，就像一个奴隶能否意识到他自己的社会地位和一个'自由人'能否认识奴役这两者之间也是没有根本区别一样"②，打破物化意识结构的关键在于无产阶级"朝着社会总体前进的意向"。③ 卢卡奇强调，"意识的这一维度"——即朝向总体的意向——具有一种方法论的意义，"重要的是，这种对直接既定东西的远离，一方面对于客体的结构具有什么样的意义，这个客体是作为行动的动机和对象被牵涉进来的，另一方面对于指导行动的意识及其与存在的关系有什么样的意义……对无产阶级来说，这种'远离'，即这种对直接性的超越，所意味的就是相反的，就意味着行动对象的客观属性的变化"④，而这种变化的本质就在于，"觉醒的意识和对象的实际的相互作用，意识来自对象，意识就是对象的意识"⑤。这是典型的现象学语言，它无非是说，意识都是"关于某物的意识"，"意识始终是关于……的意识"，意识的本质不在于意识的内容，而在于它"指向"或"朝着"这一"活动"本身——这种纯

---

① 卢卡奇：《历史与阶级意识》，杜章智等译，北京：商务印书馆，1996年版，第257页。
② 卢卡奇：《历史与阶级意识》，杜章智等译，北京：商务印书馆，1996年版，第253页。
③ 卢卡奇：《历史与阶级意识》，杜章智等译，北京：商务印书馆，1996年版，第259页。
④ 卢卡奇：《历史与阶级意识》，杜章智等译，北京：商务印书馆，1996年版，第260页。
⑤ 卢卡奇：《历史与阶级意识》，杜章智等译，北京：商务印书馆，1996年版，第261页。

粹的意识活动不仅呈现为"我思",而且展现着"意向构造能力和成就"。用卢卡奇自己的话来说,就是"这时意识不是关于它所面对的客体的意识,而是客体的自我意识,意识的这一行为就彻底改变了它的客体的对象性形式"①。这样的话语形态,如果不是夹杂在关于无产阶级意识的描述中,而是把它放在纯哲学的语境下,人们一定会一眼就会"认出"它是一种地地道道的现象学的言说。然而不幸的是,几十年来,人们的目光或许已无数次从这句话上掠过,却很少有人产生些许的"现象学反应",从这个角度就可以体悟到,意识形态作为一种对意识产生实际铸造作用的力量,从来都是不可小觑的,但是,意识形态的固化(或者说僵化、机械化),却正是卢卡奇借助于"纯粹意识"着力消解的东西。

四

《历史与阶级意识》不仅广泛"撒播"着现象学的术语及其特有的表达形式,而且也拥有一些明确可鉴别的现象学主题。在韦斯特曼看来,《历史与阶级意识》的关键性现象学主题体现在两个方面:"其一,卢卡奇将意识看做是客体的存在模式,而不是关于这个客体的知识;其二,卢卡奇特意对规定了客体性的意识的'结构'进行了探索"。② 第一个方面涉及意识与存在的关系,第二个方面涉及意识的自发性结构。实际上,这两个方面可以归结为"意识的本体论意义"这一总问题之下。

现象学的主题就是探究意识的本质,但现象学之所以配称现象学恰恰在于,它对意识本质的探究是在完全排除了意识之内的"多余之物"之后进行的,即它是基于这样一种洞见:"意识本身具有一种固定的存在,在其绝对的固有本质上,未受到现象学排除的影响。因此它仍然是'现象学剩余物',是一种存在区域,一个本质上独特的存

---

① 卢卡奇:《历史与阶级意识》,杜章智等译,北京:商务印书馆,1996年版,第264页。
② Richard Westerman, "The Reification of Consciousness: Husserl's Phenomenology in Lukács's Identical Subject-Object", *New German Critique* 111, Vol. 37, No. 3, Fall 2010, p111.

在区域。"① 这种研究方式决定了现象学对意识的研究是不可再还原、不可再排除的"极限"研究,因此,也就是对存在本身的研究,在这种研究视域之下,意识与存在二元对立被彻底取消了,存在就是意识到的存在,对象就是意识到的对象,反过来,意识也总是关于存在的意识或者说关于对象的意识,不存在不指向某个对象的意识。事物在意识中的存在就是其真实的存在,在事物的意识表现后面并不存在一个独立于意识的"自在之物"。如果在意识之外还存在不能被意识"穿透"和"包容"的"某物",那么,这种意识就只能是一种片面的意识,一种非总体的意识,一种非辩证的意识,更准确地说,就是一种物化意识。卢卡奇之所以把"自在之物"看做是资产阶级思想的核心,之所以要极力消除恩格斯的"自然辩证法"概念,都与一个与存在全然不可分割的总体性的意识概念相关:如果说在意识之外不存在着对人具有意义的存在,那么在意识之外也不存对人具有意义的纯客观的"自然辩证法",而这一点只有从卢卡奇的现象学立场出发才能得到比较充分的诠释。

但必须明确,内在于意识的客体性或者内在于客体的意识形式并不是一种观念论的纲领。现象学不同于西方近代哲学(特别是德国古典哲学)的地方就在于,它不是把客体局限于纯思想的范围之内,即不是通过把存在设想为主体的产物而取消客体的独立存在,而是通过把主体设想为意识的产物而确立客体的独特存在方式。在卢卡奇看来,理性的形式主义的认识方式如果不允许找到真正对立的、真正克服直观的实践原则,那么它就是"鬼火";而如果"思维被逐出对既定现实的纯粹接受,被逐出纯粹反思,被逐出现实可思维性的条件这样的领域,并被引入超越纯直观、纯直觉的方向时"②,那么它就是"路标"——这种路标将引导主体从主体自创的纯粹思想的迷宫中走出来。在很大程度上,现象学的一项重要使命就是限制那种被设想为全部内容的创造者的全能的主体概念,以便使主体自身也屈从于一个更具基础性的意识结构。主体不具有自身独立的完满性,如果它一定要追求这种完满性,就必须诉诸客

---

① 胡塞尔:《纯粹现象学通论》,李幼蒸译,北京:商务印书馆,1996年版,第100页。
② 卢卡奇:《历史与阶级意识》,杜章智等译,北京:商务印书馆,1996年版,第192页。

体，而"意识的自发结构"就是满足这种诉求的天然场所。一如韦斯特曼正确指出的，卢卡奇的探讨的不是意识的特定内容，而是"意识的结构"，即人的表象结构是如何被建构出来的。知道什么或者怎样知道，对于卢卡奇而言都不重要，关键问题是：这个"知道"本身作为一种活动，其基本结构是如何被组织起来的。具体来说，卢卡奇对阶级意识的论述并不着力揭示阶级意识的内容，因为阶级意识的"实在内容"总是经验的或心理学意义的，而阶级意识："既不是组成阶级的单个个人所思想、所感觉的东西的总和，也不是它们的平均值。作为总体的阶级在历史上的重要行动归根结底是由这一意识，而不是由个别人的思想所决定的，而且只有把握这种意识才能加以辨认。这一规定从一开始就建立了把阶级意识同经验实际的、心理学的角度可以描述、解释的人们关于自己的生活状况的思想区别开来的差异。"① 尽管阶级意识没有固定的心理的现实性，但它并不是"纯粹虚构的东西"，相反，阶级意识是一种"真正和实际的介入历史进程"的力量。卢卡奇在拒不指明意识的实在内容而又笃信意识的巨大能量的时候，他一定是把阶级意识与胡塞尔所说的意识的"赋予意义"的活动联系起来了。因为，意识现象学最基本的方法论特征就是"悬置"事物的自在存在，并且，一概不问意识的内容到底是什么，而只关注它在意识中的显现方式。作为一种意向性活动的意识，其活动的结构样态的生成与客体的"立义"是同一过程。这一点，胡塞尔在《逻辑研究》中有一段经典的表述："无论在意识中体现性（被体验的）的内容如何产生，人们都可以想象，在意识中存在着相同的感觉内容，但它们受到不同的立义。换言之，在同一内容的基础上可以有不同的对象被感知到。但立义本身永远不能被还原为新的感觉的涌入（Zufluβ），它是一个行为的特征，'意识'的一个方式，'心绪'的一个方式：我们将在这种意识方式中对感觉的体验称作对有关对象的感知。"② 意识的方式决定着本质不同的与对象之物的关系方式，这一现

---

① 卢卡奇：《历史与阶级意识》，杜章智等译，北京：商务印书馆，1996年版，第105页。

② 胡塞尔：《逻辑研究》第二卷第一部分，倪梁康译，上海：上海译文出版社，1998年版，第421页。

象学观念对卢卡奇意识概念的影响是十分深刻的，以至于《物化与无产阶级意识》的字里行间都浸透着这种"对象的为我的此在"的意识的意向性"立义"的建构精神：面对同一个客体，置身于相同的社会历史处境，甚至在同一个"地位"层面上，不同的意识方式完全可能导致不同"意义世界"。在某一种意识方式下，无产阶级将投身于革命，而在另一种意识方式之下，无产阶级可能放弃革命，因此"争取意识的斗争"对于革命实践具有生死攸关的重要意义。"革命的命运（以及与此相关的是人类的命运）要取决于无产阶级在意识形态上的成熟程度，即取决于它的阶级意识。"①

在马克思主义发展史中，第一个赋予意识以崇高"历史性"与"现实性"地位的哲学家，非卢卡奇莫属。可以说，把"历史与阶级"的关联给予最深刻阐释的哲学家是马克思，而把"历史与阶级意识"的关联给予最深刻阐释的哲学家是卢卡奇。卢卡奇写于1920年的《阶级意识》这篇文章有一个宏大的理论抱负：即通过引入"意识"概念来完成马克思在《资本论》最后一章"中断"的对"阶级"的界定。这一点，卢卡奇这篇文章的开头已做了明确的交待，可是，由于显而易见的原因，它一直被人们忽略了。在1922年卢卡奇为《历史与阶级意识》所写的序言中，他提醒人们不要打乱八篇论文的编排顺序，并建议"不大熟谙哲学的读者先把论物化的那一章搁在一边，等读完全书后再去读它"，②实际上，卢卡奇的提醒与建议尤其（或者说主要）适用于《阶级意识》与《物化和无产阶级意识》之间不可颠倒的次序：前者侧重于对心理学意义上的意识概念的批判，而后者主要致力于以现象学的"纯粹意识"概念来描述阶级意识的内在结构。不讲"意识"，就不能深入"存在"，同样，离开"意识"，也不能深入规定"阶级"，卢卡奇之所以能够"意识到"这一点，与现象学观念对他的塑造密切相关。把主体性维度引入阶级概念的内部，是那个时代新康德主义者的共同致思取向，比如，韦伯在晚年尝试把主观认同作为"阶级"、"等级"划分的重要的因

---

① 卢卡奇：《历史与阶级意识》，杜章智等译，北京：商务印书馆，1996年版，第129页。
② 卢卡奇：《历史与阶级意识》，杜章智等译，北京：商务印书馆，1996年版，第39页。

素，正因于这一点，韦伯才拒绝把阶级等于必然采取一致的阶级行动的"共同体"，他曾以嘲讽的语气把那种绝对客观的阶级界定方式称作"伪科学的勾当"，"这种伪科学在很多方面都习以为常，其最典型的表现就在一位天才的作者的论断里：个人对于他的利益虽然可能会搞错，但是'阶级'对它的利益是'不会搞错的'"。① 当然，对于"阶级也会搞错"这一问题，卢卡奇比韦伯有更深的感受或者说有着更痛的切肤之痛。正是由于匈牙利无产阶级"意识不到"它的阶级利益，才导致匈牙利革命最终的失败。所以，即使具有相同的作为外在事实的"阶级处境"，但是，如果缺失了对这一处境的"真正意识"，也不能必然导致一种共同的革命实践。

在详细描述了卢卡奇《历史与阶级意识》中的现象学踪迹与现象学主题之后，我们现在终于可以放心地回到本文的正题——物化概念——上来了。之所说可以放心，是因为物化这个问题本来就是现象主题的内在部分。现象学要研究意识，必须首先要清除物化这个障碍，或者说，必须使物化这个"永动机"永远停止转动。在卢卡奇物化概念的非马克思思想来源中，除了黑格尔之外，是狄尔泰、西美尔和韦伯，而除了这三位思想家之外，还有胡塞尔和拉斯克，其中胡塞尔对卢卡奇的物化理论的影响在直接性和深刻性上远远越过其他思想家。之所以这样说，是因为，尽管黑格尔在《精神现象学》中论述的主奴辩证法时讨论过自我意识与物的关系并使用过"以物的形态出现的意识"，② 但是，黑格尔从来没有使用"物化"这个术语，而频繁使用这个术语的西美尔终归只在心理学和社会学层面上来阐发它的意义。胡塞尔的则完全不同，早在1911 年春天发表于《逻各斯》杂志上的《作为严格科学的哲学》中，③ 他就从纯哲学的意义"思入"了意识的物化问题。这篇长文的第一部分"自然主义哲学"的主题就是批判"自然科学认识论"的谬误，这种批

---

① 马克斯·韦伯：《经济与社会》，下卷，林荣远译，北京：商务印书馆，2006 年版，第 251 页。
② 黑格尔：《精神现象学》，上册，贺麟、王玖兴译，北京：商务印书馆，1996 年版，第 127 页。
③ 《作为严格科学的哲学》，是胡塞尔在《逻各斯》杂志上发表的唯一一篇文章。

判的切入路线就是对物化意识的谴责。胡塞尔提出，物化意识在方法论上的表现就是自然主义观念不可阻挡地向人的内在空间的挺进，从而把的人的思想的尊严降低到心理状态甚至动物意识的水平："所有极端而彻底的自然主义，从通俗的唯物主义到最新的感觉主义和唯能主义，它们的特征在于，一方面将意识自然化，包括将所有意向－内在的意识被给予性自然化；另一方面是将观念自然化，并因此将所有绝对的理想和规范自然化"，①将意识自然化，就是用经验性的既定性填充人的心灵世界，其实质就是把意识当作物来对待，接下来，胡塞尔径直使用了物化这个术语来展开他对自然主义的讨伐："经验的被给予性如何获得客观的规定，并且，'客观性'和'对客观的规定'各自具有何种意义，实验方法可以承担何种功能，所有这一切都取决于这些被给予性自身的意义，或者说取决于有关经验意识——作为一种仅对这个而非那个存在者的意指——按其本质所赋予这些给予性的意义。如果遵循自然科学的模式，这几乎不可避免意味着要把意识物化，而这从一开始就会使我们陷入到悖谬之中，由此便会一而再、再而三地呈现出朝向悖谬和错误的研究方向的趋向。"②很明显，胡塞尔对"物化"这一术语的运用是哲学化的，并且是在批判科学主义、实证主义、经验主义和近代形而上学思维方式的语境下厘定其内涵的，更重要的是，这种批判方式与理路与卢卡奇在《历史与阶级意识》对意识的物化结构的根源的剖析是基本一致的，这一切都清楚地表明，胡塞尔对物化概念的使用与卢卡奇对意识的物化的阐述是完全契合的。我们不否认，在把物化批判与社会历史分析有机地联系起来这一点上，卢卡奇确实受惠于马克思并大大超越了胡塞尔，但是，如果不承认卢卡奇关于物化意识的分析汲取了现象学的思想因素，就既有悖于历史又有悖于意识。当然，卢卡奇本人从来没有承认过他受惠于现象学，并且，在他所处的那个历史境遇之下，他也绝不会承认这一点。但不承认并不等于没有发生，而承认了的也不一定就是真

---

① Edmund Husserl, *Philosophie als Strenge Wissenschaft*, 15, Vittorio Klostermann GmbH Frankfurt am Main, 1965.
② Edmund Husserl, *Philosophie als Strenge Wissenschaft*, 45, Vittorio Klostermann GmbH Frankfurt am Main, 1965.

理。卢卡奇用现象学的观念分析了无产阶级意识,但是,由于他一直更加珍惜无产阶级这个身份并把自己绝对地定位在这个集体身份之内,所以他不得不将他一度产生了辉煌的理论效应的现象学意识永久地掩埋在自我意识的深处。

五

现在,人们对《历史与阶级意识》是一部原创性的马克思主义本文已基本上没有什么异议了,并且,对于把这种原创性归之于一种主客体辩证法,也基本上达成了共识,但是,在对这种主客体辩证法的具体理解上,仍然有许多含混不清的地方,甚至存在着诸多谬误和退化的解读,这些都损害了或者严重削弱了卢卡奇的《历史与阶级意识》在当代左翼激进政治的理论与实践中的现实地位。比如,后马克思主义的代表人物拉克劳在拆解所谓"本质主义的棱堡"时,对卢卡奇表示了一种特有后马克思主义式的轻蔑,在晚近的一次访谈中,他又一次声称,从卢卡奇那里已经发现不了任何有益于当代反资本主义的激进斗争的线索了。在拉克劳眼中,卢卡奇的思想早已连同他的生命一起彻底消失在彼岸世界的黑暗中。在我看来,这是一种非常表面化的或者说就是一种机会主义的理解,其根本缺陷是,他仅仅把卢卡奇当做是一个以阶级为论题的传统政治理论家,而没有将其看做是一位对"革命意识"作出深度阐释的哲学家。而之所以会产生这样的令人遗憾的局限性,根本问题就出在,拉克劳像大多数人一样没有读出卢卡奇《历史与阶级与意识》中的现象学元素。

其实,只要我们从长期习以为常的意识形态观念的束缚中解脱出来,不是太过天真认为卢卡奇一经转向马克思,就把他之前所受的哲学训练与学术积累悉数抛开,或者只要我们不想当然地以为卢卡奇的马克思主义的信仰的皈依就等于以马克思的思想把他原来的"资产阶级哲学"清洗一空,那么,我们就很容易感受到《历史与阶级意识》核心思想中包含的浓厚的现象学韵味——而这里所说的浓厚的现象学韵味恰恰与"去物化"(de‑reification)相关。支配卢卡奇写作《历史与阶级意识》的主要情绪是一种"最大化的排除"意识，这当然与他当时的状态有关：他丢失了很多很多实在的东西：比如革命果实，比如教育副人民委员的职位，比如比较安全稳定的生活，等等。并不是他自己要排除，而是他自己无可选择地被排除了。在流亡维也纳期间，党内的激烈斗争也使他强烈感受到一种被排挤的意识。他在被排除中感受着这种无情的排除中的剩余之物。而恰恰在这时，胡塞尔的《观念Ⅰ》重新出版了。我们不妨想象，当他读到"如果整个世界，包括我们自己和我们的一切我思都被排除，剩下来的还有什么呢"[1]的时候，卢卡奇会怎么想呢？

卢卡奇用不着多想，因为在《观念Ⅰ》时，胡塞尔早已替卢卡奇想好了："对于任何设定，我们都可完全自由地实行这一特殊的悬置，即一种判断的中止，后者与对真理的毫不动摇的信念，甚至与对明证真理的不可动摇的信念相容。"[2] 即便一切都不要，或更准确地说，即便一切被排除了，但信念仍在，对明证真理的不可动摇的信念仍在。当卢卡奇读到这里的时候，他兴奋得简直想大哭一场，但他忍住了，他拿起了笔，写出这样的几句话：

> 我们姑且假定新的研究完全驳倒了马克思的每一个个别论点。即使这点得到证明，每个严肃的"正统"马克思主义者仍然可以毫无保留地接受所有这种新结论，放弃马克思的所有全部论点，而无须片刻放弃他的马克思主义正统。所以，正统马克思主义并不意味着无批判地接受马克思研究的结果。[3]

多少年来，人们只想到，当卢卡奇这么写的时候，他的面前站着两个人：一个是正统派的普列汉诺夫，一是修正主义者伯恩斯坦，岂不知，在这段文字的背后还隐藏着一个现象学家的面孔。一种现象学的"悬置"精神浸润着卢卡奇写出的每一个字：它无非是说，即使把马克思的全部命题都"加进括号"里，但马克思的真精神仍然"毫发无损"。

---

[1] 胡塞尔：《现象学通论》，李幼蒸译，北京：商务印书馆，1996年版，第99页。
[2] 胡塞尔：《现象学通论》，李幼蒸译，北京：商务印书馆，1996年版，第96页。
[3] 卢卡奇：《历史与阶级意识》，杜章智等译，北京：商务印书馆，1996年版，第45页。

当然,《观念Ⅰ》的"排除意识"给卢卡奇带来的兴奋还远不止于此。对卢卡奇而言,现象学的真正魅力在于隐含在这种"中止一切"中的"准实践意识"。理论意识就是一种自然态度,而自然态度就是处于无限外推的连续系列中,"在其存在的秩序,它伸向无限。现时被知觉的东西,多多少少清晰地共在的和确定的(或至少某种程度确定的)东西,被不确定现实的被模糊意识到的边缘部分地穿越和部分地环绕着……形成一条记忆的链条,确定物的范围越来越广……其具有以向无限的时间延展域……"① 而实践意识则是对一个连续的知识系列的中断,就是把往前追溯的原因与往后推延的结果统统"悬置"起来,不想原因不计后果而只在"纯粹道德意识"的驱动下行动。胡塞尔的现象学虽然不是实践哲学,但是,由于现象学方法强调排除一切心理的、经验的意识从而面向"纯粹意识",所以它与实践哲学的本质要求最为切合,我们假设康德有一天突然读到了下面这段文字:

> 我排除了一切与此自然世界相关的科学,不论它们如何坚定地对我存在着,不论我多么赞美它们,不管我多么不可能对它们哪怕提出最微小的反对,我断然不依靠它们的有效性。我也不使用属于它们的任何一种命题,即使它是完全明证的,我不采用它的任何命题,没有任何命题为我提供一个基础——要指出的是:只要它像在这些科学中所理解的那样,被理解作关于这个世界的现实的真理。只有当我为它加上了括号以后,我才有权接受这样一个命题。就是说,只有在排除判断的变样意识中才接受这样一个命题,因此,我不会把它当做像在科学中那样的一个命题并去接受,这样的命题要求有效性,并且我了承认和使用其有效性。②

想必康德会认为,这个人一定是他的最忠实的学生,因为,这里所说的,就是康德为实践哲学所预设的前提:科学有其自身的尊严,并且,我们人类一直沐浴在这一尊敬的恩泽中,但是,为了道德,为了信

---

① 胡塞尔:《现象学通论》,李幼蒸译,北京:商务印书馆,1996年版,第90页。
② 胡塞尔:《现象学通论》,李幼蒸译,北京:商务印书馆,1996年版,第98页。

仰，我们又必须限制知识，只有在知识的因果系列之外，一种更加纯粹、更加有崇高的东西才能真正挺立起来。"有两种东西，我们愈反复加思维，它们就给人心灌注了时时在翻新、有加有已的赞叹和敬畏：头上的星空和内心的道德法则。"① 不过，1922年的卢卡奇，既没有仰望天空的闲情逸致，也没有沉思道德法则的嗜好，那么，他从胡塞尔的这段话中引出的是什么呢？

卢卡奇采取了一种比康德和胡塞尔更为激进的立场：他不是把自然科学加进括号里，然后承认并使用其有效性，因为，这个时候，他既不需要一种道德哲学也不需要一种纯粹的现象学，他要的是革命。正因为他要的是革命，所以，他才义无反顾地、不计后果地把资产阶级的自然科学以及现代社会的合理性一起牢牢地钉在历史的耻辱柱上。从哲学上说，这就是一种彻底的"去－物化（de-reification）"立场，用卢卡奇当时喜欢的表述方式，也就是无产阶级立场。作为既定的事实，我们看到，《历史与阶级意识》中最长的篇章是《物化与无产阶级意识》，而这篇长文最长的一节则是"无产阶级立场"，因为这一立场对卢卡奇最重要。

这就是卢卡奇与马克思的不同之处：对于马克思来说，"无产阶级"这一主体本身就足够了，或者说，无产阶级在生产过程中所处的阶级地位就足够了；然而，对于卢卡奇而言，却必须在"无产阶级"之后加上"立场"二字。无产阶级只有站在无产阶级的立场上，它才真正是无产阶级。立场与阶级不可分离，并且，它不是阶级的补语：立场构成阶级的本质部分。这种立场的获得与确立，靠的不是某种外在的必然性，而是一种纯粹意识，即便真的存在着某种历史必然性，这种必然性也只有通过纯粹意识这个中介才能发挥作用。卢卡奇毫不讳言地指出，"无产阶级的意识暂时还屈从于物化"，② 无产阶级屈从于物化，就意味着它还没有产生出"纯粹阶级意识"，而没有这种意识，无产阶级就还处在任由物化世界摆布"客体"的位置上，它还没有"变成"创造历史的主

---

① 康德：《实践理性批判》，关文运译，北京：商务印书馆，1961年版，第164页。
② 卢卡奇：《历史与阶级意识》，杜章智等译，北京：商务印书馆，1996年版，第137页。

体。只有当这个阶级认识到自己不仅仅是客体同时也是主体的时候，这个阶级才算在意识上达到了成熟，问题是"在它意识达到成熟，能正确地认识到自己的阶级地位，以及能达到自己的阶级意识之前，它还必须经受多少痛苦"。① 一个人、一个阶级如果一直被当做一个客体、一个物，这当然是一种痛苦的事情，但是，它要"变成"主体尤其是历史的主体，就更要经历磨难与痛苦。

由此，不难看出，卢卡奇的主体概念并不像通常人们解释的那样是被历史必然性规定好的一个既定之物，而只是一种"客观的可能性"，不是自在的主体决定主体的意识，相反，主体的历史生成却有赖于意识的纯粹性。这里透射着现象学的一个重要洞识：不是主体决定意识的结构，相反，是意识的内在结构制约着、决定着主体的产生及其样态。就像一个自在对象绝不是意识或意识自我与之无关的东西一样，一个自在的主体也绝不是凌驾于意识之上或者与意识自我绝缘的神秘对象。关于这一点，韦特斯曼有一个恰当的评价："对于卢卡奇的传统解读认为，一个始终如所其是的主体对自己所创造的世界的物化产生了反感，而一种现象学的解读则能够揭示出，主体是被意识本身的结构作为一种自我意识而被创造出来的。主体在意识内部被创造出来之前，它并不存在；进一步来说，恰恰由于这个如其所显示的主体与其自身的意识结构是矛盾的，它才变成了一种自我意识。"② 如果在意识自身的结构没有呈现出"主体与客体"之间的矛盾，这个主体就无法"生成出来"，这也就是说，"主客体辩证法"不是外在于意识的绝对独立的存在，如果说主体总是意识的"相关物"，那么辩证法也只能是意识的一种对象性存在。在一定意义上，对卢卡奇的现象学解读必然会引出这样一种识见：在这里，存在着一种类似康德在《纯粹理性批判》中所做的"限制知性主体的潜妄"的工作。这一点是真正理解《历史与阶级意识》的关键所在：如果说康德是限制知识以便给道德信仰留地盘的话，那么卢卡奇则是限

---

① 卢卡奇：《历史与阶级意识》，杜章智等译，北京：商务印书馆，1996年版，第137页。
② Richard Westerman, "The Reification of Consciousness: Husserl's Phenomenology in Lukács's Identical Subject-Object", *New German Critique* 111, Vol. 37, No. 3, Fall 2010, p. 119.

制主体的物化性的知识以便给革命实践留下客观的可能性。在其最本质的意蕴上，卢卡奇已经预示了阿尔都塞的那个著名判断：历史是一个无主体的过程。但卢卡奇却不甘心于得出这样的结论，他的整个《历史与阶级意识》就是对主体的召唤。一种召唤真正主体的哲学是没有过错的。

我们正生活一个空前物化的时代，物的体系已经压碎了人性的尊严，我们呼吸的空气由于物化而变得越发沉重，我们身上流淌的热血也由于物化而变得愈加黏稠。在这样的一个时代，卢卡奇的物化批判仍然具有震撼性的启示意义。

物，以及物的幽灵，刺透了身体与思想。既没有鲜血，也没有忧伤。物的骄横在无罪感的欢愉中，凝结成布尔乔亚时代的奢华与平庸。一切都从物开始，欲望、情感、事业、人生甚至哲学。"自在之物"在知性的彼岸发出奇怪的叫声，这是物的彻底独立的宣言。

人，以及人的关系，被细密的物网覆盖，已经遗忘了挣扎。革命被经济淹没，斗争被顺从取代。新的主奴辩证法，像气势汹汹的雾，弥漫在青春的躁动里。在疯狂的物语中，社会蜕变为一个巨大的物化结构，封锁了通往自由的路，而无意识的主体，注定要把历史的未来冻结在资本逻辑的永恒喧嚣中……

对物化的忧思，已奠立存在论的根基，但人的解放，依然遥遥无期。于是，激进哲学又一次承担起物化批判的重任，以便为"强势的民主"以及"将至的共同体"开辟一种客观的可能性。

卢卡奇的物化理论

安德鲁·阿拉托

物化理论是关于社会的辩证理论中不可或缺的部分。第一部对这一理论进行详尽阐述的大部头作品，就是卢卡奇在1923年发表的《历史与阶级意识》。卢卡奇是通过许多途径，了解到物化①这一概念的。他向我们展示出了一种（关于物化的）马克思主义的定义。物化所指的是这样一种现象（以及由这种现象所引发的诸多现象）：即"生产者同总劳动的社会关系"被反映成（也就是表现为、看起来似乎好像成了）一种"物与物之间的社会关系"。②需要指出的是，卢卡奇在使用物化这个术语的时候，还把它当成了异化（Enfremdung, alienation）、理性化（rationalization）、原子化（atomization）以及去活动化（deactivization）的同义词。然而，物化这一术语的不同含义是在分析的不同层面中表现出来的。的确，这个概念是一个真正的辩证概念，因为它引发了一系列在历史中被决定的层面。卢卡奇遵循马克思对商品拜物教（Warenfetischismus, the fetishism of commodities）的论述，竭力主张是物化引发了社会性"事物"的第二自然（second nature）——这种第二自然似乎、并且是倾向于

---

① "物化"这一术语在德文中的表达方式是"Verdinglichung"，在英文中的表达方式是"reification"，这一词汇的词根来源于拉丁语中的"res"一词，意思是"事物"，"事物"这一词汇在英文中的表达方式是"thing"，在德文中的表达方式是"das Ding"。

② Karl Marx, *Capital*, trans. by S. Moore and E. Aveling, ed. by Friedrich Engels, New York: International Publishers, 1967, vol. I, p. 72. 我们在后面还会探讨黑格尔思想中关于物化的理论（黑格尔在阐述这一理论时，并没有使用卢卡奇所使用的"Verdinglichung"一词）。

否定社会世界的历史性。卢卡奇之所以提出上述观点，是为了表明这种否定不是最终结果。虽然卢卡奇将物化批判看成是马克思的政治经济学批判的理论核心，① 不过，他也知道，被收录在《资本论》这部著作中所有（马克思思想）的零散片段，都没有为我们提供必然能够克服异化问题的"调解手段"。进一步来说，卢卡奇曾在他早期作为一名马克思主义者所写作的一篇文章（即《历史唯物主义的功能变化》）中表明，历史唯物主义带来的一个结果就是，历史唯物主义也同样必须应用到其自身中。他论证说，马克思主义的自我批判将会表明，只有在资本主义时代，将政治与文化还原为"经济发展"的"规律"这种做法才是有效的，从这种意义上来说，历史唯物主义是一种与政治经济学相类似的意识形态，尽管政治经济学所探讨的是在教条主义的层面上（有时是从辩解的层面上）被预先设定好的"经济的均衡性"的规律。由此看来，甚至早在卢卡奇的物化理论发展成熟之前，他就已经为19世纪的马克思主义为什么无法超越物化给出了理由：它（即19世纪的马克思主义）依然将社会世界的全部历史看成是被自然规律所支配的第二自然（尽管这种自然不是没有发展的）。在这里我必须要补充说明一点，在当时资本主义所处的历史阶段中，卢卡奇认为这种把社会历史自然化（naturalization）的做法既正确又具有必然性，因为，这种自然化观点反映出具有必然性的一些现象。卢卡奇在（十分机械化地）将某些自动化的元素引入到自己的理论中时，还继续运用了诸如罗莎·卢森堡提出的关于资本主义自动灭亡的决定论思想。与卢卡奇对于自由与必然性所进行的这些变戏法儿似的分析形成鲜明对照的是他对于物化的辩证法进行构思的勃勃雄心。

在马克思看来，在资本主义制度下，商品是一种具有"神秘"性质的东西，"商品形式的奥秘不过在于：商品形式在人们面前把人们本身劳动的社会性质反映成劳动产品本身的物的性质，反映成这

---

① Georg Lukács, *History and Class Consciousness*, trans. by Rodney Livingstone, London: Merlin Press, 1971, p. 170.

些物的天然的社会属性，从而把生产者同总劳动的社会关系反映成存在与生产者之外的物与物之间的社会关系。"① 这就意味着，商品与商品之间在市场中的关系从本质上来说就是"人们自己的一定的社会关系"（例如在特定的生产方式所具有的社会、经济体系中，作为"全部生产力"中的一部分的生产者之间的一种确定的关系）在人们面前就采取了"物与物的关系的虚幻形式"。② 或者更确切地说，为了避免一种主观主义的误解，生产者们"事实上"被彼此隔离开来了，并且只能在市场中"通过交换他们的劳动产品才发生社会接触"，所以，这些生产者将他们的产品之间的关系看成是"社会总劳动"，并且"在事实上"，在社会中"表现为人们之间的物的关系和物之间的社会关系（sachliche Verältnisse der Personen und gesellschaftliche Verhältnisse der Sachen）"。③ 因此，在商品交换的事实面前，商品拜物教并不是一种主观的幻觉。这种说法是非常正确的，这是因为，商品交换转变了劳动的过程（并且劳动的过程也转变了商品交换）。在这种情况之下，劳动就具有了二重性。劳动必须总是要满足"一定的"社会需要，并且，还必须要满足生产者自己的"多种"物质需要。在资本主义制度下，劳动的二重社会性质是分裂开来的。为了满足一定的社会需要，劳动从本质上来说必须是有用的；为了满足生产者自己的多种物质需要，劳动必须是可以交换的。如果要交换劳动，不同种类的劳动就必须被还原为一种共同的、可量化的计量方式，这就是"抽象的人类劳动"，或者说按照劳动时间来衡量的抽象的劳动力，这种劳动力可以作为商品进行买卖。

　　要想对马克思的物化概念进行全面阐述，除了《资本论》中的著名

---

① Karl Marx, *Capital*, trans. by S. Moore and E. Aveling, ed. by Friedrich Engels, New York：International Publishers, 1967, vol. I, p. 72. 中文版本参见《资本论》，第 1 卷，载于《马克思恩格斯选集》，第 2 卷，北京：人民出版社，1995 年版，第 138 页。

② Karl Marx, *Capital*, trans. by S. Moore and E. Aveling, ed. by Friedrich Engels, New York：International Publishers, 1967, vol. I, p. 73. 参见《资本论》，第 1 卷，载于《马克思恩格斯选集》，第 2 卷，北京：人民出版社，1995 年版，第 139 页。

③ Karl Marx, *Capital*, trans. by S. Moore and E. Aveling, ed. by Friedrich Engels, New York：International Publishers, 1967, vol. I, p. 73. 参见《资本论》，第 1 卷，载于《马克思恩格斯选集》，第 2 卷，北京：人民出版社，1995 年版，第 138 页。

篇章之外，我们还需要借助一些其他的文本。① 雇佣劳动与资本之间的关系本身就具有拜物教的特征，并且，这里还涉及资本的生产与再生产的整个体系。在劳动力市场中，工资似乎与作为商品进行买卖的劳动力是等价的，但是事实上，工资与劳动力之间的交换是不平等的。被利用的劳动力（也就是人类劳动）等于工资加上剩余价值。劳动力是一种特殊的商品，对于劳动力的运用会生产出比维持并且再生产这种劳动力所需要的多得多的东西。无论工资是在一个特定的历史阶段内倾向于降低工人生存的最低限度，还是由于工人的斗争、由于生产力的提高、或是通过一个大概不变的利润率而趋向于提升工人生存的最低限度，工资所代表的都只是工人生产出来的产量中的一部分而已。只要工人相信（工资与自己的劳动力之间的）交换是平等的，他就会误解劳动所具有的真实的创造性层面；他就会将自己的劳动力视作与另外一件物（这另外一件物就是他的工资）相等的物（这种物就是他的劳动力）；并且，一个以（对劳动的）支配为基础建立起来的强迫劳动的新体系就会被神秘化。

在马克思看来，在资本主义制度下，市场中的物与物之间的社会关系所形成的体系呈现出一种"第二自然"的形式。资产阶级政治经济学家就是对这第二自然的规则进行揭示的"严格的科学家"。他们认为，这些规则是深深植根于一种永恒的"人性"中的。这个体系自身以及它的科学家们共同创造出这样一种"幻觉"：商品的世界是不可改变的。然而，只要隐藏在这一体系背后、并且创造出这一体系的社会关系不发生转变，仅凭对于这一体系及其科学的历史批判（也就是政治经济学批判本身）是无法消灭这种非历史的幻觉的。在这里，马克思呼之欲出的就是一种革命性的"实践"（praxis）。但是，他也是想重申一点，这就是，政治经济学批判中已经完成的部分并没有为我们提供这样一种动力学，或者说没有为我们提供完成这种转变（即从对于资本主义这一体系的批判到革命性实践的转变）所需要的"种种方法"。

---

① 我们在这篇文章中不会探讨马克思在《1844年经济学哲学手稿》中的异化理论，因为卢卡奇在1923年的时候还没有读到马克思的这一文本。

在黑格尔的《法哲学》中有一些著名的篇章，黑格尔在这些篇章中，提前使用了马克思在对商品交换的市场以及建立在这种交换的基础之上的社会进行讨论时所用的框架。但是，由于我们在此处所涉及的是旨在"克服"这个社会的辩证法，所以在这篇文章中不对黑格尔的《法哲学》进行探讨。因为在这部著作中，包含着一种从根本上来说是虚假的"克服"——这种克服不过是使事物保持原状而已。如果我们对《精神现象学》进行分析，应该会有更多的收获。在马尔库塞看来，《精神现象学》前三章"是对于实证主义的一种批判，甚至可以说是对于物化的一种批判"[1]。然而，我们可以很明显地看出，与马克思在《资本论》中所探讨的物化相比，黑格尔在《精神现象学》中所探讨的物化是一个截然不同的概念。卢卡奇在自己的作品中，成功地将这两个物化概念（即黑格尔在《精神现象学》中所探讨的物化以及马克思在《资本论》中所探讨的物化）综合成一个合题（这个合题或许只是这两个物化概念的全部内涵中的一部分），并且，我们还可以清楚地看出，马尔库塞在解读卢卡奇的时候，将卢卡奇的物化概念向前追溯到了黑格尔。马尔库塞的这种解读对我们来说是非常有益的。因为，如果我们在黑格尔的思想中，从"意识"转移到"主奴辩证法"，那么我们就可以将物化这一复杂的理论的许多层面（不是所有层面）压缩成一个十分微小的微观理论。

在《精神现象学》前几章中，黑格尔对于主体与客体之间的异化的对立的三个层次进行了探索，试图证明"感性确定性"、"知觉"以及"知性"是无法产生出真理的。知识在以上这三个层次（即"感性确定性"、"知觉"以及"知性"）上既无法被固定在主观维度中，也无法被固定在客观维度中。遵循着（主观维度或客观维度）这两个层面中的任何一个层面都具有的"直接性"（也就是经验上的既定之物）的逻辑，黑格尔成功地首先将确定性的基础"间接地"固定在了另外一个维度（即主观维度）之上，接着又将其固定在了被结合在一起的两个维度（即主观维度和客观维度）之上，最后，当所有这些新的"中介"都瓦

---

[1] Herbert Marcuse, *Reason and Revolution*, sec. ed. Boston: Beacon Press, 1960, p.113.

解之后，就会上升到一个更高的、更为"主动的、或者说积极的"层次。但是，认识论的这三个层次（也就是"意识"的三个层次，即"感性确定性"、"知觉"以及"知性"）都不包含一种主体性，这种主体性是借助于这个主体的客体、或者说是由于其客体而变得具有了不仅仅是形式上的主动性或者说积极性。在《精神现象学》这部分内容中，黑格尔提出的这种批判是不能被统一为一种"克服"（的辩证法）所内在固有的动力学的；他的这种批判依然是从外部进行的，这是因为，"意识"所产生出来的仅仅是一种形式上的主客体辩证法而已。换句话说，黑格尔表明，无论是对于实证主义的批判，也就是对于一个无主体的世界的主观科学的批判，还是对于一个无主体的世界自身的批判，在现象学的层面上都是无法实现的。黑格尔的这种论证后来在马克思那里又再次出现了（在马克思这里上升到了一个更高的层次）。马克思指出，理论的批判是无法撕去商品拜物教的面纱的。

黑格尔在《精神现象学》第二部分中，在"自我意识"的标题之下阐述了著名的主奴辩证法。在黑格尔看来，自我意识超越了所有的现象学观念，也产生出了"意识"的真理。在我们看来，黑格尔所阐述的这种自我意识象征的是一种对于物化的批判，这种批判与"自我意识"自身的辩证法的出现紧密地联系在一起。这就象征着现代"物化理论"的一个多维度的缩影。黑格尔认为，在对于客观世界的主观创造性维度的认识出现之前，必定存在着对于作为主体的自我的认识。这种自我的认识依赖于对于另外一个作为主体的自我的认识。从这里我们似乎看到了康德的道德哲学。在康德看来，道德之所以是道德，仅仅是因为道德所具有的形式，而不是因为其具体功能。黑格尔也是在（康德在阐述道德哲学时所使用的）这种语境中来研究历史的基础的。他认为，历史的基础就是一个动态的"瞬间"，这个动态的"瞬间"在整个历史的逐渐丰富的形式中重新回归，整个历史就是关于斗争和支配的历史。但是，我们应该把脚步再放慢些。在自我意识之前，"潜在的主体"仅仅是生命而已，换句话说，"潜在的主体"仅仅是动物而已。对于动物来说，所有的客体都仅仅是直接需要的对象罢了。另外一个潜在的主体首先表现出来的时候与任意一个其他的客体都差不多，也就是说，另外一个潜在的主体"首先都是在其直接性中表现出来（auftretend）的，因此，这些潜在的主体看起来与普通的客体是差不多的。"①

直接性与中介配对组成的辩证法贯穿了黑格尔的（《精神现象学》）这整部著作。在黑格尔看来，直接性也就是既有的现实性，无论这种既有的现实性表现得多么丰富，无论它"宣称"什么事情，它也总是贫瘠的、非本质性的，并且从根本上来说是有缺陷的。然而，中介并不意味着引入一种单纯的外部原则："中介不过就是一种对于自身的自我认同或者说自我同一性，或者说，中介就是一种对于自身的反映；"它（即中介）"仅仅是一种生成而已"。② 因此，从这个意义上来说，中介就是这样一种运动：它的源头和主体都是一种内部动力中的因素。它（即中介）仅仅是对于首先就已经隐含地存在着的东西的建构和实现而已。当然，中介并不意味着取消直接性的形式，但是，中介包含着一种扬弃（das Aufheben）的双重结构："取消与保存同时进行。"③ 在这里，我们还要指出另外一点，这就是，在黑格尔看来，至少是从方法论的意义上来说，中介永远不是最终环节；中介总是在创造出一种新的直接性这一运动中的一个瞬间，这一点非常重要。

在主奴辩证法的第一个中介中，生命被还原为普通的客体。但是，一个潜在的具有自我意识的生命是一种自我（sich），而不是一个普通的客体。生命开始于一种"耗尽所有存在的渴望"。当两种这样的渴望相遇时，其结果就是一种原始的殊死斗争。这种斗争可以造成死亡，在死亡中，最原始的直接性不包含任何中介，或者说，死亡可以被看成是一

---

① G. W. F. Hegel, *Phänomenologie des Geistes*, ed. by J. Hoffmeister, Hamburg: Meiner Verlag, 1952, p. 143; Hegel, *Phenomenology of Mind*, trans. by J. B. Baillie, New York: Harper, 1967, p. 231.

② G. W. F. Hegel, *Phänomenologie des Geistes*, ed. By J. Hoffmeister, Hamburg: Meiner Verlag, 1952; p. 21. 英文版《精神现象学》的译者贝利对这句话的翻译是相当自由随意的，但对我们也能有所帮助。他的英文译文如下："mediation is nothing but self - identity working itself out through an active self - directed process"（间接性不过是自我同一性通过一种主动、积极的自我定向的过程而实现自身而已）。相关内容大家可以参考

③ Hegel, *Phenomenology of Mind*, trans. by J. B. Baillie, New York: Harper, 1967, p. 82; G. W. F. Hegel, *Phänomenologie des Geistes*, ed. by J. Hoffmeister (Hamburg: Meiner Verlag, 1952), p. 90. 或者，大家还可以参考 G. W. F. Hegel, *Wissenschaft der Logik*, ed. by G. Lasson, Hamburg: Meiner Verlag, 1967, I, pp. 93 - 94。

个潜在的具有自我意识的主体对于另外一个潜在的具有自我意识的主体的支配。黑格尔将这种支配看成是文化历史的开端。(马克思也注意到了这样一个类似的开端,他论证说,奴隶的社会机制"至少"蕴含着一个能够创造出比他所需要消耗的东西更多东西,马克思所说的这种开端,与黑格尔所阐述的文化历史的开端具有本质上的类似性。)

一个主体对于另一个主体的胜利和支配会引发自我意识的两种不同的原始形式:自我意识的第一种原始形式是主人,这是一种"纯粹的自我意识",(由于另外一个主体为这个主体服务、并且为其劳动)在这种纯粹的自我意识中仅仅包含着(这个主体的)享乐与对于事物的消耗这两者之间的直接关系;自我意识的第二种原始形式是奴隶,"这是一种以物的形式表现出来的意识",在这种以物的形式表现出来的意识中,包含着为一个物的世界而劳动的关系。① 我要强调以下三点内容以及它们之间的联系:第一,黑格尔在这里所阐述的物化形式比他在《精神现象学》第一部分中所阐述的内容要更为激进、彻底。在这里,黑格尔所阐述的物化形式不再是一种单纯的主客体之间的分裂了,在这里,我们看到的是奴隶的意识被还原成了物,换句话说,也就是奴隶变成了一种纯粹的工具,一件物;第二,黑格尔将物化与支配联系在了一起:奴隶是具有依赖性的,或者说,奴隶"依赖于物的形式";第三,黑格尔引入了劳动的概念,也就是关于改变自然事物的实践概念,他将劳动看成是能够进入新的直接性的中介。

我们在这篇文章中不能对(《精神现象学》)这部在马克思看来或许是最为重要的黑格尔著作中的所有内容进行一一解剖。但是,我必须要指出一点,在黑格尔看来,劳动是物化了的直接性的中介,对于自然事物的改变会导致对于社会事物的分解,这是因为,劳动就是一种对象化(Vergegenständlichung)。换句话说,劳动就是为客体赋予人的形式,并且"因此使得客体被看做是人"的东西。主体性第一次被看成是一种可以认识的、外在的形式,并且,创造性的劳动摧毁了关于事物是稳定

---

① G. W. F. Hegel, *Phänomenologie des Geistes*, ed. by J. Hoffmeister, Hamburg: Meiner Verlag, 1952, pp. 145 – 146; Hegel, *Phenomenology of Mind*, trans. by J. B. Baillie, New York: Harper, 1967, pp. 234 – 235.

的、不是被创造出来的、并且是不可改变的东西的幻觉。意识就是通过这种对于客观世界的主观的、创造性的维度进行主动、积极地"渐进式认识"而变成自我意识的。①

黑格尔对于物化以及对于物化的克服所进行的惊人的压缩,并没有为辩证运动中的不同环节赋予(在时间和空间中的)具体的历史性含义。马克思主义对于黑格尔的批判总是在攻击黑格尔从概念上进行上述转换的速度和能力,以及他的社会分析所具有的极端抽象性。马克思主义对于物化的批判的确是开始于与黑格尔对于奴隶(或者说农奴、工人)的物化(或者说工具化)的分析相类似的某种东西。但是,这种批判被迫要对劳动与物化的不同层次进行区分。

令人感到奇怪的是,在卢卡奇对于黑格尔所进行的所有敌对的批判——无论这种批判是一种斯大林主义的批判,还是一种资产阶级批判——中,他都没有质疑黑格尔的物化理论。但是,实际上,黑格尔的物化理论是马克思主义(对黑格尔进行批判的)全部思想传统——这种马克思主义的思想传统总是对资产阶级物化以及斯大林主义的物化持批判的态度——的核心。在这里牵涉到一个与韦伯(Max Web)对于"西方理性观"所进行的社会学分析有关的辩证理论的有力合题,并且,鲁达什(Rudas)、德波林、齐塔(Zitta)以及里希特海姆(Lichtheim)都小心谨慎地回避了韦伯提出的这个辩证理论的合题。在卢卡奇看来,这从来都不是一个关于如何运用韦伯的思想的问题;真正的问题是,韦伯思想的独创性在于,他表明,马克思对于政治经济学的批判中的一些关键性范畴与他自己对于西方理性观的发展所进行的分析是具有同一性的。让我们回忆一下,韦伯试图从方法论的意义上证明,历史唯物主义仅仅是在许多关于"理想型"的可能的体系中的其中一种强有力的体系罢了,并且,韦伯在绝大多数研究中,都选取了另外一种(与历史唯物主义不同的)关于"理想型"的体系。因此,从这个角度来看,韦伯主义的范畴与马克思主义的范畴之间融合具有更为重大的意义。卢卡奇在

---

① G. W. F. Hegel, *Phänomenologie des Geistes*, ed. by J. Hoffmeister, Hamburg: Meiner Verlag, 1952, pp. 145 – 146; Hegel, *Phenomenology of Mind*, trans. by J. B. Baillie, New York: Harper, 1967, pp. 234 – 235.

自己的思想体系中,将马克思对于物化的分析发展成了一种涵盖一切的社会理论,他迫使(马克思思想中的那些)经济学范畴变成了明确的"存在形式,存在规定(Daseinsformen, Existenzbestimmungen),[①] 并且,卢卡奇还进一步超越了韦伯的分析,从而走向了一种动态的理论,这种动态的理论最终将会把社会分析变成对于资本主义社会进行历史性的转变所具有的"客观可能性"的分析。

商品概念是马克思在他发表的两部分析资本主义的著作(即《资本论》和《1857—1858年经济学手稿》)中所提出的第一个"经济学范畴"。卢卡奇将马克思所采用的这一步骤看成是一个非常重要的方法论线索。要想理解这一步骤所包含的方法论前提,我们就必须检验一下关于这一抽象范畴的特殊的马克思主义观念。在《资本论》中,马克思写道:"庸俗经济学对于各种经济关系的异化的表现形式——在这种形式下,各种经济关系乍一看来都是荒谬的,完全矛盾的;如果事物的表现形式事物的本质会直接合而为一,一切科学就都成为多余的了——感到很自在。"[②] 因此,从这种意义上来说,科学知识就是表象与本质之间的中介。要想在这种中介(即科学的知识)中发挥出我们所需要的作用,必须得是某些特殊的范畴才行。在马克思看来,科学知识一定不能通过"直观"现象的具体的(多层面的)本质来开始自己的质询;科学知识一定要从"抽象的"(单一层面的)范畴出发,去重新构建出具体的情境。抽象—具体这一对概念在辩证法中扮演着一个非常独特的角色。在黑格尔看来,抽象的东西是非本质性的、无结构的、直接的、单一层面的东西。而马克思对于抽象这个概念的运用似乎不那么连贯。事实上,他通过将抽象这个概念历史化而在黑格尔所说的那种抽象与通常意义上

[①] Karl Marx, *Grundrisse der Kritik der Politischen Oekonomie*, Berlin: Dietz Verlag, 1953, pp. 26 – 27. 这句话来自于卢卡奇在1923年看到的《1857—1858年经济学手稿》中的部分内容。卢卡奇在1923年看到的《1857—1858年经济学手稿》中的这部分内容由考茨基在1903年出版。或者,大家还可以参考 Marx, *A Contribution to the Critique of Political Economy*, Moscow: Progress Publishers, 1970, p. 212。(中文版本参见《〈政治经济学批判〉导言》,载于《马克思恩格斯选集》,第2卷,北京:人民出版社,1995年版,第24页。)

[②] Karl Marx, *Capital*, III, p. 817 (安德鲁·阿拉托对 S. 穆尔和 E. 艾夫林的英文译文进行了改动)。(中文版本参见《资本论》第3卷,载于《马克思恩格斯全集》,第25卷,北京:人民出版社,1995年版,第923页。)

的抽象（例如概念的普遍性这种抽象）这二者之间穿梭摇摆。他一方面说，"具体之所以具体，因为它是许多规定的综合，因而是多样性的统一。"① 具体是在思维中的一种结果，但是，具体也是"现实的起点"②。由此看来，马克思还是受到了黑格尔所说的那种抽象和具体的束缚。从他（对于抽象和具体）的定义中我们可以看出，抽象是思维的起点，而具体是思维的结果，与此同时，具体是现实的起点，而抽象是现实的结果。抽象与具体是在表象与本质的辩证运动中被构思出来的，因此这二者之间的辩证运动在思维和现实中是相反的。另一方面，马克思"似乎"还在其他某些地方使用了普通意义上的抽象和具体这两个概念。他写道，"最为普遍的抽象"就意味着"一种似乎对于许多现象来说都是共通的特殊性质"。然而，即使是这样，抽象之物（例如抽象劳动）也绝对不是从具体之物（具体之物从来都不是思维中所直接固有的东西）中产生的思维构想。它们（即那些抽象之物）是与既定的社会形式相对应的历史的产物，或者说，它们是与通过还原特定的性质而被抽象出来的一个既定的社会进程相对应的历史产物。抽象的范畴是一个特定社会的"存在形式，存在规定"（Daseinsformen, Existenzbestimmungen），是历史发展中的一个特定阶段。某些抽象的范畴，特别是抽象劳动，是作为所有社会存在中的"环节"而存在的。然而，在它们（即这些抽象范畴）的纯粹形式中，它们仅仅在这样一个社会中才能够表现出来，在这个社会中，生产力在想象中的发展取决于从量的性质中真实地抽象出来的东西。对于作为抽象的抽象的"科学"认识，是在一个"政治经济学的社会"中进行的，在这个"政治经济学的社会"中，抽象变成了现实。

因此，在对于资产阶级社会所进行的分析中，许多抽象范畴（例如商品和抽象劳动）都是与经济条件的"表象"所具有的"直接"形式

---

① Marx, *A Contribution to the Critique of Political Economy*, Moscow: Progress Publishers, 1970, p. 206. （中文版参见《〈政治经济学批判〉导言》，载于《马克思恩格斯选集》，第2卷，北京：人民出版社，1995年版，第18页。）

② Marx, *A Contribution to the Critique of Political Economy*, Moscow: Progress Publishers, 1970, p. 206. （中文版参见《〈政治经济学批判〉导言》，载于《马克思恩格斯选集》，第2卷，北京：人民出版社，1995年版，第18页。）

相对应的。庸俗经济学就迷失在这些抽象之中，将这些抽象之物从所有的历史根基中抽离出来了。另外一方面，表象必然是存在于一个既定的社会情境中的。如果忽略了这些表象，或者仅仅将这些表象看成是"纯粹主观的东西"，那就是方法论意义上的谬误。在《历史与阶级意识》中，卢卡奇非常明确地阐述了理解辩证法的任务。他的目标就是要找到那些从内部将表象与本质联系起来的中介。但是，即使是从理论层面上来看，这一任务也是一个包含着两部分的过程，这个过程是由"对于直接表象同时进行的认识（Anerkennung）和克服（Aufhebung）"组成的。① 卢卡奇在分析物化的时候，非常看重对于以上这种方法的理解。

在卢卡奇看来，商品交换的世界构建出了表象、也就是物化的现象的"第二自然"。尽管"幻觉"（Schein）在这个世界中占据着一个体系化的位置，但是，"幻觉"也仅仅是一个由假象构成的世界罢了。举例来说，当表象（Ersheinungen）表现为一种在历史中不变的东西时候，它们的确采取了幻觉的形式，但是它们"作为表象"，是存在的历史性的、必然的形式，它们相类似的历史性"内核"（也就是它们的本质）是在存在中显现出来的。像"内核"这样的术语是具有误导性的，因为本质与人们想要对其进行综合的具体总体性的基础（也就是人在一个既定的社会框架中的历史性行为）是具有同一性的。无论如何，对我们来说非常重要的是，卢卡奇从商品世界的认识中的辩证因素看出，物化不仅仅是经济中的核心问题，而是"资本主义社会所有层面中的核心结构性问题"②。其结果就是，"克服"的"瞬间"这个问题变得比以往更加复杂了。在1919年的时候，卢卡奇就已经指出，资本主义经济学的扩展将所有的价值都还原成了交换价值。但是，那时的卢卡奇对于无产阶级的"自由决定"是持乐观态度的。他认为，无产阶级的"自由决定"能够创造出一种能够与总体的物化相称的总体的转变。那些自动化的瞬间经常会在《历史与阶级意识》中回归，但现在，卢卡奇的主要论证已经经由一个更为复杂的辩证法而转移了。（卢卡奇的主要论证发生转移

---

① Lukács, *History and Class Consciousness*, p. 8. 我们在上文中所描述的马尔库塞的两组概念与卢卡奇思想中的这一双重层面的过程是一致的。

② Lukács, *History and Class Consciousness*, p. 83.

的）一个重要原因在于，认识的契机是在从韦伯的社会学中得来的范畴内部被构建出来的。

卢卡奇并不是机械地运用韦伯的范畴，只是在展示马克思思想的动态框架时确有需要之际，这些范畴才开始在卢卡奇的理论体系中发挥作用。卢卡奇对于物化的分析是通过"异化劳动（alienated labor）"、作为一个整体的资本主义社会的物化以及在资产阶级的科学与哲学中的意识的物化这些环节而进行的。由于这种概念上的演进，而把异化（Entfremdung, alienation）和物化（Verdinglichung, reification）这两个概念等同起来，这是非常具有误导性的。实际上，在马克思的著作中，正是商品拜物教这个概念而不是一个发展成熟的异化概念给卢卡奇提供了这样一种洞见：物化这一问题构成了马克思的批判的核心。卢卡奇从商品拜物教中推断出一个概念——作为西美尔的学生，卢卡奇从1910年起就开始运用这个概念了，这个概念就是"劳动的异化"（alienation of labor）。卢卡奇认为，在商品市场中，表现为劳动力以及劳动产品的人类劳动变成了一个客观的、独立的物的体系，商品的自发性或者说自主性规律控制并且征服了劳动者。从卢卡奇所采取的大致步骤来看，他同时从客观和主观这两个层面对（劳动的异化所带来的）结果进行探索。从"客观的角度"出发来看，"商品化"、"物化"就意味着创造出一种虚假事物的第二自然，从"主观的角度"出发来看，人类活动的异化以及人的去活动化被迫与这种第二自然面对，并且在第二自然之内来进行。因此，从这个意义上来说，卢卡奇是从"异化"这个概念中，推演出在青年马克思的作品中以及在人类历史中都占据重要地位的"物化"概念的。

卢卡奇曾经将注意力从异化劳动转移到了在资本主义制度这一特殊历史形态之中的"抽象劳动"。抽象劳动这一范畴不仅仅是一个概念上的构建，而是一个社会的、历史的产物；抽象劳动这个社会、历史的产物是所有劳动中的一个环节或者说一部分。但是，在卢卡奇看来，人们之所以需要抽象劳动，抽象劳动之所以按照其纯粹的形态被制造出来，都是因为商品形式逐渐升级的普适性。之所以会这样，是因为商品交换倾向于通过攻击所有自然群体之间的纽带而确保其自身的劳动力供给，大规模的商品生产之所以成为可能，仅仅是因为抽象劳动变成了"支配着真实的商品生产"的原则。① 也就是说，之所以说劳动（力）在资本主义制度之下被抽象了，既是因为劳动（力）被作为一种商品而出卖，也是因为劳动（力）在工厂之中被还原成了其自身的局部的、量化的影子。从以上分析来看，卢卡奇将马克思提出的抽象劳动这个范畴，与韦伯提出的形式上的合理性——韦伯所说的形式上的合理性就是当代科学的理性，也是建立在量化与计算的基础之上的（资本主义的）工业现代化的理性——这个范畴融合在了一起。在韦伯看来，与实质上的合理性不同的是，形式上的合理性排除了所有的价值。很显然，那些机械化的、重复的、标准化的、并且是可以简单定义的、相互隔绝的活动是最容易被量化并且加以计算的。但是，这就意味着（并且韦伯也总是承认这一点）当代的工业理性化趋势是一种走向"逐渐消灭人的本质与工人的个人特质"的趋势。② 卢卡奇认为，上述趋势最终将会在泰勒制中达到顶峰，而这个泰勒制却是韦伯所赞赏的，这就意味着工人的精神或者说心理的机械化，也就是"他的心理特质从他的总体人格中"的分离，并且，还意味着这些工人的心理特质被理性化地、通过用数据加以计算的方式被整合进了生产的体系中去。

在卢卡奇看来，劳动过程的全部理性化就意味着最初是一个"有机整体"的生产的"客体"被割裂成了机械化的碎片，每一个碎片都是一个被专门化、特殊化的局部操作所带来的可以预测到的结果。而生产的"主体"（也就是工人）甚至被割裂成了更为零散的碎片：每一名工人都会被挑选出一种专门化、特殊化的局部操作以及局部技能，这种专门

---

① Lukács, *History and Class Consciousness*, p. 83.

② Lukács, *History and Class Consciousness*, p. 88；或者，大家还可以参考 Max Weber, *The Theory of Social and Economic Organization*, trans. by A. M. Henderson and Talcott Parsons, New York: The Free Press, 1964, pp. 246 – 247, 以及 ed. by H. H. Gerth and C. Wright Mills, *From Max Weber*, New York: Oxford University Press, 1958, pp. 215 – 216. 此时此刻（由于我们正在具有拜物教性质的表象这个层面之上移动），我是从以下这个事实中抽象出上述观点的，这个事实就是，在马克思看来，劳动的量化必须要预设出一个使劳动保持其本质的特征的层面。也就是说，劳动总是有用的劳动，总是能够满足本质的总体社会需求的总社会劳动中的一部分。而在韦伯看来，由于总体性这一范畴的缺失，这个层面就瓦解了。从质到量的还原出现在一个单一的层面之上。

化、特殊化的局部技能会以牺牲这名工人其他所有真实的、潜在的技能为代价而加以发展；并且，这种专门化、特殊化的局部技能被放在了与这名工人的总体人格相对立的位置之上。虽然某些对于马克思作品的误读闻名于世，但是实际上，马克思注意到了以上进程，即使是在《资本论》中，他也注意到了以上进程："劳动被肢解到了每一名工人的局部碎片中"，并且"劳动过程的智慧潜能从这名工人身上被抽离出去了。"① 但是，卢卡奇在这里又继续深入分析道，一方面，工人的活动（也就是他的实践）变成了纯粹客体化的东西；另一方面，工人残存的主体性被还原成了对于他自己（以及其他工人的）异化活动的"沉思"。在这种沉思的姿态中，蕴含着从一种机械化的"被动性"向一个"符合固定规律的、并且是不受人类干预影响的"劳动进程的前进。②

在卢卡奇看来，我们还必须要从一个更为宽泛的意义上来理解将生产主体分割成局部片段的现象：这不仅仅意味着对于个体工人的主体性的毁灭，还意味着工人的原子化，也就是工人之间的相互隔绝，"商品生产"需要并且促使工人从自然群体中被分割出来，而商品交换则在物与物之间建立起了社会关系，而不是在人与人之间建立起社会关系。从"社区"（Gemeinschaft）到"社会"（Gesellschaft）——这两个词汇是德国社会学家斐迪南·滕尼斯（Tönnies）提出来的——的历史进程本身就是早期资本主义形态与商品交换所产生的结果，这一历史进程是"自由劳动"（也就是作为商品的劳动）的大规模供给的先决条件，而"自由劳动"的大规模供给则是一个依赖于"抽象劳动"的商品生产"体系"的必要条件。③

虽然卢卡奇没有像马克思一样对自由劳动与商品生产相互联系在一起的发展进行历史分析，他想要提出一个系统化的观点并借助这种观点

---

① Marx, *Capital*, p. 645.
② Lukács, *History and Class Consciousness*, p. 89.
③ 我们之前已经说过，我们或许应该将资本主义制度下的"自由劳动"，也就是对于劳动力这种特殊的商品的自由买卖，理解为在虚假意识中达到顶峰的商品拜物教的基本形式。另一方面，我们还可以看马克斯·韦伯对于自由劳动为什么是工业理性化的先决条件所作出的有趣解释，相关内容大家可以参考 Max Weber, *The Theory of Social and Economic Organization*, trans. by A. M. Henderson and Talcott Parsons, New York: The Free Press, 1964, pp. 276 – 277。

来超越马克思的分析，而且也隐含地超越了马克思所面对的资本主义的阶段。卢卡奇指出，自由劳动本身是不足以导致资本主义生产的全部自我实现的，自由劳动本身甚至不足以导致一个单一工厂的总体理性化。只有当"工厂的内部组织"变成"资本主义社会的整体结构"的缩影时，资本主义理性才有可能达到顶峰。① 在卢卡奇的这种分析背后，我们看到了隐藏着的韦伯的观点。韦伯坚持认为，如果没有法律、政治乃至日常生活中的理性管理，那么理性的（资本主义）经济就是不可能的。在韦伯看来，理性的管理就是官僚主义。韦伯认为，国家和法律的官僚主义管理就是西方人不可改变的命运，从社会学的角度来看，这种国家和法律的官僚主义管理与工厂中的资本主义组织方式是具有同一性的，并且是资本主义组织方式的先决条件。这就意味着，在卢卡奇看来，生活的所有层面都被标准化了，并且被还原成了片段，被还原成了遵守固定法律的、可以被简单计算出来的局部体系。不仅仅劳动是如此，所有的人类活动最终都会因而逐渐被异化，并且变成在人为控制之下的第二自然中的一部分。

这就满足了卢卡奇最初提出的衡量资本主义总体理性化的标准。当全部社会都被在工厂中进行的那种管理所统治，当——就像韦伯所说——全部文明的经验"的存在及其生活的政治技术条件以及经济条件都绝对、完全地依赖于一种经过特殊训练的官僚'组织'"② 的时候，被异化了的工人的命运就的的确确变成了典型的人类命运。进一步来说，官僚阶级自身的成员也不能幸免。卢卡奇认为，狭隘的专门化，也就是以牺牲所有其他的能力为代价来强化某一种能力，是我们在官僚主义者身上看到的最为非人化的特征。这是因为，在官僚主义者的精神能力中，只有一个单一的层面被分离出来并且被机械化了，并且是在"荣誉"、"责任"以及"意识"这些堂而皇之的名义之下被分离出来并且被机械化了，甚至连伦理道德的领域都被拉入了可以买卖的商品领域中，从这种意义上来说，官僚主义者只是作为一种商品来发挥作用而已。

---

① Lukács, *History and Class Consciousness*, pp. 90 – 91, and 95.
② Weber, *The Protestant Ethic and the Spirit of Capitalism*, trans. by Talcott Parsons, New York: Scribner's, 1958, p. 16.

如果这就是物化的资本主义理性化的直接性的话，那么，我们就必须要针对这种直接性的界限、针对释放出其潜在的（并且是掩盖得非常好的）动力的中介提出最为根本的问题。作为对于上述根本问题的初步回答，卢卡奇对马克思提出的关于作为一个整体的资本主义体系的不合理性的观点进行了重新阐述。他指出了"实现"剩余价值的问题（这个问题有力地将生产的体系与分配的体系综合在了一起）以及实现剩余价值所导致的危机。然而，韦伯也注意到了一个潜在的问题："只有当工人臣服于企业管理的权威之下时，形式上的合理性在资本积累中的最大化才是可能的。这是现代经济学秩序所具有的实质上的不合理性中的一个特殊的要素。"① 由于实质上的合理性被定义为任意选择人类的价值，从这个意义上来说，韦伯在此处的分析只与卢卡奇的分析相类似。从认识论的角度来看，（卢卡奇所使用的）总体性这个范畴的确与韦伯的思想十分接近。然而，如果从马克思主义的角度来看的话，我们就会清楚地看出，韦伯注意到了资本主义经济的合理性与对于人的基本需要的满足这二者之间的对立。如果没有总体性这个范畴，那么在边际效用的经济学理论的影响之下，韦伯就不会注意到：人的基本需要没有得到满足是由消费不足所导致的危机的源头，并且从作为一个历史性整体的体系这一视角出发看，它也是"形式上的"的不合理性的一个要素。

然而，从我们惨痛的历史经验中，我们可以清晰地看出，卢卡奇提出的从经济层面到总体社会层面的物化问题，是无法仅仅通过对于经济危机进行分析就能够得出答案的。《历史与阶级意识》的全部分析，或者甚至可以说卢卡奇自1923年以来的全部思想历史都需要（尽管他没有彻底完成这一任务）对于马克思主义中的客观主义决定论进行普遍的批判。然而，另一方面，卢卡奇对于物化的分析揭示出了发达资本主义制度之下的主体性层面所蕴含的一些深层次的结构问题："正像资本主义制度不断地在更高的阶段上从经济方面生产和再生产自身一样，在资

---

① Max Weber, *The Theory of Social and Economic Organization*, trans. by A. M. Henderson and Talcott Parsons, New York: The Free Press, 1964, p. 248. 对于韦伯的形式上的合理性的具体内涵所进行的杰出探讨，大家可以参考 Herbert Marcuse, "Industrialization and Capitalism in the Work of Max Weber", *Negations*。

本主义发展过程中，物化结构越来越深入地、注定地、决定性地浸入人的意识里。"①

意识的物化是在思维中进行的、对于物化的直接性的消极的、沉思式的再生产。在卢卡奇看来，这种形式的物化（即意识的物化）也是在总体性的社会层面上来运行的。工人变成了对于这一进程（即物化的进程）的消极的个体旁观者，在这一过程中，每个个体工人的活动被分割成了片段，工人只能对这些作为这一进程的客体的片段式活动进行观察，却不能对其进行掌控或改变。官僚主义的管理在日常生活层面上对这种模式进行了再生产。其结果就是，到处都是只能在分割开来的片段中才能够看到的、对这个世界的消极反应以及隔绝：这个世界表现为从本质上来说是不可改变的东西。马克思对于政治经济学这种科学的根本性批判就在于，政治经济学"用科学的方式"对日常生活中的这些"幻觉"进行了再生产。卢卡奇将马克思对于日常生活意识以及实证主义科学所进行的双重批判进一步扩展到了所有的当代科学以及哲学中。

如果我们试图在《历史与阶级意识》中寻找对于当代科学以及科学主义哲学的详尽批判的话，那将会是一个错误。然而，卢卡奇的确沿着这样一种批判的方向提出了一些非常重要的洞见（以及一些很有问题的观点）。在关于科学的社会学这一形式化的层面上，卢卡奇将所有当代科学的"构建"都整合进了他的普遍框架中。所有当代科学都是被专门化、特殊化所统治的，并且从组织形式的角度来看，所有当代科学都是被逐渐官僚化的管理所统治的。从科学的内容这一角度来看，科学首先表现出的特征就是它们对于现实的割裂或者说片段化，在这之后，科学接连表现出的特征则是总体性及其"本体论层面的基础"的缺失：当代科学变得越复杂，就越能从方法论的角度更好地理解科学自身，也就越坚决地把处在自身的影响之下的本体论问题抛到一边——科学也就愈发成为一种具有"局部"特殊规律的形式上的封闭系统。然后，它（即科学）就会发现，"这个领域自身的、具体的现实基础"，从方法论的角度

---

① Lukács, *History and Class Consciousness*, p. 99.

来看以及从本质上来看，都将会是科学自身所"无法把握的"。[①] 第二，这些当代科学的特征还在于，它们冻结了已知事物的直接现实性，这是因为，现实的驱动力只有从总体的角度出发才是可见的。因此，这些当代科学出于以下三个原因而受到批判：第一个原因是总体性的缺失；第二个原因是本体论层面（也是历史层面）的基础的缺失；第三个原因是当代科学对于已知事物的冻结。如果我们回到物化理论的方法论前提就会看出，卢卡奇对于当代科学提出的以上这三种看似零散的批判，实际上是具有内部关联的。现象与本质这对范畴为我们提供了一个线索，这就是，此处涉及了对于在不同的方法论层面上进行的一个相同进程的批判。对于已知事物的现实性的冻结就意味着，现象被看成是从本质上来说是不可还原的、不可改变的东西。科学不去询问事实的结构，也就是事实所具有的"历史层面"上的、动态的"基础"——这是因为，这被视作是非科学的质询。（在关于人的科学中的）这种历史动力学取决于在一个既定的社会阶段的结构框架之中的人所进行的有意识或无意识的活动。而那些精确的（当代）科学必须要消灭世界的总体性，因为总体性是无法从不经由中介的抽象以及事实中被综合、归纳出来的。恰恰相反，只有对总体性所进行的思辨，才能够对僵死的事实以及抽象进行调节并将其历史化。

卢卡奇为了说明科学意识的物化所列举的两个例子分别是关于经济的科学和关于法律的科学。在这里，他毫无困难地证明了这样一个主题，这就是，这些（当代）科学以及其他"关于人的科学"，为了满足那些完全是局部的、形式化的利益，而将在历史中不断变化的人的基础从方法论的层面上排除出去了。这些科学没有对作为主体的人与人之间所具有的辩证关系进行探讨，也没有对作为历史进程的客体的人进行探讨。

在他的物化分析的第一阶段中，卢卡奇还没有引入他在前马克思主义时期最为关注的、对于主客体辩证法的理解。然而，即使是他对于直接性的分析，也是从两个角度同时展开的：他同时表明了人类主体的去

[①] Lukács, *History and Class Consciousness*, p. 104.

活动化及其客体（这些客体是被物化了的主体性中的层面或者说部分）逐渐增加的"自然化"。他对于直接性的分析，在相互隔绝的个体的主体性残余与一个独立的客体世界这二者之间的彻底分裂中达到了顶峰。然而，我们只是被迫间接地预测，卢卡奇的分析将会发展到在以上情境中看到辩证关系的阶段。这种预测是很有必要的，这是因为，如果没有这种预测，卢卡奇提出的那些关于自然科学的观点是完全无法理解的。卢卡奇在形式化的社会学这一层面上所进行的批判，是可以应用到所有的科学中去的。进一步来说，从方法的层面上来看，自然科学已经在历史中变成了所有其他科学的模型。然而，当涉及它们（即这些自然科学）在上述情境中所使用的方法的时候，我们就必须要更为小心。只有当它们（即这些自然科学）重新获得的方法是可用的或者至少要有确定的可能性的时候，卢卡奇对于（自然科学在）本体论层面上的基础的缺失以及总体性的缺失所进行的批判才是有效的。但是，我们都知道，卢卡奇对于那些将历史辩证法运用到自然中去的马克思主义者（例如恩格斯）是持批判态度的，这是因为，"在我们关于自然的知识中，没有主体与客体的互动，没有理论与实践的统一，也没有作为思维中的范畴发生变化的基础的、这些范畴所隐含着的现实中的历史性变化。"[①]

卢卡奇坚信，恩格斯的自然辩证法（自然辩证法是恩格斯理解一般辩证法的基础）无法克服一种对于客体进行纯粹思辨的立场。这就是卢卡奇对晚年恩格斯（以及列宁）关于知识的"复写理论"持批判态度的原因。并且，这也正是卢卡奇强烈地批判恩格斯对于康德的"自在之物"问题的解决是虚幻的原因。即便我们可以作出一种完全非康德主义的假设：认为实验和"工业"（这两者在卢卡奇看来都是纯粹思辨的东西）使得自在之物变成了自为之物，但我们还是无法超越康德。根据黑格尔的《逻辑学》，以上假设没有为客体带来任何变化，客体依然是一种自在之物。在实践中，总是包含着一种主客体之间的关系，并且总是

---

① Lukács, *History and Class Consciousness*, p. 24, n. 6. 在这里，安德鲁·阿拉托对罗德尼·利文斯通的英文译文进行了改动。上面提到的卢卡奇的最后一句话最终被证明是有效的，因为他的论证是有效的，或者至少可以说从我们目前与自然所进行的互动这一层面上来说是有效的。Lukács, *History and Class Consciousness*, p. 207.

蕴含着实践的客体之间的内在互动关系，这样的实践之所以能够成为实践，仅仅是因为这种实践与正在变成主体的客体相一致，也就是说，这种实践与自为之物相一致。因此，从这个意义上来说，卢卡奇对于"复写理论"的批判，对于恩格斯对康德的批判所进行的批判，以及对于自然的决定论以及客观主义辩证法的批判，都是为他对于实践的理解进行辩护。我们应该注意到，自然的辩证法以及知识的"复写理论"都是与一个倾向于排除所有实践的物化世界完全相符的（由于自然辩证法以及知识的"复写理论"仅仅是对于世界的反映而已，所以也只能说它们与这个物化的世界完全相符）。因此，从这个意义上来说，以上这些理论思想并没有摆脱"意识的物化"。

绝大多数从精神科学角度出发来解释卢卡奇的人以及典型的斯大林主义者由于他们既有的偏见，都无法认识到卢卡奇对恩格斯进行批判的真正动机。这些人其实应该指出卢卡奇对官僚化的社会民主党的决定论的反对。当然，他们也没有指出卢卡奇与诸多不同德国哲学流派存在密切关联这一复杂思想背景。实际上，如果从卢卡奇的文本出发，我们的确可以将他对于自然科学的方法与历史科学的方法之间的区分向前追溯到狄尔泰。早在1911年的时候，卢卡奇就指出，狄尔泰的成就在于对自然化的社会学进行了批判——尽管这种批判只是消极的、否定性的批判。但是，如果我们将卢卡奇对于自然辩证法的批判还原为一种单纯的"狄尔泰主义"元素的话，那将会是一个错误。首先，对于自然科学的方法与历史科学的方法的区分并不是狄尔泰自己提出来的；它有着更为悠久的历史。即使撇开人人在谈起这种区分时都会引用的维科不提，在康德的哲学中，任何一种可能的、关于历史知识的先天综合都似乎是依赖于人类实践的。① 费希特在一个更为动态的实践概念框架中运思，但其思想依然是建立在康德对于实践与理论的区分这一基础之上，他只是将康德的这种区分又向前推进了一步，并且指出，自我拥有"自由的力量"，而自然则是死的、静止的。狄尔泰自己在谈到上述问题的时候也

---

① Immanuel Kant, *Werke*, Frankfurt - am - Main : Insel Verlag, 1964, XI, pp. 351 - 352；或者，大家还可以参考 *On History*：*Immanuel Kant*, ed., L. W. Beck, New York : Library of Liberal Arts, 1963, pp. 137 - 138。

引用了费希特的思想。虽然黑格尔在以下这一点上并没有保持一贯性，但是，在他的思想中，对于空间化的自然与暂时性的、基于史实的精神（Geist）的区分的确是一个基本原则。因此，对于自然与历史的区分贯穿了整个德国思想史（在《资本论》中，甚至还有一个著名的注脚是赞颂维科的），这就使得关于（自然与历史的区分的）确切源头（究竟起源于哪位思想家）这一问题变得无关紧要了。

第二个观点是（这个观点比上一个观点更为重要，因为这个观点触及了思维在不同的思维载体中所发挥的作用）狄尔泰的确提出：包含着不受限制的主体性（即也同一的主客体）的历史知识与自然科学截然相反，因为，自然科学所面对的是一个异化了的世界，并且将主体性还原成了一个外部的自我，这个外部的自我构建出了一些假设的概念，并且只有通过实践中的工具化行动才能够对现实加以干预。进一步来说，为了阐明他提出的同情的理解这一概念，狄尔泰调用了维科的论证——比之于自然，我们之所以能够对历史有更加本质的了解，是因为历史是我们自己创造出来的：这就是说，我们之所以能够对历史有更加本质的了解，是因为历史学家本身也是一个历史行动者。但是，狄尔泰对黑格尔那种掌控一切的理性主义进行了批判，他用基本上是非理性的生活概念以及生活在心理层面上（或者说在交互主体性这一层面上）的相关之物（即经验）来解释"创造"和"再体验"。卢卡奇则坚决地回到了黑格尔（以及马克思）的理性主义传统中去。进一步来说——这一点是至关重要的——狄尔泰提出了关于（对生命同情的）"理解"这一概念，尽管这个概念（作为日常生活中的全部交互主体性的基础）与日常生活中的活动系统化地联系在一起，但是它依然是沉思式的。狄尔泰提出的那些关于实践的范畴，最终依然是纯粹沉思的范畴。狄尔泰总是强调对已经在历史中被创造出来的东西进行反思、再体验以及再创造。然而，在卢卡奇那里，他对辩证法的自然化——所谓辩证法的自然化，也就是从方法论的层面上，将对于历史的研究与对于自然的研究同一化——进行抨击的目的在于，他要通过将现在与未来历史化，而为理论与实践的统一性这一马克思主义的观点赋予意义，从而证明马克思主义的辩证法是一种致力于创造出某种新事物的革命性的辩证法。但是，在此这种意上，狄尔泰所面对的敌人，卢卡奇是无需直接面对的，并且，卢卡奇所面对的敌人只是狄尔泰所面对的敌人中的一部分而已；卢卡奇的主要批判对象是一种在很大程度上依赖于恩格斯晚年作品中的某些层面的社会民主党（及其高级形式：斯大林主义），以及实践的意图在马克思主义的理论和实践中的缺失。

因此，卢卡奇为了保护辩证理论和革命性的实践不被自然化（naturalization）而拒斥了自然辩证法。然而，我们在这里必须要提出三个紧密相关的观点，这三个观点都是从我们对《历史与阶级意识》中关于自然的问题所进行的令人困惑的分析中得出来的。第一个观点是，卢卡奇没有并且也不会有一种对认为"自在的"世界是不可知的自然科学或关于自然科学的哲学进行批判的理想立场。他之所以不能进行这种批判，是因为他的社会科学批判的基础依赖于一种排除了自然的历史主客体辩证法的存在。第二个观点是，由第一个观点可以推出，对"自然"的社会学还原是不会有效的。也就是说，尽管社会科学与自然科学的特殊化、专门化的组织是十分相似的，但是，我们不能宣称它们二者"同样"都是意识的物化的产物。就像米哈利·瓦伊达所说的："如果我们因为自然科学（即一种倾向于消灭所有拟人说的自然科学）的世界图景提出了关于纯粹客观的自然规律的假设，就宣称自然科学是物化了的意识的产物的话，那么，我们就隐含地将自然也理解为人类的行动了。"①不过，卢卡奇的确将主客体辩证法限制在历史的领域内。另一方面，他在这个问题上又不是前后一致的，并且，阿尔弗雷德·施密特（Alfred Schmidt）曾经对卢卡奇在《历史与阶级意识》中宣称"自然是一个社会范畴"进行了强烈的抨击。但是，我们必须要为卢卡奇辩护。在阿尔弗雷德·施密特看来，卢卡奇认为是（历史的）主体创造出了"自然"。但是，卢卡奇对上述观念是持拒斥态度的。他明确地指出，他提出"自

---

① Mihály Vajda, "Objectiv Természetkep es társadalmi praxis" [Objective View of Nature and Social Praxis], *Magyar Filozófiai Szellem*), XVI, No. 2, Budapest, 1967, p. 319. 米哈利·瓦伊达的这篇文章以及乔治·马尔库什的一部短篇著作《马克思主义与"人类学"》(*Marxismus és "Antropoogia"*, Budapest, 1966) 是（卢卡奇）研究马克思主义关于实践与自然的观点所具有的问题的两大重要思想来源。米哈利·瓦伊达与乔治·马尔库什是卢卡奇早期的密友。

然是一个社会范畴"的本意是为了说明：我们与自然的相互作用是被社会所规范、调节的。然而，卢卡奇的确曾经在一处将这些互动的形式的总体性定义成了"自然的形式、范围以及客体性"①。这似乎就与阿尔弗雷德·施密特的批判对上号了。但是，在另外一个完全不同的段落中（阿尔弗雷德·施密特并没有引用这个段落），卢卡奇遵循着黑格尔思想中的某些线索，提出了两个辩证法的假设：一个是关于主体和客体的"积极"辩证法（一个特殊例子就是：理论与实践的辩证法），这就是历史辩证法，而另一个则是关于运动的"消极"辩证法（Bewegungsdialektik），这就是自然辩证法，从这种自然辩证法的角度来看，（虽然科学知识和技术参与到了这种积极的历史辩证法中去，但是）理论必须保持一种不参与（到实践中）的旁观者的状态。如果我们将卢卡奇的上述分析看成是对于自然是一个"社会范畴"这一观点的两个层面所进行的说明的话，那么，这就反驳了阿尔弗雷德·施密特提出的卢卡奇完全否定了自然的客观"物质性"这一观点。然而，从卢卡奇自己对恩格斯的批判看，一种仅仅是"为了我们"、而从来都不是"为了自己"而存在的"消极"辩证法依然保持着一种"自在"的状态。换言之，在卢卡奇对自然科学的批判中，没有也不会包含对于自然中统一起来的基础进行构建或对于在时空中作为一个总体的自然（从他对于物化所进行的普遍批判来看，关于这种在时空中作为一个总体的自然的实证科学必定是封闭的）进行构建的基础。因此，从这个意义上来说，卢卡奇就将自然中的一部分送到了实证主义者以及马堡学派的新康德主义者的手中了。

第三，从卢卡奇的自然观的困境中产生的一个最为严重的问题是，一个有问题的要素被引入到了物化理论自身中。由于自然本身被看成是社会性的存在，因此（在他思想中）关于第二自然的观念并不是十分清楚。反过来说，由于两个自然具有同一性，要克服物化的第二自然，就必定会表现得与克服所有自然的客体性一样困难，并且，卢卡奇对自然辩证法的抨击，正是为了证明经由第二自然而进行历史实践的可能性。即使卢卡奇将自然还原成了我们在上文中所描述的那种限定意义上的社

---

① Lukács, *History and Class Consciousness*, p. 234.

会范畴，或者说，即使他在这个问题上是有些困惑的——他后来在《历史与阶级意识》中关于这一点进行了自我批判——在他的理论中，依然没有把对象化（调节自然事物、文化客体和主体间的交往的既定形式的人类活动）和被异化的对象化进行明确的区分。更确切地说，如果我们考虑到卢卡奇的思想中存在的三个不同的层面——物化（也就是"第二自然"被异化了的对象化）、对象化（也就是总是对前在的"客体"进行调节的人类活动）、客观的原始自然——并且对这三个不同的层面进行区分的话，那么，卢卡奇的物化理论就会变得更具连贯性了。对这三个部分的区分所要表明的是：对象化意味着通过改变事物把自然的界限往后推，而"物化的世界"无非就是对象化在一个既定的统治和剥削制度下呈现出来的一种特殊的社会形式。在这种情况之下，物化之克服既不意味着对我们以技术控制自然（无论这究竟是什么意思）的克服，也不意味着对自然的客体性的克服。然而，我们也不应该将自然的客体性看成是一种僵死的客体性；对象化这个概念拥有十分丰富的内涵，我们可以用它建立起人与自然相互作用的许多不同的动态层次。① 关于自然的问题使得卢卡奇甚至早在写作《历史与阶级意识》的时候就试图将（对象化的）许多异质性层面引入到物化的结构之中。举例来说，他曾经指出，人类与自然、艺术、哲学与宗教相互之间的关系较之于人与人之间的关系，物化造成的影响以及对物化的潜在克服，都要小得多。但无论如何，卢卡奇始终没有解决关于物化的不同层次这一问题。在我们看来，物化的不同层次这一问题在政治和科技拜物教情境中是最致命的。

  因此，卢卡奇在1923年的时候没有对关于科学的问题提出很好地解决办法。尽管如此，他还是将对意识的物化所进行的社会学批判扩展到了对于所有科学的批判中去，考虑到他的"自然"观所具有的种种问题，他由此得出的结论并不是那么令人信服：（卢卡奇得出的结论是）各种科学通过"技术的专门化"而摧毁了"关于总体的每一种图景"。

---

① 在那种所谓的卢卡奇在晚年所处的本体论阶段中，他想要通过对于对象化的不同层面进行大规模研究而攻克的正是这个问题。

卢卡奇接下来提出的问题是，哲学是否能够将各种科学所带来的结果综合成一个连贯的统一整体。在卢卡奇看来，这种综合，也就是对于形式化体系中的各个部分的协调，无论其如何广博全面，都是对于西方的理性主义进程的再复制。对于从形式上相互依存并且将它们自己研究的内容看成是恒久不变的既定的东西的各种专门科学的综合，是绝对不会具有创造性的，其内容也绝对不会是动态的。作为这种"综合"的哲学对待各种专门学科的方法，就像各种专门学科对待其自身所研究的内容的方法一样，都将其看成是某种非历史性的东西。进一步来说，这样的一种综合依然没有重新把握总体性。现在，让我们跳过关于自然科学的问题。每一种关于文化、历史的科学所表现出的知识体系，都依赖于不同的方法论前提。有些（关于文化、历史的科学）是自然主义的形式化体系；有些则是纯粹描述性的东西，并且强调它们的事实具有非理性以及不可还原性的特征。所有这些（关于文化、历史的）科学都具有一个共同特征，这就是：它们都忽略了关于它们研究内容的历史辩证法。在卢卡奇看来，它们也就因此忽略了对于总体性进行综合的唯一可能的基础——这个基础就是人在历史中的具体生成。

卢卡奇对于哲学的批判是他对于物化的直接性进行阐述的顶峰。各种最新的哲学流派并没有超越意识的物化："物化了的世界最终表现为唯一可能的、唯一从概念上可以把握住的、可以理解的世界，即为我们人类提供的世界。"[①] 因此，从这个意义上来说，当代理性主义表现为一种不断扩展的、涵盖一切的资本主义世界的理性——这种理性不断地创造着各种令人费解的、模糊不清的拜物教。其代价似乎就是人类活动，也就是人类在从劳动到哲学的所有潜在主体性层面之上所进行的"实践"。然而，我们可以明显地看出，从一开始，卢卡奇所提出的那些关于方法论的观点似乎就隐含地说明了他正在寻找这种中介：他之所以要寻找这种中介，是为了用实践来对抗、并且消灭物化。因此，从这个意义上来说，在对"物化的现象"进行描述之后，卢卡奇就转向对"物化的动力"的研究了。首先，他试图从历史的角度对于理性这一抽象概念

---

① Lukács, *History and Class Consciousness*, p. 110.

的直接性进行调节,从而建立起一种关于"克服"的(至少是抽象的)可能性,并且创造出关于实践辩证法的"概念框架"。在这种情况之下,卢卡奇对于一个完全是普遍化、形式上的合理性概念——即韦伯的"形式上的合理性"概念——所具有的历史性结构进行了检验,他把这一概念看成是"理性主义"思想传统(德国古典哲学)的产物,但是,德国古典哲学最初的那些意图与当今时代那些"理性"的捍卫者的意图是截然不同的。

(卢卡奇这样)一个马克思主义者竟然会转向哲学史来阐明与资本主义世界的动力有关的问题,这看起来似乎有些奇怪。然而,从马克思主义这一语境中来看,卢卡奇遵循的是马克思和恩格斯留下的某些思想线索。马克思在1843年的时候提出:"无产阶级不把哲学变成现实,就不可能消灭自身。"① 恩格斯在1888年的时候,将马克思的上述断言具体化并且历史化了:"德国人的理论兴趣,只是在工人阶级中还没有衰退……德国的工人运动是德国古典哲学继承者。"② 以上这些观点(以及马克思和恩格斯写下这些观点的篇章)都将(德国)古典哲学看成是辩证法的根本来源之一(因此,也就是实践的根本来源之一)。另一方面,我们也有可能找到马克思和恩格斯将(一般意义上的)哲学看成是一种纯粹附带现象(epiphenomenon)的论述,也就是倾向于将哲学史"还原为"生产关系的历史的论述。总的来说,第二国际中的马克思主义在对待哲学的时候所采用的就是后面这种论述。但是,对于所有形式的主体性的还原,在卢卡奇看来都仅仅是对于资本主义物化的反映而已——并且,在一个革命性的阶段,也是对于资本主义物化的捍卫。执政的社会民主党在20世纪所表现出的保守的政治行为,与其理论上的假设所蕴含的被动性是相辅相成的。卢卡

---

① Marx, "Contribution to the Critique of Hegel's Philosophy of Right, Introduction." in Bottomore, *Karl Marx, Early Writings*, p. 59. (中文版本参见《〈黑格尔法哲学批判〉导言》,载于《马克思恩格斯选集》第1卷,北京:人民出版社,1995年版,第16页。)

② Engels, "Ludwig Feuerbach and the End of Classical German Philosophy," in L. Feuer, Marx and Engels, *Basic Writings on Politics and Philosophy*, Garden City:Anchor, 1959, p. 242. (中文版本参见《路德维希·费尔巴哈和德国古典哲学的终结》,载于《马克思恩格斯选集》第4卷,北京:人民出版社,1995年版,第258页。)

奇（以及科尔施）都对俄国革命罔顾社会民主党的教义感到激赏，并且他们都认为，自己也应该忽视那种"庸俗马克思主义"（从很多种层面来看，这种所谓的"庸俗马克思主义"都与马克思所说的那种机械唯物主义非常类似）的理论假设。因此，卢卡奇又回到了（马克思）在《关于费尔巴哈的提纲》中构建出来的实践辩证法。他确信，在《关于费尔巴哈的提纲》中的实践辩证法保留了（马克思）未完成的政治经济学批判的方法论根基。

《关于费尔巴哈的提纲》中的第一条，也就是包含着关于主客体辩证法的这一条，具有至关重要的意义。马克思写道："从前的一切唯物主义的主要缺点是：对对象、现实、感性，只是从客体的或者直观的形式去理解，而不是把它们当作感性的人的活动，当做实践去理解，不是从主体方面去理解。因此，能动的方面却被唯心主义抽象地发展了，当然，唯心主义是不知道现实的、感性的活动本身的。"① 我们可以用以下这种方式来看待马克思的这段话。马克思在使用"客体"（Objekt）与"直观"或者说"沉思"（Anschauung）这两个概念的时候虽然将它们严格区分开来了，但是，自在之物和自为之物这两个概念作为与"对象"（Gegenstand）这个概念的对立面却是具有同一性的、并且是相互关联的，同一的自在之物和自为之物是一个更为丰富的客体概念，在这个更为丰富的客体概念中，包含着（或者至少可以说潜在地包含着）创造出现实维度的主体。但是，比以上这种文本解释更为重要的是，我们可以将卢卡奇对于德国古典哲学史的重新构建，看成是他对于马克思这段话的一种扩展性评论。卢卡奇的确在寻找一种"能动的方面"，所谓"能动的方面"也就是传统唯物主义以及官方马克思主义都忽视了的实践辩证法。另一方面，卢卡奇也知道，在费希特和黑格尔的作品中出现的主客体辩证法最终依然是一种从具体的历史活动中抽离出来的、概念上的辩证法。但是，考虑到包含着

---

① Marx, "Theses on Feuerbach", in Feuer, *op. cit.*, p. 242. Cf. Marx – Engels, *Werke* vol III, p. 533. 本文作者安德鲁·阿拉托对于英文版本的翻译进行了改动。（中文版本参见《路德维希·费尔巴哈和德国古典哲学的终结》，载于《马克思恩格斯选集》第 1 卷，北京：人民出版社，1995 年版，第 54 页。）

僵死的、片段化的主客体关系的物化所具有的直接性，卢卡奇相信，对于能够被称之为实践辩证法的"主体的可能性"的东西进行解释是非常重要的一步。进一步来说，虽然卢卡奇认为（德国古典哲学）这种克服物化的方式（虽然具有实践的意图，但却）总是注定要保持直观或沉思、概念化以及抽象的特征，因此，这种方式本身最终依然是被物化了的。但是，他依然将德国古典哲学看成是关于物化问题及其克服的具有自我意识的缩影："德国古典哲学能够彻底地思考资产阶级社会发展的最深刻最重要的问题——当然是作为哲学问题，并把阶级的发展在思想上进行到底，把它的地位的全部矛盾在思想上推到极点，并因而至少以问题的形式看出：从方法论的角度来看，超越人类的这一历史发展阶段是必然的。"①

与往常一样，卢卡奇首先是从客体的层面（或是与客体的层面相关联的沉思或者说直观）出发，然后再转移到主体（或者说活动）的层面，最后才是对主客体之间的互动进行研究。

卢卡奇对德国唯心主义或者说观念论的历史进行重新构建的部分结构，早在他（在处于前马克思主义阶段的时候所创作）的一篇早期文章《美学中的主客体关系》②中就已经表现出来了。在这篇文章中，卢卡奇指出，主客体之间的关系并不是在"逻辑"（或者说沉思、直观）这一对主体性的所有层面都进行还原的无限客体性领域中存在的，同样的，主客体之间的关系也不是在"伦理"（或者说实践）这一必须要割断自身与客体世界的所有联系的无限主体性领域中存在的。实际上，主客体之间的关系存在于美学这个领域中，但是，在美学这个领域中，一件艺术品的主体和客体都从所有非美学的决定因素中被

---

① Lukács, *History and Class Consciousness*, p.121.
② 卢卡奇于1917年发表了这篇名为《美学中的主客体关系》的文章，这篇文章被收录在了《理性》的第7卷（1917年版）中，第1—39页。这篇文章大约是他在1916年到1917年这段时间内完成的。卢卡奇这篇美学著作（即《理性》）中的其他两章内容，是以手稿的形式出现的。相关内容大家可以参考安德鲁·阿拉托的一篇文章：《卢卡奇的道路》。在这篇文章中，安德鲁·阿拉托将《美学中的主客体关系》的《理性》这篇文章与《哲学的艺术（1912—1913年）》这部著作相混淆了（他的这种混淆是具有必然性的，因为《理性》中收录的其他两篇手稿现在才被发现）。

彻底抽离出来了。即使是在(《美学中的主客体关系》)这篇早期文章中，我们也可以看出卢卡奇在一些范畴之间的移动，也就是从劳动这个范畴转移到了一种循环的运动这个范畴。如果这种在范畴层面上进行转移的尝试是为了将具体的主体性或具体的客体性引入到美学中的话，那么，艺术就被升华到了伦理或是直观、沉思的层面上去了。另一方面，通过引入这种主客体之间关系，卢卡奇从逻辑的层面转移到了伦理道德的层面，又从伦理道德的层面转移到了乌托邦或者说理想的层面。

在《历史与阶级意识》中，卢卡奇在以上这些范畴层面之间的移动不再是循环往复的。卢卡奇再次指出，与伦理学或是直观、沉思相比，在美学中包含着一种更具动态的主客体关系，但是，由于一种主客体之间的关系现在被引入到了美学中去，美学就超越了伦理学以及直观、沉思，而升华到了历史这一层面上去了。（最后，我们还是要提出这样的问题：这种历史究竟是不是一种乌托邦？）

人们曾经将探讨物化这一章（"物化和无产阶级意识"）的第二部分内容，即"资产阶级思想的二律背反"这部分内容看成是从历史唯物主义的角度对当代哲学所进行严格分析的首次尝试。然而，卢卡奇却否认他有系统化地阐述哲学史的意图。他所关心的只是（哲学史中）数量有限的一些问题，尽管他确实认为他所关心的这些问题从历史的角度来看是最为重要的。我们可以将康德思想中关于自在之物的问题看成是卢卡奇所关心的所有问题的核心。并且，如果从物化的理论化这一角度出发来看的话，卢卡奇将康德主义的自在之物问题看成核心这并非偶然。被僵化成明显不可渗透的、不可改变的并且是模糊不清的物的关系的人与人之间的关系这一问题，与康德提出的无法理解的、不可知的但却局限制于物本身的"领域"观念之间有一种普遍的一致性。康德的批判开始于对于既有的数学体系以及物理体系的接受，也就是说，他的批判开始于对自然的解释的接受，而不是开始于对一种社会性的第二自然的解释的接受。如果我们还记得这一点的话，就会看出，被僵化成物的关系的人的关系与自在之物的"领域"这二者之间的一致性是有问题的。在卢卡奇的论证中，没有关于自然的成熟哲学作为基础，因此，他的那些论证"不足以"成为对于康德的有力批判。然而，从卢卡奇提出关于"自在之物"的问题与物化这二者之间具有某种关联这一点来看，他最终是正确的，这是因为：第一，康德提出的前两个二律背反都已经成为了将总体性这个范畴从整个社会科学的传统中排除出去的根基；第二，对于社会发展这一语境中的社会实践关系这个问题来说，康德提出的第三个二律背反，也就是自由与必然性之间的悖论已经变成了最为重要的因素；第三，康德提出的创造性的理性——这种创造性的理性受到了来自"自在之物"的抵抗——这一概念是韦伯提出的那种更为狭隘的理性范畴的历史先驱。

如果说韦伯提出的形式上的合理性——形式上的合理性不再试图把握一种理性的总体性——这一概念象征着卢卡奇所描述的这一进程（即德国古典哲学进程）的终结的话，那么，我们就不能在这一进程的开端应用韦伯提出的这一狭隘的理性观。当然，卢卡奇有可能意识到，之前的思想家曾经预想过（韦伯所提出的这种）工具理性的目标以及方法，但是，他对之前的这些思想家们并不在意。相反，他想要做的是揭示出伟大的思想家由此开始研究一个截然不同的理性观的时刻。从笛卡尔到康德这些伟大的思想家们所强调的那种理性的知识，不仅仅是被动接受的结果，而是人类思维进行综合以及创造性活动的产物。进一步来说，这些伟大的思想家所提出的理性概念包含着这样一个"观点"，即我们在理性的范畴内是可以理解存在这个整体的。（但是，这个观点在所有的理性主义哲学中都是隐含地存在着的）在康德的思想中，由于"自在之物"的不可穿透性（即自在之物是无法被人类理性所掌握的），这一关于理性的断言变成了理性与自身之间的矛盾，也就是变成了"纯粹理性的辩证法"。康德既想要维持以上观点（即我们在理性的范畴内是可以理解存在这个整体的这个观点），又想要维持使得上述观点变得不再可能的观点。然而，在卢卡奇看来，这种不可还原的、不可穿透的并且是无法综合的非理性的持续不断的重复出现，对于所有的理性体系都造成了某种毁灭性的影响。我们有必要详细地分析一下卢卡奇提出的这种论证。

就像我们之前说过的那样，卢卡奇对于当代理性主义哲学的分析象征着一种对于物化的辩证法所具有的"主体可能性"所进行的普遍寻求。然而，即使是在这种"主体"的维度"内部"，我们也是可以谈论主体的层面以及客体的层面的。以上关于理性的观点（即我们在理性的范畴内是可以理解存在这个整体的这个观点）的第一个将全部的现实性都纳入理性范围内的层面，就是直观或者说沉思的层面。这个层面所强调的是客体的层面。当然，即使是在这个层面，这个（关于理性的）问题也是表现为主体试图用理性的范畴来创造出（erzeugen）客体世界的努力。但是，直观或者说沉思只能意味着"形式上"的创造。这种直观或者说沉思并没有"真的"对客体世界发生作用。进一步来说，直观或沉思的主体所具有的理性形式以及理性能力（黑格尔将其称之为康德的"心灵包裹"）也被看成是既有的、并且是仅有的、可能的理性形式与能力，这种情况至少延续到了费希特那里。这一阶段的分析所具有的动力并非来源于主体的层面，而是来源于一种客体的、或者说客观的现实性，这种客体的、或者说客观的现实性一次又一次地拒绝被既有的理性形式所归纳、穿透或是创造。在卢卡奇看来，康德提出的"自在之物"所发挥出的不同功能，就是对于这种拒绝的证明，也就是关于这种非理性的存在的证明。卢卡奇认为，"自在之物"在康德的哲学中具有两种基本功能。第一个功能是对于被归入到"知性"范畴中的感觉的内容的终极不可穿透性的表现。这种功能显示出来的是那些感觉数据的终极"源头"所具有的不可进入的本性。第二个功能表现出来的是，知性范畴没有能力对于一种理性的总体进行综合。

黑格尔在关于哲学史的讲演中指出了康德的理性概念对于"所有的"存在进行综合的那些需求之间的矛盾以及一种自我矛盾，这种自我矛盾指的就是，当知性（Verstehen）的范畴试图满足这种需求（即理性对于"所有的"存在进行综合的需求）的时候，就已经将其自身包括在内了。对于理性与知性的区分〔尽管这种区分最早可以追溯到中世纪，例如库萨的尼古拉的作品中就有对于这二者的区分〕在这里引发了当代理性主义勇敢的开端及其懦弱的结局。卢卡奇指出，康德自己就诚实地、明确地指出了这种矛盾。"纯粹理性的二律背反"揭示出,那些(理性的)范畴是没有能力对时空中的存在的总体性进行综合的,也没有能力穿透实体的终极建构,并且也没有能力揭开因果性(以及必然性)的终极基础。康德自己也不满足于仅仅是对以下问题所导致的矛盾进行单纯的描述,他试图在这种描述之外进行进一步的探测,这个问题就是:"无论何时,只要当理性努力从所有的条件中解脱出来,并且在其无条件的总体性中去理解那些根据经验的规则是永远无法被规定为确定性的因素的时候,理性就必然会随着经验综合的不断发展而发展为对于观念进行应用的辩证法。"[1] 康德之所以作出这种进一步的探测,是因为他认为实践的理性需要终极的答案。卢卡奇虽然遵循着康德的足迹,但是他首先想要非常明确地指出,那些(理性的)二律背反说明从沉思或者说直观的体系构建这一层面是无法解决理性主义的问题的。当然,这也是康德的看法。但是,在这里,卢卡奇将他提出的关于德国古典哲学的观点与他对于那些最新的哲学流派所进行的社会学分析相混淆了。放弃了那种体系化的观念,并不意味着对于世界进行"直观"或者说"沉思"这一思想立场的终结。与此相反,在这一进程(即理性的进程)的终点,绝大多数实证主义哲学流派(包括功能主义、唯名论、习俗论以及实用主义等)都明确地放弃了那些形而上学的、体系化的观念论。然而,这些实证主义哲学家们却发现,他们对于人类世界中的"实践"的理解,要远远逊色于那些所谓的"思辨"的德国古典哲学家对于实践的理解。

我在上文中已经隐含地表明,与实证主义形成鲜明对照的是,康德至少曾经试图在实践这个方向上并且是为了实践而为某些关于直观或者说沉思的二律背反找出解决办法。但是,卢卡奇将康德的这种努力解释成了一种本质上的转向,这一点具有至关重要的意义。我们应该牢记,卢卡奇对于"本质"这个范畴是非常熟悉的,他处在前马克思主义阶段的时候就已经试图与这个"本质"的范畴进行对抗了,但是,在他的许多著作中,这个"本质"的范畴却作为对于主体和客体

---

[1] 参见德文版《纯粹理性批判》(*Kritk der Reinen Vernunft*),A 462页以及 B 490页的内容。

之间关系问题的一种"解决方案"而不断地重现。现在，在对于康德伦理学的强有力的批判中，卢卡奇将关于"本质"的问题与关于物化的问题联系在了一起。卢卡奇指出，在康德的哲学中，对于一种在实践层面上的新的主体性的追寻，最终被"自在之物"击溃了。康德的伦理学所具有的形式主义特征不会允许"个体化的"主体的"内在自由"被外化，也不会让"个体化的"主体的"内在自由"去面对外部世界中的必然性。更为糟糕的是，必然性的结构会渗透到"个体化的"主体自身中去：他（即这个"个体化的"主体）的精神本质会遵守外部的法则，而从对于第三种二律背反的解决方案来看（抑或从无法解决的第三种二律背反来看），主体自身会分裂为本体（也就是自在之物）与现象。

从以上角度出发，可以轻松地证明，卢卡奇所采取的步骤大体来看是有效的，并且是前后一致的。卢卡奇通过对康德道德哲学的翔实的解释来证明，工厂中的主体性的毁灭，以及甚至连工人的精神性存在都在一种异化的机制中被解体，这些都早在一种18世纪的道德哲学——这种道德哲学只有在一种"个体化"的并且是"抽象"的层面之上，才能够对"实践"进行思考——的范畴中就已经被预示出来了。这就使得卢卡奇能够从历史的角度出发，来对那种声称克服了主体性的毁灭的实践诸多范畴进行检验。也就是说，由于卢卡奇能够对未来的"实践"的可能性进行探讨。因此，从这个意义上来说，他就进入到过去的（理性观中所缺失的）主体性维度中去了。卢卡奇论证说，德国古典哲学的确意识到只揭示出主体的"自由"是不足以超越一种对待世界的纯粹消极的、直观或者说沉思的态度的。他的这一论证是正确的。自由必须要外化，才能够成为实质性的自由：实践必定不会对"行为的具体物质基础"保持漠不关心的态度。

以上分析并不是在说卢卡奇的观点之间存在着矛盾，而是进一步证实了卢卡奇提出的观点：早在康德的作品中，实践这个观念就已经在（康德）对于历史进行思考的语境中变得越来越具体了。尽管康德最终并没能解决内部自由与外部必然性之间的二律背反，但是，他的确将"外部"的历史世界还原成了客观的自然律。康德在《能力之间的冲突》

这部作品中提出了"作为一种先验之物的历史何以可能"这个问题。而他对这个问题的回答是:"造物者自己创造并且设计出了他提前宣称的事件",这是一个有意识地与政治联系在一起的答案。① 在1926年创作的一篇关于赫斯(Moses Hess)的文章中,卢卡奇强调,实践这个概念与在不将未来自然化的条件下将其历史化这一方法论层面的任务之间的关系具有至关重要的意义。在康德作品中,他已经清楚地掌握了这种关系。举例来说,他提出,当我们做好准备创造出未来的时候,未来就会变成可知的了。然而,卢卡奇却明确地指出,康德并没有试图通过一种体系化的历史哲学来"完善他的思想体系",而是试图通过他的艺术哲学来"完善他的思想体系"。在卢卡奇看来,康德和弗里德里希·席勒都试图将艺术去限制化为一个这样的领域:在这个领域之中,我们可以认为,是行为的主体"在其具体的总体性中创造出了现实"②。在席勒的作品中,他甚至有意地尝试着去克服当今时代的片段化和非人化。但是,卢卡奇还是再次重复了他在《美学中的主客体关系》这篇文章中提出的观点:在一个非美学的世界中,关于一种在艺术关系中没有被异化的主客体关系的观点依然是抽象的并且是异化了的。卢卡奇之所以反对所有关于物化问题的美学解决方案,是出于以下两个根本原因:第一个原因是,在美学关系"之内",我们是不能提出关于艺术主体的创造,也就是关于艺术家的创造问题的。第二个原因是,在美学维度"之内",主客体之间的"历史性"关系被抽离出去了。

用黑格尔的术语来说,在艺术的框架之内,我们是无法具体地理解关于主体的问题以及关于实体的问题的。在卢卡奇看来,关于"主体的创造"这个问题首先是费希特提出来的;在康德那里,主体与范畴被看成是先天既有的东西。但是,就像卢卡奇向我们展示出的那样,客体的世界或者说客观的世界一直在抵抗康德提出的那种永恒的主体的永恒的范畴。并且,这就意味着主体与客体之间的鸿沟依然是不可跨越的。卢卡奇认为,在费希特的哲学中,出现了一个重大的逆转。费希特假设出

---

① Kant, *Werke*, Frankfurt: Insel Verlag, 1964, vol. XI, pp. 351 - 352; also Kant, *On History* trans. , and ed. by L. W. Beck, New York: Library of Liberal Arts, 1963, pp. 137 - 138.

② Lukács, *History and Class Consciousness*, p. 138.

了一种同一的主客体，在这种同一的主客体中，主体与客体是具有同一性的，并且是因为彼此的存在才具有了同一性，从理性主义的最初论断来看，所有的现实性——包括主体与客体之间在经验上的分裂——都是可以被综合的。这种同一的主客体必须通过活动锻造出来。尽管由于费希特不再将主体性局限于一个"个体化的自我"而的的确确对于历史性的解决方案作出了贡献，但是在费希特的哲学中，以上问题却是从认识论的角度，并且是从非历史性的角度提出来的。在《赫斯与唯心主义辩证法问题》这篇文章中，卢卡奇指出："虽然黑格尔所使用的是直观的、沉思的术语，但是他的《逻辑学》比费希特的作品相比具有更多实践的特征。"① 这就涉及了卢卡奇对于黑格尔历史辩证法的发现所进行的思考。

在卢卡奇看来，黑格尔的《逻辑学》象征着在存在的具体总体性这一动力学中为概念的移动找到根基的尝试。这种动力学在黑格尔的《精神现象学》中表现为"实体变成主体"的过程。如果一种辩证的方法要克服所有的僵化的二律背反的话，那么，这种辩证的方法就必须首先向前追溯，找到这一克服的主体的"起源"和对于这一主体的"创造"。而只有当作为这种"起源"的动态源头的实体，也就是将会成为这一主体的客体的实体被揭示出来以后，这一主体的起源才会变得具体。在黑格尔的思想中，"历史"恰好就是这种实体，历史这种实体既是（主体的）源头、也是（主体的）客体。这一历史性的进程既创造出了主体，又是被主体创造出来的。卢卡奇就是这样对黑格尔提出的"不仅把真实的东西或真理理解和表述为实体，而且同样理解为主体"这一著名的要求进行解释的。

一旦当历史辩证法也就是主客体所具有的"辩证的同一性"被揭示出来以后，这一揭示就会进一步提出关于具体化的要求："要理解这种统一，就必须指出历史是从方法论上解决所有这一切问题的场所，而且具体地指出这个是历史主体的'我们'，即那个其行为实际上就是历史

---

① Lukács, "Moses Hess", *Werke* v. II, p. 647.

的'我们'。"①

费希特与康德思想中的那种个体化的主体概念分道扬镳了，卢卡奇认为，黑格尔最伟大的成就之一就是将费希特的上述做法进一步完善、并且将其历史化了。②然而，卢卡奇还认为，黑格尔将历史的主体，也就是将"我们"具体化的尝试导致了一系列错误的具体化，而这些错误的具体化又进一步导致了一种概念上的神秘主义。黑格尔在他关于历史哲学的讲演中，的确提到了在民族精神（Volksgeister）指引下的一种关于民族的主客体辩证法。卢卡奇认为，黑格尔所探讨的这种关于民族的主客体辩证法仅仅是一种表象上的辩证法而已，卢卡奇的这种看法是正确的。民族精神最终不过是实现一种世界精神（Weltgeist）的工具而已：这些民族精神是在一种普遍精神发展过程中的必经"步骤"，普遍精神就是通过这些民族精神来对自身进行升华和完善，并且最终发展成为一种自我理解的总体性。

现在，卢卡奇指出，黑格尔思想中的这种概念上的神秘主义否定了历史以及历史性的实践。如果说历史是一种"绝对主体"的创造物的话，那么历史对于人类理性来说就是异化的东西，并且历史还将人类主体物化（也就是工具化）了。主客体二元论所具有的所有意图和目标就这样被重新引入进来了。进一步来说，那种关于历史拥有某个终点的观念（这种观念不是辩证法的产物，而是提出一种关于在当今哲学之中变得具有了自我意识的绝对主体的假设而导致的认识论层面的产物）否定了未来的历史性。但是，当今的实践只能向着一种具有历史性的未来发展。否则的话，其结果要么是极端的唯意志论（也就是说，实践是完全自由的），要么就是极端的决定论（也就是说，根本不存在实践）。

马克思主义对黑格尔的批判总是强调，由于黑格尔重新将异化以

---

① Lukács, *History and Class Consciousness*, p. 145.
② 卢卡奇似乎忽视了黑格尔提出的伟大的主体这个观点（这个观点在马克斯·韦伯的思想中再次出现了）。当然，卢卡奇忽视这个观点也不是没有道理的，因为在黑格尔的《历史哲学》中，他只是将伟大的主体看成一种终极意义上的"工具"而已。但是，我们必须要记住，黑格尔在《历史哲学》中指出，所有的人类主体最终都会变成工具。相关内容大家可以参考 Hegel, *Philosophy of History*, trans. by J. Sibree, New York: Dover, 1956, p. 29ff。

及主客体二元论引入了到了所有的历史中，过去、现在以及未来的调和只有在思维中才是可能的。卢卡奇将以上批判融入他自己的分析中，并由此得出结论：在哲学这一领域之内，我们是根本不可能超越沉思或者说直观。在德国古典哲学中，唯一一个通过物化而指向超越这种沉思或者说直观的思想立场的层面就是辩证法，尽管这种辩证法自身只是在一种最终没有向主体性的具体历史根基，也就是一种"社会"根基开放的哲学中得到了一些悖论式阐述而已。然而，卢卡奇认为，我们是有可能在哲学之外将德国古典哲学开创的这一方法论进程继续下去并将其具体化的："把辩证的方法当作历史的方法要靠一个阶级来完成，这个阶级有能力从自己的生活经验这一基础（Lebensgrund）出发，在自己身上找到同一的主体—客体，行为的主体，创世的'我们'。"①

因此，卢卡奇就经由对德国哲学的分析而进入了对无产阶级的分析。即使卢卡奇对于无产阶级的分析与青年马克思的思想进程拥有惊人的相似性，但是，卢卡奇的分析还是有可能要面对以下两种批判性的评论。第一种是，马克思是通过他对于"需要"的概念的理解，尤其是对于"根本需要"的理解而进入对工人阶级的分析的。无产阶级之所以能够彻底实现哲学，仅仅是因为无产阶级拥有一种超越哲学只是从抽象的层面上对其进行否定的秩序（也就是资本主义的秩序）的根本需要。卢卡奇在1923年的时候，并没有重新发掘出马克思思想中那些关于需要的理论。因此，在他眼中，作为同一的主客体的无产阶级仅仅是与未知的普遍利益所具有的神秘化范畴联系在一起的、一种关于阶级意识的概念而已。但是，只有通过关于人类的需要以及限制的辩证法，关于阶级意识的问题才能与阶级成员的个体意识联系在一起。第二种是，卢卡奇依然仅仅是从一种潜在的主体性层面出发来寻找历史中同一主客体的。虽然他的思想具有以上限定条件，但是他此时却断言自己已经取得了成功：他已经发现了同一主客体这就是无产阶级。卢卡奇的断言包含着这样一个假设，即历史的进程对于理论来

---

① Lukács, *History and Class Consciousness*, p. 149.

说是透明可见的。但是，在对主体与客体进行辩证分析之前，是需要先对直接性与间接性进行辩证分析的。一种被剥削的、非人化的阶级在单纯社会学层面上的存在，以及一种概念上的辩证法将这一阶级阐述为一种同一主客体的能力加在一起，都不足以得出革命性实践的结论。在面对历史的不透明性以及复杂性的时候，在物化面前，一种概念上的辩证法很容易就会转变为一种新的、概念上的神秘主义。只有当关于历史进程的动力学，在此处的语境中就是关于物化的隐秘的动力学创造出关于历史性实践的"客观可能性"的时候，这种历史性的实践才能够取代概念上的神秘主义。

同一主客体的辩证法（它是关于实践的哲学的核心）以及关于直接性与间接性的辩证法（它是所有的辩证社会理论的根基），似乎是从不同的理论假设中推演出来的。从系统化的角度来看，第一种辩证法（卢卡奇早在创作《历史与阶级意识》之前就已经对这种同一主客体辩证法进行了构建）是从主体这一层面上发展而来的：无产阶级将会找到（或者创造出）一个主体，这个主体就是同一主客体，举例来说，这种同一主客体就是黑格尔所说的那种绝对主体，或是卢卡奇所说的无产阶级。（从我们之前的表述中大家或许已经意识到，所谓的"主体"或者说"主体层面"这样的概念似乎有些含糊不清。它们有时候指的是哲学，有时候指的是思维的主体，有时候指的是行动的主体，有时候又指的是历史的主体。我们希望这种模糊性能够通过对于实践这一概念的历史化而有所改善。）第二种辩证法，也就是关于直接性与间接性的辩证法（卢卡奇在《历史与阶级意识》中，第一次对这种关于直接性与间接性的辩证法进行了探讨）是从客体这一层面上——举例来说，也就是从客观的历史进程这一层面上——发展而来的。这两种辩证法都可以向前追溯到马克思的思想。当青年马克思发现了作为历史的主客体的无产阶级的时候，他就已经对费希特以及黑格尔的哲学传统作出重大的改动。另一方面，马克思后来对于政治经济学的批判并非在"方法论的层面上"开始于一种关于历史的主客体的先天知识，而是开始于对于政治经济学的那些抽象范畴——举例来说，就是对于资本主义的直接性所进行的批判——所进行的分析。我并不是要否认，在马克思的《资本论》中"隐含着"一种关于革命性的实践概念，只是想说，在马克思未完成的政治经济学批判中并没有产生一种关于革命的理论，或者说是关于革命性主体的理论，并且马克思主义通过一种日益保守的社会民主党的努力而转向了经济决定论。考虑到以上这两点，我们就很容易从作为历史主体的无产阶级这一角度出发，来理解（卢卡奇）明确地重新引入实践概念（以及关于理论与实践的统一观念）的动机了。我们的确可以从物化的直接性中，合理推演出一种作为某种既定的社会秩序（也就是资本主义的秩序）的主客体之间的分裂。但是，这一点并没有明显到我们可以以此为起点，轻松地对社会实践和政治实践的同一主客体进行综合。从上述内容来看，我们在概念上所面临的危险是非常严峻的。如果我们忽视了关于具体的综合的问题，忽视了关于同一主客体已经存在（或者至少可以说已经"在其自身中"存在）的假设的问题，并且忽视了关于我们可以从社会学的层面对这种同一主客体进行描述的问题，那么对于我们来说，历史就不再拥有任何秘密了。事实上，就像卢卡奇对于黑格尔的绝对主体所提出的批判一样，当我们完全认识了历史的主体之后，历史也就不再存在了。

我们以上阐述的观点曾经是某些针对卢卡奇的《历史与阶级意识》进行最有力批判的根基。比如，哈贝马斯就曾经论证说，卢卡奇提出的关于阶级的"新黑格尔主义"观念，也就是将阶级看成是同一主客体或者说历史的绝对主体的观念，会使得真实的历史进程变得不可理解，虽然卢卡奇的本意并非如此，但是这的确会导致一种决定论的出现。换言之，卢卡奇提出的历史概念变成了一种决定论，而这种带有决定论特征的理论无法促成理论与实践的自由统一。一种绝对主体的存在是不允许偶然性的存在的；用一种预见绝对主体的眼光也是看不到偶然性的。无论如何，卢卡奇提出的"客观的可能性"这一概念最终会变成一种"客观的必然性"。[①] 事实上，作为卢卡奇阶级意识

[①] Jürgen Habermas, *Theorie und Praxis*, third ed., Berlin and Neuwied: Luchterhand, 1969, p. 320, p. 322.

概念的捍卫者，梅扎罗斯（István Mézáros）最近提出："如果不是从一种真实的历史必然性中构建出来的客观的可能性，那么，它既不是客观的，也是不可能的。"① 然而，我们也没有必要为了证明哈贝马斯对于《历史与阶级意识》的批判只有一部分是正确的，而忍受卢卡奇提出的那种决定论式的论证。卢卡奇提出的同一主客体概念，以及被理解为自我意识或者同一主客体所拥有的被赋予的阶级意识，都是有问题的。我们之前已经提到，断言存在着同一主客体，还会引发一些理论困难。自然对于历史进程的阻力的存在，那些"对社会客体一无所知"的自然客体相互之间的渗透，以及人类自我对象化这一持续、必然的进程，所有这些都隐含着这样一个概念上的难题：没有任何历史主体能够被完全等同于他的行为的对象，或者说没有任何一个历史主体与其行为的对象具有完全的同一性。进一步来说，那种关于同一主客体的假设还倾向于从原则上排斥共同的主体与每一个个体之间的中介。虽然人们对主客体辩证法提出了种种反对，但是这种主客体辩证法依然是非常有意义的。晚年卢卡奇以及围绕在他身边的学术圈子内的思想家们在构建出来的那种关于对象化的复杂理论中，作出了许多我们所需要的修正观点。我还要指出的是，卢西安·戈德曼提出了一种关于"思维与行动的主客体的局部同一性"的观念，并且坚信，如果说只有个体的主体性才能用正确的视角来看待全体事物的话，那么"实践"就是不可能的。② 我们可以确定的是，如果没有一种主客体辩证法的话，那么历史唯物主义就必定会退化为一种朴素的（并且是蕴含着二元论的）唯物主义。并且，在卢卡奇对于二元论论的唯物主义（继李凯尔特之后，卢卡奇将这种二元论的唯物主义称之为"头足倒置的柏拉图主义"）所进行的批判中，蕴含着这样一种观点，即一种直观的、"图像化的"并且仅仅是消极地对物化进行反映的知识复写理论在我们经历了斯大林主义的官僚主义——它使得这种对于历

---

① István Mézáros, "Contingent and Necessary Class Consciousness" in *Aspects of History and Class Consciousness*, ed. by Mézáros, London: Routledgeand Kegan Paul, 1971, p. 115.

② Lucien Goldmann "Reflections on History and Class Consciousness" in *Aspects of History and Class Consciousness*, pp. 73 ff.

史必然性的崇拜变成了一种原初的意识形态面纱，并为其极端的实用的唯意志论正名——之后甚至变得更具有效性了。还有，那种作为斯大林主义意识形态的所谓"马克思主义"依然存在。从这个意义上来说，维持《历史与阶级意识》的主体性概念，依然具有重要的意义。但是，如果我们想要超越自由与必然之间刻板的二律背反的话，那么，我们就必须从历史实践的"客观可能性"这一层面出发，提出历史实践的全部问题。

哈贝马斯对于卢卡奇的批判（与绝大多数对于卢卡奇的批判一样，都）忽视了《历史与阶级意识》关于直接性与间接性的辩证法。举例来说，哈贝马斯的批判忽视了卢卡奇试图从对于物化的动力学的分析中（而不是从一种关于存在以及一种同一主客体的社会性质的先天知识中）推演出克服物化的客观可能性这一意图。我们不能否认，即使是在这个客观的层面上，某些决定论的因素也被引入了卢卡奇的理论中。但是，需要指出的是，我们至少可以说，卢卡奇的决定论是具有偶然性的，他的决定论只是在对经济发展所进行的某种特殊分析（也就是罗莎·卢森堡的分析）方面出现了错误而已。进一步来说，我们不能断言说卢卡奇为物化的动力学提供了一种令人感到满意的解决方案。这就意味着，在《历史与阶级意识》中，主客体的辩证法（无论这种主客体辩证法是以何种修正的形式出现的）以及直接性与间接性的辩证法分别位于主客体分裂的两个层面上，从最根本的意义上来说，这种主客体之间的分裂表现为一种方法论层面的二元分裂，这就是实践哲学与其想要达成的目标即辩证社会理论之间的二元分裂。我想要表明的是，虽然存在着以上种种问题，但是，卢卡奇制定的思想路线对我们来说还是非常有用处的。要想证明这一点，我们就必须要对"物化与无产阶级意识"这一章的最后一部分内容，即"无产阶级的立场"这一节的内容进行分析。

让我们来回顾一下黑格尔的中介概念。中介是对既定性（也就是直接性）的动力（或者说是对这种动力的释放）的洞察；它是对一种本来就已经隐含地存在着的潜能的实现以及外化。卢卡奇用一种更为积极的原则来对上述内容进行了重新阐述："超越这种直接性只能是客体的起源（genesis），即'创造'（erzengung）。但这是以下述条件为前提的，即那些使得有可能超越既定客体存在的直接性的中介形式能被描述为客体本身的结构构造原则和真正的运动倾向。"① 当然，这段话所蕴含观点是，只有当客体本身是克服（物化）的主体行动者的源头的时候，一种直接性才能够完全转化成中介。这就进一步引出了一种关于"意识"的理论，当"意识"引入到意识客体的动力中、当它表现出对客体进行改变的客观可能性中的一部分的时候，意识就成了这样一个中介的环节。因此，从这个意义上来说，一种主体与客体之间的辩证关系是中介的必要条件，但这"并不是说"，这样一种（主客体之间的）同一性否定了历史性。黑格尔曾经将中介看成是对于历史性的重新发掘：在《逻辑学》中，他强调："前进就是向后回到基础中去。"然而，不幸的是，在黑格尔的思想中，这种关于历史的预见最终臣服于一种圈状循环（Kreislauf）的、关于绝对（精神）的意象了。卢卡奇将黑格尔的这种论证颠倒过来了，而没有从思维的层面向前发掘出历史的根基。而是穿透历史的根基以及结构性的根基，从而理解未来的潜在历史性。他使用了幻觉概念，也就是表象与本质这对术语来对中介进行阐述："我们必须一方面把现象与它们的直接表现形式分开，找出把现象同它们的核心、它们的本质连结起来的中间环节；另一方面，我们必须理解它们的表象所具有的幻觉的性质，即看出这些外表形式是内部核心的必然表现形式。"② 被卢卡奇称之为"本质"的东西实际上就是关于创造性的社会活动的历史进程（因而也就是一个无意识的进程）。那些表象是这些（创造性的社会）活动在"既定的"历史层面之上所必然采取的形式。这种幻觉，或者说表象所具有的幻觉的性质，就是将表象说成是永恒的、非历史性的东西的一种意识形态层面上的错误解释（这种错误的解释本身从特定的历史层面上来看是具有必然性的）。哲学的理论洞见应该解除这种幻觉

---

① Lukács, *History and Class Consciousness*, p. 155.
② Lukács, *History and Class Consciousness*, p. 9. 安德鲁·阿拉托指出，他之所以必须对罗德尼·利文斯通的英文翻译进行修改，是因为在罗德尼·利文斯通的翻译中，没有关于表象与幻觉之间的区分。

的神秘主义，但是，这种理论洞见本身在面对表象的时候是没有力量的，因为那些表象是（资本主义的）整体生产模式以及支配体系所必然采取的形式。然而，当且仅当这种理论洞见指向一种具体的历史总体性的时候，它就会变成一种指向诸多表象的本质的中间环节的"一个瞬间"。

黑格尔指出："真理是全体。但全体只是通过自身发展而达于完满的那种本质。关于绝对，我们可以说，它本质上是个结果。"[1] 同样的，马克思也认为，尽管具体的总体是诸多现象的本质核心、历史的核心，它"在思维中"依然表现为综合的结果。遵循着马克思的脚步，卢卡奇坚持认为，即使从本体论的层面上来看，具体总是先于抽象而存在，并且对于具体的综合需要独立的范畴，但是具体的总体性永远都不会是直接既定的东西。我们之前已经探讨过，这种（具体范畴）本体论意义上的优先性并没有否定抽象范畴的历史存在。然而，作为抽象的抽象并没有直接揭示出它们的源头以及它们的历史性。它们（即这些作为抽象的抽象）只有在总体的历史进程中，也就是在它们与作为一个总体的社会发展的关系之中，才变成了历史化的东西。在卢卡奇分析的每一个阶段中，都存在着对总体性进行综合这一问题——即使不是对涵盖一切的总体性进行综合的问题，也是对相对总体性进行综合的问题。进一步来说，将社会的局部层面整合进总体性中，并不意味着将社会还原为某种完全一致的东西。事实上，在卢卡奇看来，对总体化的分析只有在矛盾中才能够表现出来。他脑海中所想的是罗莎·卢森堡对资本的总体生产过程的分析是：罗莎·卢森堡认为，资本的总体生产过程是从在一种拥有"终极"限制的消费框架内实现对于剩余（价值）的生产的诸多问题中，推导出生产力与社会关系之间这一著名矛盾的。

卢卡奇还想要清楚地表明，他所思考的并不是一种趋向于总体性的中介。就像没有任何一种于关知识的百科全书式的总结能够等同于历史的总体性一样，资产阶级对于知识所进行的百科全书式的总结与

---

[1] Hegel, *Phdnomenologie*, p. 21; *Phenomenology*, pp. 81–82.

经验世界之间"在概念上的距离"也没有在其自身中表现出间接性。在卢卡奇看来，资产阶级的科学思想在直接性中彻底迷失了，无论如何，它们的概念与经验世界之间的距离越拉越大。这些资产阶级科学思想的概念化并不是间接性。并且，在没有中介的情况下，现在看起来似乎变成了永久性的东西，而历史也似乎被僵化在了永恒性中。但是，被这些幻觉所征服的我们是不能将这些幻觉外化的。历史依然在继续。在黑格尔的《历史哲学》中，思维是一个最为复杂的毁灭者，但时间也能够起到毁灭性的作用。关于我们现在所讨论的问题，卢卡奇也提出了相同的观点。他指出："因为如果客体的经验存在本身不是早已是一个被中介的存在的话，中介也许就是不可能的，这个存在一方面只有在缺乏中介意识时，另一方面只有在客体（正因此）被从它们的真正规定性的联系中拉出来，被置于一种人为的孤立中时，才能获得直接性的外表。"① 无论怎么说，我们都不必再将历史理解为唯一的一种无意识发展进程了，因为资产阶级思想不是唯一一种以思维与资产阶级社会的直接性的对抗。卢卡奇将中介范畴所具有的方法论功能说成是对直接性没有表现出来的"内在固有的意义"的释放，并且据此认为，中介范畴所具有的方法论功能摆脱了资产阶级思想的限制。但是，即使是这种（"内在固有的意义"的）释放，也只有当历史的意义进入到卢卡奇所能够想到的唯一一个可能的实践主体即无产阶级的意识中去的时候，这种释放才真正具有重要意义。问题在于，无产阶级是否做好了理解历史以及卢卡奇为其赋予的历史使命的准备。从这种意义上来说，我们必须还要检验一下，卢卡奇提出的关于无产阶级的关键性观点是否是一种隐含的"教条主义"——这种"教条主义"伪称自己早在任何一种中介过程出现之前，或者早在一种对历史唯物主义的一个抽象范畴进行分析的方法论出现之前，就已经将历史的总体性理解为马克思所分析过的那种政治经济学的范畴了，举例来说，这种"教条主义"将历史的总体性理解为中介的起始点——的产物。

---

① Lukács, *History and Class Consciousness*, p. 163.

卢卡奇以一种颇为激烈的方式开始了对"无产阶级的立场"的讨论。他提出了这样的问题:"随着无产阶级采取这种立场……社会又发生了什么变化呢?"他对于这个问题的回答是:"'起初'毫无变化。"无产阶级的形式被物化(得最为厉害),并且被非人化了。因此,"社会存在的客观现实,就其直接性而言,对无产阶级和资产阶级都是'一样的'。"① 然而,卢卡奇认为,中介范畴对于这两个阶级(即无产阶级和资产阶级)来说具有本质性的差别。我们或许可以用这两个阶级赤裸的直接现实性之间的差别,来对这两个阶级中介范畴之间的差别进行重新阐述。然而,只有通过对《历史与阶级意识》中一个最为复杂的论证的分析,这种重新阐述才能够变得具有意义。在《历史与阶级意识》中众多的复杂论证中,最为复杂的一个论证就是试图对无产阶级的社会存在中的某些关键性的决定因素进行阐述的论证。

在《历史与阶级意识》"阶级意识"这一章——"阶级意识"这篇文章大约是卢卡奇在1920年完成的——中,卢卡奇从阶级利益的角度出发,对资产阶级的社会存在与无产阶级的社会存在进行了区分。在1922年写成的"物化和无产阶级意识"这一章中,卢卡奇简短地表明,以上论证是物化问题的一种可能的解决方案。在关于阶级的历史概念中蕴含着阶级利益。资产阶级的阶级利益与物化的世界是可以互为定义的;对于资产阶级来说,物化的世界表现为并且必定会表现为一种永恒性。然而,对于无产阶级来说,物化并不是一种规定性,而仅仅是一种历史的局限而已,这种历史的局限与无产阶级解放自身的历史利益是相互冲突的。从原则上来说,这种利益(也就是无产阶级解放自身的历史利益)并不是无产阶级经验意识中的一部分。不幸的是,即使对于无产阶级来说,物化的限制也是被内化了的,并且资本主义的直接性与无产阶级的利益之间的动态冲突,或者说"经验的

---

① Lukács, *History and Class Consciousness*, pp. 149 – 150. 因此,至少是在这一片文本中,卢卡奇对于无产阶级的分析具有了一种批判性的形式。卢卡奇并没有认为无产阶级在其当前的状态之中就是革命性的,或者说无产阶级的(阶级)意识的缺乏仅仅是(资产阶级对无产阶级进行)欺骗的结果。

意识"与"阶级意识"之间的动态冲突是不容易被察觉到的。卢卡奇在"阶级意识"这一章中预见到，物化问题的解决方案将会是以下两种因素的结合：第一个因素是资本主义的客观解体（或者说灭亡）的过程；第二个因素是一种自觉的行动主体（也就是一个阶级或者说一个政党）在以上过程接近尾声的时候进行干预，从而打破物化意识，并且最终打破资本主义的政治体制。然而，卢卡奇的"物化和无产阶级意识"这一章中并没有满足于以上这种解决方案，因为这种解决方案与一种从哲学的角度来看具有斯大林主义特征的论述是相等同的。阶级意识概念的基础是某种完全外在于无产阶级的东西即普遍的利益，而这种普遍的利益并不是卢卡奇对于无产阶级意识的唯一阐述。

从卢卡奇的物化理论来看，在无产阶级的"社会存在"即在无产阶级个体以及整个阶级的"社会存在"中，包含着克服物化的"客观可能性"。这种社会存在的第一个相关层面就是关于主体性的幻觉的缺失。在这里，黑格尔的主奴辩证法又在物化的直接性这一层面之上再次回归了。对于资产阶级——也就是主人——来说，虽然他们最终要臣服于自然的规律以及"第二自然"的规律，但是，他们在面对（由他人的劳动创造出来的）物的时候，却拥有一种主体性的幻觉。这种幻觉在资产阶级思想——也就是黑格尔所说的"意识"——中表现为主客体之间的分裂。另一方面，无产阶级自身被还原成了一种单纯的物并且，无产阶级关于主体性的幻觉（如果说在无产阶级身上存在着这样一种关于主体性的幻觉的话）伴随着无产阶级逐渐被整合进生产的客观机制中而消失了。卢卡奇在这里正在缓慢地引入马克思最为看重的那种黑格尔主义观点：无产阶级——也就是奴隶——由于其在劳动过程中的物化，而能够在世界中认识到自身。但是，在《历史与阶级意识》中，卢卡奇并没有强调，作为这种认识（即无产阶级在世界中对自身的认识）的一个关键性决定因素的总体劳动（甚至是抽象的总体劳动）的创造性、客体化的运动。卢卡奇首先从一种关于质与量的辩证法这一角度出发理解抽象劳动的辩证法，并且，他只是从客体化的实践辩证法的局部内容出发来理解抽象劳动的辩证法。从历史的角度来看，我们可以对这一事实作出以下解释：虽然卢卡奇知道，马克思的《资本论》只有关于物化的动力学的片段，他也依然在《资本论》中努力地找寻这种关于物化的动力学。当时，他还没有接触到《1844年经济学哲学手稿》以及《1857—1858年经济学手稿》，在马克思的这两部作品中，都包含着比《资本论》中更为完整的劳动理论。后者（即《资本论》）意在构建出一种异化劳动理论，以及一种直接排斥实践的那种异化了的或者说抽象的劳动理论。然而，卢卡奇却认为，在抽象劳动中包含着对其自身的否定，并且这种否定表现在了工人的生活中。

在卢卡奇的思想中，将无产阶级还原为生产的客体几乎可以说是彻底性的。工人剩下的仅仅是其作为旁观者所具有的那种直观的、少到几乎可以忽略不计的主体性。工人所进行的有质量的、有创造性的活动被异化、机械化，并且被量化了。但是，质与量之间的关系是一种辩证的关系。在这里，卢卡奇思考的不仅仅是恩格斯提出的那些辩证规律之一。他承认，在特定的层面上可能存在着一些从量变到质变的例子。但是，在他看来，在质与量的关系中，还存在着一个更为重要的层面。在涉及主客体关系的时候，从量到质的转变就"意味着存在的一种真正的客体形式出现了"①。从以上这些分析来看，"每一个变化都是一种质变"②。因此，质与量之间的关系事实上只是表象与本质的辩证法的一个特例而已。在这里，我必须要声明一点，卢卡奇的上述分析与胡塞尔反对自然主义的量化而为现象学的"生活世界"所进行的辩护是遥相呼应的。但是，在卢卡奇看来，量化是资本主义理性化中的一个元素，因此，量化绝不仅仅是一种关于现实的错误科学分析而已。我们从卢卡奇对劳动时间的分析，就可以看清楚他的批判视角了。对于资本家来说，将劳动时间以及劳动时间的延长和缩短看成是一个纯粹量化的问题是非常理性的做法。工人们经常会（或者甚至可以说必须）将劳动时间以及工人的工资看成是等价物。但是，工人的"日常生活中的全部层面"都受到了在"工人的"劳动时间中所

---

① Lukács, *History and Class Consciousness*, p. 166.
② Lukács, *History and Class Consciousness*, p. 167.

发生的"质"的变化的"影响"。劳动时间是工人"作为主体，作为人而存在的决定性的生存形式"。① 工人的劳动时间的确被整合进了生产的客体层面中，但是，劳动时间永远对于工人来说永远都不会完全是关于量化的问题。这就意味着，工人自身意识到了某种位于客体层面的质的东西。这并没有改变工人的异化，但是，这却使得工人意识到了异化的一个层面。卢卡奇就是在这种必然的、关于异化的"最小化意识"的基础之上，构建出突破物化的"客观可能性"的。卢卡奇认为，工人关于商品化的劳动时间中的一个质的层面的最小化意识，象征着拜物教形式解体的开始。在（劳动时间）这种商品中，工人能够认识到自身及其被资本所统治的存在。这种认识至少可以说是对于一种商品的自我意识；因此，从这种意义上来说，资本主义社会的"实体"就开始成为一种"自为"的存在了。卢卡奇还进一步论证说，当"自我意识被添加到商品结构中去"的时候，"当工人认识到自己是一种商品的时候"，这种自我意识，这种认识就会"为工人的认识对象带来某种客观的或者说对象的结构性变化"。② 让我们来回顾一下恩格斯提出的一个论证（卢卡奇显然考虑到了恩格斯的这个论证），这个论证就是，历史"规律"之所以能够发挥作用，是因为历史主体行动者是无意识的。对于上述论证的一种合理逆转就是，意识的开端会"开始"使得这些历史规律不再发生作用了。卢卡奇也是用另外一种方式来阐述（恩格斯提出的）上述论证的。他指出，将自我意识增加到商品结构中，是商品结构中的一种客观的或者说对象性变化。这是作为商品的劳动的特殊性质第一次被完全彻底地对象化。抽象劳动这个因素依然表现为一种物，但是现在，人（或者说质）的因素，也就是剩余价值的源头，表现为意识的开端。

马克思将资本再生产的秘密归结为作为一种商品的劳动力所具有的"特殊性质"。劳动创造出比维持劳动力的生存和繁殖所必需的更多的使用价值。另一方面，劳动力的交换价值（或者至少可以说劳动

---

① Lukács, *History and Class Consciousness*, p. 167.
② Lukács, *History and Class Consciousness*, pp. 168 – 169.

力交换价值的最底线）是由劳动力的生存所需决定的。因此，当工人用自己的劳动力来交换工资的时候，除了满足社会需要以外的使用价值就增加了，并且对于资本所有者来说，购买劳动力的交换价值也增加了。即使是当工资在生产力的提高、一种或多或少是固定不变的利润率、有时候劳动力的供给不足以及工人的阶级斗争这些变量的支配下位于上限的时候，上述分析依然成立。因此，从这个意义上来说，劳动力拥有一种创造性的、质的使用价值。但是，在资本主义制度下，这种创造性所表现出来的形式就是一种从商品到资本再到商品（M－C－M）的量化的价值扩展，也就是从劳动力的交换价值到劳动力所生产出来的商品的交换价值的一种量化的价值扩展。马克思对于工作日这个问题的分析开始于对于劳动力价值的定义。马克思认为，劳动力的价值"仅仅"被定义成了工人的生存需要（然而，这种定义却是在历史中形成的）。但是，剥削的比率（也就是剩余价值与工资之比，或者说是剩余劳动与必要劳动之比）是不能直接从劳动力的价值中推演出来的。剥削的比率最低限度是零——但是，这种最低限度在资本主义社会中自然是无法实现的。另一方面，剥削的比率最高限度是由工人能够持续劳动的（最长）时间所决定的。资本家希望他购买的商品（也就是劳动力这种商品）的使用价值能够最大化。因此，资本家倾向于要求（将剥削的比率或者说工人的劳动时间）最大化。而工人如果想要长久地保存自身以及他的家庭的话，则必须要考虑到对于他自己这种"商品"的"健康的、正常的使用"。因此，工人会倾向于要求一种（比资本家所希望的）低得多的剥削比率，换句话说，也就是要求更短的工作时间。马克思进一步论证说，（资本家和工人）这两种相互对立的要求从他们各自的立场来看都是合理的，因而只有力量能够决定（谁的要求能够得到满足）。因此，马克思就从作为一种商品的劳动的性质中推导出了阶级斗争。

我们可以明显地看出，卢卡奇对于劳动时间的讨论继承了马克思的思想模式所具有的普遍结构。然而，卢卡奇与马克思的观点有一个关键的不同。（与马克思一样）卢卡奇也想要从工作日这个问题中推导出阶级斗争。然而，卢卡奇的分析——非常无意识地——蕴含着这样一种观点,即从 20 世纪初期的政治学这一角度出发,如果我们仅仅用抽象的、教条主义的方式来看待马克思(对于工作日)的讨论的话,那么马克思(对于工作日)的讨论就仅仅倾向于在工会斗争中达到顶峰,而不是在以资本主义社会的总体性为目标而进行的实践中达到顶峰。当然,从本质上来说,关于劳动实践的问题比关于工资的问题更为重要。但是,即使是从为了劳动时间而进行的斗争中,我们也不能机械化地推导出一种革命意识。就像我们之前所说的那样,即使是在量化的面纱之下,工人也是可以对劳动的质的层面产生意识的(或者说工人必定会对劳动的质的层面产生至少是最小化的意识)。卢卡奇指出,如果没有这种意识,那么"作为一种商品的劳动的特殊性质……就会作为经济发展过程中的一种不为人知的驱动力而发挥作用"。但是,卢卡奇之前已经解释过,资本主义物化的发展会将工人总体化地还原为客体,在这种总体化的还原中,就隐含着"自我意识"的开端。然而,这还不意味着我们能够做些什么来改变资本主义的体系。但是,这的确意味着,"克服(物化)的客观可能性"被"添加"到了工人作为一种客体的社会存在所具有的直接性中。在卢卡奇看来,如果(工人)能够意识到"在数量化的外衣之下是质的活的内核",如果这一点能够被揭示出来的话,那么,"工人就'有可能'意识到,'所有的'商品都具有拜物教的特征,并且(工人)还'有可能'穿透或者说看透资本主义社会所有的物化结构所具有的社会基础"①。但是,这种认识,也就是"(作为)商品(的劳动力)的自我意识",仅仅意味着,无产阶级产生了关于自身是经济发展进程的"客体或者说对象"(也是经济发展进程的牺牲品)的认识。② 让我们说得更确切一些,个体的工人在一种商品即他的劳动力(这种商品)中认识到了他自己是一种"客体或者说对象"。这就意味着在商品体系中认识到社会劳动是一种"客体或者说对象"的可能性,举例来说,也就是"阶级"认识到其自身是商品交换的对象或者说客体的

---

① Lukács, *History and Class Consciousness*, p. 169.
② Lukács, *History and Class Consciousness*, p. 180.

可能性。只有在这种认识中,才蕴含着以下这个观点,即严格的物与物之间的社会关系"开始"被溶化在了人的发展进程中。在"商品交换这个领域中",这就是最终的可能性了。"在生产的领域中",以上这种认识的客观可能性则拥有更为丰富的含义。无产阶级必须要穿透或者说看透一种特殊的拜物教,必须要将这种特殊的拜物教看成是一个无产阶级认识到自己是经济发展进程中的"主体"(这种"主体"在过去是无意识的)的过程,这种特殊的拜物教就是:关于工资与资本之间关系的拜物教。"如果资本的物化被溶化为它的生产和再生产的不停的过程,那么在这种立场上,无产阶级就能意识到自己是这一过程的真正的主体。"① 现在,这一人类元素,也就是活劳动是剩余价值(换句话说,也就是未得到补偿的剩余劳动)、资本的生产与再生产的驱动力以及资本主义社会的源头的确切意识,对于工人对自身中的某种元素被整合进了客体进程中所产生的最小化意识进行了的补充。我们之前已经说过,在卢卡奇看来,工人对于自己是一种客体或者说对象的自我意识是具有必然性的,但是对于"阶级是一种客体或者说对象"的自我认识仅仅是一种客观可能性而已。现在,我们必须要补充说明一点,关于"阶级是主体"的自我意识的可能性,是建立在整个商品体系有可能溶解到(人类发展的)进程中这一基础之上的。

在这里,我们必须要提出以下几个观点。第一,卢卡奇所谈论的并不是某个特定时期内的历史、现在或是未来。他是将无产阶级的社会存在创造出(无产阶级的社会存在在过去已经创造出了)一种阶级意识的开端这样一个关键性的瞬间隔离出来了。这样一种阶级意识的开端只有站在无产阶级的立场上才是有可能的。但是,工人自身中的阶级意识的自发发展并没有受到什么机械化的压力。在工人的经验意识中,包含着"一种关于异化的最小化意识"。但是,这种最小化的意识"仅仅是一个关于中介的复杂进程的开端而已,这个中介进程的目标在于认识到社会是一个历史性的总体",或者用卢卡奇的术语来

---

① Lukács, *History and Class Consciousness*, p. 181.

说就是，（这个中介进程的）目标就是"阶级意识"。① 但是，阶级意识与革命实践都仅仅是预设出以上这种必然性（即认识到社会是一个历史性总体的必然性）的客观可能性而已。我们还需要对这种客观可能性的结构进行进一步的分析。

在马克思主义的思想传统中，无产阶级作为一个阶级的产生，通常是表现为工业化的集中以及将所有的工人都还原为相同的、标准的社会存在状态所产生的结果。卢卡奇并没有拒斥这一（马克思主义的）思想模式。但是，他指出，这种思想模式是片面化的。在他看来，如果没有工业化的集中的话，那么我们就无法克服工人的相互隔绝与原子化，虽然如此，但还是存在着其他一些非常重要的因素。"（作为）商品的（劳动力的）自我意识"象征着（工人）对于劳动的社会性质产生了认识，但是，即使是这种认识，也仅仅是消灭对于个体的隔绝的一个先决条件而已。工人能够认识到并且能够较早地定义出他们共同的利益和共同的处境。但是，我们并不能由此直接得出结论说，（工人）将会对倾向于不断地对（工人的）原子化进行复制或者说再生产的社会提出总体的挑战。另一方面，这种总体的挑战并不是从直接的意义上就具有可能性。卢卡奇试图通过实践范畴来完成从隔绝（以及经验的意识）到对于革命阶级（以及阶级意识）的构建性转变（但是，卢卡奇的这一尝试最终没有成功）。

卢卡奇是在关于实践的客观可能性的探讨中，阐述他对于实践的理解的。我们不能再拖延对于客观可能性这一范畴的讨论了。马克斯·韦伯最初是从关于刑律的某些特定理论中推演出（客观可能性）这个范畴的。客观必然性在刑律中是没有位置的，因为客观必然性没有为主观认识这一维度留出任何空间；也就是说，客观必然性没有为预见或者说先见之明以及意图留出任何空间。但是，一个犯罪案例最终必须要由对主观维度的评估来决定。因此，我们必须要从一种允许多种客观可能性的客观角度出发，来对那些犯罪的案例进行重新解释，即使我们知道，在那些客观可能性中，只有一种可能性真正被实现了。

---

① Lukács, *History and Class Consciousness*, p. 51.

换句话说，只有在某一事件受到了一个人的主观作用的影响的情况下，这个人才会因为他的主观作用而被定罪。但是，这就意味着，如果没有这种（主观）作用的话，那么，在过去发生的就有可能是其他的事件，而不是在事实中已经发生的那个事件了。韦伯在他的历史研究中，运用了这种原则。他对这种原则的运用中所蕴含的最为重要的一点内容就是，法律对于在过去找到一种主观维度的"兴趣"，被（当代）历史学家的"兴趣"所取代了。这种关于"先验"的兴趣之所以十分重要，是因为韦伯否定了以下两种可能性：第一种可能性是一种历史性的总体性"在其自身中"的综合；第二种可能性是对于事实所进行的无前提的图像化观察。历史学家所拥有的这种"先验的"兴趣，将事件中所包含着的个人因素隔绝出去，并且将其普遍化了，而将可能性锁定在了过去的动力学中。因此，从这个意义上来说，在韦伯的思想中，客观可能性的范畴所指称的仅仅是过去或者说历史而已，并且是一种由个体历史学家多多少少是任意、独断的兴趣（或者说"神祇"）所构建出来的过去或者说历史。

卢卡奇对于韦伯的客观可能性范畴作出了以下几点重大修改。第一，卢卡奇对于总体性的范畴进行了重新阐述。换句话说，他回到了一种总体化的分析中。在韦伯提出的那种任意的、独断的、个体化的兴趣的基础之上，卢卡奇指出，那种由历史学家揭示出来的关于现实的动力学一定会保持观念上的典型性，并且会保持虚构的特征。卢卡奇一次又一次地重复指出，只有当那些必要的抽象被综合为整体的时候，关于社会的矛盾动力学才能够被揭示出来。但是，卢卡奇还在持续不断地提醒我们，这种总体性从来都不是直接的既定之物。现实是在那些隔绝的、抽象的统一体（也就是范畴）中表现出自身的。我们只有借助于一种中介的复杂进程，才能够到达或者说实现这个总体。理论并不是直接面对一个既定的总体；理论逐渐对这个既定的总体进行综合，并且，那些"整体或者说总体"是在不同的层面上实现的。关于总体的视角最终与我们的理论与实践所处的既定阶段关联在一起。这种对总体的强调使得卢卡奇能够论证说，关于历史的"真实的、客观的"动力学是可以理解的。只有从这种理解的角度来看，客观的可能性才是"客观"的。然而，与韦伯一样，卢卡奇也认为，客观可能性的范畴试图对关于"主观"维度的问题进行研究。在卢卡奇看来，历史之所有拥有规律，从根本上来说，是因为历史行动者是无意识的，或者是拥有"虚假意识"。虚假意识是（人们）迷失在既定的、抽象的、局部（的世界所具有）的直接性中所产生的结果。客观可能性意味着在必然性结构中的一种断裂。但是，在卢卡奇看来，只有当理论与意识向着社会的总体性这个方向发展的时候，这种断裂才是具有意义的："将意识与社会整体联系起来，就能认识人们在特定生活状况中，可能具有的那些思想、感情等；如果对这种状况以及从中产生的各种利益能够联系到它们对直接行动以及整个社会结构的影响予以完全把握，就能认识与客观状况相符的思想和感情等。"① 因此，从这个意义上来说，理论首先要理解社会的动力学，这种社会的动力学是隐含在历史行动者自身对这种动力学产生认识的可能性中的。辩证的理论构建出了历史行动者与作为一个整体的社会之间的关系，由于这种理论（即辩证法）是从历史动力学中产生的，并且与历史动力学是相互影响的，因而这种理论的存在本身就已经表现出意识变成现实的客观可能性。因此，从这个意义上来说，卢卡奇与韦伯的客观可能性范畴之间的第二个关键性差别在于，卢卡奇将这一（客观可能性的）范畴引向了实践。但是，这就蕴含着（卢卡奇与韦伯的客观可能性范畴之间的）第三个重大差别，这就是：韦伯是为了现在的认知兴趣，对过去的可能性进行检验的，而卢卡奇则是为了一种"未来的实践"，试图与现在的可能性进行互动："只要人们还将自己的注意力集中在对于过去或是未来的直观或者说沉思之上，那么对于过去或未来的直观或沉思就都会僵化为一种异化的存在。并且，现在还会在主体与客体之间划出一道不可跨越的'险恶鸿沟'。人必须要将现在理解为一种不断生成的东西。人只有通过在现在之中看到，现在与未来之间的辩证对立的趋势，才能够理解将现在理解为一种不断生成的东西，并

---

① Lukács, *History and Class Consciousness*, p. 51.

且才能够'创造'出未来。"①

我们可以在卢卡奇对实践理论的探讨中,看到卢卡奇对于(韦伯所探讨的)客观可能性范畴的改变。但是,这样一种"关于实践的理论"显然是无法"创造"出未来的。只有当这种"关于实践的理论"变成一种"现实的理论"的时候,它才能够成为实践中的一个环节。并且只有当这种"关于实践的理论""已经变成了无产阶级意识中的一部分,已经被无产阶级变成了现实"的时候,它才有可能变成一种"现实的理论"。只有借助于历史变化中可能的主体所进行的实践,才能够实现这种客观的可能性。另一方面,以上观点反过来说也是成立的。如果没有理论的话,实践也是不可能的。卢卡奇定义了实践中的三个必要环节。第一,实践必须是从既定社会的直接性中产生的。第二,对于任何一种试图将实践的客观可能性转变为现实的尝试来说,意识与实践都是不可分割的。这也就是说,我们必须既要理解直接性的动力学,也要对这种直接性的动力学有所行动。第三,在阶级斗争中,实践"必定会表现为一种力量"。(卢卡奇与马克思一样,都是从关于劳动时间的问题中推导出阶级斗争的。)②

因此,卢卡奇从实践的客观可能性的范畴出发,对物化的瓦解这个问题进行了探讨。这种探讨预设出了这样一个前提:只有无产阶级的社会存在才能够导致革命性实践的客观可能性诞生。大体上来说,卢卡奇的论证具有明确的非决定论的特征。(在卢卡奇看来)物化的瓦解取决于两个因素:第一个因素是使物化瓦解的一个可能的共同主体的构建;第二个因素是这一主体产生出导致物化瓦解的客观可能性的矛盾的意识。只有当这种意识向着作为总体的社会这一方向发展的时候,这种意识才会出现。进一步来说,我们一定不能将卢卡奇脑海中构想的那种意识解释为一种纯粹精神上的、直观的或者说沉思的意识。历史的主体永远不会由哲学家构成。阶级意识,也就是趋向于总体性的意识,意味着无产阶级将会被构建为一个阶级,并且在无产阶

---

① Lukács, *History and Class Consciousness*, p. 294.
② Lukács, *History and Class Consciousness*, p. 177.

级的社会存在中会因此发生一种实际的变化，在资本主义社会的整体结构中也会发生一种实际的变化。然而，以上这些都不是必然会出现的。无产阶级的阶级意识的持续缺失"是"具有客观可能性的，这就将意味着，"矛盾不但得不到解决，而且会在更高的层次上，以不同的形态，更加强烈地由发展的辩证动力再生产出来。"①

我认为，卢卡奇的实践哲学是一种非常合理、恰当的"关于实践的哲学"，或者更确切地说，是关于布尔什维克革命阶段实践的一种合理、恰当的哲学。我们可以在不改变卢卡奇关于解放社会历史实践的论证所具有的基础结构的情况下，对于在卢卡奇的讨论之中再次出现的那种同一主客体的概念进行一些修改。在（不改变卢卡奇关于解放社会历史实践的论证所具有的基础结构）这一前提之下，我们必须要看到，卢卡奇在"物化与无产阶级意识"这一章接近尾声的地方再次提出自由与必然性之间的悖论关系，似乎是非常矛盾的。"但是，关于实践的哲学还不是一种辩证的社会理论。"（卢卡奇提出的）关于实践的哲学是对于康德、费希特、黑格尔以及青年马克思的思想的一种延续，但是，就像我们之前说过的，它（即卢卡奇提出的这种关于实践的哲学）仅仅能够说明社会变革具有"抽象的可能性"而已。根据卢卡奇的实践哲学的要求来看，社会理论必须要对直接性的动力学进行充分恰当的"历史性"分析。二律背反（在卢卡奇的社会理论中）的持续存在说明（卢卡奇的社会理论对直接性的动力学的）分析是不充分的，在我们看来，不仅（卢卡奇）对于资本主义发展的分析是不充分的，并且，（他）对于阶级的分析也是不充分的。卢卡奇在对资本主义发展以及无产阶级的社会存在进行分析的时候，只说明了存在着一种关于异化的最小化意识，并且存在着将无产阶级构建为一个阶级的客观可能性。这种分析进一步揭示出了这样一个假设：资本主义的客观矛盾（这种资本主义的客观矛盾在资本主义社会的诸多经济危机中达到了顶峰）是一种自发、自动的历史产物。因此，从这个意义上来说，卢卡奇只是从"一连串的"客观可能性出发，对于一种

---

① Lukács, *History and Class Consciousness*, pp. 197 – 198.

能够将矛盾推进为社会变革的、具有自我意识的革命主体的构建进行了概要式的阐述。因此，卢卡奇的这种阐述所揭示出来的动力学，并不是一种发展的动力学。历史分析被一种关于现在的客观可能性的静态体系所取代了。他所欠缺的正是一种"对于人的需求的辩证法所进行的分析"！卢卡奇并不满足于这样一种解决方案（虽然在卢卡奇当时所处的历史阶段中，这种解决方案看起来似乎是颇具革命性的），因此，他试图用大量的自觉自愿或者说自发主义思想来对以上分析进行改善："任何一种改造本身只能是无产阶级自身的自由行动。"① 卢卡奇在1919年到1922年这一阶段中的思想发展历程表明，他对于他的"实践"理论的具体化是错误的，并且没能克服在神秘化的政党中达到顶峰的、自由与必然性之间的二律背反。卢卡奇对于客观必然性这一范畴的运用，使得在一种局部化的（或者说教条化的）阶级分析中存在的这个问题（即在政党的神秘化中登峰造极的自由与必然性之间的二律背反这个问题）进一步恶化了。当我们为一个阶级或是政党赋予了某种神秘化的力量的时候，不论是什么东西都可以变成一种客观可能性。无论如何，那种概念上的主客体辩证法使得卢卡奇认定，关于直接性的动力学或多或少是透明可见的。

我们必须要回到之前提出的一个问题：无产阶级概念在卢卡奇的思想中是一种教条，还是马克思主义意义上的一种抽象范畴呢？让我们再次假设，卢卡奇是将无产阶级概念当做一个范畴来看待的，如果我们能够把握无产阶级的社会存在的话，那么无产阶级范畴就会成为对于总体性的综合中的一个元素。但是，即使是这样，我们也必须指出，卢卡奇的这种分析是极其片面的。从经验意识的内容，到（对于）阶级需要的（生产以及再生产的）历史发展，许多决定性的因素都被（卢卡奇）忽略掉了。从与马克思的历史分析采取了截然不同的形式的（卢卡奇的）历史分析来看，（在卢卡奇的历史分析中）还存在着许多致命的疏忽。但是，我们不能再忽略这样一种可能性了，这种可能性就是，卢卡奇对于阶级的全部问题所进行的分析都颇具教条

---

① Lukács, *History and Class Consciousness*, p. 209.

主义的色彩。事实上，他的确将工业无产阶级定义成了在资本主义历史阶段中的同一主客体——因此，从这种意义上来说，他之所以对于工业无产阶级的社会存在进行分析，只是为了对理论家已经相信的东西提供支持而已，这种理论家已经相信的观点就是，西方世界的工业无产阶级能够并且将会发动一场根本性的社会革命。在马克思的作品中，并没有出现对统一起来的阶级所进行的分析。早在1923年的时候，西方世界的工业无产阶级似乎就已经表现出越来越不革命的趋势了，如果考虑到这些因素的话，（卢卡奇的）这种教条主义是很成问题的。在这里，我们不能对卢卡奇对以上这些问题的解释进行分析了，同样地，我们也不能对他的革命观进行分析了。我们只能说，《历史与阶级意识》中那些对革命组织进行探讨的篇章，只是进一步深化了我们以上提出的这些问题，而没能解决这些问题。

  我在这篇文章的开头就说过，（卢卡奇的）物化理论是（他提出的）关于社会的辩证理论中不可或缺的一部分。在我们所处的历史时代，如果没有预先假设出一种对我们的社会来说是恰当的、充足的理论所具有的形式和内容的话，就无法对这种理论进行恰当、充分地说明。让我们以概述的方式，试着提出一种比卢卡奇的假设更为合理的论证，我们应该沿着这样一个大致方向对卢卡奇的理论进行重构：首先，在发达资本主义阶段，我们必须要通过揭示出关于政治合法性的拜物教、科技理性以及日常生活（也就是自由的时间、"娱乐"以及消费等等）所具有的直接性，来对物化现象的讨论进行补充说明。第二，我们不仅要将德国古典哲学的讨论纳入到对概念的主客体辩证法的讨论（举例来说，也就是对于实践哲学的问题所进行的讨论）中，我们还必须要将马克思主义思想传统的那些重要理论源头以及某些特定流派的非马克思主义思想传统的重要理论源头纳入到对概念的主客体辩证法的讨论中。第三，在对物化的动力学进行的分析的时候，我们必须要假设我们以上提到的这些替代选项，必须要将这种关于物化动力学的分析当成是一种新的社会理论来展开。在（关于物化的动力学所进行的分析）这种社会理论中，必须包含着以下四个因素：第一个因素是对发达资本主义的"历史"所进行的全新分析；第二个因素是关于资本主义发展的趋势与限制的一种全新的（非决定论的）理论；第三个因素是一种全新的阶级分析；第四个因素是一种全新的、关于在发达资本主义制度之下的国家理论，这种全新的国家理论会对体制与政治的合法性进行分析。

  我对重构卢卡奇思想所提出的以上几点建议，就是这篇文章的主题。尽管卢卡奇的本意是要将他的物化理论变成一种关于资本主义社会的辩证理论，但是，在我们看来，他的物化理论仅仅是在实践哲学的历史中所进行的一种基础性构建。

（孟丹译　周凡校）

物化的再思考

汉纳·F. 皮特金

"哎哟，"老鼠说，"这世界一天天变得更加狭小了。起先，它广阔无垠，简直使我害怕，我不断地往前跑，终于在远方看到左右两堵墙，我为此有说不出的高兴。可是，这两堵长长的墙却迅速地合拢来，以致我只好待在最后的那间小屋里，那儿靠墙角的地方还设有一只捕鼠机，我只好跑了进去。"——"你只需改变跑的方向。"猫说道，同时吃掉老鼠。

——弗朗茨·卡夫卡《一个小寓言》①

卡夫卡噩梦般的寓言与作为物化概念的体验有着相同的处境。二者探讨的是，凭着我们巨大的科学文明和技术能力，我们自己的活动是如何把我们陷于如此无助的神秘境地。或者是否应该说，人们已经开始"感受"到如此无助的困境？或者说，陷入困境是因为我们感受到了？

"物化"不是一个家喻户晓的语词，对其研究是一件复杂且有点乏味的事情，也只有专业人士才有兴致。不过，如果它受重视了，那是因为这些较大而紧迫的问题。而根本上的问题是：我们是否要摧毁（blow up）这一世界？像其他专家一样，过去我常常假定我们知道物化是什么。于是，在最近我所发表的文章中，我没有经过深思熟虑就写道：

---

① Franz Kafka, "A Little Fable," in Franz Kafka, *The Complete Stories*, edited by Nahum N. Glazer, New York: Schocken, 1983, p. 445.

"物化：涉及的是，被理所当然地当做给定的和在事实上不可避免的东西但在实际上却是人类活动的产物。"① 自那以后，我就开始了一些新的思考，思考的结果是，我对"物化"是什么或"物化"指的是什么不再有把握。

从词源上说，这个词并不难。它源于拉丁文的"res"，是一个广义的名词，翻译成英文可以是"thing"（物）、"object"（物体）、"matter"（事件）、"concern"（关系）、"affair"（事务）、"business"（业务）、"property"（财产）、"case（in law）"（法律中的）案例。使物化（to reify）就是把某物转换为"物"。但困难开始了。什么样的某物？且是怎么样的？

在苦苦思索以弄清这些问题的答案时，我希望做的只是与他人分享我的困惑。在揭示这一模糊概念的内在不一致（internal incoherencies）的过程中，人们能够了解到很多关于我们生存于其间的社会的、政治的现实，我们对这一现实和我们自己的理解方式，以及我们的力量与无助。人们会了解到，物化概念的重要性是在于它所要言的，以及它是怎么失败的。我将在根本上证明，就这一概念是试图诊断我们的自我设陷（self-entrapment）并因此赋予我们以力量来说，它是失败的，因为它是抑制而不是廓清涉及实际的公共行动的真实的政治问题。本文的论述是从卢卡奇和马克思开始，然后转到社会学的解释，接着简要地转到词典的解释，最后以政治、理论和我们自身的论题作结。

卢卡奇的物化概念

物化在马克思主义的思想中已受到了最大的关注，因此论题就从这里开始。但是，除了一个非正式的语段以外，马克思自己从来没有使用过这一语词，黑格尔也是如此。② 它是由卢卡奇的原创性文章《物化与

---

① Hanna Fenichel Pitkin, *Fortune is a Woman: Gender and Politics in the Thought of Niccolo Machiavelli*, Berkeley, Los Angeles and London: University of California Press, 1984, p. 277.

② Tom Bottomore, editor, *A Dictionary of Marxist Thought*, Cambridge: Harvard University Press, 1983, p. 411. 这例外的一段见《资本论》（英文版）第 3 卷第 48 章，在那里，马克思说，"社会关系的物化（Verdinglichung）"是一个"神秘化"，以此经济学家的"三位一体"诸要素——资本、土地和劳动——在一个"着了魔的、颠倒的、倒立着的世界"得以"自（转下页）

无产阶级意识》引进马克思主义的。① 实际上，卢卡奇使用的是可能含有更多的文字色彩的德文的"Verdinglichung"，它译成英文是"物化"（来自事、物）（"thingification"[from Ding, thing]）。但是，来自拉丁文的这个衍生词在英语中是可以使用的，人们不必就翻译者对其使用而吹毛求疵。Res 在意思上非常接近于事和物（Ding and thing）。

虽然马克思几乎没有使用这一语词，但卢卡奇却宣称，物化的思想是马克思思想的核心，且马克思确实在同样的一般概念的层次上使用了诸如"对象化"（objectification）、"疏离"（estrangement）、"异化"（alienation）、"意识形态"、"神秘化"和"拜物教"这样的概念。而这也存在于恩格斯所说的"虚假意识"之中（但马克思不是）。② 卢卡奇致力于分析拜物教，声称在接近《资本论》开头论述商品拜物教的那一章节是《资本论》一书的核心，也是马克思所有的工作的中心，因为"商品结构之谜……在所有方面都是资本主义社会的结构性问题的核心"。因此，它"对于每一个生活在资本主义社会中的人来说，物化是必然的、直接的现实"。③ 正如卢卡奇在讨论"物化"的那一节的标题之下所举例说明的，④ 他把"物化"与广义上的商品的拜物教相提并论。他说，物化的实质是：

> 人与人的关系获得物的性质，并从而获得一种"幽灵般的对象性"，这种对象性以其严格的、仿佛十全十美和合理的自律性掩盖

（接上页）主化和固化"。可惜的是，对于卢卡奇这篇文章来说，马克思说的这一特殊的神秘化（在那里，马克思只是使用了"Verdinglichung"这一语词）是"被消解"，而不是为"古典经济学"所强加或其例证。

① Lukács, "Die Verdinglichung und das Bewusstsein des Proletariats," in *Geschichte und Klassenbewusstsein*, Neuwied and Berlin: Hermann Luchterhand, 1968, pp. 170 – 355; "Reification and the Consciousness of the Proletariat," in *History and Class Consciousness*, trans. by Rodney Livingstone, London: Merlin Press, 1971, pp. 83 – 222.

② Friedrich Engels, *Letter to Franz Mehring*, 14 July 1893, in *The Marx – Engels Reader*, edited by Robert C. Tucker, second edn. New York and London: W. W. Norton & Co., 1978, p. 766.

③ Lukács, "Verdinglichung," p. 171, p. 338; "Reification," 83, 197. See also "Verdinglichung," pp. 297 – 298; "Reification," p. 170.

④ Lukács, "Verdinglichung," p. 171 and, e.g., p. 174; "Reification," 83 and, e.g., 86.

着它的本质,即人与人之间关系的所有痕迹。①

人与人之间的关系被认为是"物"。② 其次,这意味着某种本质的东西被掩盖了,被误解为幽灵般的东西。而这反过来,进一步意味着人类能力依然没有得到实现;实存于人类能力之内的某种东西似乎是自主的,并向人施加其支配力量。在卢卡奇看来,在商品的拜物教中,首要的物化是人类的生产劳动或工作(Arbeit)。③ 人们的生产活动是真实的、"具体的"、"确定的",它需要真实的工作关系。在商品拜物教中,那些做这一工作(指从事生产活动——译者注)的人仅是以"扭曲的"或"幽灵般的"形式来理解它和他们自身。④ 他们仅在物质产品的掩盖中去理解自身的活动和力量,并且把那些产品仅仅理解为商品,理解为对市场的非人格力量(包括膨胀、萧条、供给与需求规律等等)的屈服。因此,生产者把自己体验为是受这些非人格力量所宰制的,是无力的。但卢卡奇认为,在发达的资本主义,这样的拜物教已经延伸到了工人和资产阶级政治经济学的领域之外,进入到每个人生活的方方面面:人们失去了对他们的主体性能力(their capacity for agency)的意识。卢卡奇说,这里最为重要的是,在物化中,"人自己的活动,人自己的劳动,作为某种客观的东西,某种不依赖于人的东西,某种通过异于人的自律性来控制人的东西,同人相对立。"⑤

那么,物化是对世界的一种误解,是一种"意识形态现象",在这当

---

① Lukács, "Verdinglichung," 170–171; "Reification," 83.

② 不过,卢卡奇偶尔认为,被物化的是一个过程,或有时他将其等同于关系和过程,或者宣称仅有过程是真实的,即所有被假定的对象和事实只有是过程或"过程的各个方面"时,才是真实的;在其他时候,他把过程本身的理念也当为人类活动的一个物化。"Verdinglichung," 311–313, 317, 319, 347–348, 179; "Reification," 179–181, 183–184, 203–204, 89.

③ 汉娜·阿伦特作过论证,"Arbeit"正确地应译为"劳动"(labor),而不是译为"工作"(work),并因此推论出,马克思在根本上把人类看为劳动的动物。但对我来说,这在关于"Arbeit"的现代翻译(尽管它在词源上可能是有根据的)和关于马克思的思想上,是可疑的。在这个概念层次上的德语词无法简单地与其英文词一一对应。Hannah Arendt, *The Human Condition*, Chicago and London: University of Chicago Press, 1958, esp. 79–93.

④ Lukács, "Verdinglichung," 195, 175; "Reification," 101, 86. *The Latter Two Terms are Quoted by Lukács from Marx.*

⑤ Lukács, "Verdinglichung," 175; "Reification," 87.

中，现实是"被歪曲"或隐藏在一个应该揭开的虚伪的"遮蔽物"（或外壳）（"covering"［or"husk"］）之下的。① 卢卡奇说，潜藏在《资本论》之下的"基本的方法论思想"是这种物化的消解，"从物回转到具体的人类关系的经济对象的复归"是能够为人的选择和行动所转换的。②

然而，这不是卢卡奇的物化概念的全部。物化不可能简单地是对现实的一个误解，因为商品和市场及其规律"绝不可能仅仅是思维的形式"，还不如说"它们是在当代资产阶级社会中被客观化的形式"。此外，它们的约束也是真实的。③ 随着资本主义的发展，客观上……一个成品（finished objects）的世界以及物与物之间的关系的世界（即商品及其在市场上的运动的世界）产生了，虽然它的规律正逐渐为人类所发现，但尽管如此，它们还是作为无情地、独立地发挥作用的力量与人相对立。④

这个世界及其力量并不是幽灵，这就是为什么资本主义的废除"不可能是一场简单的思想运动，而必须提高为是对它们作为社会生活形式的实际消除"⑤。

那么，很明显，把人类关系误解为"物"，仅仅是卢卡奇的物化的一面，另一面是真实的、正在发挥作用的市场资本主义世界的发展。在某种程度上，这并不意外，因为在马克思主义中，社会现实与其意识形态表现的确真的是相符合的，尽管是以一种扭曲的颠倒的方式。卢卡奇明确地说，"劳动本身的物化过程，从而工人意识的物化过程"是一起的。⑥ 但是，在这一点上，"物化"意味着什么呢？它的两面——如果这样用词恰当的话——又是如何联系的？假如它意味着把某物误解为"物"，那市场资本主义的实际运动怎么能够是物化呢？而且，如果商品和市场并不是幽灵，而是有着真实的力量，那怎样把它们感知为对真实有力的一个误解呢？

---

① Lukács, "Verdinglichung," 186, 174, 296; "Reification," 94, 86, 169.
② Lukács, "Verdinglichung," 317; "Reification," 183.
③ Lukács, "Verdinglichung," 308; "Reification," 177.
④ Lukács, "Verdinglichung," 175; "Reification," 87.
⑤ Lukács, "Verdinglichung," 308; "Reification," 177.
⑥ Lukács, "Verdinglichung," 181; "Reification," 91.

寻求回答这些难题，人们会被吸引到卢卡奇明确说物化有两个方面（一个方面是"客观的"，另一方面是"主观的"）的语段，但这些语段的确是模糊的，结果是于事无补。

这些语段中的一段说到，商品的"拜物特性"，既是一个对象性形式（是对象性的形式？还是在对象性中的形式？（[Gegenstindlichkeitsform]），又是一个"主体的行为（态度？）的方式（即，个人的Subjektsverhalten）"，且后者"合乎"前者。① 另一个段落补充的是，当在物化中时，人们自己的活动成为与人相对立的一个独立的力量，"这种情况既发生在客观方面，也发生在主观方面。"② 它的客观方面是关于商品和市场的真实世界的产生的，是已经引用过的那一语段。主观方面似乎是主体（即人们）和带有人的特性的活动也变得商品化，在市场上被实际地买进和卖出。那么，这些语段不仅未能把物化的客观方面与作为对事实的误解的物化区别开来，而且也未能将其与人们真实的行为方式或他们真实的商品化区分开来。因此，它们无助于回答我们的问题。③

仿佛这一切还不足以令人混乱（confusing），卢卡奇有时也提到作为现代资本主义特征的"物化了的心灵"（reified mind），"物化了的意识"（reified consciousness）或"物化了的意识结构"（reified structure of consciousness）。④ 从语境来看，这一语段清楚地是指那种倾向于物化的心灵把关系误解为物。但是，卢卡奇并没有称之为"物化着的意识"（reifying consciousness）。⑤ 他选择的动词形式揭示了他的假定——在马克思主义中这十分正常——每一社会经济的构成决定着意识的特性形

---

① Lukács, "Verdinglichung," 171; "Reification," 84.
② Lukács, "Verdinglichung," 175; "Reification," 87. 卢卡奇：《历史与阶级意识》，德文版，第175页；英文版，第87页。也参见中文版，第147页。
③ Lukács, "Verdinglichung," 175, 176, 178; "Reification," 87, 88, 89. 这里对卢卡奇的意思解释是使他摘引马克思的话更难以说明劳动力对工人本身来说成为一件商品，表明从特质的、不准确的意义上说是"主观的"是因为个人偏见。但这不是卢卡奇在这里所指的"主观的"意思。"Verdinglichung," 174–175; "Reification," 86–87; citing Karl Marx, *Capital*, I Moscow: Foreign Language Publishing House, 1961–62, 72, 170.
④ Lukács, "Verdinglichung," 185, 193, 331; "Reification," 93, 99, 192.
⑤ 与卢卡奇的"数量化是一'已物化了和正物化的外衣'或隐藏现实的'外壳'"。Lukács, "Verdinglichung," 293; "Reification," 166。

式。但是物化赋予了资本主义特性,因此卢卡奇必须暗示这一过程在资本主义社会中是独特的,应有一个独特的名称。显然,这个词在这里并没有意味着把关系理解为物,或到目前讨论为止这个词的其他含义。

卢卡奇的物化概念至少有五个方面:(1)作为物的关系的误解;(2)资本主义的商品和市场(其规律有着无情的力量)世界的形成;(3)与人们的行为方式"相对应";(4)人们的商品化和富有他们特性的人类活动的商品化;(5)倾向于(1)的情形的心灵的形成。物化似乎意味着与这些方面的每一个都不同的东西。其中的一些含义与其他的含义是相当接近和相容的,但一些看来又是明显冲突的,而且另一些为何应该被称为"物化",还是依然模糊。

卢卡奇与马克思:物化与对象化

卢卡奇只是混淆吗?他自己后来也这么认为。在 1933 年,在共产党的压力下,卢卡奇对《物化与阶级意识》这篇文章表述过的一些观点公开认错。之后,在他生命的晚期和较为宽松的政权下,他重新评论了整个事件,这个评论就成了包含原来论文的一个文集的序言。① 在"公开认错"这事上,一般争论的是,卢卡奇是否再度把黑格尔的唯心主义引入马克思的思想。特别是关于物化方面,卢卡奇在回顾中"判定"说,他已经把"物化"与马克思所称的对象化(objectification)以及马克思、黑格尔所说的"疏离"(即 Entfremdung,有时译为异化,但并不总是)都混淆了。② 对于与后者的混淆,卢卡奇把它称之为一个小小的

---

① 关于卢卡奇的传记参阅 G. H. R. Parkinson, *Geórg Lukács*, London, Henley and Boston:Routledge and Kegan Paul, 1977; T. Hanak, *Lukács War Anders*, Meisenheim: Anton Hain, 1973; Eva Fekete and Eva Karadi, *Georg Lukács*, *His Life in Pictures and Documents*, Budapest: Corvina Kiddo, 1981.

② Georg Lukács, "Vorwort (1967)" in Geschichte und Klassenbewusstsein, 25, 27; "Preface to the New Edition (1967)" in *History and Class Consciousness*, pp. xxiv - xxv. 实际上,卢卡奇是把他自己的思想与马克思和黑格尔都关联起来,且不是关联两个概念,而是关联三个概念:Entausserung, Entfremdung, and Vergegenstandlichung。尽管第三个概念译为"对象化"(objectification)是没有问题的,但前两个提出了翻译的问题。有些译者用"异化"来翻译其中一个德语词,另一些译者又用"异化"来翻译另一个,且决定用哪个都有好理由。"Entausserung" (转下页)

过失。因为,虽然这两个词"不存在社会上或概念上的同一",① 但它们的联系是相当紧密的。但是,把物化与马克思的对象化相混淆,他认为问题要严重得多。它表明,在共产主义革命后,工作和生产我们生计的需要会随着阶级剥削的消失而消失,作为精神和物质之间的所有对立都是虚幻的。② 这的确是黑格尔式的理念,而不是马克思主义的理念,且当然不是卢卡奇所要的。

然而,即使在回顾中,卢卡奇也从未放弃物化的观念。假如能够解开他年轻时的困惑和除去马克思的对象化,那也许他的真正意思就会浮现。这将需要什么呢?

马克思说,人类是不同于其他动物的。事实上,我们在物质世界中工作,以产生我们生活所需要的东西;且我们这样做不是以诸如蜜蜂造蜂房、鸟类筑巢那样的不变的、在本能上被规定了的方式,而是以创造的、发明的方式。"人的类特性恰恰就是自由自觉的活动。"③ 因为工作是我们的自我表现的自然形式,我们的工作甚至超越了必然性的压力,因而我们生产的一些东西并不是用于直接的消费。在人类生产的一贯对象之中,最为重要的是生产工具和其他生产资料,因为它们成为以后人类的工作环境的一个组成部分,且因此制约着人类。这就是马克思所说的对象化。

从词源学上讲,可能会有人倾向于把它称之为物化的一种,在相对字面的意义上说,人类是巧匠(artificers),是制作物的族类。汉娜·阿

(接上页)是与"aussen"相关联的,其意是外面的;因此它的意思是"外在的"、外在化、投射。"Entfremdung"是与"fremd"相关联的,其意是"外来的"或"陌生的",因此它意指"异化"(foreignization)、疏离(estrangement)。但是,前者在德语中被用于财产的转让(alienation of property),后者用于情感的异化(alienation of affections)。黑格尔和马克思都使用了这三个单词,且两人都把"Entfremdung"(异化或疏离,含有痛苦的条件)与另外两个德语词(那两个单词都涉及人的创造力)截然分开。黑格尔主要倾向于把"Entfremdung"与"Entausserung"并列,而马克思主要是把"Entfremdung"与"Vergegenstandlichung"并列。对这些翻译问题的有深度的处理,见 Karl Marx, *Economic and Philosophical Manuscripts of* 1844, trans. by Martin Milligan, Moscow: Foreign Languages Publishing House, no date given, pp. 10–13.

① Lukács, "Vorwort," 27; "Preface," xxiv – xxv.
② Lukács, "Vorwort," 25; "Preface," xxiv.
③ Karl Marx, *Economic and Philosophic Manuscripts of* 1844, in Tucker, editor, *Marx – Engels Reader*, 76.

伦特——尽管她确实不是马克思主义者——就是以这种精确的方式使用这一语词。她说,"物化"意味着"制造,制作者的工作"。① 例如,一个木匠制作一张桌子。当然,他不是从无中创造出那个物,而是使用了已经存在的对象和材料。依阿伦特之见,木匠所物化的不是他那些已经是物的材料,而是他的桌子理念、他的意图(intention)、他的"精神意象"(mental image)。② 动物,乃至植物转变物体。包含有意图的人类活动的物化例子是把木头改变成一张桌子,而不是一些成长或衰老的自然过程。物化是人类意图在物理世界的实现。③

对于阿伦特来说,在物理世界中显现的这种物化绝不是(人的)最高能力。尽管它优于劳动(维持生命所需要的生产和消费),但却次于活动(它改变的不是物理对象而是人类关系)。然而,马克思看到后者与物质生产有着不可分割的联系,因此在作用于世界的工作中,人们生产的大大超出了对象。人们生产他们的生产资料,也生产新的社会组织形式去适应那些生产资料,同时也生产新的特性的形式和符号表达方式去适应新的社会形式和工具。人类是由为了生存而必须生产的条件所塑造,但人类自身也生产其中的一些条件。简而言之,人类生产了技术、科学、艺术、道德、文明和人类自身。④

对于马克思来说,这个过程是(辩证地)累积的。在发达资本主义,人们赖以生存的环境是人们以复杂的技术和劳动分工人为造就而成的。我们几乎完全独立于原生的自然,尤其是,相对于原始的狩猎—采集社会或农业社会。然而,在某种程度上,我们比以往的任何社会都更为依赖,尽管我们极少意识到这种依赖性。例如,如果供水失败,如果粮食停止运送到城市,如果钱不再作为法定货币,那曼哈顿

---

① Arendt, *Human Condition*, p. 139. see also p. 95, p. 187, and Hannah Arendt, *Between Past and Future*, Cleveland and New York: World Publishing, 1968, p. 153.
② Arendt, *Human Condition*, pp. 140 – 141.
③ 相应地,只有"在外在世界能够被表现的"东西才是"能够(历经)物化",因此精神意象能够被物化,但感觉不能。Arendt, *Human Condition*, p. 141.
④ "人如何生产人——他自己和别人",因此,"整个所谓世界历史不外是人通过人的劳动而诞生"。Marx, *Economic and Philosophic Manuscripts*, in Tucker, editor, *Marx – Engels Reader*, 85, 92; see also *The German Ideology* in Ibid., p. 157.

的居民比起原始部落面对最大剧变的自然灾害来说，将会更为无助。我们是更为依赖——但不是依赖自然。我们依赖于我们人造的和持续的环境，并相互依赖。我们越来越多的问题都是我们自己造成的。

现在，假如人类的这种自我塑造（self-fashioning）就是马克思所指的对象化，那青年卢卡奇所指的物化怎么可能与马克思所指的对象化混淆呢？阿伦特指出，从制作物的字面意义上说，马克思所指的很多对象化都可以称之为物化。难道是这样的观念混淆了卢卡奇，把对象和关系的真实生产混进了他误解的物化观念？那前者就将成为他概念的客观方面。如此想法是诱人的，因为随之而来的是，要解开卢卡奇的混淆，需要的只是除去客观的物化，从而去除令人烦恼的迷惑——怎么能够把事实上是客观的东西"误解为"客观的。

不幸的是，这不会奏效。首先，卢卡奇的客观的物化被设想为以资本主义为终结，而马克思的对象化当然继续发挥作用。资本主义的现实世界至多是马克思的对象化世界中的一个产品，但不是唯一的产品。① 但也许不一致是卢卡奇困惑的一部分。更为麻烦的是这样的事实：即使卢卡奇不再称市场和商品为客观的物化，也仍然要坚持，它们和它们的力量都是客观真实的。因此，难题依然存在。

不过，尽管有卢卡奇自己的回顾性判断，但他的物化概念所遇到的困难不是来自于它对马克思来说有某种不真实。它们源于马克思的思想（或至少有密切的相似之处）。② 因为，尽管像费尔巴哈批判宗教信仰那样，马克思使用诸如"神秘化"、"拜物教"来暗示对现实的误解，但马克思也强调他的工作是多么的不同于费尔巴哈的工作，和他的政治经济学批判又是多么的不同于宗教批判。正是在这样的方式上：神是不真实的，但市场不是。因此，马克思似乎也如卢卡奇那样，在深层上同时认

---

① 卢卡奇的客观的物化也是混乱的，因为它包括物质对象（它们肯定会继续进入共产主义社会，除非它在革命中被摧毁）和诸如商品和市场这样的实体（它们会随着资本主义社会的消失而消失）。

② 因此，卢卡奇能够从《资本论》中引出许多与他的论点密切相似的语句。例如，"Verdinglichung," 174–175；"Reification," 86。

可商品结构的真实力量和虚幻本性。① 但是，在马克思那里，明显的冲突更容易看出。

假如商品和市场是客观存在的，并且对于约束我们的生活有着实际的力量，那什么是马克思所认为的被资产阶级政治经济学家所迷误或神秘化的呢？马克思说神秘化存在于他们把他们的范畴和概念当为永恒的、普遍的，而不是资本主义的具体特征。误解指的不是商品和市场的客观存在或它们拥有力量，而是指：它们将会，且应该总是存在，它们不会被改变，我们也不能改变它们。马克思说，对于资产阶级政治经济学家来说，他的概念和公式似乎是"像生产劳动本身一样，成了不言而喻的自然必然性"②。把商品交换视为永恒是一种误解。把它看为人类活动所无法改变的，变成一个误解，是在历史的某一特定的时间，即在当资本主义经济获得充分的发展，使得共产主义的革命成为可能时。在此之前，结束资本主义就非人的力量所能及，因此把它看为人所无法改变的就属于简单的现实主义。③

那么，也许包含在卢卡奇物化的首要含义的误解是类似于马克思的拜物教：既不是商品结构的现实，也不是它的力量，而是它永恒的不可避免性。然而，这无法充分地解释卢卡奇的物化。因为，一方面是把可变的东西误解为永恒的，不同于将其误解为物，另一方面是他的物化的其他含义也依然是模糊的。

这样解读卢卡奇的作为误解的物化就将是一个短暂的现象。商品结构为人所无法改变的观点成为一种误解仅是在资本主义发展相当晚近的事情。另外，卢卡奇的物化只有在马克思的对象化极为发达的地方才是讲得通的。它意味着人类力量的神秘化。早期的社会可能已经把人类活

---

① 安德鲁·阿拉托（Andrew Arato, "Lukács's Theory of Reification," *Telos*, No. 11, Spring 1972, pp. 25–60, at 32 n）有建树地注意到了这一点，认为卢卡奇也没有在幻觉和表象之间作出区分。因此，问题接着就是，表象的意思是什么：有没有客观上的市场？市场规律约不约束人们？且假如这样，假象怎么只是不同于"本质"呢？尤其是对于一个马克思主义者来说。

② Marx, *Capital*, I, in Tucker, editor., *Marx-Engels Reader*, p. 327.

③ 马克思说："只有当社会生活过程即物质生产过程的形态，作为自由结合的人的产物，处于人的有意识有计划的控制之下的时候，它才会把自己的神秘的纱幕揭掉。但是，这需要有一定的社会物质基础或一系列物质生存条件，而这些条件本身又是长期痛苦的历史发展的自然产物。" Marx, *Capital*, I, in Tucker, editor., *Marx-Engels Reader*, p. 327.

动的很多方面神秘化，但并没有把人类力量神秘化到非常广泛，因为人类力量还没有非常广泛。只有在人类的力量和选择被充分发展的地方才有很多东西去被物化。物化驻留于我们的现实力量和我们关于这种现实力量的观念的冲突之间。这就是为什么卢卡奇坚持认为，它是发达的资本主义的一个"特有的"条件，仅出现在商品交换已经成为社会的"基本的形式"（constitutive form）或"普遍的组织原则"（universal structuring principle）、"作为整体的社会存在的普遍范畴"（universal category of social being as a whole）时。① 卢卡奇说，一些商品交换和相当多的人类剥削已经存在于原始社会，但它们依然是偶然的、次要的或孤立的现象。只有当它们在发达的资本主义社会变得主要和普遍时，这种"第二性"才变成"奴役"我们的东西。②

那么，无论因为它预设了普遍的商品结构，还是因为它预设了极为发达的对象化，对于卢卡奇来说，物化只是在发达资本主义才是一种现象。然而，社会学理论家对物化却是持相反的观点。为此，下文应该转向他们的观点。

伯格和卢克曼：社会学中的物化

对于"物化"的社会学版本，经典的素材是彼得·伯格（Peter L. Berger）和托马斯·卢克曼（Thomas Luckmann）的《现实的社会建构》（*The Social Construction of Reality*）。他们对这个词的界定非常像卢卡奇的最初表述：作为物的人类活动的误解。他们说，"物化"指的是

---

① Lukács, "Verdinglichung," 171, 173–174; "Reification," 84, 85–86.
② 在大多数情况下，"交换价值……仍然是与使用价值直接结合在一起"，人们仍然可以直接地察觉到实际的、感性的活动，经由它产品被生产出来。同样地，甚至在存在严重剥削，乃至机械化、标准化劳动的地方，比如在建造埃及金字塔中，这不是生产的主要基础；奴隶被认为是例外，更不用说人。这似乎与卢卡奇说的在原始社会剥削仍然是不神秘的相冲突：那么，难道奴隶从人类的范畴中被排除出去不是一个神秘化吗？马克思自己说到，通过奴隶建造起来的古埃及庙宇既是建立在对所有人都可见的而不是神秘化的"直接的服从关系"的基础之上，又"似乎是为了供奉神"，因此终究是神秘化。

"人类现象被理解为似乎是物",或以行话来说,是"作为非人的事实性"。① 不过,伯格和卢克曼的概念保持有本质上的统一性,而与卢卡奇的"客观的"物化没有相似的东西,更不用说阿伦特的物化。物化始终是且只是"意识的一种形式"。② 社会学家的确讨论了他们称之为"客观化"(objectivation)的东西,它看起来至少与马克思的对象化的一些特征相近,但他们强调不应该与物化混淆。对象化是对现实的一个误解,客观化则是我们人类的一个社会学事实,"通过它,人类活动的外在化产物获得了客观性(objectivity)的特征。"③ 我们的一些活动带来的是我们自己可感知的产品和他人的"共同世界的要素"。④ 这包括的不仅是物理对象,还有语言和社会制度。确实,整个的"社会秩序是人类的产物,或更准确地说,是正在进行的人类生产"⑤。

物化是未能认识到这些产品为人类所产生的。

(辨明物化的)关键问题在于,无论客观化到什么程度,(人)是否还依然能够意识到世界是自己创造的——因此,也就是能为人所再造的。⑥

伯格和卢克曼举证的例子是婚姻制度,用它来说明可被物化的不同方面。

作为对神圣的创世行为的模仿,作为自然律的一条普遍命令,作为生物学或心理学力量的必然结果,或就此而言,作为社会制度的一项强

---

① Peter L. Berger and Thomas Luckmann, *The Social Construction of Reality*: *A Treatise in the Sociology of Knowledge*, Garden City, N. Y.: Doubleday Anchor, 1967, pp. 89 – 88.

② Peter L. Berger and Thomas Luckmann, *The Social Construction of Reality*: *A Treatise in the Sociology of Knowledge*, p. 89.

③ Peter L. Berger and Thomas Luckmann, *The Social Construction of Reality*: *A Treatise in the Sociology of Knowledge*, p. 60. 在伯格和斯坦利·普尔伯格(Stanley Pullberg)的早期文章中,客观化与对象化是这样区分的:"客观化,我们指的是人类主体在产品——可为自己所用和同胞的共同世界的要素——中体现自身的过程……对象化,我们指的是人在客观化过程中立刻确立起了他与他的生产和产品的距离,以致他能够认识它并在他的意识中把它理解为一个对象。"(Peter L. Berger and Stanley Pullberg, "Reification and the Sociological Critique of Consciousness," *History and Theory*, IV1965, pp. 196 – 211, pp. 199 – 200.)后一概念——在涵义上相当陌生,即在工作时,我们认识不到我们在做什么——并没有出现在《现实的社会建构》一书中。

④ Berger and Luckmann, *Social Construction*, p. 34.

⑤ Berger and Luckmann, *Social Construction*, p. 52; see also pp. 49 – 59.

⑥ Berger and Luckmann, *Social Construction*, p. 89.

制性功能。①

作为物化的所有这些,所标识的都是对人类选择和塑造制度上的能动性的否认。②

社会学家不仅排斥卢卡奇的"客观的"物化,而且他们的概念还忽略了卢卡奇物化概念的第五个方面,即"物化了的意识"(reified consciousness)的生产。不过,他们所讨论的也确实有类似于卢卡奇的"主观的"物化,主要是他的第三个方面(主体的态度或行为方式),但也可能在第四个方面("主体"的商品化)。他们称之为"身份的物化"(reification of identity)或"整个自我的"(of the total self)物化。对此,他们以某一特定的角色或固定的类型(stereotypical category)来界定个人的整个的身份认同或过度的身份认同。它既包括其他人的刻板印象,如反犹太主义,也包括存在主义者所说的"非本真性"(inauthenticity),在这些情形中,人否定了自己的选择和角色赋予的责任:

> "在这件事情上我别无选择,因为我的位置,我不得不这样做"——就像作为丈夫、父亲、将军、大主教、董事长、匪徒或刽子手必须那样做的那样。③

尽管他们的定义在基本上是相似的,但伯格、卢克曼与卢卡奇在关于物化的原因及其治疗的前景上却是极为不同。卢卡奇描述了资本主义社会促成了物化的很多特征,最根本的就是工作的机械化。④ 由于机械化工作和流水线作业的要求,工人必须克制自己的冲动和自然节奏,使自己变得像机器似的。他们发挥了卢卡奇(在一个不幸的话语选择中)所说的一种"沉思的态度"(contemplative attitude),其意是指他们失去

---

① Berger and Luckmann, *Social Construction*, p. 90.
② 柏格与普尔伯格说,物化"界定的是没有行动者的行动,没有主体的实践"他们补充说,它"把行动转变为过程";但是,伯格和卢克曼无论在过程是否是一个物化,还是人类生活不被物化的现实上,都与卢卡奇一样是含糊不清的。Berger and Pullberg, "Reification," 208; Berger and Luckmann, *Social Construction*, e. g. 189.
③ Berger and Luckmann, *Social Construction*, p. 91.
④ Lukács, "Verdinglichung," 177 – 178; "Reification," 88 – 89.

了所有的独立性、创造性和主体性意识——他们作为人类与动物区分开来的各种能力。① 但是，为适应工厂的生产，随着越来越多机构的官僚化、形式化和韦伯意义上的"合理化"，物化已经蔓延到所有的阶层，以致一个"面对着一部特定机器的工人"就会有很多相同的体验，如企业家面对既定类型的机器的发展，技术工程师面对科学的状况及其在技术应用上的赢利性。②

随着资本主义经济成为一个单一的、一致化的结构，也产生了一个单一的、"形式上一致的意识结构"。然而，与此同时，劳动分工变得越来越精细，直到每一个人都是"专家"，仅仅知道他的特定的工作。③ 没有人负责整体，没有人巡查整体，没有人主管。即使是那些个人依然知道他们的个人选择，但他们对其解释也是从他们特殊的处境和利益。④ 因而，每个人遭遇的是个体决断和大众冷漠的大规模的集体后果（collective consequences），而且这些后果非常巨大。几乎每一件重要的事都是在此时"人为地"产生或形成的。

对于伯格和卢克曼来说，物化的原因要简单得多，也兴趣不大。客观化的产生是缘于心理上和社会上的作用。人们在个人和人际上形成常规，是因为这使生活更可预知，减少紧张，确保秩序和省时省力，为人们腾出更多的自由去处理新事情。⑤ 但是，客观化不是物化。关于物化是否是功能性的及其产生的原因，伯格和卢克曼极少论及。他们认为，这是生物学上的自然，自然得如同给小孩传授一种他人创造的文化。成年人也许会回忆起由他们自己的能动性创立或修订的制度，但小孩没有

---

① Lukács, "Verdinglichung," 179, 191, 348; "Reification," 89, 97, 204. 在后来的文章中，卢卡奇使用了更加贴切的德语词"Zuschauer"（"Verdinglichung," 292）；在英文版中译为"observer"（"Reification," 166）；但比此更为传神的是由居伊·德伯得（Guy Debord）在《奇观社会》(*Society of the Spectacle*, Detroit: Black and Red, 1977) 一书中采用的"spectator"一词，该书初版是1967年的Buchet - Chastel的法文版，法文书名为 As La Societe du Spectacle

② Lukács, "Verdinglichung," 191; "Reification," 98; see also "Verdinglichung," 192 - 193, 268, 289; "Reification," 99, 149, 164.

③ Lukács, "Verdinglichung," 193, 198, 177, 180; "Reification," 100, 103, 88, 90.

④ Lukács, "Verdinglichung," 299, 304; "Reification," 171, 174. see also Georg Lukács, "Klassenbewusstsein," in Geschichte und Klassenbewusstsein, 144 - 145; "Class Consciousness," in *History and Class Consciousness*, 63.

⑤ Berger and Luckmann, *Social Construction*, pp. 53, 57.

这样的体验。为此,文化是"给定的",而不是"人为地"制造的;而另外的情形,只是在通过日积月累的文明、文化思考被"去物化"时,才获得。①

因此,对于伯格和卢克曼来说,物化并不是独特的现代现象,也不是与某一特定的生产方式相联结。这是一种普遍的人类趋势,是一般的社会心理特征:"只要客观的社会世界被建立,物化的可能性就从未远离。"② 他们确实认识到,物化在一些社会环境下会比另一些社会环境更强烈,它有时会蔓延"作为整体的制度秩序"(institutional order as a whole)。但是,他们在这方面举的例子是取自原始社会:它是一个看到自身的整个文化是作为一个"反映着神创的整个宇宙的大世界"的小世界的社会。他们的确没有一个像卢卡奇那样的历史理论,在卢卡奇那里,物化是(辩证的)历史过程的顶点。相反,伯格和卢克曼强调,如果有什么区别的话,物化在一开始,在孤立的原始社会中,就处于最高峰。

> 把物化看为社会世界一个本源上非物化的理解的一个颠倒,一种认知的堕落,这将是一个错误。③

他们认为,物化是"稚朴"(naivete)的功能,既存在于人类中也存在于个体中。原始部落和小孩子就认定他们的方法是唯一可行的方法。遇到别无选择时,他们就赋予他们自己的制度以"一个独立于人类活动和意义的本体论地位"。只有随着日益成熟的文明,这样的"认定"通过"意识的去物化(它在历史和个人经历上的发展都是比较晚)"才得以解开。④ 因此,伯格和卢克曼呼吁社会学家去研究:

> 有利于去物化的社会背景因素——诸如制度秩序的整体瓦解、

---

① Berger and Luckmann, *Social Construction*, pp. 58–59, p. 90.
② Berger and Luckmann, *Social Construction*, p. 89.
③ Berger and Luckmann, *Social Construction*, p. 90.
④ Berger and Luckmann, *Social Construction*, p. 59.

先前分离的社会之间的接触和重要的社会边缘化的现象。①

他们在关于产生物化的社会环境因素方面没有可比较性的暗示。

相比之下,卢卡奇在论述物化的起源上比起论述物化的治疗上要更为详尽和明确,尽管他确实相信共产主义革命将结束物化。虽然发达资本主义的各个阶级都带有物化,但他们是在以不同的方式经历物化。无产阶级逐渐形成作为工厂组织、经济危机、为工资和工作条件的政治斗争的阶级意识,但是这种阶级意识的实质内容截然不同于资产阶级的内容。因为无产阶级在客观上既是市场上的商品,又是具有能动性的人,无产阶级的阶级意识是"商品的自我意识",也因之必然地、辩证地结束为资产阶级思想所假定的精神与物质之间、自由王国(the realm of freedom)与必然王国(the realm of causation)之间的不可跨越的鸿沟。②抽象一点说,就是资产阶级的阶级意识是意在(means)维护资本主义的共同利益的意识,因之维护的是一个竞争的、零碎的非阶级的方向;无产阶级的阶级意识是意在合作、集体和团结上的共同利益的意识。因此,工人开始"想要"的是整个。由于是辩证的,他们的阶级意识就能够"引领一个整体性的知识"。③ 因此,他们克服了"冥想的"态度而开始意识到作为一个阶级的能动性的集体力量。

那么,对于伯格和卢克曼来说,物化的特殊情形是相对容易治疗的,但物化本身将永远不会终结。每一个新的开始都产生新的物化。相比之下,对于卢卡奇来说,物化会随着共产主义的到来而终结,而且是完全的终结。卢卡奇深信(辩证的)进步,而伯格和卢克曼却没有。然而,事情并不这么简单,这两种观点之间的对比并没像初看起来那样。

首先,卢卡奇和马克思不可能不知道伯格和卢克曼强调的原始民族。虽然那时人类学处于起步阶段,但他们都直接与黑格尔式的历史上

---

① Berger and Luckmann, *Social Construction*, pp. 91 – 92.
② Lukács, "Verdinglichung," 295 – 297; "Reification," 168 – 169.
③ Lukács, "Verdinglichung," 340, 297, see also 299, 304; "Reification," 198, 169, see also 171, 174.

研究过古希腊哲学史，肯定都知道关于从荷马的天真质朴（naive simplicity）在他们那时的文化中，"dike"——之后的"justice"［正义］或"righteousness"［正直］的词根——仅仅意味着"the way"［方式］：事物存在的方式，事物被完成的方式）经过前苏格拉底、苏格拉底和智者学派到后来的犬儒学派、斯多葛学派和怀疑主义者的发展。① 当卢卡奇说，物化在晚期资本主义达到了它的高峰，他当然不会是指荷马的那种天真的民族优越感达到了它的高峰。相反，他无疑与马克思持有相同的观点：资本主义把人们从他们扎根于手工艺和和共同体的传统中连根拔起，并迫使他们在城市生活和工厂工作的"大熔炉"之中去成熟。

此外，虽然伯格和卢克曼提醒不要把物化当做"一种认知的堕落"，但他们自己却恰好继续这么做。他们写道，"人是能够忘记自己是世界的创作者"，在物化中，"世界失去了其作为人类事业的可理解性"，而且，"关键的问题是［人类］是否还依然能够"对人的能动性"保持清醒"。② 显然，在类似这样的语段中，社会学家思考的并不是原始的天真，如积习（habituation）、忘却（forgetfulness）、魅力的常规化（the routinization of charisma）以及宗派转向教会和群众运动转向官僚政治的转化等。他们指出，抽象的理论思考——无疑是现代文明的一个特征——倾向于物化。③ 他们也提醒要"防范社会学主义和心理学主义两种扭曲的物化"，还有就是"社会现象的结构分析"，所有这些都倾向于使社会学家误解他们特有的主体问题的特有性质："社会是人造的，是人的世界的组成部分。"④

显然，两种相当不同的现象都符合卢卡奇与伯格、卢克曼共有的"物化"定义。詹姆斯·伍达德（James W. Woodard）的《知识分子的现实主义与文化变迁——物化的一个初步研究》（*Intellectual Realism and*

---

① 卢卡奇评论说，物化在古希腊中发挥过作用（这与他说物化是发达的资本主义的一个特有的条件的说法似乎不一致），但他是在物化的社会成熟——也就是说，在其最高文明（greatest sophistication）的时代，而不是原始的稚朴时代——中去定位它。"Verdinglichung", 209; "Reification," 111.

② Berger and Luckmann, *Social Construction*, p. 89.

③ Berger and Luckmann, *Social Construction*, p. 91.

④ Berger and Luckmann, *Social Construction*, p. 187, p. 186, p. 189.

Cultural Change：A Preliminary Study of Reification）对此是有帮助的，因为他作了明确的区分，尽管只是涉及个体心理学。① 像伯格和卢克曼那样，他指出物化涉及小孩的稚朴和"自我中心主义"，但他又在另一意义上指出，孩子的物化要少于成年人。因为：

> 儿童尚未完全受制于那一套常规化的伪善（conventionalized hypocrisies）、制度化的荒谬（institutionalized absurdities）和神圣化的谬论（sanctified fallacies），而这些已经成为成年人精神世界如此不可分割的一个部分。②

正是孩子能够看到和说出皇帝没有穿衣服。因此人们必须区分"习俗的物化"（reification of inhabituation）和"稚朴的物化"（reification of naivete）。③

对于伯格和卢克曼来说，文化的所有方面都是与物化同等相关的。它没有给物质以优于非物质文化的偏爱，也没有给生产手段和生产方式以优于宗教、哲学或艺术的偏爱。因此，对他们来说，客观化在现代社会比在原始社会更甚并不明显。虽然这样，那说一个社会比另一个社会更有文化，其意思又是什么呢？这样，社会学家就没有理由假定物化的可能性在现代资本主义社会要比在原始部落更大。虽然他们在实际上对这两种物化都感兴趣，但却未能注意到伍达德所提出的区分。他们讨论的只是稚朴的物化的原因和治疗，对卢卡奇关于现代的论述，即复杂的物化，没有提出其他解释。他们被简单地混淆了。卢卡奇避免了这种混淆，但却是通过完全地忽略稚朴的物化来避免。他感兴趣的只是人类力量得以拓展和只有物化阻碍人类力量实现的情形。

在某种程度上，卢卡奇与伯格、卢克曼彼此都谈了过去，但不完

---

① James W. Woodard, *Intellectual Realism and Cultural Change：A Preliminary Study of Reification*, N. H. Hanover, Minneapolis, Liverpool：Sociological Press, 1935.

② James W. Woodard, *Intellectual Realism and Cultural Change：A Preliminary Study of Reification*, N. H. Hanover, Minneapolis, Liverpool：Sociological Press, 1935., p. 89.

③ James W. Woodard, *Intellectual Realism and Cultural Change：A Preliminary Study of Reification*, N. H. Hanover, Minneapolis, Liverpool：Sociological Press, 1935, p. 17.

全，且他们的基本定义是接近的。或许社会科学在经验上能够确定他们中哪一方是正确的？但这样的一项研究该怎样进行呢？该如何衡量物化呢？难道这样的研究结果不会依赖于一开始关于物化的理解？

概念上的问题不能这么容易被逃避，也许词典能够提供一个权威的解决。

咨询词典

《牛津英语词典》说，"物化"的意思是"一个人的精神转换成一物或一个抽象概念的精神转换成一物"。相应的，"使物化"的意思是"在精神上转换成一物；使物质化"。最早的例子可以追溯到19世纪中叶。

关于这个定义首先要注意的是"mental（ly）"（精神的或精神上）这样的词。显然，任何东西的物理的转换成一物不被认为是物化，尽管这一限制并没有词源学的理由。但是，"在精神上转换成一物"意味着什么呢？比如意味着精神上在世界中产生一些实际的变化？或者只是改变对世界的理解而世界本身却依然没有变化？物理的转换成一物大概会涉及对世界的改变，不过，精神的转换是有歧义的。姑且搁置意志力不论，我们是否和怎样才能在精神上改变物理世界是一个争论不休的哲学问题。一些哲学家认为，世界是由我们的概念构成的——就如同仅由物理的所构成那样。如汉娜·阿伦特已经讨论过的物化概念：通过制造，某一物理对象中的一个"精神意象"得到实现。这看来似乎可称之为把某一"非物"转换成了物，但它是在精神上还是在物理上做的呢？难道答案不会是"两者"？

然而，最有可能的是，词典上的"在精神上转换成一物"的意思是关于世界的理解的变化，不论是引起迷误的误解，还是去除了迷误的正确观念。这两类，这本词典都给出了例子。

接下来，请注意词典只允许两种实体是可物化的：人和抽象概念。每种情形的物化的结果都意味着不同的东西。首先，在精神上把一个人转换成一物能够意味着什么呢？这本词典的例子说明这种用法是关于什么人是如何被认为是赫利俄斯（Helios）——太阳神，到被认为是一个没有生命的物体——太阳。显然，这是一个理解上的变化（即使哲学家可能要称它也是世界的一个变化），且在方向上与其说是创造幻想，不如说是幻想的脱落。

在相反方向上，什么会构成一个人的精神转换成一物，引起一个误解呢？也许它意味着像人格解体或非人性化的东西：看人如物或精神上待人如物。这可能意味着否定了他们作为人的道德地位。在康德所说的"目的王国"中，他们作为人的身份是我们不能以对待物的方式将他们仅仅作为充当我们目的的手段去利用的。这里的物化意味着在人的（精神）对待方面，道德考虑的应用是缺位的。或者，使人失去人性可能意味着否定了他作为具有主体性的人的能力，即主动性（initiative）、责任心、创造性和自主的判断。当否定他人的道德地位时，他的代理能力也会被否定，重要的是，对自我的道德地位的拒绝。比如在伯格和卢克曼的"身份的物化"（"因为我的地位……我不得不如此作为"）或卢卡奇的物化的第三个方面（"冥想的"主体的行为方式）中。在文学批评方面，物化有时恰是与泛神论或人格化这样的意义上相对的：物化意味着一个人像无生命的物体那样出场，而泛灵论或人格化意味着一个物体像一个活着的人那样出场。[①]

"抽象概念"的物化是完全不同的混乱。它一点也不涉及非人性化，或道德地位，或能动性。相反，它意味着像实体化的东西：精神上把一个抽象概念转化成一些具体的、有形的东西，或如词典所说的，对其"物质化"。目前还不清楚为什么词典说"抽象概念"，考虑到所有的概念都是抽象的，以及其他除了"概念"之外的"抽象"大概都能被物化，也许词典只需说"抽象"。

与人的物化相比较，词典里所有说明抽象的物化的例子隐含着一个误解，一个归因于物质性的错误。伍达德给这一意义上的物化的含义注

[①] 例如，哈兰德·威廉·福克纳（Harland William Fawkner）的《狄更斯的生命拒绝社会视野中的动画和物化》（*Animation and Reification in Dickens's Vision of the Life - Denying Society*, Uppsala: University of Stockholm, 1977）。更确切地说，人们应该进一步区分万物有灵论和人格化。

释如下：

> 给仅仅是概念、关系或功能的东西授予具体性或有形性……给仅仅是概念性的东西当做是事实的、具体的或可知觉的；……把仅仅是相对的东西当做是绝对的，等等。①

他说，在根本上，这意味着"在可感知或可设想的物上的任何无根据的现实扩展，"包括投射（projection）、幻觉（hallucination）、妄想（delusion）、一厢情愿（wishful thinking）、稚朴、地方主义（provincialism）、拟人化（anthropomorphism）。② 他甚至引入了"否定的物化"的范畴以解释现实没有得到扩展而是受到不适当抑制的地方的事例。③ 伍达德指出，"real"（真实）的词根也是"res"（物）；他认为，物化就是实化。④ 伍达德是一位唯名论者，也认为抽象的物化始终是一个误解。不过，人们无须认同他的哲学立场。

事实上，即使伍达德把这个词界定为现实没有任何根据的扩展或收缩，且即使词典的例子都是误解，在抽象的物化中，可能也包含有之前已经被认为是纯粹抽象的东西的材料的正确认知，它无论抽象或具体，都是作为真正的真实的正确认知。例如，当代哲学家威拉德·冯·奥曼·蒯因（Willard Van Orman Quine）就是在误解与正确理解之间以一种完全中性的方式使用"物化"这一语词。蒯因承认，我们所有的范畴和概念都是约定的，使用"物化"去意指什么样的实体选择，我们要思考真实和"对我们本体的承认"。⑤ 在这样的意义上，物化可好可坏，是一个获取正确现实的问题。

就以商品来说，它们是物吗？它们是真实的吗？是具体还是抽象？这里有我今天上午在五金店花了 12.95 美元买的一个铁煎锅。它（或在今天

---

① Woodard, *Intellectual Realism*, pp. 7 – 8.
② Woodard, *Intellectual Realism*, pp. 8 – 11.
③ Woodard, *Intellectual Realism*, p. 12.
④ Woodard, *Intellectual Realism*, p. 8.
⑤ Willard Van Orman Quine, *Theories and Things*, Cambridge: Harvard University Press, 1981, pp. 9 – 15, p. 183.

上午曾经）是一件商品；它是一件真实的物理对象，受诸如万有引力定律那样的自然规律的约束；它有着实际的使用价值，我买它来做菜；它有一段物理的历史，被某个（些）人的实际生产活动在某个特定的时间和地点制造出来。但是这些东西对于它作为一件商品来说，都是真实的吗？"商品"意指的是市场交换中的一件可以买进卖出的物品。作为商品来说，这个铁煎锅既没有重量，也没有大小；既没有实际功用，也没有物理的历史；它只有一个价格，它不受自然规律所约束，但受诸如供求的市场规律所约束。当然，假如没有物理对象和生产、使用它的人们，也就没有商品交换。但商品以它们自己的存在方式，即作为商品，也是真实的。例如，它们价格上的市场波动在人们的生活中有着直接的、实际的影响。那么，在使商品物化方面，我们的误解又怎样呢？

卢卡奇的物化概念和伯格、卢克曼的物化概念在符合词典的定义上是怎样呢？它们是人的物化或抽象的物化吗？当然，词典说的人的物化部分是他们极为关注的。但是，这些理论家说被物化的各种实体并不是指人，而是指关系、活动、过程、"人类现象"、"社会世界"、"人类活动的外在产物"等。诚然，这些都与人类相关，但它们并不是人类本身。伯格和卢克曼说："依照定义，被物化的世界是一个非人的世界。"但在这个句子中，被物化的并不是人，而是世界。①

那么，也许这些理论家关注的主要是抽象的物化吧？但是，不仅卢卡奇，而且伯格和卢克曼所思考的实体都不是被物化成抽象的实体。相反，在他们的作为误解的物化中，一般碰到的几乎都是相反的情形。正如马克思会说的，一些具体的、实际的、感性的人类活动、关系或产物是被神秘化为像市场或神那样的抽象物。这看起来更像是不恰当的抽象，而不是不恰当的具体，为什么称它为物化呢？市场或者神在其对人施加力量时，确实被认为是真实的，甚至是人格化的。不过，卢卡奇也强调，市场及其力量是真实的。当然，如果某物被不恰当地人格化或妖魔化，那将更像是泛灵论，即物化的对立面。因此，在马克思使用"Verdinglichung"（物化）这个词的那一个段落中，他把生产关系的物化

---

① Berger and Luckmann, *Social Construction*, p. 89.

与物的人格化做了对比,尽管他说二者都同样发生在政治经济学——如幽灵般的"资本先生和土地太太,作为社会的人物,同时又直接作为单纯的物,在兴妖作怪"。①

那么,我们的论证看来要得出一个引人注目的结论:不论是卢卡奇的物化概念,还是伯格和卢克曼的物化概念都不符合词典的物化概念。这不见得是一个缺点。词典有时是会错的,况且当他们反映用法正确时,即在物化条件下,更容易遮蔽现实而不是揭示现实。诗人、科学家和理论家们有时发现阐释语词的新方法。不过,的确表明,词典不能廓清这些理论家所指的物化的意思。

我们能吗?

复杂性和混淆到顶了。现在是时候回到基础上了:对于这些理论家来说,在物化的观念上,真正紧要的是什么呢?回顾一下:

> 卢卡奇最初对物化的界定是把人类关系误解为物,但不久引入了客观的物化和这个词的其他含义,把事情复杂化了。伯格和卢克曼通过限制这个词于未能看到人为制造的东西的人类起源而避免这些"复杂性",于是"制度世界看起来与自然世界融为一块"。②

马克思也提到,资产阶级经济学的公式与"自然强加的必然性"混为一谈;卢卡奇谈到了赋予人类事物一个"幽灵般的客观性"(phantom objectivity);《马克思主义思想词典》界定被物化的事物为"变成独立(且被设想为在本源上独立)于人的人造物"。③ 因此,争论的问题就成为把人造的物误解为自然的物。那为何这么紧要呢?伯格和卢克曼对此

---

① 马克思的《资本论》(英文版)第三卷第48章。马克思实际上把"Versachlichung"(物象化)与"personification"(拟人化)作了对比,但"Verdinglichung"(物化)出现在以前的句子,且"Versachlichung"没有什么不同的英文翻译(是"matter - ification"吗?)。

② Berger and Luckmann, *Social Construction*, p. 90.

③ Marx, *Capital*, I, in Tucker, editor, *Marx – Engels Reader*, p. 327. Lukács, "Verdinglichung," 171; "Reification," 83. Bottomore, *Dictionary*, 411.

说得非常明确：

> 关键的问题［即认识物化］在于，无论客观化到什么程度，［人类］是否还能意识到世界是自己创造的，从而可以被他们重新创造出来。①

这些理论家们想把人释放出来并赋予人以力量。对他们来说，物化的真正问题在于它阻塞或削弱了（人的）行动——因为人们无法看到他们真正的选择和能力。要紧的是，只要人们看到它们是可操控的，看到他们自己的活动如何不经意间引起的麻烦，那问题可以解决，痛苦可以缓解、灾难可以避免。

因此，与其说非物的被认为是物的，乃至人造的物被认为是自然的，不如说我们能够改变的令人苦恼的条件被认为是不可改变的。但假如这是实质所在，那首先，"物化"看来为此就不是一个很好的语词。其次，卢卡奇和伯格、卢克曼对物化的处理是建立在一个至关重要的，到目前为止只是隐晦的假设之上：人造的等价于人所能改变的，而自然的物就等价于人所无法改变的。

只要这种假定是明确的，其问题的特性就变得显明。是什么使任何人都假定这一等式能够成立？当然，我们最普通的经验暗示了另外情形。我们时时刻刻塑造和改变着自然对象，我们是巧匠。且假如不是自身应该实现重大的变化，那有什么能够比组织人们去从事重大的社会变革更为艰难呢？卢卡奇引用了黑格尔说过的这么一句话："要使僵化的观念熔化开却比要使感性存在熔化开困难得多。"② 事实上，卢卡奇明确认为，固定不变的自然概念本身就是一个资产阶级的物化，且他与伯格、卢克曼都强调我们对这种自然改变的能力。他们在实际上并不相信隐藏在他们观念中的假定。

但是，也许这一有问题的假定还没有给出它的最合理的构想。关于

---

① Berger and Luckmann, *Social Construction*, p. 89.
② Georg Wilhelm Friedrich Hegel, *Werke*, II, p. 27, cited in Lukács, "Verdinglichung," 301; "Reification," 172.

这个问题有两种修订：也许被认为是人所无法改变的不是自然对象，而是支配这些对象的自然律；也许被认为是人所无法改变的不是任何源于人类行为的东西，但无论是什么——即使是现在——都仅通过人类活动得到持续。这两个修订是值得考虑的。

人类改变许多自然对象，但总是只在符合物理学、化学和生物学的规律（这些是人所无法改变的）下去改变。因此，把人类或活动误解为物可能意味着把它们当做能够被改变的实体，仅是在符合不变的永恒的规律时。这符合马克思对资产阶级政治经济学家的谴责，即他们把他们的公式当为"竟像生产劳动本身一样，成了不言而喻的自然必然性"①。但是，马克思肯定地认为，即使人类行为是受不可避免的必需品所限制，它们还是包括一些自然和永恒的东西（如生产的需要）。伯格和卢克曼肯定会同意，也很难相信卢卡奇不会同意。除非人们把社会世界界定为人所能改变的，而自然世界不是人所能改变的，人类和自然的物只是在一定范围内才是人所能改变的，其中一些是有条件和暂时的，而另一些则是必然和永恒的。因此，这里的问题不是把人当为自然的物，而是把有条件的或暂时的规律误解为必然和永恒的规律，能够发生在政治经济学中的错误也能发生在自然科学中。在那里，却没有理由称之为物化。

然而，还有另一种意义的"自然律"要考虑。在大部分欧洲哲学史中，大多数人将自然或创造自然的神性看做施加在对象上的自然规律，而且当做施加在人身上的正确的行为准则——例如，就"自然律"的意义而言，它是由《美国独立宣言》发起的。人们关于这样的法律遵守有选择，但对于它们的有效性或内容则没有选择。把一些地方性和暂时性的人类惯例误解为这样的法律确实可以阻止人们去改变它，且看来卢卡奇和伯格、卢克曼在他们的物化概念中包含了这种错误。②但是，这种自然律与物一点也不相干，仅适用于人类。因此，"物化"这一次看来又是不适当的。

在这个有问题的假定——为人所造的等同于为人所能改变的——中，其他可能的修改是它指涉的不是本源，而是指涉维护。当然，为人

---

① Marx, *Capital*, I, in Tucker, editor, *Marx - Engels Reader*, p. 327.

② 例如，Lukács, "Verdinglichung," 329; "Reification," 191; Berger and Luckmann, *Social Construction*, p. 90.

类所开始的很多行动是在我们能力解决之外的，有时甚至是无法控制或修改的。想想谋杀，想想一场森林火灾，想想一个连锁反应。但是，当伯格和卢克曼指的是"为人所造"的东西，"也因之能为人所再造"。他们真正意思也许是，即使到现在，被持续的也仅有通过人类活动。因为他们也会说，"社会秩序是一个人类产品，或更精确地说，一个正在进行的人类生产……在人类活动范围内且仅在人类活动中存在的会继续地生产它。"① 卢卡奇也论及"不中断（连续）的生产和人类之间的那些关系的再生产"②。诸如资本主义、种族主义、婚姻、棒球、刑法、大学等这样的制度在于人类活动和关系的有组织的模式（即使其中一些也涉及某些对象的运用）。

就一项制度仅在于人类活动来说，命题——制度是为人类活动可以改变的——看来是在同义反复上为真的：改变了的活动是一个改变了的制度。

那个明显成功的同义反复式的保证，留下的是隐晦的也因而是未受质疑的，是诉求物化的理念的一个原因。然而，同义反复的哲学保证只是掩盖了真实的实践和政治问题。毕竟问题不在于我们的活动是否有可能以某种方式被改变，而在于我们是否能够与我们的意图相一致，慎重地改变它们，以达到某些目标。于是，该问题的答案就是完全有问题的，它依情况的不同而变化。我们恐惧地注视这核战争、生态灾难、世界饥荒的逼近。然而，这些灾难不是在逼近我们，而是我们以我们持续的活动在逼近它们。为了能避开它们，我们只要停止我们所正在做的。

只要！这听起来像卡夫卡的猫给老鼠的建议。问题是：我们能吗？

"能"是一个众所周知的棘手概念，它对我们的日常运作至关重要，但却是一个哲学的噩梦。③ 它的使用似乎始终假定了无限数量的隐晦的"假设"（"ifs"），其中很多包含了很多深一层的"诸多能够"或"诸多可以"（"can's" or "could's"），而这些"诸多能够"自身却同样是有问题的。被给予足够的"诸多假设"（"ifs"），包括一些是赤裸裸地反事

---

① Berger and Luckmann, *Social Construction*, p. 52.
② Lukács, "Verdinglichung," 313; "Reification," p. 180.
③ 对于初学者，试看 J. L. Austin, "Ifs and Cans," in *Philosophical Papers*, Oxford: Clarendon Press, 1961。

实的，那绝对地，任何东西都成为可能的。然而，到头来却是只有一种可能性实际发生。"能够"徘徊在居间的领域周围，被它更为模糊的伙伴"可以"所遮蔽。它们的意识总是需要去完成，而他们假定的"假设"在他们运用的特定背景下给以限定。①

至于我们的个体生活，困难是足够大的。假如我有一个坏习惯、或一个性格缺陷、或一个嗜好，我能够停止吗？改革家劝诫说："假如你想得周到的话，你就能够。"心理学家评论说："假如她有充分的自我力量，她就能够。"社会学家补充说："假如放置在有利社会环境下，她就能够。"牧师念念有词说"神愿。"而我们知道，在实际上得依情况而论。

假如关于个体的这些问题难以思考，那在关于更大规模的社会和政治问题（在那里，意味着物化观念的应用）上就更加困难。在那里，人要处理的不仅仅是有问题的"诸多能够"、"诸多可以"和"诸多假设"，而且是有问题的"我们"，"我们"能够做什么依赖于我们是谁——数量如何、如何确定、力度如何或熟练如何。且"我们"的资格将随我们界定我们的任务和我们的手段的方式而变动，因在方向上的每一个变动将会有一些人加入和一些人退出。这一切进一步更深地依赖于人们如何理解他们自身和他们的世界。改变人们的观念，他们的行为也会改变；然而，并不是任一新观念都被接受。一种新的看待事物的方式只有在理解了人们的实际经验，证明了他们的需要和愿望，才会被广泛地接受。且在政治学中，思想始终是有分歧和争议的。甚至在问题的识别或目标上都难以一致，更不用说关于问题的原因或问题的解决方法。因此，那种欢快的宣告——我们已经做的已经使我们能够不同地再做——掩盖了两个"我们"是否是同一个的问题。以1960年的著名笑话的话来说，"你的'我们'是什么意思，白人吗？"②

此外，改变社会制度的可行性涉及组织的问题。改变大量的人相互

---

① 比较汉纳·费尼切尔·皮特金（Hannah Fenichel Pitkin）的《维特根斯坦与正义》（*Wittgenstein and Justice*, Berkeley: University of California Press, 1972），尤其是第 270 页。

② 对于那些太年轻的人未曾听过：独行侠（the Lone Ranger）与他忠诚的印第安人密友托恩托绝望地陷入敌对的印第安人。当敌人的战士包围要杀过来时，独行侠说："托恩托，我们要做什么？"托恩托回应说："你的'我们'是什么意思，白人吗？"

作用的习惯的、惯常的模式要求以某种新的方式对其组织和协调。且每一种这么做的方式都有其自身的进一步后果。官僚体制产生的是不同于公社的结果；列宁主义的革命形成的是不同于无政府主义的结果。甚至一些目标可能根本无法通过有意的组织行动来达到。

最后，一些社会制度特别难以改变，因为它们的运作对我们身体的生存是基本的。它们不能长时间的中断，否则人们就会死亡。假如它们要被改变，那现在的制度安排就必须立即被一些可行的替代方案所取替。即使很多人看到目前生产制度的坏结果，但这些人的每一位仍然需要谋生，且都需要食物、水和住所。在缺乏可行性的替代品时，他们不会简单地停止他们现在做的工作。①

在讨论物化方面，卢卡奇与伯格、卢克曼的意图核心是这样的观念：人们无法解决问题或避免灾难是因为他们没有意识到这些问题或灾难正是他们自己引起的，并可以停止这么做的。但是，在一个特定的社会的特定时间中，人们能做什么，什么选择是真正开放的，在政治上却始终是有问题的。关键不是为了自身利益的行动，因为我们已经是积极的。关键是在促进正义或自由或简单的福祉方面的成功行动。在追求没有希望的事业上牺牲人民和浪费资源是无益的。

那么，所有这一切下来，就是好政治也一样不明确，且留给我们的是与莱茵霍尔德·尼布尔牧师某一通俗版一样没用的东西："是上帝赐给我力量，让我能平静地忍受不能改变的一切；赐我勇气去改变可以改变的一切；赐我智慧去辨别不同的东西吗？"

结 论

到目前为止，这篇文章已经累积了物化的超过 20 个的被指称的意义、理解或方面；似乎把它们列出是没有多大意义。② 其中有一些相互

---

① 这是一条对"关于马克思的'基础'，什么是基本的"进行概念化的方法。
② 也许适合插入一个注释：(1) 把人类关系理解为物（卢卡奇）；(2) 把认为是人类关系的东西承认为物（隐含在《牛津英文词典》中）；(3) 商品及其在市场运动的形成（卢卡奇）；(4) "精神意象"在人工制品中实现（阿伦特）；(5) 以倾向于将人类关系当做（转下页）

一致的，且几乎是重叠的；而有一些是相互矛盾的。一些与词典的定义相符，而另则一些则不相符。与词典相符的那些，某一实体被转换为物的意义上，它是明显的；与词典不相符的另一些，我竭尽所能，而我无法找到这样一种理解。词典条目本身是相当粗疏的，且解释者在拓展这个词的意思上几乎是不确定地超越了本义。卢卡奇和伯格、卢克曼使用该词的几种主要方式一点都不符合词典的定义。他们使"物化"的意思依赖于像"能够"和"可以"这样的概念，而这样的概念本身又严重地依赖于它们使用的特定语境。卢卡奇和伯格、卢克曼的讨论是令人迷惑的，且可能是非常混乱的。整件事情就是一个困境。

这个概念能够拯救吗？应该拯救吗？

在词典定义的范围内，这个概念充分有效地发挥了它的作用。例如，当史蒂芬·古尔德（Stephen Gould）批判心理学家通过假定 IQ 测试必须测试某种东西而使智力物化了，他和概念就执行了一种清晰的有用的功能。[1] 但是，假如主要的关注点是卢卡奇和伯格、卢克曼的物化，那在我看来，与其说这个词揭示了事情，不如说它把事情神秘化了。他们的关注点可能在与词典界定人的物化的范围内，即从否定人的主体性能力的意义上说，是相容的。然而，虽然卢卡奇和伯格、卢克曼的确偶尔以这种方式使用这个词，但大多数情况下，他们并没有这么做。因此，这个词在这种理解上阐明他们的关注点就需要对他们的证明做大规

（接上页）物的方式形成的心灵（卢卡奇）；（6）把人误解为物，在这种意义上，否定了人的代理（《牛津英文词典》、卢卡奇、伯格和卢克曼）；（7）把人误解为物，在这种意义上，否定了人的道德地位（《牛津英文词典》、卢卡奇、伯格和卢克曼）；（8）把曾经误认为人的东西承认为物（《牛津英文词典》）；（9）和（10）把抽象理解（误解）为人（卢卡奇，也许有伯格和卢克曼）；（11）把抽象（抽象概念？）误解为物（《牛津英文词典》、伍达德、蒯因）；（12）把曾经被误认为抽象（抽象概念？）的承认为物（隐含在《牛津英文词典》、蒯因）；（13）把抽象误解为真实的（伍达德）；（14）决定什么是真实的（蒯因）；（15）和（16）理解（误解）人为制造的东西为自然的（伯格和卢克曼，也许卢卡奇）；（17）和（18）把暂时的或偶然的规律理解（误解）为永恒的普遍规律（马克思论述拜物教，也许卢卡奇，也许伯格和卢克曼）；（19）和（20）把人的约定理解（误解）为神圣的（卢卡奇、伯格和卢克曼）；（21）和（22）把人所能改变的东西理解（误解）为人所无法改变的（卢卡奇、伯格和卢克曼）。假如进一步在习俗的物化和天真的物化之间的每一个范畴中做区分，那数目将会翻倍。但也许那样的区分在实际上将不会符合上述那些。我还没有深究这一问题。

[1] Stephen Gould, *The Mismeasurement of Man*, New York: W. W. Norton, 1981.

模的重写。难道持有共同关注的政治理论家最好还是放弃这一概念？

我会毫不犹豫地建议，除了一个重要的考虑因素。在我们之中确实存在一些我们迫切需要思考和谈论的东西，那也就是卢卡奇和伯格、卢克曼的物化概念打算要说明的。人们的确陷入了困境，在某种程度上，卡夫卡的小寓言是如此充分地表征了我们的体验。尽管在现代社会有伯格与卢克曼的"有助于去物化的社会环境"的所有因素的蔓延，但很多人们确实感觉到无能影响约束他们的生活条件。成千上万的美国人远离政治，断定政治中的诺言不会有什么重大作用。数以万计的社会底层感觉到没价值——虽然也充满弥漫的愤怒——因为社会看来对他们是没用的。无论是作为机器的一部分还是作为正被处理的材料，几乎我们所有的人都在巨大的组织系统中运作，且学会把那种条件当做理所当然的。我们在一个依赖于国际银行、金融体系——每个人都知道它有随时崩塌的危险——的经济体内运作。我们所有人的几乎都毫无疑问地服从于"科技的诫命"——每天都在耗竭我们的资源，摧残我们的健康，毒害我们的地球。我们像梦游者一样，向一条标有"核威慑"和"防扩散"的路途迈进，走向核毁灭。① 专家们和批评家们对我们的状态提出了各种不同的诊断，但无论实际上采用什么措施来处理，都似乎只是使情况变得更糟。

这熟悉的一连串问题对政治的审慎权力提出了一种过于广泛和过于严重的"不适"。当一个社会，或整个文明，甚或整个人类似乎热衷于自我毁灭，就会有人怀疑人们的思维和行为模式存在着系统的、普遍的、根本性的精神错乱。在这里呼吁政治审慎就几乎必然意味着要求"更多相同的东西"。这里需要的是对那种在传统上已经与重大的政治理论联系在一起的假定做一个更为基本的重组。

这篇论文所做的，就如同艰难地跋涉在物化理论的"迪斯默尔沼泽"，可能留给人们的是这样一种感觉，物化这样的概念和政治理论本身，是对现实没有希望的抽象，在涉及我们紧迫的政治问题上是没有实

---

① 这样的一些"危险"也许实际上是那些正遭受剥削和压迫的人的祝福，但大多数危险将是明显的、纯粹的灾难。甚至马克思主义者现在都必须认真思考地球的主人可能是摧毁了地球，而不是向地球屈服的可能性。

际用途的。因此，政治审慎是唯一的希望。但是，政治现实本身和通过那些有才华的政客所知道的在制度范围内"挥洒自如"的审慎，总是预设和依赖于一些理论框架——如果不是自觉的有意的理论化，那就是未经检查的、承传而来的理论，或者更有可能是早已过时或相互冲突的理论碎片。因此，假如我们今天看来没有政治审慎和政治决断，近乎"黔驴技穷"，那也许是因为我们的智慧运作是出自这些继受的假定不连贯的理论碎片。

那么，我们熟悉的一连串问题和"梦游式的前行"（sleepwalking）所传来的信息就是一个不熟悉的告诫："看在上帝的分上，在为时不会太晚之前做些事情！"尽管我们可能感觉到迟缓，但我们已经在做了，即做了很多事情，而这些事情正是我们问题的根源。像卡夫卡的老鼠那样，我们跑啊跑。伯格、卢克曼与卢卡奇的物化概念意味着准确地说出了那些麻烦，即正是我们无数活动巨大的结果，是我们所做的事情的持续和扩大。问题是怎样去停止，怎样做点别的事情，以及还能做什么。

这是一个对于思想与对于行动差不多一样多的问题，通过新思想给行动以启迪和力量的问题。伯格与卢克曼——甚至是卢卡奇——关于物化讨论的部分价值是试图提出一个关于我们的状态的本性和根源的一般理论，在可能的路径、可能的方法和手段、可能的盟友和敌人方面给我们确定行动的方向。如这篇文章已经指出的，他们的努力是混乱且有深层缺陷的。物化概念对这项工作也许不是一个好工具，且坏工具意味着草率的工作。但是，有着坏工具的较好的草率工作比一点也不作为要好。我们当中坚持把"物化"这一概念拿来作为工具的那些人也许在运用上应该更加小心谨慎。我们应该要求我们自己在每种情形中都精确地说明我们的意思是什么，且致力于各种不同的语境中我们各种不同的意思是否有联系和是如何联系的。但是，不论我们修正或抛弃物化概念，或者只是让它沿着目前的混乱状态中继续前行都不要紧。要紧的是我们应该继续（在理论上和政治上艰难地、批评地）思考卢卡奇和伯格、卢克曼试图说出的条件。

我们的思考必须同时是理论的和政治的：在激进意义上，它是"理论的"，它切穿了常规和陈词滥调直达我们诸多麻烦的真正根源，看到了社会安排的大范围和长期性，就好似来自外部的。这也许就是卢卡奇所指的"意图的总体性"（intending totality）。① 然而，在适应行动、实践的意义上，思考必须也是"政治的"，必须以一种有意义的方式对那些有能力作出必要变革的人讲述，那些人卢卡奇称之为"创世的'我们'"。② 当然，对于卢卡奇来说，他指的是无产阶级。不过，人们不需要成为一个马克思主义者才能看到这样定位的"我们"的需要，和在对变革有些正确和实现潜在的力量有着客观的兴趣人们之间追求它的关键。目的不是把我们从我们自身中解救的某一新的教条，而是看待我们所已经悄悄地知道和在做的一切的改变方式，它使我们复归到我们真实的世界——正如卢卡奇所说的"此时此地的具体"——和我们真实的活生生的自我（包括我们的行动能力）。这将不是意味着对神秘、无限权力的某种接近，而是对我们实际力量的占有，如卢卡奇所说的，认识到目前的时刻是"决断的时刻，新生的时刻"，由此，我们就共同地"创造未来"。③ 这不是转向黑格尔的唯心主义，而是恢复实践的政治的马克思。

　　以这种方式在理论上和政治上思考不是一件容易的工作。事实上，这几乎是一个矛盾。然而，它可能是我们最好的希望，且世界是稍纵即逝的。尽管有所有的政治和哲学上的困难，但如果我们不承担这一任务，我们可能就会为我们自己的陷阱做很好的担保，确保我们将会像卡夫卡的老鼠那样死亡，而不是人道与自由。

（林进平译　周凡校）

---

① Lukács, "Verdinglichung," 303, 297; "Reification," 174, 169.
② Lukács, "Verdinglichung," 267; "Reification," 149.
③ Lukács, "Verdinglichung," 348; "Reification," 203–204.

物化、唯物主义与实践

——阿多诺对卢卡奇的批判

蒂莫西·霍尔

一

卢卡奇的著作在上世纪60年代至70年代早期曾得到过高度关注，但此后便趋于消沉。然而，对它的兴趣最近有了复兴的迹象。这其中的原因是多重的。一方面，为了有助于理解当代艺术和文学著作在政治和现实主义方面的转向，艺术理论家和文学批评家们开始求助于卢卡奇的现实主义概念。① 在另一个独立的发展方向上，社会和政治理论家们又一次回到了卢卡奇的物化概念，将之作为理解当前独特的社会病理学的一种方式。最近的两项研究在这方面格外突出：蒂莫西·贝维斯（Timothy Bewes）的《物化或晚期资本主义的焦虑》② 以及阿克塞尔·霍耐特的更晚近一些的著作《物化：对一个旧观念的重新审视》，该书包含对朱迪斯·巴特勒、雷蒙·戈伊斯和乔纳森·利尔的批判性回应。③ 虽然每项研究的进路各不相同，但都提出了这样的命题，即物化范畴对理解当前这个时代是本质性的，尽管（在霍耐特看来）是以一种完全重构的形式。

---

① 参见 Timothy Bewes and Timothy Hall, eds., *Georg Lukács: The Fundamental Dissonance of Existence*, London: Continuum Press, 2011.
② Timothy Bewes, *Reification or the Anxiety of late Capitalism*, London: Verso, 2002.
③ Axel Honneth, *Reification: A New Look at an Old Idea*, Oxford: Oxford UP, 2008.

正是在卢卡奇研究的复兴这一背景下，我打算来重新考察阿多诺对卢卡奇的批判，特别是在阿多诺主要理论著作《否定的辩证法》中。① 众所周知，阿多诺是卢卡奇的尖锐批评者，特别是在他的后期著作中。但不为人知的是，阿多诺从卢卡奇那里获益良多，毕生都在研究卢卡奇早期的一系列著作，包括载于《心灵与形式》（1911）中的《论散文的本质与形式》、《小说理论》（1916）以及《历史与阶级意识》（1923）。在这里我打算考察阿多诺对卢卡奇的黑格尔主义的马克思主义的批判，特别是在《否定的辩证法》中；我还将思考，对这种批判，从卢卡奇的视角出发可能会作出什么回应。我将关注这一批判双重的并且似乎是矛盾的特征：一方面批评卢卡奇没有超越唯心主义，另一方面又责备其退缩到唯心主义之后。

这种关于唯心主义的指控来源于，阿多诺认为卢卡奇的实践哲学因为克服了对客体的依赖而妨碍了自主性的实现。这一处境在费希特的主观唯心主义中得到了最好的表达。在阿多诺看来，实践哲学与主观唯心主义的共同点是，对自主的主体——费希特的绝对自我和卢卡奇的主客体的同———的现实性证明表明客体是如何从根本上源于主体的。这相应地导致了一种对主体的纯粹"生产主义"（productivist）的解释，从某种意义上说，主体生产其自身的现实性。针对这一作为自身历史的生产者的实践主体概念，阿多诺主张客体的先在性和唯物主义主体的他律性。

但同时还有另一种批评线路，其中卢卡奇被指责为退缩到唯心主义之后，成为浪漫主义的反资本主义的一种形式。这一点在阿多诺对卢卡奇的交换原则的批判中体现得格外明显。阿多诺批评卢卡奇在这种分析中对前现代社会进行了浪漫化处理，尤其是这样的观点，即认为前现代

---

① Theodor W. Adorno, *Negative Dialectics*, trans. by E. B. Ashton, London：Routledge, 1973. 关于阿多诺对卢卡奇的批评，参见 Gillian Rose, *The Melancholy Science：An Introduction to the Thought of Theodor W. Adorno*, London：Macmillan, 1978; Martin Jay, *Marxism and Totality：The Adventures of a Concept from Lukács to Habermas*, Cambridge：Polity Press, 1984; Fredric Jameson, *Marxism and Form：Twentieth–Century Dialectical Theories of Literature*, Princeton, NJ：Princeton UP, 1971 以及 *Late Marxism：Adorno or the Persistence of the Dialectic*, London：Verso, 1990, 也可参阅 Simon Jarvis, *Adorno：A Critical Introduction*, Cambridge：Polity, 1998。

的经济与不可度量的使用价值的生产相适应，并且人与人之间的关系是直接的，无须物化的客体（例如各种社会制度）作为中介。在阿多诺看来，这个观点存在着两重问题：首先，它完全是不真实的，前现代社会并非如卢卡奇声称的那样不存在交换原则或物化；其次，在对可比较性本身的抨击中，卢卡奇的批判忽略了批判交换的最基本目的，即批判不公平交换以及建立公平的交换。

这些批评似乎引向不同的方向。对主体的生产主义的批评要求基于客体的先在性来重新阐释唯物主义，而对浪漫主义倾向的批评（卢卡奇对同一性／交换的批判）则要求更多的唯心主义——特别是这样的观念，即唯心主义主体的普遍性拥有解放的潜力，而不单单是社会统治的更总体化形式的共谋。前者似乎要求在唯心主义的和唯物主义的主体概念之间画一条清晰的界线，而后者要求的则似乎是对现代自主（唯心主义的）主体的解放潜力的承认：对蕴含在交换原则中的公平交换的可能性的承认。

然而，如果我们没有忘记，在直接的后康德主义传统中存在着强大的浪漫主义要素，不仅仅是在席勒、谢林和德国浪漫主义的著作中，那么这样一种张力就会消失——至少会大大降低。在考虑阿多诺对卢卡奇的批评时的确应该牢记一点，即浪漫主义作为一种批判形式是内在于启蒙现代性的，唯心主义的主体概念正是这一现代性的重要组成部分。也就是说，它主要关注的是将主体理解为自主的主体的这种现代的唯心主义的意图中的二元对立和断裂。[1] 因此，我认为，像阿多诺那样坚持认为卢卡奇试图克服现代性的二律背反和矛盾的努力既是唯心主义的，又是浪漫主义的，这并没有什么不一致的。的确，我认为阿多诺批评的重要性在于——尤其是在试图恢复卢卡奇的物化概念的当代背景下——它证明如下问题的方式，即实践主体仍然停留在直接的后康德主义传统试图超越现代性的分裂和断裂性的努力中，尽管卢卡奇的主张刚好相反。我认为，任何试图恢复卢卡奇的批判性的物化概念及其导致的实践主体

---

[1] 相反的观点见 Isaiah Berlin, "The Counter-Enlightenment", in *Against the Current: Essays in the History of Ideas*, London: Hogarth Press, 1979; John Gray, *Enlightenment's Wake: Politics and Culture at the Close of the Modern Age*, London: Routledge, 1997.

的观念的努力，都必须注意其浪漫主义的、主观唯心主义的冲动。

阿多诺与卢卡奇的交锋和对卢卡奇的批评贯穿了整部的《否定的辩证法》。特别是在如下三个段落中：出自第二部分的《关于同一性的辩证法》① 和《客观性与物化》② 章节；出自第三部分的《幸福与徒劳的等待》③。《关于同一性的辩证法》预言了同一性原则在其社会形式上的超验性——即在资本主义社会中交换价值对使用价值的统治。《客观性与物化》批判了这样的努力，即将物化了的客观性溶解到反抗这种物的过程之中。最后，《幸福与徒劳的等待》批判了在"拜物教"和"直接性"之间的"错误选择"，并提出了这样一种唯物主义概念，它既不是对物化了的客观性的接受，也不是对一个整合了的世界的恢复，在这个世界中人与人直接联系在一起。我认为，这些综合起来构成了对卢卡奇的实践理论和黑格尔主义的马克思主义的一个中肯而有说服力的批评，并且提供了一个不同的、以客体为中心的实践观念的例子。我将从对交换原则的批判开始，并以语境化的方式来分析卢卡奇解决这个问题的独特路径。

二

资本主义社会的一个根本特征是，产品是为交换而不是为使用而生产的。在前资本主义社会中，只有剩余产品被用来交换，而资本主义社会则以交换原则的普遍性为特征。这当然不是说资本主义社会中的产品不再供人使用，而是说它们的使用价值变成了交换价值的一个功能。这种交换价值对使用价值的统治——在对商品形式的分析中被揭示出来——是马克思在《资本论》中分析资本主义生产关系及潜藏的社会统治的出发点。马克思格外感兴趣的是商品形式的虚假特征：人与人之间的关系（相互独立地进行生产的个人之间的关系）借以表现出一种物的

---

① Adorno, *Negative Dialectics*, pp. 146–148.
② Adorno, *Negative Dialectics*, pp. 189–192.
③ Adorno, *Negative Dialectics*, pp. 373–375.

客观性特征（它的交换价值或价格）的过程。① 因此，商品似乎拥有属于自己的生命，经由市场上交换价值的波动表现出来。

古典政治经济学以及后来的经济学都"相信"这个幻象，把经济当做一个具有客观规律的领域来对待，认为无需进行根本的改造就可以系统地研究这些规律。这导致对经济的宿命论看法与自然宗教中对自然的宿命论看法不无相似之处。马克思本人就提到过商品的这种拜物教特征。借助于政治经济学和经济学，我们可以预见到经济事件的可能结果（尽管不是完全地）和我们自己的态度。然而，我们仍然无力从根本上改变这些事件，无法削弱决定人类行为规律的力量。

因为科学被隐含在资本主义及其特有的幻象形式之中，所以马克思将他对资本主义生产关系的批判称为古典政治经济学批判。对资本主义的批判与资本主义生产关系向生活在这些社会中的人们展现的方式，与这些社会被理论化的方式密不可分。庸俗马克思主义的意识形态概念根本无法充分表达对生产关系、对社会世界的流行看法与社会科学之间的关系，因为它隐含着这样的含义，即社会世界表现的方式在某种意义上说乃是被强加于其上的世界观和信仰的结果。这就忽视了社会幻象在经济过程本身中的起源。在马克思看来，资本主义社会包含了它自己无法选择的表现形式，也就是说，经济关系必然向其成员展现的方式。

无论是对卢卡奇的黑格尔主义的马克思主义还是对法兰克福学派而言，马克思对商品形式的分析都是核心问题。卢卡奇不仅将商品形式视为经济学的核心问题，而且也将其视为分析整个资产阶级社会的模型，也就是分析其所有的主观和客观形式的模型。② 马克思在何种程度上认为商品的拜物教特征为思考一般的社会幻象（卢卡奇称之为社会的物化）提供了基础，这是一个悬而未决的问题。然而，马克思在任何地方都没有详细地阐述卢卡奇在《历史与阶级意识》中阐述的那些形式，这一点却是清楚的。我们经济生活中的典型特征，即客观规律领域和主观

---

① Karl Marx, *Capital*, vol. 1, trans. by Ben Fowkes, Harmonsworth: Penguin, 1976, pp. 164–165.

② Georg Lukács, *History and Class Consciousness*, trans. by Rodney Livingstone, London: Merlin Press, 1971, p. 83.

无力的立足点之间的分裂，同样在行政和法律领域中也存在。卢卡奇主张，工人相对于生产过程消极的、主观的处境与个体在面对法律和行政时的处境都可以回溯到主体与世界的直接关系这个基本范畴。① 因此，不仅仅是经济主体，而是资产阶级一般主体，面对着一个物化的社会现实，对此它只能加以沉思，而无力彻底改变它。②

正是这个对资产阶级社会的分析——社会的物化/主观的沉思——引导卢卡奇去探索一种能够改变社会现实的实践原则。③ 这个探索将他带回到康德和后康德的唯心主义——一种对唯心主义理性观念的"元批判"。在卢卡奇看来，唯心主义的重要性在于其提出并试图超越资产阶级社会本质的二律背反——首要的是主体与客体之间的二分。④ 这使之成为一种对非教条的唯物主义而言异常宝贵的资源，这种唯物主义试图揭示一种能够改变社会现实的实践立足点。卢卡奇认为，唯心主义的根本局限在于，它试图将一种主体的概念"引入"历史。唯物主义将克服主体和客体的二分视为历史主体（无产阶级）集体的自我解释的结果，而唯心主义则将之视为哲学主体成功地自我奠基的结果。⑤ 在卢卡奇看来，正是无产阶级在社会进程中充当纯粹的客体/商品的处境，使得其成为社会变革的主体。作为自觉的商品，它是资产阶级主体性观念的否定，它无法按照资产阶级的观念和行为范畴来理解自身的生活，因此被迫——在一种自救练习中（boot‑strapping exercise）——按照自己的经验来铸就自己的概念。⑥

---

① Lukács, *History and Class Consciousness*, p. 89.
② 就经济基础—上层建筑的模式而言，卢卡奇对社会幻象的解释不太清楚。在我看来——在此我并没有时间作适当的说明——卢卡奇对"现代社会的经济结构"的解释绝不会使他承认这样的观点，即现代社会中的首要决定性机制是经济。尽管卢卡奇将经济生活走向自主看做社会断裂的首要驱动力，但几乎没有证据表明他认为法律和行政领域或者文化领域中的物化是被经济领域中的物化决定的。像霍耐特那样坚持认为，卢卡奇的物化理论被他对经济基础—上层建筑模式的预设所限制，这至少是有问题的。参见 Honneth, *Reification*, p. 77。
③ Lukács, *History and Class Consciousness*, p. 126.
④ Lukács, *History and Class Consciousness*, p. 121.
⑤ Lukács, *History and Class Consciousness*, pp. 145–149.
⑥ Lukács, *History and Class Consciousness*, pp. 167–168.

三

阿多诺大量引用了卢卡奇对马克思商品拜物教概念的阐发，特别是对一种社会幻象的一般概念以及由此引起的对直接性的批判。的确，从许多方面看，《启蒙辩证法》可以被解读为对拜物教概念的一种人类学扩展和对同一性与交换之间的关系哲学分析的深化。① 阿多诺也赞同卢卡奇的这个观点，即就其以沉思的方式观照社会现实而言，现代科学和哲学并没有脱离这种幻象。与卢卡奇一样，对唯物主义理论的阐释主要依赖于对唯心主义的一种元批判——首先是康德的实践哲学和黑格尔的历史哲学。然而，在卢卡奇对交换原则的批判中，他觉察到了一种向前现代社会形式倒退的倾向，间接地指出卢卡奇对商品形式的批判是一种抽象的否定。② 阿多诺写道：

> 如果人们抽象地否定了这一原则，如果人们为了不可还原的质的更高荣誉而断定对等不再是理想的原则，那就是为倒退回古代的不公平寻找借口。自古以来，等价交换的主要特点是，不相等的东西以等价的名义被交换，剩余劳动被无偿占有。假如可比较性作为一个尺度范畴被简单地取消，那么内在于交换原则的理性——当然是作为意识形态，但也是作为前提——将会让位于直接占有，让位于暴力，在今天就是让位于垄断集团赤裸裸的特权。③

阿多诺的观点是，如果我们站在非同一性（作为不可化约的质或完全不可度量的东西的使用价值）一边来批判同一性，我们最终会将婴儿和洗澡水一起泼掉。这就是说，我们取消了交换原则中隐含着的公平交

---

① 认为《启蒙辩证法》可以被解读为是对马克思关于商品拜物教的分析以及卢卡奇的物化概念的继续，当然不表明前者可以适用于后者。至少就一个重要的意义上说不是这样，这就是阿多诺和霍克海默所说的，置换和交换可以回溯到古希腊神话。如果是这样，那么商品拜物教和物化就不可能像马克思和卢卡奇所声称的那样，是资本主义社会的标志性特征。

② 在这个段落中尽管卢卡奇没有被点名，但阿多诺指的无疑是他。阿多诺对卢卡奇浪漫化前资本主义社会的这一倾向有类似批判，见 Adorno, *Negative Dialectics*, p. 191, p. 396。

③ Adorno, *Negative Dialectics*, pp. 146 - 147（译文有改动）。

换的承诺。因此，尽管这个原则发挥着掩盖剥夺剩余劳动的意识形态借口的功能，但还是超出自身指向了公平交换——指向一个合理的同一性，其中"不再有人克扣他人的部分劳动"。① 那么，问题不在于交换关系本身，而在于其在资本主义社会中所采用的剥削形式。②

由此出发，阿多诺看到了对交换原则的这一形式进行批判所存在的两个问题，首先是理论问题，其次是政治问题。由于取消了交换原则中隐含的对公平交换的承诺，对同一性的批判（扩展至对交换原则的批判）失去了它的内在基础。同一性思想不能从"外在于"同一性的观点来加以批判。③ 例如，同一性思想中对现实的概念性把握，就不能从一种声称对现实"直觉"的、未经概念中介的把握的立足点来批判。同样，对资本主义社会中为交换而进行的生产的批判，也不能以一个想象的社会，一个通过使用价值的生产来满足其需求的社会为出发点。在阿多诺看来，这样的批判只能采取自我批判的形式——也就是说，观念的自我批判和交换原则的自我批判。其次是将可比较性或者等值性本身当作问题。阿多诺认为，这为退回到掠夺的前现代（例如直接的）形式及其在苏联晚近的等价物制造了一个借口。④ 在此，阿多诺提出的观点是，卢卡奇对物化的批判中存在的浪漫主义因素，使得它易被共产主义运动中的极权主义思潮（首先是斯大林主义）利用。

四

第二条批评线路在《否定的辩证法》的第二部分稍后的一节《客观性与物化》中被勾勒出来。与第一种批评不同，阿多诺是进行明确批评的，并点名提到了卢卡奇的《历史与阶级意识》。在这里，他批评卢卡

---

① Adorno, *Negative Dialectics*, p. 147.
② 因为这个原因，我不同意哈默的主张，即使用价值/非同一物"变成了任何可能包含乌托邦承诺的东西的密码"。参见 Espen Hammer, *Adorno and the Political*, London: Routledge, 2006, pp. 30 – 31. 在阿多诺看来，乌托邦承诺实际上根植于对同一性的合理主张中，在这种情况下，公平交换的可能性隐含在交换原则中。
③ Adorno, *Negative Dialectics*, p. 5.
④ Adorno, *Negative Dialectics*, p. 147.

奇混淆了物化（Verdinglichung）和客体化（Objectivität）——也就是说，卢卡奇没能区分实际异化了的主体性这种虚假的客体性与一种超出主体的、真正的客体性。"在物的领域中，"他写道，"客体的非同一性与人向占主导地位的生产条件的屈服相混合。"① 因此，批判的唯物主义的任务就是，仔细勾画物/客体的这两个方面的界线：一方面是特定社会活动中的虚假的客体性，另一方面则是超出主体并中介着主体行动的、相异的或者不熟悉的物。阿多诺认为，混同客体的这两个方面就会倒退到唯心主义之中。在这个语境下，唯心主义被理解为对第一性的探究；也就是说，探究一种原初的原则，以一劳永逸地将辩证进程结束于主体与客体的最终和解之中。我们可以在费希特自我设定的主体概念和黑格尔的绝对认知概念中找到这种探究的不同版本。唯心主义还被理解为这样一种倾向，即它在客体性中仅仅看到一种对主体自由的非本质的限定。阿多诺认为，对唯心主义而言，实现自主性的典型方式不是通过承认客体根本上独立于思想，而是通过克服其对客体的依赖，这一实现是以客体为代价的。②

阿多诺认为，正是唯心主义的这些方面被保留在了卢卡奇的社会理论中。由于坚持认为物化是现代性的特有问题，他忽视了物化仅仅是"虚假的客体性的反映形式"③ 这一事实。然而，潜藏在这一诊断之下的，是一个绝对主体（作为主客体同一的历史主体的无产阶级），它的自我实现或自由被认为存在于物化的客体性的整个进程（setting - into - process）中。《历史与阶级意识》中的唯心主义因素并非像1968年进行自我批判的卢卡奇在序言中所写的那样，在于它将第一性确定于主体而不是客体（自然）之中，④ 而在于它对第一性的认同本身。在这一认同

---

① Adorno, *Negative Dialectics*, p. 192.
② Adorno, *Negative Dialectics*, p. 191.
③ Adorno, *Negative Dialectics*, p. 190.
④ Lukács, *History and Class Consciousness*, pp. xvii – xxiv. 特别指出："对象化这种现象事实上是不可能从人类生活中消除的。如果我们记住，在实践中（因此也在劳动中）客观物的任何外化都是一种对象化，每一种人类表达方式包括说话都使人类的思想和情感对象化，那么很清楚，我们这里指的是人与人之间的一种普遍的交往方式。"（Adorno, *Negative Dialectics*, p. xxiv）

的基础上，它将自由定义为任何客观性或者自然决定性的缺失，正如其唯心主义先辈那样。这意味着，在它对社会实践的解释中，社会体制仅仅作为社会过程的简写而出现，而不是作为主体行动不可回避的客观中介。阿多诺认为后者包含着明显的唯物主义因素。

正是卢卡奇对主体和客体的主体性中介的特别关注，促使阿多诺作出如下说明：

> 问题在于一些注定使人类无能和冷漠的条件，但这些条件还是可以被人类行动改变的。因此，问题主要不在于人类和这些条件向人类显示的方式。①

对主体的特别关注致使卢卡奇高估了主体洞悉和改变这些条件的能力。更为重要的是，这导致了主体的行动与行动的客观背景及其具体的可能性之间的分离。在阿多诺看来，对客体的格外强调——特别是对客体不可化约为主体方面的强调——导致行动的具体可能性的更为精确的感知。在这个意义上，卢卡奇的无产阶级概念保留了存在于资产阶级主体概念中的普罗米修斯式的特征，这一特征在唯心主义中得到了哲学表达——这在费希特的绝对主体观念中表现得最为显著。② 然而，将优先性赋予主体，牺牲掉的不仅仅是人类行为的现实性，还有自由观念本身。阿多诺写道：

> 我们不能从现存的辩证法里排除在意识中被体验为异己的东西：否定地说是强制和他治，但还有那些我们应该去爱，但意识的族内婚诅咒不允许我们去爱的东西的损坏了的形象。和解的立场不会是以哲学帝国主义来吞并异己物（das Fremde）。相反，它的幸福在于：异己物以其得到承认的近似性仍然是疏远的和不同的东西，

---

① Adorno, *Negative Dialectics*, p. 190.
② 阿多诺主张"绝对的动力将是绝对的行动（Tathandlung），它的暴力性满足存在于自身之中"，而非同一的存在则被化约为这个行动的"一个单纯的诱因"。的确，这一主张清楚地给予卢卡奇的实践概念以费希特主义的特征。Adorno, *Negative Dialectics*, p. 191。

既超然于他治，又超然于个人自身。①

将自主性作为摆脱对客体依赖的自由这一唯心主义理解，被对这种依赖的承认所取代——即阿多诺所指的客体的优先性。② 此外，和解、满足和幸福都不因这种承认而被排除，事实上正因此而保持开放，并在与自然和客体的一种不同的、非支配的关系中得以维持。对阿多诺而言，正是客体最终不能被化约为我们的概念这一事实，使得一种改变了的世界以及与世界的一种改变了的关系的可能性得以维持。

如果像阿多诺所说的那样，卢卡奇超越交换关系的努力表明了一种向唯心主义之后的倒退，向一种浪漫主义的反资本主义形式的倒退，那么作为对物本身的反抗的物化批判就意味着（在一种直接得多的意义上）没有脱离唯心主义及其特有的困境。唯心主义所渴望的主体自主性与独立性在卢卡奇的思想中幸存下来，这种自主性和独立性是以客体的牺牲殆尽为沉重代价的。对阿多诺而言，这表明了两点：第一，唯心主义的主体（包括实践主体）没能如它声称的那样带来主体与客体之间的和解，或者说它没能够赋予社会生活以意义——这二者是一回事。第二，在将客体整个地化约为主体的过程中，它失去了行动的客观中介。在卢卡奇看来，革命行动保留了内在于物化世界中的一种几乎永恒的可能性。假如它能恢复自身潜伏在物中的异化了的主体性，那么革命依旧是迫在眉睫的。将物消解入过程的能力牢固地驻留在主体之中。③ 但这使革命主体神秘化了。在阿多诺看来，主体的行动总是需要客体的中介，而这反过来又需要对客体的主观部分和客观部分进行廓清——一方面是作为异化的主体性的客体，另一方面则是作为超越主体的客体。这些批评是否一致呢？卢卡奇的物化理论是否如阿多诺想要表明的那样，既是浪漫主义的又是唯心主义的呢？在回到这一点之前，

---

① Adorno, *Negative Dialectics*, p. 191.
② Adorno, *Negative Dialectics*, p. 183.
③ 艾蒂安·巴利巴尔（Étienne Balibar）对马克思早期的实践概念提出了类似的批评。巴利巴尔将马克思在19世纪40年代中期没能够摆脱唯心主义的主体概念，与无产阶级革命活动中客观中介的缺失联系起来。因此，无产阶级的处境就是一种"永久的暴动"状态。参阅 Étienne Balibar, *The Philosophy of Marx*, trans. by Chris Turner, London: Verso, 1995, pp. 25 – 27.

我将简要考察《否定的辩证法》最后部分关于唯心主义指责的进一步阐述。

五

对卢卡奇主体主义的批评在最后一部分《关于形而上学的沉思》中得到重申。在一个讨论形而上学经验之可能性的语境中，阿多诺再一次否认客体性可以独自被化约为"凝固的社会"（congealed society），并坚持客体的先在性是唯物主义的标志性特征。将物整个地化约为社会过程，包含着一种向纯粹行动的主体主义的倒退。他继续在这个意义上声明，将物化理解为一种副现象：虚假的客体性的反映形式。"纯粹的直接性和拜物教，"他写道，"是同样的不真实的"：

> 在坚持直接性反对物化时，我们是在放弃辩证法中的他者因素……然而形而上学经验不想说出的超出主体的剩余和物性之中的真理性因素，这是真理观念中的两极。因为，没有一个从幻觉中解放出来的主体就不可能有真理。同样，没有那种不是主体但其中又有着真理的原型的东西也不可能有真理。①

在阿多诺看来，卢卡奇的唯物主义的问题在于，它提供了一种在纯粹的直接性和拜物教之间作出的错误选择：一是个人在其中直接地互相发生关系的整一的、充满意义的社会，而另一个则是人与人之间的关系被非人的制度所中介的社会，一个破碎的、失范的社会。然而，对阿多诺来说，这二者同样是不真实的：后者是前者的抽象否定，正因此被前者所预见。正如实证科学客观的、工具性的立足点预见其主观的、道德化的批判一样，被拜物教形式所控制的社会观念也预见到了这个立足点——整一的、充满意义的社会——从这个立足点出发，它将被抽象地否定。

---

① Adorno, *Negative Dialectics*, pp. 374–375.

人与人之间直接地、而不是通过制度的中介而发生关系，这样的社会观念仅仅是物化社会的否定图像。在这样的社会中，个人被毫无保留地整合进社会体系的机械运转中。在阿多诺看来，卢卡奇的进路以再现现存社会而告终，伴随着它本质上的对立面，——而不是打碎它。

总而言之，阿多诺认为，卢卡奇的唯物主义以退回唯心主义而告终，尽管它对唯心主义的历史哲学进行了批判，因为它终究不能容忍任何与主体相异的东西。也就是说，当它考虑否定"给予物"的直接性时，它无意中取消了客体超越主体的那一部分。这样，阿多诺声称，他重复了那种将克服对客体的依赖等同于自主性的唯心主义谬见。在阿多诺看来，无论这种等同是在思想或是精神中发生并强加于世界的（如在费希特和黑格尔那里），还是像卢卡奇（在论述无产阶级问题时）声称的那样是在现实中发现的，它都是非物质的。在客体这一点上，所谓的"智性的综合"和"物质的综合"并无二致。这两种进路的特征在于拒绝接受他性或者一个最终不可化约为主体的异在物的观念。与卢卡奇相反，阿多诺断言，承认我们对客体不可逃避的依赖，是认识任何超出我们赋予客体的东西的条件，也是任何行动必不可少的客观中介——这对实践概念来说更为重要。① 对实践理论而言，唯心主义指责的实践意义在于，它丧失的那个客观中介正是它一开始就声称区别于资产阶级实践的东西。作为一种政治上的主体性理论，它是有缺陷的，因为洞悉社会世界的虚幻表现形式以及重置这种形式的能力，存在于主体性自身中，与现存世界中的客观可能性并没有联系。这里的客观可能性，显然不能在片面的黑格尔主义的马克思主义的意义上来理解，即作为存在于物化的社会客体中的异化的主体性的释放，也不能在以其陌生性的形式出现的客体的意义上被理解为实践的客观中介。相反，在阿多诺看来，唯物主义始于对物中的不可化约的他者性（otherness）的接受，始于对主体与客体之间不可化约的距离的承认。一种与世界的改变了的关系的可能性，正维系于对客体的光晕（aura）的这种承认之上。

---

① 黑格尔的"制度主义"和"成熟的马克思"概念，对阿多诺批评卢卡奇实践理论中潜在的"费希特主义"意义重大。Adorno, *Negative Dialectics*, p. 192。

六

从卢卡奇的视角出发，对这种批判可能会作出什么回应呢？首先，阿多诺批评卢卡奇堕落到一种他再熟悉不过的浪漫主义的反资本主义之中，这便是一种莫大的讽刺。① 在上文考察的对交换原则之统治的批判中，阿多诺有效地批评了卢卡奇站在非同一性的一边来反对同一性（与交换价值相对的产品在质上独一无二的、无法度量的使用价值），以及在此基础上作出的对资本主义社会的"抽象否定"。在阿多诺看来，这种进路的问题在于其将过去浪漫化并试图在缺乏一个内在立足点的情况下批判当下。具有讽刺意味的是，这个批评在形式上与卢卡奇对卡莱尔的《过去与现在》的批评相类似。② 与恩格斯一样，卢卡奇认为，卡莱尔的著作以多种方式表明了资产阶级社会灭绝人性的特点。然而，这些著作的缺陷在于其缺乏内在性："人之所是"与"人之曾是/应是"抽象地对立。③ 正如我们已看到的，卢卡奇认为对资本主义唯一可能的批判是内在批判。出于这个原因，他将唯物主义描绘为资本主义社会的自我认识：通过无产阶级的自觉活动，资本主义社会实现了对自身的认识。④

毫无疑问，卢卡奇将进一步反驳阿多诺将他的资本主义批判刻画为一种对"对物化的悲叹"。⑤ 卢卡奇将前资本主义社会视为非物化的社会关系的例子，这一点是清楚的，然而他将后资本主义社会视为向前现代社会的回归这一点却根本不清楚。⑥ 事实上，对卢卡奇而言，前现代社会是什么样子根本不清楚，正如他在1919年的讲稿《历史唯物主义的功能变化》中表明的那样——这一讲稿标志着革命后匈牙利历史唯物主

---

① 感谢安德鲁·芬伯格使我注意到这个讽刺以及他的一般性批评，参见他在"马克思与哲学协会"年会上（2008年5月，伦敦）提交的一篇论文。
② Lukács, *History and Class Consciousness*, p. 190.
③ Lukács, *History and Class Consciousness*.
④ Lukács, *History and Class Consciousness*, p. 149, p. 229.
⑤ Adorno, *Negative Dialectics*, p. 190.
⑥ 例如在他对劳动过程的合理化的分析，以及接下来对法律和行政过程的合理化的分析中。Lukács, *History and Class Consciousness*, pp. 92 – 103。

义研究所的落成。正如卢卡奇所主张的,如果唯物主义是对当前社会的自我认识,那么几乎不用或甚至根本不用去谈论前资本主义社会。对这个新任命的匈牙利共和国的人民文化委员会委员来说,对前现代社会形成充分的认识,还需要做许多工作。对当前的批判本身依赖于一个扩展了的"衰落的叙述",这一点肯定会被他严词拒绝。相反,对卢卡奇而言(对阿多诺而言),正是现代性未被满足的承诺,提供了批判的内在基础。随着资本主义及其内在普遍性的出现,首次出现了以纯粹社会的而不是自然的术语来理解所有人类关系的可能性。正是以这种方式,这种"世界的社会化"在"第二自然"的出现过程中失败了——这种任何细节都像"第一自然"一样不可更改的"第二自然"为批判提供了平台。① 换言之,卢卡奇意识到,资本主义既是人性化的又是非人性化的,它带来了自由的新形式,也带来了不自由的新形式。认为卢卡奇对前现代社会进行了浪漫化处理这一观点,必须在他公开承认现代主义这一背景下加以验证,后者贯穿了整部《历史与阶级意识》。

前面已经表明,阿多诺对卢卡奇的批评指向两个相反的方向:一方面,他似乎批判卢卡奇倒退到唯心主义之后,并为主体的前现代形式提供意识形态掩护,后者与掠夺的前现代(即直接的)形式相符合;另一方面,他似乎表明,实践主体与唯心主义主体在渴望克服客体本身这一点上没有差别。卢卡奇可能会相当合理地反驳,认为阿多诺的批评相互抵消了。因为尽管他思想中被察觉到的浪漫主义倾向要求抽象否定的批判,这是从黑格尔开始的唯心主义惯用的手段,而对实践主体与客体之间的占有关系的批判似乎需要承认主体的否定能力的某些局限。阿多诺似乎想二者兼得,由于环境使然而要求或多或少的唯心主义。②

在阿多诺对黑格尔主义的马克思主义所导致的在直接性和拜物教之间错误选择的拒绝中,可以看到他面对唯心主义时显而易见的矛盾心理。尽管这个论证的内容可能会使卢卡奇感到惊讶,然而论证的形式无

---

① Adorno, *Negative Dialectics*, p. 176. 关于这个段落和卢卡奇的一般文本的典型阅读,参见 J. M. Bernstein, "Lukács Wake: Praxis Presence and Metaphysics," in Tom Rockmore, ed., *Lukács Today: Essays in Marxist Philosophy*, Dordrecht: D. Reidel, 1988。

② 感谢米德·麦克卢汉在这篇文章的较早版本的报告中对这个批评作了精确的表述。

疑是他非常熟悉的。阿多诺在本质上认为物化的社会世界包含了对自身的批判：物化的客观性的社会世界变成了过程，几乎以相同的方式，卢卡奇声称客观的社会世界包含了其主观的道德批判。的确，革命实践，就其缺乏客观中介而言，共享着道德批判的某些特点：例如它表现了内在于革命主体中的一种持久的可能性，并且它最终要归结为主体，无论它是否意识到这一点。因此，阿多诺的论证并不十分新颖，真正新颖的是它在实践哲学上的应用。

七

尽管这些反驳都具有启发性，但在我看来，对回击阿多诺对卢卡奇的社会理论的指责来说，没有一个是决定性的。阿多诺对唯心主义所具有的表面上的矛盾心理——在批评唯心主义恢复的同时却采用非常唯心主义的论证——无非是唯心主义本身的矛盾心理和不稳定性。应该牢记的是，浪漫主义以及对资本的浪漫主义批判，是内在于启蒙的。也就是说，它并没有完全拒绝启蒙的进步观念，而是对它的一些未预料到的结果进行内在批判，比如主体的分裂、共同体的丧失和自然的工具化。因此，阿多诺指责卢卡奇的社会理论是带有浪漫主义的反资本主义倾向的唯心主义。这一点没有实质的矛盾。兼容二者是极有可能的。的确，正是对唯心主义核心的现代主义的内在不稳定性和变动性的关注——随时都有倒退回前现代主义形式的危险[①]——标志着阿多诺从卢卡奇那里继承而来的元批判路径的特征。在这里，以上考察的最后一个批判——卢卡奇的社会理论在拜物教和直接性之间提供了一种错误选择——极其重要，因为它综合了主体主义和浪漫主义的指责。如果具体化只是"异化了的社会"，那么作为结果的主体就只能作为对由交换关系构造的社会的抽象否定而出现。

此外，在我看来，用来反对卢卡奇的论证的是他自己熟悉的（对物化的社会的批判隐含着对前现代社会形式的渴望；社会的拜物形式包含

[①] 在这点上谢林就是个例子，尤其体现在他对现代神话的呼吁中。

了对其自身的批判），这一事实并不能破坏这些论证。相反，对这些论证的分外熟悉，表明阿多诺批判的适当基础存在于卢卡奇社会思想的概念和范畴之中。的确，值得强调的是，据以判断卢卡奇思想并发现其缺陷的标准，在很大程度上是从卢卡奇本人的思想中得出的。卢卡奇坚决主张，在辩证法受阻时，理论便退化为神话，这恰好也充当了阿多诺批判的座右铭。① 卢卡奇的实践哲学坚持理论的充分性应当由它理解当下意义的能力来加以判断，就此而言它是最严格的历史理论之一。如果正确的理论无非是上升为自我意识的当下，那么理性与历史之间的传统划分看起来就会被克服。在卢卡奇看来，理性主义最成熟的形式——甚至是黑格尔的唯心主义——的问题在于，不容许新奇之物或彻底新的东西的可能性。这并不是站在将历史等同于偶然事件的一边并给理性主义指定明确的界限；毋宁说，它坚持历史的偶然事件穿透了理性形式本身。② 确切地说，这就是卢卡奇将理论奠基于无产阶级自我阐释的意图。③ 借以理解当下的范畴，正是通过这种自我阐释行为而铸就的。在理解历史意义的努力中，它们绝不是凭空产生的。

然而，如果我们坚持卢卡奇所主张的理论在本质上的开放性（即它能够容忍完全崭新的东西），那么他自己作为实践的理论概念又如何面对这一点呢？他对主客体同一性的坚持似乎意味着，历史的偶然事件将会被整个地吸纳入无产阶级走向自我意识的过程中。问题是：历史作为"不断推翻塑造人类生活的客观形式的历史"这一图景，是如何在这样一个主体面前得到坚持的，这个主体的自我理解与整个社会的自我理解相一致？④ 简单地说就是，卢卡奇的主体概念——通过历史而行动，而不是拥有一个通过它而行动的历史——难道不预示着其理论的严格历史性界限吗？这不正是他自己的辩证法被终止，他的理论变成概念性神话的关节点吗？

卢卡奇并没有想方设法逃避这一问题，这对像《历史与阶级意识》

---

① Lukács, *History and Class Consciousness*, p. 194.
② Lukács, *History and Class Consciousness*, p. 118.
③ Lukács, *History and Class Consciousness*, p. 229.
④ Lukács, *History and Class Consciousness*, p. 186.

这样一部伟大著作而言并不足为怪。事实上，他在《历史唯物主义的功能变化》一文中清楚地提出了这一点：

> 根据马克思的考察，历史唯物主义的实质性真理和古典经济学的真理属于同一类型：它们在一定的社会制度和生产制度之内是真理。作为这样一种真理，而且只有作为这样一种真理，它们才是无条件起作用的。但这一点并不排除出现这样一些社会，在这些社会中，由于其社会结构的本质，其他一些范畴和真理体系也将起作用。①

与上文得出的结论相反，卢卡奇在这段话中似乎坚持认为，作为历史的主客体同一的无产阶级的出现，无碍于新的社会形式的出现。这是一个令人瞩目的断言，在其中卢卡奇似乎将自己的思想带到了它的绝对边界。然而，在我看来，阿多诺的批评至少从两个重要的方面质疑了这个结论。首先，卢卡奇思想的形式（其对同一性原则的依赖）似乎否定了它所表达的内容。如果作为主客体同一的无产阶级，彻底地理解自身及其生活的社会世界，它又如何能够不阻止新的社会形式的出现呢？如果用唯心主义的术语将真理定义为概念与客体的等同，具有不同范畴和真理体系的不同社会结构又如何能够出现呢？这里似乎会出现两种可能性：要么无产阶级的自我理解及其对社会世界的理解被认为是不彻底的，从而为新的社会形式和真理形式留下空间；要么这一立场被视作不成立而被拒绝。但这两种选择都是没有前途的。在前一种情况下，主体与世界的和解被贬低，总体性概念被降低到"调节性观念"的地位。在后一种情况下，同一性原则得以盛行，否定了卢卡奇在其理论中对彻底的历史性的坚持。我将表明，正是在这个关节点上，我们遭遇了卢卡奇理论的界限。不是如它声称的那样废止了唯心主义的二律背反，而是自己彻底地陷入其中。

此外，就卢卡奇对资产阶级社会的洞见而言，他的实践理论是否理解了当下的情况，这一点并不清楚。正如卢卡奇已经清醒地意识到的，

---

① Lukács, *History and Class Consciousness*, p. 228.

1923年的当下，涉及物化向现代主体的内部以及文化领域的日益渗透。但这导致了卢卡奇没有预料到的趋势：例如资产阶级市民社会固有的社会化功能的瓦解，资产阶级家庭给"晚期资本主义"社会中的个人留下了集体活动更容易倒退的（即个体化之前的）形式，正如无产阶级革命的命运和欧洲法西斯主义的兴起所证明的那样。文化领域，特别是艺术和哲学领域的物化，标志着社会的一种质变：总体化和整合程度不断增强。面对这种改变，任务不是在老的、倒退的文化的最后阶段和积极的、新的文化之间进行区分——自那以后，这个任务曾出现在卢卡奇的美学中——而是在这些新的条件下，提出艺术和哲学作为批判形式的可能性的问题。通过考察卢卡奇为资产阶级社会开的药方可以看到，他显然没有理解他自己的当下。在资产阶级社会的瓦解中，他只看到了一种新的、进步的社会和文化出现的预兆。尽管他对社会物化的批判记录了个人被整合进机械运转的社会体系的程度，但他有能力看到的只是濒临崩溃边缘的、旧的资产阶级文化核心的失效。简言之，他不能理解资产阶级社会制度调节马克思的阶级意识概念和他所诉诸的阶级政治的微妙方式。相反，在阿多诺看来，社会经历的质变——从资产阶级社会过渡到晚期资本主义社会——必然是重新考虑批判思想的基本范畴的时机。

八

在阿多诺看来，卢卡奇的实践理论依旧停留在主体唯心主义的困境中，尽管卢卡奇声称已经超越了它们。首要的原因是，它给予主体以优先性，并且认为关于社会世界的知识与彻底的改造活动要求主体与客体的同一。然而，需要弄清楚的是，阿多诺对卢卡奇的唯心主义指责会导致什么。我已经表明，它并不是将卢卡奇的实践理论与任何一种唯心主义相等同（例如主观唯心主义、客观唯心主义或绝对唯心主义），因为我们已经看到，每一种倾向都可以在其中找到。毋宁说，它表明卢卡奇的这一理论重复了唯心主义的困境，而不是像其声称的那样断然脱离了这些困境。因此，从自身的标准来看，这一理论也是不合格的。

同时，作为一种对当代意义的解释，它也是不合格的。在阿多诺看来，将当前的社会界定为"晚期资本主义"的，是朝向总体性和整合性的强烈趋向。卢卡奇的唯心主义实践理论不能解释这一事实：它没有检视自身与当前的晚期资本主义之间存在的亲缘性。从而，问题不是卢卡奇对起改造作用的社会行动的解释建立在一种错误的唯心主义逻辑之上，从某种程度上来说，这种逻辑内地是矛盾的。正如卢卡奇充分意识到的，唯物主义的整个论点乃是否认独立于逻辑的基础性的存在。对阿多诺而言，问题在于卢卡奇虽然意识到了当代的总体化趋势，但没有将其视为对同一性（即唯心主义的）范畴作彻底批判的必然要求。他反而满足于从唯心主义哲学中不加改变地挪用这些倾向。但是如果这些范畴没有独立性，那么它们为何又会免于在当前的基础之上的一种批判性清算呢？在我看来，这是阿多诺对卢卡奇的批判所提出的核心问题。

所有这些都有可能被承认，然而阿多诺的结论还是有可能会被拒绝。因为这个批评似乎留下了一种作为永久的元批判的批评理论观念，并剥夺了其改造社会的力量。但在我看来，这个评价是简略而仓促的。从阿多诺对卢卡奇的批判中可以清楚地看到，他首要的考虑是，如果我们忽视了社会客体的主观与客观之间的区分，社会实践的客观约束便消失了。其后果之一便是，现代主体克服社会统治的能力就有被社会理论家不断高估的危险。相对于卢卡奇的唯心主义，阿多诺对社会实践的解释强调了主体行动在制度上的约束。阿多诺拒绝那种建立在作为内在的唯心主义者的现代主体这个基础上的纯粹生产性观念，而是选择对社会行动作出更为实在论的解释，这种解释既包括成为过程的社会事物的经验，又包括就具体可能的事物而言的制度限制的经验。至少，从他的论断来看，这一点是很清楚的：交换原则中合理的同一性必须被实现，而不仅仅是抽象地被否定。一种全新的、有变革性的社会行动，不能将自身与制度的约束剥离开来。恰如在激进变革的关键点上社会行动呈现出全新的意义一样，那些一直不被人们承认的社会建构同样也开辟了新的未曾预料的行动的可能性。

依我之见，应该给予阿多诺在这里所标定的立场的显著特征以充分的关注。阿多诺对主体行动必不可少的制度性约束的强调，要么普遍地被视为对任何形式的集体行动笼统的敌意，这些形式被视为先天的妥协，要么就是从属于后来的、从一个截然不同的理论前提出发的社会行动理论，如哈贝马斯的理论。然而，确定无疑的是，在阿多诺看来，现代社会的伦理实体的破裂似乎使得集体行动的所有形式都潜在地倒退了——原因很简单：晚期资本主义的社会和文化侵蚀了激发起这种行动的集体形式的自我启蒙过程——从哪里都看不出他坚持将个人当做解释人类行动的必要环节。出于这个原因，在我看来，通常将韦伯式的悲观主义归于阿多诺的做法是错误的。与此相关的是，几乎没有证据表明阿多诺会赞同哈贝马斯的观点，即认为现代社会不可消除的物化使得利用复杂的社会系统的"操纵"机制成为必然。对阿多诺而言，承认主体行动的制度性约束更多的是要揭示去物化的社会客体中存在制度可能性的新形式，而不是像哈贝马斯那样为工具合理性建立一个有限领域。

（谢永康、毛林林译　黄晓武校）

对我们自己说出真相

——卢卡奇、虚假意识以及民主的困境①

彼得·A. 迈耶斯

第一部分 政治中的永恒困境：
我们不想听到的消息

  任何一次——以不断提高的和自觉的方式进行的——无产阶级革命都产生了正在成长为国家机构的整个无产阶级的斗争机构，即工人委员会，这一事实举例来说就是无产阶级的阶级意识正在开始胜利地克服它的领导层的资产阶级性的标志。

  革命工人委员会决不能同它的机会主义的丑化的模仿相混同，革命工人委员会是无产阶级的意识从它产生的那一天起就不倦地为之斗争的一种形式。它的存在，它的不断发展表明，无产阶级已经站在它自己的意识的门槛上，并因而已经站在胜利的门槛上，这是因为工人委员会是在政治上和经济上对资本主义物化的克服。就像

---

① 卢卡奇令人不快的写作风格，以及（《历史与阶级意识》的英文版译者）罗德尼·利文斯通不恰当的翻译为我的语言能力添加了极大的负担；我想要感谢 T. B. 陶伯（T. B. Tauber）帮助我减轻了不少语言上的负担。D. 布洛克尔（D. Blocker）则帮助我纠正了许多错误。我还要感谢 A. O. 罗蒂（A. O. Rorty）以及 G. C. 西弗莱蒂（G. C. Cifoletti）在很久以前对我这篇文章所作出的许多评论。我这篇文章从 1986 年写成第一稿到 1996 年写成第二稿一直处于冬眠状态，正是他们二人所作出的那些古老的评论将我这篇文章带入了这段有益的冬眠期。

在建立了专政的状态下,工人委员会必须克服资产阶级的立法、行政和司法的分离一样,它在争取统治权的斗争中,也必须一方面克服无产阶级在空间和时间上的分裂,另一方面必须在经济上和政治上达到无产阶级行动的真正统一,并以此方式克服直接利益和最终目标的辩证分裂。(255 – 256;80c)。①

在 20 世纪 20 年代,涌现出各种激进的社会运动,革命的恐怖幽灵开始出现在人们的视野中。资本主义国家中的左派人士考虑政治斗争应该如何进行。苏联的现实似乎为那些赞成激进大众革命的观点提供了支持。然而,这样一种乌托邦——无论其以何种形式展开——在政治生活中从来都只能被当作是一种建议。那些赞成工人组织的理论家必须要证明,**我们,在此时此地,能够赢得我们自己的政治斗争;我们能够取胜,不是因为我们与他们相像,而是因为我们是我们自己**。这些赞成工人组织的理论家指出,在我们当前所处的环境中,我们不应受到愚弄而参与到虚假的战斗中或是根本不去战斗;不要让你自己的短期利益和特殊利益掩盖了以下事实:只有将长期利益牢记在心,你的生活才能够得到改善。他们坚定地指出:"同志们,如果你们认为自己的问题是个人问题,或仅仅是经济问题,那你就错了;你自己的生活指向的是政治斗争,并且最终会指向革命性的斗争;如果你不理解这一点,你就拥有了**虚假意识**。"

"**虚假意识**"这种说法会令绝大部分读者感到不快。我们非常清楚,在共产主义运动中发生的许多暴行都因为这种说法而得到了正名。让人

---

① 除非另外指明,否则我在下文中所使用的所有引文(之后的第一个数字所注明的)都是来自于《卢卡奇文集》中的《第二卷:早期文献》(Neuwied und Berlin: *Luchterhand Verlag*, 1968)当中的页码。第二个数字所注明的则是由罗德尼·利文斯通从德文版《历史与阶级意识》翻译过来的标准版本的英文版《历史与阶级意识》(Cambridge, MA: MIT Press, 1971)当中的页码。罗德尼·利文斯通在英文版《历史与阶级意识》当中的翻译经常具有误导性,并且也常常是错误的;由于这一点对我在本文当中进行的论证来说非常重要,因此我对英文版本的翻译进行了修正。凡是我修正过的地方,我都在引文的数字号码后加上了一个"c"作为标记。当我碰到卢卡奇的一些非常复杂的文本时,我为了找到一种对于卢卡奇的不同解读,就会对照乔凡尼·皮亚娜(Giovanni Piana)翻译的意大利版本来重新对卢卡奇的文本进行翻译和解释。

感到讽刺的是，在从"虚假意识"衍生出来的论证的众多拥护者当中，卢卡奇是最富有经验的一位。然而，从某种意义上来说，他自己却成了他提出的这种论证的受害者。

这篇文章的目标是要表明，为什么时至今日，这种在20世纪初期出现的最具代表性的政治思想依然值得我们思考。要完成这一目标并不容易。绝大多数理性的人对于"虚假意识"这种观点都会持本能的反对态度。这种反应掩盖了以下事实："虚假意识"这种观点是作为一个非常重要的问题当中的一部分而进入到政治讨论中的。要想对"虚假意识"这种说法进行解读和评判，我们从一开始就要忽略这种说法所带来的种种最为糟糕的后果——至少在此时此刻先忽略不计。

虽然我们可以暂时搁置一些质疑，但是"虚假意识"这种说法似乎还是无可避免地显示出一种傲慢。这种说法总是向**某个人**发问。可是，当你这样发问的时候，为什么他或她不这样来反问你呢："你是谁，凭什么说我对于我自己的需要和利益的理解，以及我该怎样实现这些需要和利益的方式是**虚假的**呢？判断这种**虚假的**标准是什么？这种标准与我的自由能够相互兼容吗？"

如果跳出某种特定的语境，上述回答似乎是合理的。但是，在某种特定的语境中，上述回答却完全不能成立。如果在一种真实的对话中，第一个说话者（即发问者）并"不是"在断言被问者（虚假意识的拥有者）不是真的需要或想要其自认为需要或想要的东西，那么，"虚假意识"又当如何理解？或许，这种说法想要表达的是一种更为谦虚的、微妙的意思；或许提出这种说法的人想要表明的是这个意思："你还有其他的利益，并且在这些其他的利益当中，有些只能通过集体行动才能够实现。因此，实现这些利益需要更长的时间，且你对于短期利益的关注会使你无法认清你生活中那些更为广阔的图景。"

或许，以上这种解释太过于文绉绉了。的确，如果一种像"虚假意识"这样强势的思想观点要具有真实的修辞学力量的话，通常就会需要这样一些复杂的限定语。这就意味着：从"虚假意识"衍生出来的论证，必须要被放置在一种特定的政治背景或是实践背景当中，才能使得所有人都能够直接、明确地理解其恰当的语境。在这一前提之下，从

"虚假意识"衍生出来的论证或许才能够发挥出将某些人的焦点从短期利益转变为长期利益这种作用。此时此刻,我想要论证的是,对于"虚假意识"这样的说法来说,用唯一一种有效的政治角度来看能够令人满意的语境,就是强势的民主。

现在,我们可以清楚地看出,共产主义者经常会作出某个人有或是没有"虚假意识"这样专横而又傲慢的断言。他们运用"虚假意识"这一绰号来对人们进行打击,而不是对他们进行扶持。但是,我们应该非常清楚地知道,在这一点上,共产主义者与其他所有那些同一性政治的拥护者都是完全一样的。像是汤姆大叔、异教徒之类的,哦,对了,甚至连叛徒这样的说法通常都是"虚假意识"的同义语。事实上,像(虚假意识)这种类型的表述,在每一个群体当中都是存在的,并且已经成为当代民主政治生活中非常常见的一部分。如果希望像(虚假意识)这样的说法能够在论证当中失去其有效性的话,那不过是空想罢了。虽然人们不乐意见到,但是这的确是为什么从"虚假意识"当中衍生出来的论证值得我们的对其进行更为仔细分析的理由之一。

我们之所以要回到"虚假意识"这种说法还有另外一个原因,并且这个原因比上面提到的那个原因要更为重要。每一个群体都会从这个群体的凝聚力当中获得某种特殊的力量。一种运动的鼓吹者需要拥有能够运用这种从一个群体内部的所有互动中产生凝聚力的能力。这就使得对于成员身份的分配以及对于这种身份的好处的运用同时成为可能,这些还同时决定了相应的限制条件和责任义务。凝聚力这个问题对于劳动组织以及政治党派的重要性,与其对教会、学校以及女童子军的重要性是一样的。在实践中,行动的目标一旦确定,凝聚力的重要性就变得非常清晰。在政治中,要想实现一个目标,就总是要迫使其成员作出一种实际的选择,并且,其成员必须要在限定的时间内以及行动的具体情境中作出这种选择。有了这些限制条件,在某些时间段之内,每个人对于应该做什么的看法绝不会都是真实的。要想动员一个群体,就必须要选择一条分界线。在这种清晰的语境中,某些政治思想是真实的,其他的政治思想是不真实的,目标以及冲突的具体情况就是判断真实与否的标准。所有的群体都会采用一种语言,在特定的时期内将真实的行动与虚假的行动区分开来。在其他时候进行的政治论辩当中，每个人都知道，这样任意摆弄规则最终会破坏这些规则想要对其加以动员的凝聚力。但是，无论怎么说，这些规则对于大众政治行动来说都是至关重要的。因此，我要再次指出，由"虚假意识"这种说法所引发的问题，绝对不是共产主义运动所特有的。这种政治真理的论断所带来的普遍问题是现代民主所内在固有的东西。

我们从一开始就要认识到，通过"虚假意识"这样的说法来进入对于政治真理般的论断问题的分析，是一种非常极端的策略。从最一般的层面上来说，这种说法标志着一个非常明显的事实，这就是，在政治生活中，有许多事情是我们不想听到的。存在着一种广泛流行的趋势，认为只有我们自己才能对自己的情况作出最佳判断——这与最为古老的政治规则"我们不应该对于自己的情况作出判断"（即当局者迷）是背道而驰的——这种趋势使得上述事实（即在政治生活中，有许多事情是我们不想听到的）当中所蕴含的矛盾进一步加深。此时此刻，面对为了行动而提出暂时性的真理般的论断说法以及此种说法所蕴含的傲慢，我们陷入了两难困境。

我在上文中表明，我这篇文章的目标是要将从"虚假意识"当中衍生出来的论证放置在一个民主的框架之内，并借此从这种论证中进一步阐述。有人或许会说，即使是最为糟糕的图景，被放在这样一个框架（即民主的框架）之内来看也会好一些。但是，我在这篇文章中将会证明，从"虚假意识"中衍生出来的论证与民主之间具有一种更为紧密的联系。虽然近些年来人们极力否认，但是，政治真理般的论断的问题总是会进入到强势的民主政治之中。我们应该运用什么样的语言，来点亮政治空间中那些最为晦暗的角落（在这些角落里，人们试图让其他人来重新判断他们自己对于自身的情况所作出的判断，并作出相应的行动）呢？

通过分析，我最终得出的结论是：我不认为"虚假意识"是用来描述上述情况的最佳术语。然而，"虚假意识"这个术语是一座通往当代理论的最佳桥梁。关于"虚假意识"的讨论拥有悠久而丰富的历史，在这段历史中，包含着一些像卢卡奇这样在"虚假意识"这一标题下对民主政治中那些几乎被人遗忘的层面进行分析的杰出理论家。① 无论我们怎样看待卢卡奇得出的那些结论，我们都要承认，卢卡奇理解了这个问题所具有的复杂性。我在这里提出一个建议，让我们以卢卡奇的作品为出发点，来重新对"虚假意识"这一问题进行分析。这将会有效地突出针对政治实践中的真理般的论断所作出的引人注目的反驳。更清楚地记住这一点之后，其他人就可以采用或是抛弃"虚假意识"这种特殊的语言了。

第二部分　"虚假意识"的修辞学处境

与自我理解背道而驰的真理般的论断所面临的困境，或许可以按照以下方式在一种实践的修辞学设定当中表现出来。为了克服我对某种活动的抵抗心理，你从"虚假意识"中引出这样一个论辩。我对你的回答则是："**你是谁，凭什么告诉我该怎么做？**""**你是谁，凭什么说我的观点和行为是不真实的，甚至是虚假的？**"

这是一种非常有力的回击，但绝不是致命的一击。这种回答所攻击的对象是什么？这个被攻击的对象是否轻易地被击倒？另一个人无法比我自己更清楚地了解我自己的处境和利益，这真的是显而易见的吗？②

为了回答这些问题，我们就要更确切地了解从"虚假意识"当中衍生出来的论证所具有的状态。首先，我们需要明确地了解，它（即从

---

① 卢卡奇的作品很快就被看成是继马克思之后对于马克思主义所作出的最为重大的理论贡献。在对卢卡奇作品的这种认可当中，也包含着官方对他的谴责。相关内容大家可以参考 Andrew and Brienes, *The Young Lukács and the Origins of Western Marxism*, New York: The Seabury Press, 1979。沃尔特·本杰明在一篇名为《那些依然具有生命力的书籍》（"Bücher, die Lebendiggeblieben Sind"）的短文当中，对德文版《历史与阶级意识》与20世纪的其他三部作品的内容进行了概述。他在这篇文章当中将卢卡奇的《历史与阶级意识》称之为"马克思主义文献当中最为伟大的哲学作品"。

② 在政治权力的形成过程中，这样真理般的断言之所以会发挥出决定性的作用，通常仅仅是因为这些断言能够动员那些第三方党派相互争辩起来。从某种意义上来说，这是一个关于构建政治领域的问题，我在后面还会回过头来再次探讨这个问题。我对于权力的普遍性政治结构的进一步详细分析，大家可以参考我正在创作过程中的另外一部作品：《以压倒性优势获胜的**舞蹈**：一种关于权力的政治理论所具有的微观实践基础》（*Dancing on a Landslide: Micro - Practical Foundations for a Political Theory of Power*）。

"虚假意识"当中衍生出来的论证)从本质上来说是一种政治断言,而不是认识论意义上的断言。① 当我们把这种从"虚假意识"当中衍生出来的论证当做一种断言而不是概念来思考的时候,就要考虑到以上所说的部分内容。我们需要检验的是,它是如何与一系列广泛的活动联系在一起并在实践当中展开的,而不是它是否是对一个人的心理状态作出的最佳描述。这种断言的力量与意义来源于可以决定人们是否接受这种断言的信仰。在这里,个人主义这种颇具影响力的神话以及如此的荒唐信条——相对主义就意味着所有的事情都是同样好、同样真实——发挥着异常重要的作用。在这样一种语境下,如果在断言某个人的自我理解及其与世界发生关联的方式是虚假的时候,采用**真实**和**虚假**这样生硬的修辞,就很可能太具有攻击性,并且从政治的角度来看,可能会导致自我毁灭。然而,我想要着重强调一点:在某些时候,在政治活动的压力下,又需要动员那些第三方力量,没有其他语言能够完成这样的任务。

此时此刻所产生的困境并没有为我们留出多少调和的空间;大家都知道,在这种情况下,它(即真理般的论断所带来的困境)很容易就失去控制。一方面,真理般的论断使得它所针对的人们远离了自己;另一方面,真理般的论断将行动降格成了一种自动机械的运动。如果用**政治自由**这一标准来判断的话,以上两种情况都是自我毁灭。然而,我在此处想要表明的是,在以上这两种情况之间还存在着一个中间地段。为了找到这个中间地段,并且在这个中间地段之内行动,就需要一种强势的民主来为这种从"虚假意识"衍生出来的论证进行限定。我认为,重新解读卢卡奇有助于我们澄清这种限定。

我之前已经说过,从"虚假意识"衍生出来的论证首先是在政治的基础之上进行的,而不是在认识论层面上进行的。进一步来说,这

---

① 举例来说,大家可以注意一下,C. M. 南希·哈索克(C. M. Nancy Hartsock)把卢卡奇提出的"立场"这一概念当成是女性主义的一个关键概念来使用,但是她却几乎根本没有提到过卢卡奇。在对意识进行探讨的过程当中,我们很容易像哈索克一样,把意识这个概念当成是一个认识论意义上的概念;但是这是错误的,这是因为,卢卡奇是黑格尔主义的马克思主义者,并且在《历史与阶级意识》当中的"阶级意识"之前的那一部分,即"作为马克思主义者的罗莎·卢森堡"这篇文章的第四小节当中,他已经超越了认识论。

种从"虚假意识"衍生出来的论证不是一种事实断言。换句话说,这种从"虚假意识"衍生出来的论证与像"你有三十二颗牙齿"这样的论断是不相同的。这种从"虚假意识"衍生出来的论证所描述的不是某种条件,它的目标是要为行动确定方向。这种从"虚假意识"衍生出来的论证总是开始于一种对某种变化的挑衅,即使这种论证经常降格为一种诋毁,这是大家众所周知的。只有当这种挑衅开始的时候,衍生出这种断言的事实才会进入人们的视野。因此,就像所有的政治断言一样,虽然其对手不想承认这一点,但是这种从"虚假意识"衍生出来的论证实际上要复杂得多。

从这种政治的角度来看,那个用来回击的问题,即"你凭什么告诉我该怎么做"这个问题就失去了打击的力量。一旦"虚假意识"这种断言被看成是一场讨论的开始,在这场讨论中,一定会进一步产生更多的经验性断言,此时,上面这个问题就必须要得到回答。这种被称之为"设难"的修辞学手法(procatalepsis)无力阻挡进一步讨论的发生,在这种讨论中,这个人需要被迫严肃地看待他的回答所蕴含的补语,这就是:"我是谁,我凭什么不听你的?"

卢卡奇在《历史与阶级意识》中对从"虚假意识"中衍生出来的论证导致的问题所进行的分析,是无人可以超越的。这就是为什么本文的绝大部分篇幅都是用来检验他在这部著作中所作出的分析的原因。这就是我前进的方向。

卢卡奇是根据两条线索来阐发"虚假意识"这种观点的,这两条线索具有重要的差别,但相互之间又有联系。第一条线索是,"虚假意识"是资本主义社会中的存在所具有的一个普遍条件。之所以将这种存在的意识定义为"虚假的",是因为它在此时此刻所具有的经验特征。在本文的下一部分(即第三部分)内容中,我将会对卢卡奇声称是构建出这种普遍"虚假"的条件进行分析。这种虚假经验的核心在于**物化**这个问题。①

---

① 虽然马克思自己并不经常使用"物化"(reification)(抑或是"异化"[Verdinglichung]、"对象化"[Versachlichung])这样的术语。举例来说,他只是在《资本论》的第1卷第一章,以及第3卷第838—839页等地方提到过这些术语而已。然而,我们还(转下页)

第二条线索是,"虚假意识"是**阶级意识**的一种反常形态(即它是对阶级意识的偏离)。为了说明这一点,卢卡奇采用了这样一种策略,即通过构建出与"虚假"相对的"真实"的东西,来表明什么是"虚假"的。所谓"真实"的东西既非经验,也非现实,而是一种"预期的总体性",这种"预期的总体性"会在"阶级意识"当中表现出来。卢卡奇明确地指出,所有对于"阶级意识"来说是必要的条件,早在这个阶级产生之前或许就已经存在了。马克思认为,资本主义劳动与资产阶级个体性之间的联合是一种奇特的历史发展,而卢卡奇则进一步指出,"它需要的仅仅是这种直接存在的虚假表象被无产阶级宣告无效并且被超越,而无产阶级将适当地作为一个阶级而显现。"(357;172c)从经验的角度来讲,只要还存在着资本主义的生产关系,工人就会被看做是直接的个体。由于克服"虚假意识"在无产阶级形成一个阶级的过程当中发挥着重要作用,一个真正意义上的阶级的存在就不能作为"虚假意识"的先决条件而存在。这种发展顺序由于以下事实而变得非常复杂,这个事实就是,只要资产阶级能够"……将其生活方式加诸于无产阶级的日常行为之上……无产阶级组织为一个阶级的能力就无法成为现实"(250;74)。就像阿纳托尔·弗朗斯(Anatole France)所说的那样,资产阶级可以愉快地宣称,每个人都有睡在桥下的权利。他们能够将这种"无论你怎么想都是真实的"断言加诸于每个人的身上,在这样一种情况之下,某种可以用来克服这一断言的组织性杠杆就是非常有必要的了。①

我们不难想象,这样的论证在阶级意识的辩证构成当中能够发挥重要的作用。我要再一次指出,这是我们在所有的同一性政治当中总能够看到的东西。一个更为有趣的问题是,这是不是一件好事?民主在这一进程当中起到了助推作用吗?还是这一进程对民主起到了助推

(接上页)是要承认,是卢卡奇艺术化地将"物化"这个术语作为一种马克思主义术语引入了人们的视野,并且对后来的文学研究产生了重大的影响。)

① 关于资产阶级平等的表面性这一问题,卢卡奇在《物化和无产阶级意识》这篇文章当中以"无产阶级的立场"(Der Standpunkt des Proletariats)为标题的这部分内容当中对其进行了详细阐述。(331 ff. / 149 ff.)

作用？我怀疑以上两个问题的答案都是肯定的。但是仅仅在恰当的情形之下，以上两个问题的答案才是肯定的。

以上分析反过来也会与阶级意识这种说法想要引导我们前进的方向产生关联。工人阶级在日常生活中所体验到的压力之下，通常能够在短期利益与长期利益之间达成某种平衡，如果阶级意识到头来不过是这样一种更好的平衡又该如何呢？我们认为没有人能够只靠自己就达成这种平衡，并且使之变成现实。阶级意识的形成是一种集体的行动，它不是一种共同的属性。生活经验是阶级意识形成的重要基础，但是阶级意识形成的过程本身具有对话的性质。换句话说，只有公开的讨论才有可能推动阶级意识的形成。因此，只有在公开讨论的语境下，从"虚假意识"当中衍生出来的论证才有可能产生说服力。这就是我在上文中提到过的民主这一限定，我在后面还会对此进行进一步的探讨。与此同时，我还会尝试着证明，从卢卡奇的论证逻辑当中之所以会产生（像虚假意识）这样的观点，部分原因在于，他深受罗莎·卢森堡的影响，还有部分原因在于，直到他失去了将社会主义看成是一种民主事业的勇气之前，他深信社会主义就是一种民主。

第三部分 "虚假意识"的第一种论证：物化

> 这是因为工人委员会是在政治和经济上对资本主义物化的克服……在争取统治权的斗争中，必须一方面克服无产阶级在空间和时间上的分裂，另一方面又要在经济和政治上达到行动的统一，以此方式克服直接利益和最终目标的分裂。（255－256；80c）

卢卡奇的政治写作是与一种宏大的哲学论证相互联系在一起的。这就是他的叙事方法。康德所探讨的是"资产阶级思想的根本问题，这就是关于'自在之物'的问题"（333；150c）。康德指出，在理性这一本体领域与经验的表象领域之间，存在着决定性的区别。这种二元论可以被看成是某种形式的唯名论，没能对一种"自在之物"为何能够被理解为我们的表象存在当中的一部分进行解释。在这种语境下，任何一种关于存在的概念（Seinsbegriff）都会导致一种二律背反。这种二律背反之所以具有至关重要的意义，因为所谓自在之物的问题（Ding-an-sich-Problem）实际上就是关于自由的问题。"正是因为康德在哲学方面的伟大造诣以这样一种生硬的、不可删改的方式表现出来……才使得这个问题这么难以解决。"（314；134c）当康德构建出一个将理性等同于沉思的框架之后，非理性就变成了经验所具有的主要问题。真实的物的世界表现得难以理解并且不受控制。在康德构建出的这一框架之内，二律背反是难以解决的。然而，在卢卡奇看来，康德实际上以一种反面的并且是无意识的方式发现了解决这个问题的方式，这种解决办法就是**实践**（praxis）。（305；127）

黑格尔的辩证法就指向了解决这一问题的方式。他至少做到了通过引入"在主体与客体之间进行的基础性"的"辩证过程"而终结了"僵化的形式之间的僵化的对立"（324；142）。理性与经验之所以能够调和，是因为它们大致是一样的。① 卢卡奇认为，黑格尔没有再进一步深入地讨论这个问题，并且，黑格尔的观念论为我们留下了一个"关于辩证法的难题"。这实际上是康德的"自在之物"问题的重演，只不过这个问题在黑格尔那里是以不同的形式表现出来罢了。

这个问题有两个层面的内容。第一个层面涉及形式与内容之间的关系。如果说我们的知性取决于形式的话，那么（康德提出的）上述理论还能够适用。但是，当涉及内容的问题时，上述理论就不再适用了。然而，一种关于经验的理论从其定义来看就是关于内容的理论。因此，我们怎么能拥有一种形式与内容不相干的理论呢？上述问题的第二个层面涉及非理性的问题。上述理论不但需要理解形式所具有的内容，还必须要理解内容是在不断变化的这样一个事实。在康德语境中的非理性，包括在理性这一本体领域之外的一切，也就是说，康德所说的非理性包含着经验。黑格尔将经验的领域重新命名为"理性的"领域，这就为我们

---

① 让我们对照一下黑格尔那句著名的话："Was vernünfig ist, das ist wirklich; und was wirklich ist, das ist vernünftig."（经验就是理性；并且理性就是经验）（参见 Hegel, 1981。黑格尔还在《哲学全书》中的第一部分《小逻辑》（德文版）当中的第 6 页对于上述断言的精妙性进行了阐述。

找到了可以解决康德的二律背反的领域，但是，黑格尔本人并没有解决康德思想当中的二律背反问题。因此，就产生了第二个问题：一种关于理性的经验的理论是可能的吗？

马克思对以上这两个问题都提供了解决办法。在马克思看来，解决形式与内容不相干的理论之关键在于"历史"。而解决克服其自身的非理性的经验理论的关键则在于"实践"这一概念。这两个问题在马克思那里融合成了一个问题。这是因为，在他看来，历史是所有实践的总体。

在卢卡奇理论体系中的"总体性"概念是非常复杂的，并且，这个"总体性"概念同时为"虚假意识"这一论证的两种形式奠定了基础。我们在下一部分（即第四部分）的内容中，会继续探讨另一形式的"虚假意识"，那时我将会对"总体性"与"历史"之间的同一性作出更为详细的分析。在这里，我要谈论的是被定义为用来克服经验所具有的非理性的辩证法的"总体性"。在卢卡奇看来，这种辩证法是一种用来理解、表达具有同一性的"主体"与"客体"之间关系的特殊方式。这就是为什么黑格尔对于康德的问题进行了重新构建，并且马克思对这个问题的解决对他来说是如此重要的原因。现在，就让我们回到这个问题当中去。

在第一种类型的关于"虚假意识"的论证中，卢卡奇提出"总体性"这个概念想要表达的意思是，随着实践被注入理论中，一种总体性的概念构成（Begriffsbildung）有史以来第一次在理论层面具有了可能性。实践不仅仅被理解为理论的补充，而且被理解为对于理论的完善。

如果这种对于"非理性"问题的解决办法仅仅是一种逻辑层面的解决方式的话，它就会失败。通过将实践融合进理论中，对社会作出"真实的"判断就具有了可能性。我们还需要对以上观点进行进一步的阐明。让我们回忆一下，卢卡奇曾经将自在之物的问题定义为"资产阶级哲学的核心"。在他看来，这一问题是资本主义社会所具有的最为基础性的实践问题在认识论层面的表现：**物化**，或者说将人类行为转变成物的过程。因此，即使"虚假意识"具有某种更为深刻的哲学表达，从上面提到的角度来看，"虚假意识"是可以在日常生活经验当中表现出来的。于是，关于知识与政治的问题就被绑在了一起，就像马克思在《关于费尔巴哈的提纲》的第十一条中所指出的那样，这两者共同的解决办法就是实践。

因此，物化就成了这种"虚假意识"所具有的最为核心的决定性特征。物化就是当对社会关系或是关系自身（举例来说，对于劳动来说，市场就是关系本身）进行推动、复制的事物被看成是"自在之物"的时候所发生的事情。如果说某个**事物**是**自在之物**，就等于是说，决定了这件事物的同一性及其行动逻辑的东西是完全不依赖于人类的行为与控制的。虽然没有多少人觉得这种说法是合理的，但是，许多人的行为却似乎证明了这种说法是真实的。这就是物化的独特之处。

只有在我们应该控制我们所制造出来的东西或我们所使用的东西这样一个假设前提之下，物化才会成为一个问题。这样一个假设前提是从近代所特有的信仰中产生的，具体来说，这些信仰就是诞生于17世纪的建构主义当中所具有的某些元素。我们应该还记得霍布斯提出的大胆论证，即"自然（是上帝创造并且统治世界的艺术）就是人对于上帝的艺术的模仿"。① 另外，大约在一个世纪之后，维柯发现了一种可以用来概括上述观点的公式，这就是真理和事实互相转化。维柯的这种观点是对于笛卡尔的几何学观念的进一步发展。笛卡尔认为，我们只能拥有关于我们自己创造出来的东西的全部知识，但是，在霍布斯的思想理论中，上述观点已经与培根将知识等同于力量这种观点结合在一起了。这种结合——也就是创造、知识与力量之间的结合——就是**物化这个问题**产生的背景。卢梭在此基础之上作出了进一步的发展。他表明，文明就是自然的死亡，并且伴随着自然的死亡和文明的诞生，我们开始生活在一个完全由人类创造出来的世界里。卢梭就是以这种方式将**物化问题**引入到了我们对于事物的体验的全部范围中。如果换一种略有不同的表达方式，那就是，每一个事物都变成了一件被创造出来的事物，并且每一个事物都要屈从于我们对其进行控制的野心。康德将人带到了舞台之上，认为是人在施加控制，然而这混乱的一幕在被社会化的物的世界中

---

① Thomas Hobbes, *Leviathan*, New York: Penguin, 1968, p.81.

分崩离析了。这是因为，我们可以确定，绝大多数事物都是不受个人掌控的。因此，这令我们分外受挫。维柯以他的公式为基础将理性与意志结合在了一起，然而真理和事实互相转化这一公式却不能仅仅适用于一个本体的领域。经验是生成或者说创造物（poiesis）一层一层无秩序的叠加，这种经验是需要我们在其内部对其进行某种修正。如果说"真实的东西与创造出来的东西具有相同的意义"的话，那么，"人与人之间确定的社会关系……假设出……一种事物之间的关系所具有的空想形式"①，这又是如何可能的呢？如果我们真能够认识到我们所创造出来的东西的话，那为什么人与人之间被构建出来的社会关系会以错误的方式向我们表现为物呢？这个问题的答案大致如下：人类在一种相对清晰的并且是有意的情况——我们将这种情况称之为契约——之下，成为一种"人为制造出来的动物……那种伟大的利维坦被我们称之为共同福利"。但是，我们也同样为我们自己创造出了第二种自然，这第二种自然是由一个自发运行的社会（这是卢梭的另一个发现）与经济（卢梭的信徒亚当·斯密注意到了这一点）共同构成的。因此，即使是"人创造出了他们的历史"，他们"也不能随心所欲地任意妄为"。②从整体来看，我们应该可以预见到，世界这个舞台既是一个可以对**事物**进行控制的场所（也就是一个可以认识到我们自己创造出来的东西的场所，并且，由于知识就是力量，我们也可以控制这些我们自己创造出来的东西），也会首先感到迷惑和愤怒，然后当我们发现我们创造出了大量我们根本无法对其进行控制的事物之后，就会变得顺从和温驯了。这就是**物化这个问题**产生的背景。③

---

① 参见 Karl Marx, *Das Kapital*: *Kritik der politischen Okonomie*, Band I, S. 86, Berlin: Dietz Verlag, 1983.

② Karl Marx, *The Eighteenth Brumaire*, Karl Marx, & Friedrich Engels, Robert C. Tucker, ed. *The Marx - Engels Reader*, 2nd edition, p. 592, New York: Norton, 1978.

③ 虽然马克思从未在卢卡奇所阐述的那种意义上来运用物化这个术语，但是，物化或许可以说是马克思的思想当中最为重要的一个层面。在这里，我们或许可以引用"商品拜物教"这一节（参见《资本论》[*Das Kapital*, volume I, chapter one, and volume III, chapter XLVIII, pp. 838, 839 et passim]）来说明这一点。但是，马克思在《资本论》的全部内容当中，都不过是在对一个相同的观点进行更为完整、细致的阐述罢了。霍克海默和阿多诺在《启蒙辩证法》当中，对上述观点进行了进一步的分析。

在资本主义社会中，物化是非常普遍的。不仅如此，从体系化的角度来看，物化还是很有必要的。举例来说，要想参与到现代市场经济中去，就包括了将人类的行为转化为物，然后又将物转移到一个新的环境中的过程。在这个新的环境中，我们再也看不到人类行为所具有的本质性的理性特征的痕迹了；这种本质性的理性特征"从社会中被排除出去"①。在卢卡奇看来，这就意味着，在社会中存在着一种虚假的普遍条件。到处都可以看出，"客体"被某种"逻辑"或者说"规则"所支配，而这种"逻辑"或者说"规则"既不依赖于我们的行为，也不受我们的（集体）控制。简单来说，这就是虚假的表现。正是物化使得我们将这样一个虚假的世界看成了真实的世界。这是一个问题，我们体验到这个问题的方式就是"虚假意识"。

这种将社会关系错误地转化为物的物化具有至关重要的意义。物化就意味着，从表面上看起来，事物似乎拥有了控制人的力量。在一个物化具有体制层面的必然性、但是其结果却是分布不均的社会中，物化就变成了权力所特有的形式的根基。

归根结底，马克思对于权力的讨论是从两个层面来进行的。从第一个层面来看，权力是剥削的框架（马克思将剥削理解为是对于剩余价值的占有和控制）。从第二个层面——也就是从对于剥削进行抵抗这一层面——来看，权力是无产阶级所具有的纯粹数量上的优势。卢卡奇则是从另外一个略微不同的层面出发来看待这个问题的。在卢卡奇看来，无产阶级在相对意义上的人数或者说规模并不是最为重要的。这是因为，无产阶级处于"核心"的位置，并且能够看清社会这个整体；无产阶级可以运用理性来克服对他们的日常生活产生负面影响的表象与本质之间的矛盾。在无产阶级认清了这些（表象与本质之间的）矛盾所具有的意义之后，他们就能够进一步将自己的意志应用到问题中去了。物化与权力之间的关系之所以非常复杂是因为以下这一事实，即在卢卡奇的论证中，关于权力的概念到底是建立在什么基础之上的，这一点并不是十分

---

① 卡尔·波兰尼（Karl Polanyi）对于上述观点进行了进一步的发展。参见 Polanyi, Karl *The Great Transformation*, New York: Farrar & Rinehart,, 1944。

清晰。这就导致了一个更为普遍的问题：不仅存在着对于权力的多种理解，而且在这些理解之间还存在着矛盾，这种矛盾也是权力自身的问题中的一部分。以上这些问题都超出了我这篇文章所具有的视域。① 虽然如此，但是，对于这些问题稍加讨论，还是有助于我们强调康德的主题在卢卡奇思想理论中的表现。有的时候，我们很难看出康德的主题在卢卡奇思想理论当中的表现，因为卢卡奇总是对康德进行无情的批判。

之所以说卢卡奇对康德进行了模仿，是因为他将道德选择放在了政治生活的核心位置上；我稍后还会回过头来继续对此进行探讨。卢卡奇还从康德那里继承了他对于理性的绝对信仰。从某种意义上来说，卢卡奇的所有作品都是按照某种方式在探讨如何将理性运用到社会中。对于卢卡奇来说，这是历史进步的一个必要条件。我们完全可以将他对于理性的追求回溯到康德身上。这是因为，卢卡奇将理性与意志联系在了一起。

这种联系（即理性与意志之间的联系）所具有的重要性，在卢卡奇对于历史的解读中开始突显出来了。在卢卡奇看来，历史既不是自发的，也不是决定论。历史的力量是"盲目的"或者说是"自动的、机械的"，直到历史创造出一种关于客体性的问题。接下来，这个问题就使得我们不可能为人类的行动定义出一种目标。几乎可以说，从其定义的角度来看，行动只有具有这样一种目标，才能够成为可能。理性——表现为理解的能力、学习的能力以及秩序，等等——与意志具有同一性。在理性与意志之间的对照进一步发展之前，我们可以从形而上学的角度出发，将社会的力量说成是盲目的。现在，这些社会的力量就变得"真的"盲目了，并且这种盲目还会使我们跌入一个"深渊"。"只有无产阶级的自觉意志才能使人类免遭灾祸。"与康德一样，卢卡奇也进一步运用了成熟（Reife）这一比喻性的说法，来标示出理性与意志之间的成功结合（244–245；69–70c）。②

这就意味着，物化不仅仅是一个心理层面上的范畴或是社会学意义

---

① 我在即将出版的 *Dancing on a Landslide: Micro-Practical Foundations for a Political Theory of Power* 这部作品当中，对于这个普遍性的问题进行了探讨。

② Kant, *Was ist Aufklärung?*

上的范畴了。从本质上来说，物化就是一个**政治问题**。如果说物化使得我们相信，在我们的社会配置当中存在着某种客观必然性的话，那么，即使伴随着具有历史特殊性的问题的产生，即使当这些具有历史特殊性的问题达到了产生危机的比例，甚至当那些"客观必然性"开始指导我们的行为的时候，我们也不大可能"成熟"地认识到此时需要我们作出行动以及应该作出什么样的行动。当那些被利益驱使的断言仅仅表现为从对于事实的一种"科学"分析当中所产生的种种"预测"的时候，我们就不可能站起来反抗这些断言。举例来说，在这样一种环境之下，新古典经济学可以为工资就是（资本家对于工人的）回报、工作环境当中的权威所具有的金字塔式的新型组织形式、或是国际自由贸易合约进行辩护，而没有人可以有效地对其进行辩驳。

物化的普遍性说明了一切。在这种情况下，每个人——从某种意义上来说——都被去人性化了，并且在环境的驱使下像物一样行动，并且把他人当成是物来对待。就像我之前所说的，卢卡奇看到了"虚假"的一种普遍性条件。这种普遍性条件在政治的层面上所具有的重要性，来源于这样一个简单的事实，即对于每个人来说，这种普遍性条件所具有的意义都不相同。资本家依然控制着基础性的决策权，例如对于社会资源的分配。进一步来说，他（即资本家）的"人格"在市场中从来都是没有危险的，在市场中面临危险的仅仅是他的财富而已。① 在权力在资本主义社会既有的配置中，物化是按照资本家的利益来运行的。②

与此形成鲜明对照的是，工人拥有更为伟大的理性，来结束或至少是改变物化所特有的运行模式。不幸的是，正是物化本身使得工人们无法结束或改变物化所特有的模式。物化将不对称的社会关系掩盖起来，如果这些不对称的社会关系没有表现为"自在之物"的话，它们或许就会被融入政治议程当中去（这些不对称的社会关系之所以会被融入政治议程当中

---

① 请大家思考一下这个事实，"财富"（fortune）这个词汇是从"fortuna"或是"fate"（命运）演变而来的，甚至与"providence"（天意）这个观念都有所关联，而现在，"财富"这个词汇已经变成了市场的一种特性或是结果而已。所谓的财富，就是拥有很多货币而已。

② 举例来说，"当科学知识的观念被应用于自然当中的时候，它仅仅是促进了科学的发展进程而已。而当科学知识的观念被应用于社会当中的时候，它就变成了资产阶级的意识形态武器。"（182 / 10）

去），这既是因为人们会照此行动，也是因为它们（即这些不对称的社会关系）可以用来为他们（即资本家）的政治行为提供支持，也就是为其提供被普遍接受的理由。这就是为什么卢卡奇将物化与"虚假意识"等同起来的原因。如果说，我作为一个工人的利益在于克服渗透在社会当中的"虚假"的普遍条件，而我实际上却作出了某种行为，这种行为促进了"虚假"的普遍条件，并且因此进一步促进了与我的利益相对立的、被物化所支持的资本家的利益的话，那么，我就拥有了"虚假意识"。

在"虚假意识"中起到决定性作用的是一个人行动的方式，而不是自在的信仰所具有的结构。这就是为什么在卢卡奇看来，把那些从"物化"中产生的"客观必然性"的表象与"关于客观可能性的理论"对立起来具有如此重要的意义的原因。卢卡奇想要借此表明的意思是一种政治观点——这种政治观点不仅仅是乌托邦式的空想，而是被我们对于世界的经验中所具有的趋势所塑造出来的，直到今天仍是如此。卢卡奇这种观点想要强调的是观念所具有的真实的、实践性的力量。在卢卡奇看来，"关于客观可能性的理论"就是对于**阶级意识**的一种定义。就是在此刻，从"虚假意识"当中衍生出来的关于**物化**的论证开始与从"虚假意识"当中衍生出来的关于**阶级意识**的论证结合在一起了。我在下一部分（即第四部分）的内容当中，会对从"虚假意识"当中衍生出来的关于**阶级意识**的论证作出解释。

在这里，我想要运用对于"虚假意识"当中衍生出来的两种论证的初步分析来提前阐明我将要在最后两部分内容当中对其进行详细论证的一些主要观点。

首先，让我们先来思考一下物化在民主政治的真理般的论断所带来的普遍性问题中所占据的位置。无论卢卡奇或是当代的别的什么人是否已经详细阐明了物化的所有细节，从物化的角度来分析一下当今的政治生活，**感觉都是对的**。事物似乎的确在断言着它们自身。举例来说，"科技"似乎正在逐渐获得一种自身的逻辑，甚至是权力。① 我们的确经

---

① 类似于这样的言论太多了，以致连那些"马克思主义者们"都倾向于将这种"表象"看成是表面的价值。

常对所谓"体系"产生错误的理解,并且忘了这种"体系"是由人与人之间的关系构成的,是由将我们包含在其中的关系构成的。① 只要是生活在当今时代的人,听到卢卡奇引用官僚主义这个例子来说明物化的时候都不会感到奇怪的。

进一步来说,"物化"这个概念不仅仅是一种描述,而是一种批判。从这个意义上来说,在物化这个术语当中,似乎包含着民主的可能性。如果说物化是共同经验所具有的普遍性特征的话,那么,难道不是每个人都能够发现资本主义的"普遍虚假性"了吗?

的确,在许多人看来,物化的世界所指向的概念框架具有非常直接的说服力。在人们对于普遍意义上的现代性进行分析的时候,它经常居于核心的位置。对此最好的解释,或许就是哈维尔(Vaclav Havel)创作的《无权者的权力》这篇文章了。哈维尔在这篇文章中,出色地将物化这一批判性概念运用在了在共产党统治之下的捷克斯洛伐克社会中。哈维尔对于一致性规则加诸于人们身上的"自动性"进行了阐述,并且正是在卢卡奇的语境之中表明了一种意识形态的虚假性是如何迫使人们"生活在一个谎言之中"的。从哈维尔的叙述来看,是在自发的、允许民主性的公开言论的"类似城邦"这一环境之下所产生的一种新的意识克服了上述情况。② 这非常符合我在下文中将要提出的关于民主的限定的论证。然而,我们不需要借助哈维尔,也能够得出以下论证。

物化还拥有一种潜在的灾难性缺点,这就是:如果物化真的是如此普遍的话,那么我们还能在何种基础上确定物化真是一个问题呢?还有,即使我们发现了这一点,我们究竟又能怎么做呢?

卢卡奇对以上这两个问题作出了明确的回答。然而,他的回答却颇

---

① 即使是亚当·斯密在他对于资本主义政治经济学所作出的滴水不漏的严谨叙述当中,也认识到了这个问题的真实性。他对人们对于高度劳动分工的去人性化的谴责是非常清楚的。但是,我们也同样要记住,无论是在《国富论》还是在《道德情操论》当中,亚当·斯密在引用这一著名比喻——即社会的利益被"看不见的手"所指导这一比喻——的时候,他所指的都是个体的行为累积起来所产生的结果。如果这不是一个(不是批判意义上的)"物化"的概念的话,还能是什么呢?

② 瓦克拉夫·哈唯尔在1978年创作的文章《无权者的权力》,以及后来出版的《生活在真相当中》这部著作当中都得到了印证。

令人费解。首先，卢卡奇断言"工人委员会是在政治上和经济上对资本主义物化的克服"（256；80c）。这是一种实践的语境，在这种语境下，物化的符咒是有可能被打破的。当我们考虑工人委员会这个问题的时候（我在下面的第五部分和第六部分内容当中还会对此进行详细探讨），我们将会看到，工人委员会的那种自发的、民主的言论就是解开物化符咒的关键。

第二，我们要记住，物化从本质上来说是一个政治问题。换句话说，无论你是一个非常谦恭、文雅的人，还是一个戴着很多鼻环的人，物化都不是你凭一己之力就可以克服的问题。由于人们可以在工人委员会这个实体性的场所当中聚集在一起发表言论，这就有助于克服"无产阶级在空间和时间上的分裂"。这种分裂自身就是物化能够持续存在的其中一个条件。在工人委员会中包含有双重的政治因素，也就是言论和集会这两个因素，使得将各种各样明确的话题提上议事日程变为可能，也使得"在经济和政治上达到行动的统一"变为可能。反过来说，这就有助于"克服直接利益和最终目标的分裂"，这种直接利益和最终目标的分裂是物化所进一步产生的结果（255-256；80c）。

但是，当一切归于平静，上述讨论的核心也就被大家所遗忘。物的潮流又再次汹涌而至，暂时得到缓解的物化又开始了其险恶的行动。又有什么能够阻止这些工人委员会的成员在其日常生活当中被物化所统治呢？

上述问题的一个明显答案就是：记忆。我们记得能够发表言论是什么感觉；我们记得揭露出被物化的关系的本来面目——被物化的关系就是人类行为的结果——是什么感觉。进一步来说，我们越频繁地参加这样的工人委员会，我们就越有可能开始看到一幅更为广阔的世界图景的诞生。"一个问题的历史变成了所有问题的历史。"（207；34c）这就是阶级意识形成的基础。"客观可能性的理论"并不是从党派的高度下降而来的东西，而是从我们的经验中提升出来的东西。此时此刻，我们再次来到了物化与阶级意识相遇的边界。

就在那段探讨工人委员会的段落之后，卢卡奇以下面这种方式结束了这篇以《阶级意识》为标题的文章：

> 为了这样一个社会而进行的斗争（连无产阶级专政也只是其中的一个阶段）不仅是与外部敌人，与资产阶级的斗争，而且同时也是无产阶级与自身的斗争，与资本主义制度对它的阶级意识的破坏和腐蚀的影响的斗争。(256；80-81c)

最后一句话当然是关于物化的。卢卡奇继续说道：

> 只有当无产阶级克服了这些影响，它才取得了真正的胜利……无产阶级决不能害怕自我批评，因为只有真理才能给它带来胜利。因此，自我批评必然是它的生命因素。(256；80-81)

在这里，我得出的结论是，卢卡奇的思想对我们分析当今的真理般的论断政治是能够有所助益的。在卢卡奇提出的"虚假意识"这一概念中，对我们有帮助的那部分内容来自于一条微弱的民主线索。这取决于卢卡奇为工人委员会所赋予的真实意义。为了定义出这种工人委员会所具有的真实意义，我们可以首先区分出解读上面最后这段引文的两种不同方式。

一种错误的解读方式就是采用卢卡奇自己逐渐接受的观点：党就是无产阶级的理性与意志。从这个意义上来说，卢卡奇就必须要借助党来批判无产阶级当中"剩下的"那部分人。这种解读方式具有"辉格党主义"的特征。之所以说这种解读方式是错误的，是因为它将卢卡奇的论证中有助于我们学到某种重要东西的部分排除出去了。

卢卡奇经历了一个漫长的、复杂的政治转变过程，我们或许可以将其描述为从罗莎·卢森堡转向列宁的过程。但是，在卢卡奇创作《阶级意识》这篇文章的时候，他还是站在卢森堡和工人委员会这边的。我在下文中还会对此作进一步的分析。我在这里想要指出的一点是，卢卡奇早期的信念可以为我们提供一种对以上引文完全不同的解读方式。我们完全可以将"无产阶级和自身的斗争"、"克服这些对自身的影响"以及进行"自我批评"这些语句理解为与党自上而下的统治完全无关的内容。反省是在个体自身当中进行的，这些个体作为平等的个人，在发现、发展以及为了他们的长期政治利益而随之展开行动这样的目标之下，在工人委员会当中聚集在一起。这就引出了强势民主所具有的自我塑造的、好斗的政治。如果我们将此作为出发点的话，那么我们就可以认为，卢卡奇为民主理论开启了一个重要的空间。

第四部分 "虚假意识"的第二种论证：失败的阶级意识

总体范畴的重要性在于它是科学中革命原则的载体。（199；27）

"总体性"概念是卢卡奇早期思想的核心。即使在晚年，在他明确地反对上述观点的时候，他依然清楚地表明这是他的读者们从20世纪20年代起就已经认识到了的事情——理性与阶级意识的理论果实在总体性这个概念中结合在一起（22 ff.；xx – xxi）。这是理解"虚假意识"的第二种类型以及阶级意识所指称的内容的关键。对于卢卡奇来说，总体性具有许多不同的含义。然而，最重要的一点含义是，总体就是历史，是存在于时间当中的人类存在与行为。①

卢卡奇是在最为普遍意义上的历史这一框架之中对意识进行分析的，这一点我们并不意外。毕竟卢卡奇的计划是要提供一种对马克思的正确解读。卢卡奇对于意识所作出的所有论证，都可以回溯到马克思在《德意志意识形态》当中那段著名的论断中去：

> 我们遇到的是一些没有任何前提的德国人，所以我们首先应当确定一切人类生活的第一个前提也就是一切历史的第一个前提，这

---

① 人们用很多种不同的方式对"总体性"及其起源的有关运用进行了解释说明。马丁·杰伊在《马克思主义与总体性》的第一章当中，探讨了"总体性"与"整体主义"之间的关系。如果要对"总体性"及其起源进行更为详尽的分析说明，就必须要为以下元素留出更多的空间，在这些元素当中，包括当代那些关于历史的理论，以"普适性方法论"（mathesis universalis）这一观点为导向的关于方法的观念的兴起，以及卢卡奇在创作《心灵与形式》以及研究当代小说理论这段时期是一个文学评论家这一事实。卢卡奇对于总体性的青睐还有另外一个关键的政治源头，这就是罗莎·卢森堡的思想。罗莎·卢森堡受总体性这个概念的影响如此之深，以至于她在自己的作品当中提到一本关于鸟的歌声的著作的时候，写道："在我看来，鸟的歌声与它们作为一个整体的生活是不可分割的；让我感兴趣的正是这种整体，而不是任何一个分离开来的细节。"相关内容大家可以参考罗莎·卢森堡于1917年8月2日在监狱中写给苏菲·李卜克内西的信。

个前提就是：人们为了能够"创造历史"，必须能够生活。

人类生活的车轮之所以能够运转，是因为人类——不是仅仅一次，而是一次又一次地——试图保持他们自身。每一次这样的行动都会创造出新的需要，并且人类通过性行为与生殖行为对自身进行复制。这一过程必然会将人类带入到人与物以及人与人之间的关系中。因此，人类的存在就在时间与社会的延展中表现出来，这就是历史性。

只有现在，当我们已经考察了最初的历史关系的四个因素、四个方面之后，我们才发现：人也具有"意识"。

意识只存在于历史的框架之内，意识是由经验构建出来的。因此，去思考一种"纯粹的"意识是没有意义的。意识不可避免地与语言联系在一起，并且语言会使得不那么明显但对于意识来说却是真实的事情变得公开可见：意识之所以为我而存在，是因为意识也为其他人而存在，是因为我们需要彼此之间产生联系。因此，从这个意义上讲，历史同时为意识赋予了形式与内容。历史的总体性就是在任何一个时间段内对于意识的衡量标准。

在这一点上，卢卡奇与马克思非常接近。他们都认为意识指向的是在不同的历史阶段中不同的实践方向。在卢卡奇看来，存在着这样一些时代，在这些时代当中，意识的内容几乎可以说是多余的。有些"生活的形式"是如此直接、简单，以至于实践不需要意识。这似乎使我们想起了那种归因于"快乐的土著人"的浪漫主义现代性。举例来说，卢梭就充满喜悦地摆脱了自我意识，但是，卢卡奇脑海中所想的却是不同的事情。当阶级关系不是生活中压倒性的因素时，阶级意识就没有发展的根基。伴随着资本主义的兴起，某些重要的事情开始发生改变。资本主义是一个延展的体系。资本主义在时空中的凝聚力需要从直接的物质性存在中抽象出许多全新的东西。从这个意义上来说，资本主义与那种仅仅为了满足生存需要的农业经济是截然不同的。在资本主义社会中，知识与经验之间的这种奇特的、但却是必然的关系引发了一种新型问题，这就是关于表象与本质之关系的问题。由于意识是在两个真实的但却是不同的层面上发展着，意识就变成了政治斗争中的一个必要因素。

> 但是无产阶级则被历史赋予了自觉地改造社会的任务，因此在它的阶级意识中，就必然会出现直接利益和最终目标，个别因素和整体的辩证矛盾……直接利益和对整个社会的客观影响的辩证关系就在无产阶级意识本身之中。(246-247；71c)

这些层面之间的分裂，为人们体验短期利益与长期利益之间的冲突奠定了基础。物质关系改变之快超过了人们理解的速度，这样一个事实又进一步加剧了上述冲突。因此，某种文化的滞后性就变成了现在所具有的一个持续存在的特征。意识具有了某种意识形态的内容，而这种意识形态的内容与物质实践是不同步的。① 每一次当表象与本质之间的分裂被人们遗忘或是忽视的时候，它就会按照有利于资产阶级利益的方式来运行。举例来说，资产阶级可以一年四季地追逐利润，而不会受到任何惩罚。这种特殊的盲目性也可以按照有利于无产阶级的眼前利益的方式来运行，举例来说，这种特殊的盲目性可以使得无产阶级免于付出参与革命性政治活动所必需付出的代价。因此，从这个意义上来说，存在着可以运用上述事实来对资产阶级追逐利润的行为提供支持、并且使其合法化的广泛空间。这几乎总是对资产阶级有利的，部分原因在于，工人的短期利益几乎可以说是与资产阶级的利益是一致的。

确切地讲，阶级意识只存在于资本主义这个时代，在资本主义这个时代中，表象与本质按照一种特殊的方式相脱节。关于这种分裂所构建的问题，只有阶级意识才能够给出答案。阶级意识就是能够将表象与本质重新联结起来的东西。一名工人通过将两个层面设定在同一个框架之内，从而完成了以一种不同的方式按照他或她（即这名工人）的利益来进行解释或行动的任务。这个问题就具有一种新的、政治意义上的形态。

通过对比我们可以看出，"虚假意识"所描述的是这样一种情形，

---

① 如果你觉得这种说法不可信的话，那就问问自己，你是多久之后才意识到电话里那个愉快活泼的消费者助手只是在照读电脑屏幕上写好的手稿而已。

在这种情形下，工人没有能够将（对于表象和本质的）两个层面的理解同步地联结在一起，因此也就没能够为行动找到新的基础。

　　我在这部分内容中运用了很长的篇幅来探讨物化问题。部分原因在于，我想清楚地表明卢卡奇提出的"虚假意识"这个概念所具有的两个层面的内容。此时此刻，这些碎片开始黏合在一起了。我们要想在短期利益与长期利益之间找到某种恰当的平衡，物化是最大的阻碍。

　　马克思的思想背景为卢卡奇运用黑格尔的理论来构建作为历史的总体这一概念奠定了根基。之所以需要强调这一点，是因为时至今日，我们很容易就认为，总体这个术语就是关于一幅广阔图景或是包含着存在于其中的所有人或是所有事的结构的代码。"总体"不是"阿基米德点"的同义语；"总体"也不是体系理论当中所说的那种"社会整体"。通过强调卢卡奇对于普遍意义上的人类行动以及特殊意义上的政治行动的核心关注，我们可以轻易地看出，上面所说的那种静态的、包含一切的总体概念并不是卢卡奇提出的总体这个术语想要表达的意思。

　　即使资本主义将世界分裂为真实的本质以及虚假的表象，这种真实的本质以及虚假的表象都是存在所具有的真实、有效的层面。因此，从这个意义上来说，现实也具有一种总体性。但是，无论我们如何理解，"总体"也不是一种本体论意义上的范畴。"总体"是一个理论意义上的范畴，是一种看待世界的方式。如果我的理解正确的话，卢卡奇提出的"总体性"应该是一把开启"真实的历史性探索"（223；51）的钥匙。这些真实的历史性探索会创造出一种科学，尽管这里所说的科学指的不是那种关于"是"什么的正确"描述"或"解释"。① 由于以上所说的这种科学是一种"方法"（171；1），这种科学就允许我们把"**是什**

---

　　① 我们可以确定的是，卢卡奇在使用"科学"（Wissenschaft）这个词汇的时候，这个词汇当中并不包含美国人在日常生活中使用"科学"（science）这个词汇时所表达的含义（see, eg., 200／27－28）。卢卡奇明确地将他称之为"Wissenschaft"的东西，与那种将社会看成是与自然相类似的质询对象的"science"区分开来了。他经常嘲笑那种将"客观的'科学方法'"应用到对于社会的分析当中去的做法（e.g., 216／42－43），并且还明确地表示，他对于那种将"客观的'科学方法'"应用到对于社会的分析当中去的做法所导致的结果感到忧心："当科学知识的观念被应用于自然当中的时候，它仅仅是促进了科学的发展进程而已。而当科学知识的观念被应用于社会当中的时候，它就变成了资产阶级的意识形态武器。"（182、10；cp. Also 175 ff／5 ff）

么"投射到"**可以是什么**"之上去。这就构建出了一种关于行动的科学。这种关于行动的科学为我们提供了对于"客观可能性"的分析说明。这种关于行动的科学就是关于"客观可能性"的知识,而正是这种关于"客观可能性"的知识使得"总体"变成了卢卡奇思想体系中一个如此重要的理论范畴。

暂时性对于总体性来说具有至关重要的意义。在任何一个时间段内,我们或许都会感觉到我们从世界中被分离出去了,抑或我们实际上就是从世界中被分离出去了。无论如何,随着时间的推移,我们的实践行动都必然会创造出各种各样有意或无意的联系,这些有意或无意的联系会将我们与世界联系在一起。在我们对于世界的概念构成(Begriffsbildung)中,我们的"历史性存在废除、超越了时间段的独立性"①。这一普遍性的过程与**阶级意识**之间的关联尤其紧密,这是因为,这一普遍性的过程揭示出了我们与生产过程之间的关系。实际废除并超越了资产阶级思想所特有的"形式与内容之间的无差别性"(304;126)。虽然卢卡奇不断地引用一些哲学术语,例如康德的"自在之物",我们也不要被他愚弄。卢卡奇所引用的哲学术语都与社会具有直接关联,之所以这样说是因为,物质性客体的质或工人的生活(也就是"内容")虽然从表面上看起来与在市场(也就是"形式")当中进行的交换毫无关联,但是随着时间的推移,这样的交互作用(即在市场当中进行的交换)就开始对我们所做的事情产生一种物质性的影响。因此,从这个意义上来说,当我们将所有的实践放在一起看待的时候,抽象的暂时性就变成了具体的历史。历史的总体性从来都不是一种静态的东西,这是因为关于历史性的总体性的知识遵循的是"不断变化内容的逻辑",而这种不断变化内容的逻辑基础就在于"从本质上来说是全新的东西不断地涌现出来"(326;144)。我们为了对行动的方向提出建议而对那些具体的情境进行分析。随着这些分

---

① 这句话的德文原文是:"Das geschichtliche Werden hebt aber diese Selbständigkeit der Momente auf."(327 / 144 c)罗德尼·利文斯通将这段话翻译成了以下内容:"But historical evolution annuls the autonomy of the individual factors."(历史性存在废除、超越了时间段的独立性)。我认为,这是很糟糕的翻译,因为它并没有表达出卢卡奇原文的基本意思。

析的进行，我们发现按照这种方式发展的理论总是需要具体的情境作为框架，在这些具体情境的框架之内，以上这些提议总是假设而已。这种不稳定性来源于以下这个事实，即一个框架本身——在任何一个时间段内——都是由行动自身所具有的一种新的方式所决定的。①

卢卡奇的上述思想异常复杂，而他提出的以下论点又进一步加剧了这种复杂性：

> 将意识与社会整体联系起来，就能认识人们在特定生活状况中，可能具有的那些思想、感情等；如果对这种状况以及从中产生的各种利益能够联系到它们对直接行动以及整个社会结构的影响予以完全把握，就能认识与客观状况相符的思想和感情等。(223；51c)

卢卡奇上面这段话是在告诫思想家们，要以一种主观的情况（也就是意识）作为出发点，并将其与"社会整体"联系在一起。② 从这一点我们可以看出，一个人可以表达出这个人可能具有的意识——卢卡奇将其解释为他或她（即这个人）的利益——并且将这种对于主体性和行动的探索所产生的种种结果描述为客观的东西。这就是"客观可能性"这个重要的概念所具有的含义。

虽然卢卡奇所使用的这些术语我们可能并不是十分熟悉，但是卢卡奇在此处所探讨的问题与我们所熟悉的一个关于政治判断的问题十分类似。卢卡奇认为，我们应该以某种明显的事实作为出发点，这个事实就是：一个单一的个体与资本主义的本质性社会现实联系在一起，也就是说是，他或她为了工资而劳动，或是为了拥有资本而劳动。通过分析资本主义社会中的普遍性条件，便有可能表达出不断变化的情境，在这些变化的情境之中，个体将通过与社会现实发生关联而发现其自身。举例来说，我们不难预测，如果在一个因为股票市场结构性

---

① 卢卡奇远离了康德的思想，这与阿伦特远离康德的思想有类似之处。卢卡奇对于阿伦特的影响具有非常重要的意义，我在后面还会对此进行讨论。

② 我们之前曾经探讨过，"社会的整体性"（das Ganze der Gesellschaft）并不是"总体性"（totality）的同义语，而仅仅是"总体性"当中的一部分而已。

重组所产生的波动而面临巨大压力的国际企业中，没有技能的工人的工资因为一个在历史上曾经非常强势但是现在被削弱了的工会而被提高了的话，这名没有技能的工人将会面临着什么样的命运。此时此刻，思想家是有可能为行动进行有条件的评估的。这些评估很有可能会指向一个与工人自身的想象截然不同的方向；他或她在资本主义社会中被确定了的结构性地位在日常生活中所产生的种种压力塑造出了他或她的直接利益，并且决定了他或她目前只能认识到保住自己工作的需要。在其他条件不变的情况下（ceteris paribus），卢卡奇的上述分析具有重要性的原因，也正是使得他的这种分析无法被工人所接受的原因。"我应该做些什么"这个问题所具有的两个答案之间的差异本身就变成了工人生活中的一种积极力量。这两个答案之间的差别就在于一个学习的机会。在工人为了回答上述问题而作出一系列成功或失败的尝试的过程当中，对于意识与"社会整体"之间关系的一种新解释就产生了。在这一过程当中，那些看起来似乎是关于秩序或不平等的社会学问题就被转变成了历史问题。

一方面，工人面临着"物质性的矛盾"。但是，如果将事物放在一起看待的话，我们就会得出以下结论：

> ……直接利益和对整个社会的客观影响的辩证关系就在无产阶级意识本身之中。(246-247；71c)

这个关键的矛盾（也就是直接利益和对整个社会的客观影响这二者之间的矛盾）在意识中所占据的位置①使我们可以更为清晰地看出卢卡奇的历史概念所具有的双重意蕴。在本文前一部分（也就是第三部分）的内容中，我们看到直到一种客观问题产生之前，历史仅仅是力量的盲目运行。随着这种（客观的）问题得到定义，行动也就具有了目标，也就是说，行动就变成了真正的行动。此时此刻，"只有无产阶级的自觉意志才能使人类免遭灾祸"（244-245；69-70c）。这

---

① 我们此刻先暂时不论这究竟意味着个体的意识，还是工人所共有的知识从内部连结在一起的进程，我们或许可以将后者描述为一种具有历史特殊性的公共意识。

个问题被设定在由具体环境所决定的实践中,在意识中以一种两难困境的形式表现出来,并且选择通过行动而产生或积极或消极的结果:这就是政治判断。

上述理论分析为我们提供了一种具有参考价值的观点……尽管这种观点是通过争辩而发展出来的——这种观点为以下这种断言进行了辩护。这种断言就是,某个人所作出的判断是否能够被称之为"适当的"或是"理性的",取决于被历史决定了的生产关系中所建立起来的模式。

> 阶级意识就是理性的适当反应,而这种反应则要归因于其在生产过程中特殊地位。(223-224;51c)①

阶级意识既成为了一种有价值的期望,同时又通过具体情境被强加于工人之上。从这个角度出发,我们可以在短期利益与长期利益之间达到某种平衡。因此,"关于阶级意识的客观理论是关于它的客观可能性的理论"。(255;79)

"虚假意识"就是这种阶级意识的缺失。这就意味着,所有适用于阶级意识的条件——从恰当的历史时间段到理论与实践之间的关系——都同样也是"虚假意识"的限定性条件。从这种意义上来说,"虚假意识"之所以是虚假的,就是因为一个人没有能够成功把握所处环境的"客观可能性"并且没有能够将这种"客观可能性"当做一种批判性的标准来解释自己的利益。如果这个人能够做到以上这些的话,那么他就能够理解他的利益是政治利益和长期利益。在这些政治的、长期的利益当中,特别包含着一种为了控制生产过程而进行的集体斗争。"真实的"政治应该具有某种特殊的具体内容——这种内容是通过"阶级意识"而被人们所理解的。如果没能理解这种(特殊的、具体的)内容,就会被称之为"虚假意识"。

---

① 与韦伯提出的"理想典型"一样,"经济人"这个概念在韦伯的思想当中也占据着非常重要的位置。卢卡奇在注释当中表明,历史唯物主义与资产阶级经济学在这一点上有着"类似"的地方。安德鲁·阿拉托与保罗·布赖内斯(1979:chaper IV)则认为,韦伯与卢卡奇之间的关系的确是向两个不同的方向发展的。

第五部分 关于"虚假意识"当中衍生出来的论证的政治伦理学

现在,我们的讨论方向将要发生改变。在上面两部分(即第三部分和第四部分)内容中,我们是将"虚假意识"所这个术语当作是某种事物来对其进行讨论的。这种暂时性的简化是为了帮助我们理解卢卡奇对于这个术语提出的两种非常复杂的解释。("虚假意识")这个概念在政治层面的利益,在其修辞学功能当中表现得更为清晰了。因此,在这里,我们要重拾在本文开头处提出的那些术语,现在我们要研究的不是"虚假意识"了,而是从虚假意识当中衍生出来的论证。在这个阶段,我们既要在卢卡奇自己的文本,也要在真理般的论断在民主政治生活中所引发的更为普遍的问题中,对从"虚假意识"所衍生出来的论证含义进行探索。

我们之前已经清楚地表明,"虚假意识"是一种政治断言。但这只是故事的一半。"虚假意识"也同样是一种道德断言。用来表述"虚假意识"的哲学语言,以及我们在其中对"虚假意识"进行解读的反哲学环境,都使得我们很容易就对"虚假意识"产生误解。

首先,让我们明确地指出,从"虚假意识"当中衍生出来的论证都具有哪些政治危险。真正的政治问题就是权力。在当代社会当中,对于绝大多数人来说,被古代人定义为民主的权力正在逐渐变成唯一的选择,但绝大多数人掌握权力的机会却非常渺茫。这是因为,绝大多数人没有重要的资源,那种类似于"经济"或是"资源"的权力是大多数人无法得到的。然而,权力是一种人的能量,是大量的人所产生的能量。这种权力依赖于行动。而利益本身在行动当中仅仅扮演了一个小角色而已。行动首先是建立在习惯与信仰的基础之上的。要使得行动向着有利于或是不利于某个计划的方向发展,总是一个关于调整信仰的问题。民主的力量依赖于民主与信仰之间所具有的一种非常复杂的一致性(但是，民主的力量并不等同与民主与信仰之间所具有的这种一致性)。① 虽然你永远不会听到休谟为民主高唱颂歌，但是没有什么比休谟以下这段话更能简洁地表明民主这种当代政治条件的了：

> 对于那些用一种哲学的视角来看待人的事务的人来说，没有什么比少数人轻松地统治着多数人这件事，以及人们放弃他们自己的感情与激情而屈从于他们的统治者这种盲目的顺从更令人感到惊奇的了。当我们询问这种令人惊奇的事情是如何产生的时候，我们就会发现，由于力量总是属于那些被统治者的，统治者能够用来支持自身的只有观念而已。因此，政府只有在观念的基础之上才能够建立起来；并且这一准则既适用于绝大多数的专制政府和军事武装政府，也同样适用于那些最为自由的和最具有大众化特征的政府。②

当卢卡奇分析"虚假意识"的时候，他也考虑到了大众组织的问题。他脑海中所想的正是这种意义上的权力。

从卢卡奇所使用的另外两个关键术语当中，我们可以进一步看出上述思维方式所具有的重要意义，这两个关键术语就是：总体与方法。早在卢卡奇之前，现代性就已经将关于全知、全能、全在的神学论辩以一种新的形象融入总体这一世俗概念中去了。虽然上述转变很早就开始了，但是，这种转变所具有的政治学意义直到 17 世纪，在中央集权的专制主义政府得到巩固之后才开始凸显出来。政治学意义上的总体概念在 19 世纪的广泛盛行，是使得现代版本的被国王统治与被法律统治这二者之间在形式上的连续性变得清晰的原因之一，就像托马斯·佩因所说的那样："法律即是吾王。"③ 现代科学的总体化发展计划以一种哲学化的形式呈现出了一种与上述发展相同的发展历程，现代科学不断地重

---

① 请大家注意：我并不是以这种方式为民主的权力进行定义。

② 我们要知道，在这里所说的"信念"(opinion) 这个词汇与我们在"大众观念"(public opinion) 这种说法中对于这个词汇的运用是没有任何关系的。在这里所说的"信念"这个词汇，是"信仰"(belief) 这个词汇的同义语。理解这一点对于当代的读者来说具有重要的意义。

③ Paine, "Common Sense", *The Life and Works of Thomas Paine*, volume II, p. 147.

申,知识就是力量,也不断地重申解开所有秘密的能力与科学论断的普遍适用性这二者是等同的。在现代科学的这一总体化发展计划中扮演着基础性角色的就是关于方法的普遍性观念。

卢卡奇之所以对这种整体所具有的政治力量与科学力量进行探索,是因为他相信,这种力量可以被转化为一种民主的力量。他运用总体与方法这样的语言来论证,一个理性的无产阶级可以把社会视作一个整体,并且可以因此而改造世界。关于一个人的信仰意识——休谟称之为观念——以及关于那些信仰在实践中产生的结果意识,就是卢卡奇试图通过运用从"虚假意识"当中衍生出来的论证而加以动员的那种力量。从这个意义上来说,我们应该将那种关于"党的真正力量在于道德"的论断解释为以上这种关于权力的概念。(215;42)

我们可以明显地看出,道德这一概念就是在此处进入了卢卡奇的视野中。在卢卡奇的思想中,我们最难理解的一件事情就是,他关于实践的论证是建立在以下这种认知的基础之上的,这就是对于生活的追求是由一些受到严格调节的、独特的个体来进行的。卢卡奇上述观点之所以模糊不清,不仅仅是因为他后来转向了斯大林主义。我们要记住,在某种卢梭主义思想的影响下,卢卡奇一直都坚持认为:阶级意识"既不是组成阶级的单个个人所思想、所感觉的东西的总和,也不是它们的平均值"(224;51),并且"阶级意识不是个别无产者的心理意识,或他们全体的群体心理意识"(248;73)。

以上这些论断,就像马克思提出的集体工人(Gesamtarbeiter)这种观点一样,有时是很难解释的。[①] 韦伯曾经提出过一种框架,特别是考虑到韦伯与卢卡奇之间的关系,我们在此处或许可以引用韦伯提出的这个框架,来对卢卡奇的上述论断进行解释。然而,我们也不是必须要采用这种方式。我们在此处花上片刻时间对此进行反思,只是为了更加清

---

① 实际上,马克思对他这一概念所具有的模糊性是非常清楚的。他在阐述"集体工人的联合"(der kombinierte Gesamtarbeiter)与"集体工人的联合的具体表现"(der aus den Detailarbeitern kombinierte Gesamtarbeiter)的时候或许是在指向某个问题,他或许是想要特别指出,"集体工人"(Gesamtarbeiter)这个概念既具有一种理论层面上的功能(即计算出全部的劳动时间这一功能),也具有一种实践层面上的功能("特殊的机器生产出集体工人")。

楚地表明，卢卡奇虽然拒斥个人主义以及心理主义，却没有暗示出一种集体的主体，就像黄金法则或是相对论是需要人们认真对待的、与某个特殊的个体是否相信它们无关的普适性论断一样。卢卡奇的论断想要达成的目标只是对主体性提供一种不同的解读方式而已。

如果我们要问——卢卡奇就会这样问——什么是"阶级意识的实践的历史功能"（224；52）的话，我们就会先后得到两个答案。第一个答案是："理智，拥有了关于阶级的历史任务的意识。"第二个答案是实现这一历史任务的工具，这就包含着"无产阶级和自身的斗争，和资本主义制度对它的阶级意识进行破坏和腐蚀的斗争"。这是因为，"只有当无产阶级克服了这些影响，它才取得真正的胜利"（256；80-81）。这就是为什么卢卡奇能够写出"这种阶级意识是无产阶级的'伦理学'"的原因，这种"伦理学"与任何一种伦理学一样，都是"理论和实践的统一"。这种无产阶级的"伦理学"与"资产阶级"左翼提出的那种慈善的正义观的区别在于，这种无产阶级的"伦理学"是"无产阶级解放斗争的经济必然性辩证地变为自由的地方"（215；42）。

人们经常说，卢卡奇将马克思带回了黑格尔那里，但是，实际上，卢卡奇做到的远不止如此。他在《历史与阶级意识》中对于康德进行了越来越强烈的批判，这似乎暗示着，在卢卡奇看来，康德的思想是难以回避的。我们在卢卡奇的思想中看到了一种道德论证，而这种道德论证的许多层面都是在康德的思想框架内进行的。批判哲学揭开了行动与理性所具有的结构性的外部限制；它（即批判哲学）从结构出发进行普遍性的推断，带领我们发现了一种普遍规律。我们要记住，在康德看来，以上过程就是自我探索、假设以及为了满足假设而行动的过程。为了确保暂时滞后的需要在向实践的转变中成为可能，康德并没有简单地说："我不应该按照其他任何方式来行动，只有这样，我才可以希望我的准则成为一条普遍规律。"他提出一种比上述观点更为强势的观点，这就是你应该"就像你希望你自己的行动准则成为一条普遍的自然律"那样来行动。最终，相对应的义务也随之产生，康德建议，"绝对命令"实际上可以成为一种普遍规律。这就好像是某种自我实现的预言。

卢卡奇试图在行动中为伦理道德的投射性质创造出一个类似的空

间。就像你希望你自己行动的准则（也就是阶级意识）应该成为社会的一条普遍规律那样去行动。

此刻是回顾阶级意识这个概念最为简单的含义的绝佳时机。除了显而易见的、迫切的短期利益之外，工人还拥有长期利益。有些长期利益只有在我们在前面描述过的民主的力量的帮助之下才能够实现。这就需要集体的行动，并且只有坐在同一条船上的人们才有可能一起行动。这样的行动需要大量的时间。短期利益很容易就会使一个人看不清生活整体这幅大图景。阶级意识就是一种改变上述平衡的方式。

在卢卡奇看来，阶级意识的作用还远不止如此。遵守着阶级意识准则的行为"只有把它的阶级斗争进行到底，才能实现无阶级社会"。无产阶级才能第一次"完善自身"。才会引发一种非常特别的结果，这就是：无产阶级会"扬弃自身"。如果无产阶级革命成功的话，所有的阶级都会从社会当中消失。无产阶级为这一历史阶段所确定的方向就是一种关于社会的普遍规律（256；80c）。

与此相类似，对于康德来说，从客观的角度来看，通过为我的意志指引方向而对一个人的行动进行塑造就是社会的普遍规律，而从主观的角度，亦是对于规律的纯粹的赞赏。① 理性构建出来的对于自由的渴望需要那种纯粹的（因此不是经验上的）赞赏，并且这最终就将绝对命令转变成一种责任和义务。② 我们不难想象，一名工人能够在阶级意识的观念当中找到某种值得赞赏的东西。由此可以看出，卢卡奇似乎相信，某种类似于康德所说的那种道德义务的东西正在产生，而政治行动的根基就存在于这种类似于道德义务的东西中。只有当每一名工人都认识到，他自己具有"克服……资本主义制度对它的阶级意识的破坏和腐蚀的影响"这一道德义务的时候，政治行动才能够取得成功（256；80 -

---

① 这是对于康德在《道德形而上学基础》当中提出的观点的意译。对于"Achtung"这个德文词汇的标准英文翻译是"reverence"（这个词有"崇敬"、"仰慕"、"赞赏"的意思），这种翻译考虑到了康德所担心的许多复杂问题。

② 在《道德形而上学基础》这部著作当中，康德按照以下这种方式对他的普遍性概念进行了阐述："理性构建出来的对于自由的渴望需要那种纯粹的赞赏。"（Pflicht ist Nothwendigkeit einer Handlung aus Achtung furs Gesetz.）参见 *Grundlegund zur Metaphysik der Sitten*，Erster Abschnitt & 15。

81)。

因此,一旦当人们面临着权力的选择时,每个人都必须对是否运用这种权力作出抉择。"我应该做什么"这个道德问题与"我将要做什么"这个政治问题就交织在一起了。

当我们再一次聚焦卢卡奇思想中的这一道德层面在修辞学框架中所处的位置时,这一道德层面所具有的重要意义就开始显现出来了。有人或许会说,政治与道德是不能很好地融合在一起的。但是,这种政治与道德在现代自由主义观点中的分离对于卢卡奇来说不再具有吸引力。即使伦理道德与政治之间的复杂关系在不断地发生变化,在这一阶段内,这种关系对于卢卡奇来说依然是一个核心问题。或许有人还会进一步指出,如果要加剧冲突、破坏和谐的话,就是反对爱国主义或是反对共和国主义的表现。但是,没有任何一位阶级斗争的支持者或者是一般意义上的同一性政治家能够调用这样的反对之声;他们必须要对行动当中的个体同一性作出道德论断,并且,他们也必须要强调差别,即使他们这样做的最终目的是要达成和谐。

从"虚假意识"当中衍生出来的论证所具有的修辞学意义上的重要性在于,这种论证不需要在第一步就停下。这就是卢卡奇将政治与伦理道德结合在一起给我们带来的启示。让你告诉我,我自己的看法是虚假的时候,你最好能够告诉我,为什么是你来告诉我这一点。换句话说,我们又回到了那一对儿从政治真理般的论断的实践结构当中产生出来的问题:即"你是谁"和"我是谁"这两个问题。

此处的问题在于,虽然卢卡奇认识到了以上这些真实的问题,但他也同样将这些问题掩盖起来了。随着围绕"虚假意识"而产生的论断在实践环境中的展开,卢卡奇思想中的那种康德主义的元素开始发挥出极大的误导作用。当我们对卢卡奇提出的"党的赌注"这种灾难性的、短视的思想进行研究的时候,这种危险就会变得更加清晰。但是,现在让我们先停留在康德这里。大家或许已经注意到,在康德的道德理论中存在着一个核心难题,这个康德从卢梭那里直接继承的核心难题,又反过头来开始困扰卢卡奇。如果说一种责任或者说义务是自我加诸于自我之上的,这究竟是什么意思?特别是,在一个清醒的、不抱幻想的世界当中，抱着将责任或义务建立在一种接近于纯粹的、原初的感情的基础之上就会使其更具有约束力，这种想法不是十分可笑吗？如果说，这种论证本身具有说服力，那么它就不需要具有约束力；如果说，这种论证是具有约束力的，那么它就不需要具有说服力。

实际上，阶级意识不是一个关于责任或义务的问题，并且，"虚假意识"也不是没能完成责任或义务的表现。如果我们不再去想责任或义务这个问题，那么这些概念所具有的真实政治特征就会开始凸显出来了。最为重要的是上述论断所具有的说服力。对于许多人来说，从"虚假意识"中衍生出来的论证不具有说服力。事实上，许多人或许会全身心地接受一种关于意识形态是如何在资本主义社会中使得上述论证变得不具有吸引力的说法，这一事实使得上述情况变得更为复杂，但即使是这样，许多人仍然觉得这些论证不具吸引力。有多少亚历山大·科伯恩、乔姆斯基以及赫尔曼的美国读者加入了社会主义的政治组织呢？

因此，当你不能直接看到你自己的利益时，你又怎么能够被说服呢？即使是理性的狂热拥护者，例如卢卡奇和在他之前的康德，也清楚地知道，即使存在着理性这种东西，理性本性在政治争论当中也不会永远获胜，更何况根本不存在理性这种东西。人们是按照信仰来行动的，并且"相信的能力"就是环境的一种功能。它运用信念来构建实践。因此，上述问题的答案是间接的。事实上，更准确的说法就是："在何种语境下，才能够说服你，你对于你自己的政治处境——也就是你自己的公共处境的自我理解是虚假的，并且其他人能够对你自己的政治处境，也就是你自己的公共处境作出更好的分析呢？"

在当前的理论环境下，人们开始用汉娜·阿伦特的思想来对上述问题进行回答。阿伦特对于个人的同一性与特殊性——这二者是人类多元性与自由的必要条件——是如何在一个人向他者表现出来的行动中，以及他者为了使得这种表现变得具有一致性和连贯性所讲述的故事中开始占据重要位置所进行的巧妙分析是无人可以超越的。她指出："那个向他者如此清晰无误地表现出来的'谁'，一直都隐藏在这个人自身中。"① 这种线索是值得我们进行推敲的。

然而，在这里，我们没有必要将焦点转向阿伦特。这条微弱的线索在卢卡奇的思想当中已经有所表现。实际上，我们如果怀疑阿伦特对卢卡奇的解读对于她提出以上观点起到了某种作用的话，这也是完全合理的。让我们假设阿伦特的读者是熟悉卢卡奇的，在1930年的时候，她将卢卡奇列为比曼海姆更令人赞赏的思想家，这是因为卢卡奇对于"无产阶级立场"的论证采用了"完全合理的利益这一概念"，并且这"最终导致了非常丰富的、具体的解释的产生"。② 她后来对于罗莎·卢森堡以及委员会民主的解读恰好与我此处想要从卢卡奇思想中找出的线索相符合。

从"虚假意识"中衍生出来的论证所具有的权力定向暗示出一种语境，在这种语境中，关于"你没有认识到你自己的最佳利益"这样的断言就变得合理了。卢卡奇的目标在于——尽管他是以一种矛盾的方式来实现这一目标的——对民主的力量进行动员。这种（民主的）力量的起始点就是数量，并且这种力量的驱动力就是信仰。当然，还远不止如此。它（即这种民主的力量）还需要一个特殊的政治框架，数量被移动到这个特殊的政治框架内，并且在这个框架内，信仰按照一种与民主自身目标相符合的方式被转变了。

因此，让我们将论证设置到一种强势民主的政治框架内。我相信，从这种强势的民主政治框架内会诞生出新的力量。从"虚假意识"衍生出来的论证仅仅是一场讨论的开始，而不是结论。从精英与参与者之间的差别，以及弱势民主概念与强势民主概念之间的差别来看，这最初的一步不能是最后的一步。简单来说，那些仅仅能够为领导人投票却不能在与这些领导人进行的实时互动中对其行为进行纠正的人们，或是积极权力行使的自身，在被告知"你不理解你自己的处境"时，都非常有可

---

① Hannah Arendt, *The Human Condition*, University of Chicago Press, 1958, p. 179.

② "Philosophy and Sociology", *Essays in Understanding*, p. 29. 艾萨克（Jeffrey C. Isaac: *Arendt, Camus, and Modern Rebellion*, Yale University Press, 1992, p. 82）在没有证据的情况下颇具误导性地指出，阿伦特对卢卡奇只有鄙视，她将卢卡奇与萨特归结为对她来说"没有任何用处"的同一类人。

能作出反抗。① 在一种精英环境或者说"弱"民主的环境之下，要想纠正上述断言几乎是不可能的，并且这种纠正也几乎没有任何意义。

请大家注意，我在此处所使用的词语是**纠正**，而不是**拒斥**。后者是将我们从精英或"弱"民主中拯救出来的唯一有效的办法。在"抛弃能力差的人"这种说法当中不包含任何转变；这种说法没有为我们提供了解自身的任何机会，对于维护本已十分脆弱的政治领域也没有任何帮助。

强势的、参与性的民主却是不同的。实际上，我即将表明的观点对于绝大多数读者来说都是完全违背常识的。只有当一个人接受了这样一个事实——即在民主的规则当中，包含着某种超越了国家政权的实施——并且将这个事实制度化之后，从虚假意识当中衍生出来的论证所内在固有的可能性才会产生。公开的讨论迫使那些告诉其他人"你的看法是虚假的"的论断者们随着时间的推移而为他们的论断加上许多特殊的限定条件。这样的纠正使得最初的论断变得更为具体，并且对于这种论断所指向的特殊个体来说也更为恰当。只有在这个时候，这种论断所指向的特殊个体才能开始听进去这种论断，对其进行考量、质问，并且还有可能从中获益。

这种论断所指向的特殊个体或许会问："他们是谁？凭什么断言说他们比我更了解我自己的利益？"在一场同辈人所进行的讨论之中，得出的答案或许是："他们是你的朋友和邻居，是与你大致处境相同的人，并且，他们或许正在酝酿着某些重要的事情。"如果这种说法正确的话，那么这种论断所指向的特殊个体就会继续追问："我是谁？我为什么应该听他们的？"这就改变了讨论的基础。这个个体会问他（或她）自己："我对我自己的利益的看法或许是虚假的。因此，我应该是谁这个问题是值得一问的。"我要在此指出，这不是一个关于责任或义务的问题；这是一个关于欲望的问题，并且这个问题应该是主观的，而不是规范

---

① 我当然知道，在这种"强势的民主"之下，人们常常会变得驯顺。但是在美国，这种在强势民主之下的驯顺已经随着时间的推移而发生了转变。现在，政治、公开论辩以及任何一种权威都会遭到普遍的蔑视。从客观的角度来看，这种不礼貌的表现是（普通大众）对精英的傲慢所作出的恰当反映。

的。随着这种论断所指向的特殊个体沿着这条线索追问下去，这样一场讨论很可能就会导致这个人的朋友和邻居对他们自己关于他或她是谁的看法作出调整。在这样一个过程中，他们（即这个个体的朋友和邻居）还必须要思考他们自己是谁这个问题。

这就带领我们回到了卢卡奇的思想，但却是经由罗莎·卢森堡而将我们带回卢卡奇的思想中的。"在罗莎·卢森堡和李卜克内西被谋杀之后，欧洲左翼阵营分裂为社会主义政党与共产主义政党就是不可挽回的了。"① 两年以后人们才清楚地看到这种分裂的意义。那时，喀琅施塔得（Kronstadt，列宁格勒西部的一个海军要塞）的海员们清楚明白地断言："我们代表的是苏维埃的力量，而不是党派的力量。"② 当"苏维埃奋起反抗党派的独裁专政时……新的委员会与党派体系之间的矛盾就变得显而易见了"③。人们通常认为，是像亚历山大·伯克曼（Alexander Berkman）这样的无政府主义者发现了以上矛盾，但实际上，正是卢卡奇首先意识到了这一点。卢卡奇只是站错了队而已。

当然，关键环节在于，罗莎·卢森堡是委员会最为有力的支持者。卢森堡认为，在能够使自由的革命政治变成现实的所有基础性要素——也就是行动、自发性以及学习这三种要素——当中，"委员会"是唯一权威的形式。在德国党派大纲会议上，卢森堡发表了一篇演讲。在这篇演讲中，为了表明自己的核心观点，她优雅地引用了歌德的《浮士德》当中一段具有费尔巴哈主义思想特征的片段。在这一幕中，主角将《约翰：第一篇、第一节》（John I. 1）这个圣经中的片段进行了更新，将圣经中"在开始之时是语言"这种说法修改成了以下内容：

---

① Hannah Arendt, *Men in Dark Times*, Harcourt Brace & Company, 1983, p. 36.
② 关于发生在喀琅施塔得的叛变事件，大家可以参考1921年3月6日的电台广播中的内容。亚历山大·伯克曼在他的作品《喀琅施塔得的叛变》（伯克曼的这部作品最早于1922年1月出版，后来以《俄国的悲剧》这一书名重新出版）当中，引述了1921年3月6日的电台广播中的内容。两天之后，喀琅施塔得的叛军建立了一个讲台，他们在讲台上宣称："当前发生的倾覆事件，至少给了广大劳动者一个在不受来自党的力量的任何压力的情况下自由选举苏维埃的机会，并且也给了广大劳动者一个将官僚化了的贸易委员会重新构建成为由工人、农民以及知识分子这些劳动者们所组成的自由联盟的机会。"
③ Hannah Arendt, *Men in Dark Times*, Harcourt Brace & Company, 1983, p. 261.

我们由此知道：在开始之时是行动；而行动一定是在工人和士兵委员会觉得自己受到了召唤，要学习成为整个国家当中唯一的公共力量时所产生的……①

这样一种行动不是由精英所激发的，而是从工人阶级的经验当中产生的。

社会主义社会的本质是由以下事实构成的：伟大的劳动群众不再是作为被统治阶级的大众了，与此相反，他们将全部的政治生活和经济生活都变成了自身的生活，并且为这样的生活给予了一个有意识的、自由的、并且是自主的方向……只有通过与人民大众以及他们的机构——也就是工人与士兵的委员会——不断地进行富有活力的、互惠互利的接触，人民的活动才能够为国家政权赋予一种社会主义的精神。②

必须要通过学习而获得阶级意识。卢森堡坚持认为：

……当我们不再失去学习的能力（verlernt）的时候，我们就会取得胜利。

当一个党派"失去了学习的能力"时，它就会失去自身的力量：

并且，假如当今的无产阶级领导者以及社会民主党不明白应该如何去学习的话，他们就会失去力量，"而把（权力的）位置让给那些在一个新世界中成长起来的人们"。③

唯一一种学习阶级意识的方式，就是通过委员会的机制来行使

---

① Rosa Luxemburg, (Günter Radzcun, ed.) *Politische Schriften*, Reclam, Leipzig., 1968, p.412.

② Rosa Luxemburg (Dick Howard, ed.), *Selected Political Writings*, Monthly Review, New-York., 1971, pp.368-369; "What Does the Spartacus League Want?")

③ 罗莎·卢森堡的德文原文可参见，Rosa Luxemburg, (Günter Radzcun, ed.) *Politische Schriften*, Reclam, Leipzig., 1968, p.243.

权力。

> 大众必须在行使权力的过程当中，去学习如何行使权力。除此之外，没有别的办法。①

因此，从这个意义上来说，是在同志之间所进行的真实的政治讨论，通过将阶级意识与日常生活直接联系起来，并且随着时间的推移对阶级意识进行发展和修正，从而决定了阶级意识。在汉娜·阿伦特看来，卢森堡

> 对于政治行为本质的洞见…［是］她对于政治理论所作出的最为重要的贡献。最为关键的一点是，她从革命性的工人委员会（也就是后来的苏维埃）当中学到了"我们可以并且必须从革命自身当中学到怎么组织好革命行动，就像一个人只有在水中才能学会如何游泳一样"，革命是不是由任何人"制造出来的"，而是"自发"地爆发出来的，并且，"迫使行动产生的压力总是来自于底层群众"。"只要社会民主党（在当时，社会民主党依然是唯一的革命性党派）没有将革命搞砸"，一场革命就是"伟大的，并且是强有力的"。②

在 1920 年 3 月，也就是卢森堡死后的那一年，同时也是喀琅施塔得事件发生的前一年，卢卡奇站在了工人委员会这一边（相关内容大家可以参考《阶级意识》这篇文章）。在 1921 年 1 月，也就是喀琅施塔得事件发生之前两个月的时候，卢卡奇依然非常赞同卢森堡的思想，但这是在还有可能相信工人委员会与党（也就是所谓的"罗莎·卢森堡的马克

---

① 这句话的德文原文如下："Die Masse muβ, indem sie Macht ausübt, lernen, Macht auszuüben. Es gibt kein anderes Mittel, ihr das beizubringen.", 参见，Rosa Luxemburg, （Günter Radzcun, ed.） *Politische Schriften*, Reclam, Leipzig., 1968, 411。

② Hannah Arendt, *Men in Dark Times*, Harcourt Brace & Company, 1983, p.52. 从这个角度来看，我们对于阿伦特与罗莎·卢森堡之间的一致性也就不感到奇怪了。玛丽·麦卡锡（Mary McCarthy）在 1966 年 10 月 11 日与汉娜·阿伦特的一封通信当中，不情愿地认识到了阿伦特与罗莎·卢森堡之间的一致性。这封信的内容大家可以参考汉娜·阿伦特与玛丽·麦卡锡从 1949 年到 1975 年的书信往来（Arendt, 1995）。

思主义")能够相容的时候。在1922年1月，也就是咯琅施塔得事件一年之后，卢卡奇开始对卢森堡进行严厉地责难，坚决地倒向了党这一边，并且暗指咯琅施塔得事件是导致他倒向党的决定性因素（"咯琅施塔得事件就是对于罗莎·卢森堡的批判性说明……"［469；293］）。在这场争论当中，咯琅施塔得事件所起到的重要作用，与谢伊斯叛变事件对于美国的联邦党主义者与宪法所起到的重要作用是一样的。

第六部分　民主的限定条件

有些评论家认为，卢卡奇是真的倾向于将工人委员会当做一种政治形式来看待的。而有些评论家则大费周章地证明，卢卡奇对于工人委员会的赞扬，不过是他在最终走上斯大林主义道路的进程当中偶然发生的失足而已。[1]

安德鲁·阿拉托与保罗·布赖内斯对此进行了更为详尽的分析。总的来说，他们二人认为，在卢卡奇加入共产党的时候，他的这种选择是建立在他早期的思想观点和信仰基础之上的。至于卢卡奇在1920年时看待工人委员会的态度，安德鲁·阿拉托和保罗·布赖内斯认为：

> ……卢卡奇在罗莎·卢森堡与列宁之间举棋不定，他有可能还更倾向于前者。然而，他之所以最终作出了有利于后者的选择，不仅仅是因为在第三国际的党派之中的实际权力结构，而且还因为他自己的哲学观念。出人意料的是，正是卢卡奇早期对于需要将道德的、自由的意志建立在当前现实（他一开始将所谓的当前现实与卢森堡主义者对于无产阶级的信仰联系在了一起）这一基础之上的强调，使得他开始了走向列宁主义的进程。[2]

---

[1] 关于前者，大家可以参考大卫·麦克莱伦的作品（David McLellan, *Marxism After Marx*, Boston, MA: Houghton Mifflin, 1979, p, 170）；关于后者，大家可以参考科拉科夫斯基的作品（Leszek Kolakowski, *Main Currents of Marxism* [3 volumes], Oxford University Press, Oxford., 1978, pp. 280–283）。

[2] Arato and Breines, *The Young Lukács and the Origins of Western Marxism*, New York: Seabury, 1979, p102.

安德鲁·阿拉托和保罗·布赖内斯以令人信服的方式论证说,在卢卡奇作出选择的时候,他为工人委员会辩护的那一面将党最终走向自我解体的前景"神秘化"了。假设我们接受了上述观点,这就对为"经验主义的共产党"赋予更强大的力量产生了矛盾性的影响,因此也就使得这种"经验主义的共产党"更加不可能为了给民主让道而自我解体。然而,在此处还有另外一种力量在发挥作用。现在,我想要从一个略有不同的角度,来对《阶级意识》这篇文章当中的关键段落进行分析。

即使在卢卡奇认为罗莎·卢森堡错了的时候,他也曾经停下来,对她的论证所具有的那种"无懈可击的逻辑连贯性"(unerschrockenen Folgerichtigkeit)[457;280]进行赞赏。我们也可以对卢卡奇的论证提出类似的赞扬。即使当其他因素导致他后来倒向了列宁主义这一边(也就是党这一边的时候),从虚假意识当中衍生出来的论证所拥有的逻辑还是迫使他为工人委员会赋予了一种基础性的角色。同样的,当他在对从"虚假意识"当中衍生出来的论证进行发展的时候,他也没有愚蠢到在他自己的理论观点的强烈驱使下,看不到**要想使这种论证哪怕具有一丝的合理性,也需要有一种民主的限定条件**。

这种民主的限定条件就表现为罗莎·卢森堡的思想在《历史与阶级意识》中的普遍存在。这就为我们提供了挽救"虚假意识"这一观念的潜在空间。在《阶级意识》这篇文章的结尾处,卢卡奇坚决地指出,"革命工人委员会——是无产阶级的意识从它产生的那一天起就不倦地为之斗争的一种形式——(它是)以不断提高的和自觉的方式进行的。"在为"争取统治权"而进行"斗争"的过程中,"(工人委员会)也必须一方面克服无产阶级在空间和时间上的分裂,另一方面,又要在经济和政治上达到行动的统一"。随着工人委员会开始显示出真实的政治力量,"这一事实举例来说就是无产阶级的阶级意识正在开始胜利地克服它的领导层的资产阶级性的标志。"在这里,卢卡奇非常清楚地知道,工人直接进行有意识地自我克制,就会使得党变得无关紧要。进一步来说,工人委员会的"不断发展表明,无产阶级已经站在它自己的意识的门槛上"。这里我们可以看出,要想走到这一步，这要超越"虚假意识"，而这种转变也同样要归功于工人委员会。工人委员会"是在政治和经济上对资本主义物化的克服"。人们像同志一样谈话、彼此发生联系，对他们共同的处境进行分析，并且"以此方式克服直接利益和最终目标的分裂。"（255 – 256；80c）①

《阶级意识》这篇文章的最初版本是在 1920 年写成的。安德鲁·阿拉托和保罗·布赖内斯指出，当卢卡奇在 1922 年对最终被收录在《历史与阶级意识》当中的《阶级意识》这篇文章进行修改的时候，他不再强调"工人委员会的重要性"了。② 这与我们在之前所概述的卢卡奇的思想发展历程是一致的。然而，从我们上面所引用的、在这篇文章（的第二版）当中不断出现的那些内容来看，我们还是可以看出，工人委员会对于关于阶级意识的论证来说是多么重要。

即使在 10 个月之后，当卢卡奇明确地宣称"无产阶级意识的形式（Gestalt）就是党"（214；41c）的时候，我们也只需通读一下上下文，就可以看出，卢卡奇此时所阐述的党的模式依然具有卢森堡主义的特征。"阶级意识……绝不是固定的、不变的；……它是一个辩证的概念。"卢森堡是从马克思提出的意识不能作为一种"纯粹"的理论、一个简单的假设、一个简单的命令或是行动准则而存在于自身当中这种说法中，找出阶级意识所蕴含的上述含义的。即使是假设，也必须要拥有某种现实。因此，在卢森堡看来，虽然"无产阶级意识采取了党的形式"，党也不仅仅是"一种组织的纯粹形式"。"罗莎·卢森堡很早就认识到，与革命进程的原因相比，更有可能产生影响的是组织。"由于阶级意识是"一个辩证的概念"，它就只能自发地发展，并且通过实践而成为一种力量。所有人——包括卢卡奇——都知道，卢森堡所指的就是工人委员会。与列宁的观点相反，卢森堡坚持认为："一种真正的革命性工人运动即使发生错误，也能比最好的、从不犯错误的'中央委员会'结出更为丰硕的果实，并且也更有价值。"（464；287c）

---

① 我在这里对这段话当中的语句进行了重新组合。
② Arato and Breines, *The Young Lukács and the Origins of Western Marxism*, New York: The Seabury Press, 1979, p. 240, n. 19.

在此时此刻，只有从一个角度来看，关于"卢卡奇对于工人委员会的依恋具有多少真实性"这个问题能够令我们产生兴趣。这就是，这个问题能够使我们回过头来，再次对深深地蕴藏在他的理论计划中的三种信仰进行思考。

请大家回忆一下，首先对于卢卡奇来说，在政治斗争中作出抉择应该站在哪一边是一个"道德问题"。实际上，在卢卡奇晚年的时候，他曾经说过："我之所以决定在共产主义运动当中发挥积极的作用，在很大程度上是出于伦理道德的考虑。"（33；xxxi）我们或许可以因此认为，在卢卡奇看来，每一个个体都是按照类似的方式来决定自己的政治信仰的。卢卡奇在1918年12月加入了匈牙利共产党，在此之前，他曾经写下过这样的话：共产主义者"不需要"以一种自我毁灭的方式去与敌对力量"进行妥协"，与此相反，共产主义者可以加入它们，也就是加入社会民主党。这就"意味着接受了目标可以对手段进行调整这样一种观点"。从康德主义的角度来看，这就是一种策略性的选择。这是一种关于"选择恐怖主义而不是真正民主"的选择，并且"完全是一个关于信仰的问题"。[①]

第二，请大家再回忆一下，一直到卢卡奇快四十岁之前，他一直都相信，当代生活当中的道德问题是康德所定义出来的。他一直深受这种影响，以至于他在后来所创作的绝大部分作品都是与康德提出的先验的形式主义这一恶魔所进行斗争。并且，我要再次指出，从某种意义上来说，卢卡奇从伦理道德向政治学的转向与康德从伦理道德向政治学的转向是非常类似的。在康德那里，理性这个概念在《什么是启蒙？》和《世界公民观点之下的普遍历史观念》这两部作品当中，以一种明确的政治形式重新出现了。卢卡奇的内心告诉他，阶级意识应该具有一种道德律的力量，也就是说，阶级意识所赋予人们的那种作出行动的责任或义务来源于对于规律的纯粹敬仰或者说赞赏。但是，卢卡奇的大脑告诉他，这种纯粹的敬仰或者说赞赏只有从理性当中才能产生，并且**理性只有作为一种公共因素才能够发挥作用**。阶级意识在公共领域当中、在行

---

① Parkinson, *Georg Lukács*, London: Routledge & Kegan Paul, 1977, p. 5.

动的进程当中发展自身,这是阶级意识能够发挥作用的唯一机会。

第三,在20世纪初期,几乎所有左翼人士都为罗莎·卢森堡的思想着迷。举例来说,汉娜·阿伦特就曾经宣称,她虽然在一种非政治的环境中成长,但是却记得罗莎·卢森堡是她母亲的"偶像"。列宁将罗莎·卢森堡称之为"雄鹰",并且要求出版社出版"她的个人传记及其全部作品"。① 卢卡奇也不例外。即使是在1922年,他开始抨击罗莎·卢森堡死后出版的批判党的作品、为党进行辩护的时候,他也依然坚持认为,"罗莎·卢森堡令人崇敬的权威",使她具有了能够与列宁相提并论的理论地位,他试图缓解她的论证对于党的批判力度,将她的论证说成是与党在组织问题上所具有的差异,并且最终暗示说如果她还活着的话,她也会赞同他对她的批判的。卢卡奇的以上这三点信仰都是有利于工人委员会,而不利于党的。在咯琅施塔得事件发生之前,卢卡奇曾经希望通过对共产主义与议会民主进行调和,以挽救他这一悲剧性的道德选择。卢卡奇此时还有勇气运用自己的理智将"启蒙的座右铭"铭记在心。但是,后来在1921年的时候,他似乎失去了信仰康德在以下论断中所表达出来的感情与勇气。康德指出:"对于理性的公共运用必须永远是自由的,并且这种对于理性的公共运用本身就会为人类带来启蒙。"② 卢卡奇完全理解卢森堡提出的主要观点,即强势民主的核心在于左派政治,即使当他开始站在党这一边的时候,他也感到他没有办法强迫自己不把自由看成是核心问题。所有人都知道——汉娜·阿伦特后来也曾经表明——"显而易见,议会或者说委员会就是自由的空间。"③

进一步来说——并且,这一点更为重要——任何一个以一种开放的眼光重新解读卢卡奇的人都能够看出,在卢卡奇的思想中,从"虚假意识"当中衍生出来的论证是在卢卡奇对卢森堡提出的问题进行思考的时

---

① Hannah Arendt, *Men in Dark Times*, Harcourt Brace & Company, 1983, p. 55.
② Kant, *What is Enlightenment?* in Kant, *Political Writings*, Cambridge, MA: Cambridge University Press, 1970, p. 55. 如果我们指出,康德对于"正式的"理性(他称之为"私人的"理性)与自由地形成的联盟的理性(他称之为"公共的"理性)这二者之间的区分,是党与工人委员会之间的争论的先驱的话,也不算是完全没有基础的夸张之说。
③ Hannah Arendt, *On Revolution*, New York: Viking, 1963, p. 268.

候产生的。即使"在一个星期天和下一天之间，扫罗变成了保罗"①，也就是当卢卡奇加入了共产党的时候，"他的全部作品的驱动力依然在于"继续"对于自由与必然性之间的关系这个问题的思考"。② 卢卡奇这位韦伯早年的好友，正在为用当代政治行为的主要形式来取代令人窒息的官僚主义统治而努力战斗。这就是为什么卢卡奇回到了马克思思想中去的原因。这一举动也同样要求他回到黑格尔、康德以及卢梭的思想中去。从本质上说，最令人感兴趣的就是自由在政治上的投射，自由是在政治的投射中被构建出来的观点。在马克思看来，自由就是人类的个体性在每个单独的个人身上的全部体现，每一个单独的个人都是真正意义上的政治性动物（zoon politikon），而不仅仅是社会性动物，并且是一种只有在社会当中才能够将自身个体化的动物。

在1922年的时候，卢卡奇坚决地指出："自由并不能在其自身中表现出一种价值（就像社会化不能在其自身中表现出其价值一样）。"这与他关于政治的辩证观点是完全一致的。实际上，这是一个无关紧要的观点，因为没有任何事物在其自身中就具体一种价值。卢卡奇所提出的上述观点并不是一种去本体化的观点。但是，他接下来又对上述观点作出了进一步的解释，并以此来表明"自由必须要为无产阶级的统治服务，而不是无产阶级的统治要为自由服务"（469；292）的意思。③ 换句话说，由于卢卡奇采用了一种从逻辑上来看是荒谬的、从政治的角度来看也不明智的思想立场，他就得出了完全错误的结论。

---

① 这是卢卡奇在那段时期的朋友安娜·莱兹纳伊（Anna Lesznai）提出来的，对于这种说法的引用参见 D. Kettler, "Culture and Revolution: Lukács in the Hungarian Revolutions of 1918 / 19", *Telos*, no. 10, 1971 p. 35, p. 92. 我们需要将这种（认为卢卡奇的思想前后发生了巨大转变的）观点与安德鲁·阿拉托和保罗·布赖内斯的观点进行对照。他们二人指出，卢卡奇的思想具有一种反常的连续性。他们二人的论证是非常具有说服力的。

② Arato and Breines, *The Young Lukács and the Origins of Western Marxism*, New York: The Seabury Press, 1979, p. 104.

③ 在这两句话当中，第一句话的德文原文是："Die Freiheit kann（ebensowenig wie etwa die Sozialisierung）einen Wert an sich darstellen"，英文版本的译者罗德尼·利文斯通将这句话的否定句式改成了肯定句式。从卢卡奇的上下文语境来看，尤其是从这句话的补语从句来看，我们可以清楚地看出，卢卡奇这句话想要使用的就是否定句式。因此，由于罗德尼·利文斯通没有注意到这一点，他就在他的翻译当中纠正了卢卡奇的否定句式，并且指出这是德文版本当中的一个印刷错误。至少，我是这样认为的。

让我们往前回溯一下。即使我接受，你有一些关于我的利益的重要看法，我还是会倾向于提出以下问题："你是谁？你凭什么能够看到你声称能够使你告诉我应该怎么做变得合法化的总体性？"在这里我要再次指出，从我们此处解读卢卡奇的方式这一角度来看，以上说法是具有误导性的。

让我们回忆一下卢卡奇所使用的策略。为了提出一个从"虚假意识"衍生出来的论证，卢卡奇以"阶级意识"的内容作为出发点，而"阶级意识"的内容正是"虚假意识"的对立面。为了发掘出"虚假意识"所表达的"阶级意识"及其"客观可能性"的内涵，卢卡奇对"生产过程中的特殊地位"进行了定位，并且从中推断出与其相对应的"恰当的、理性的反应"。这就预设出了这样一个前提，即"总是存在着几种互相明显有别的基本类型"的恰当的、理性的思想和感情，而这些思想、感情的"特征是由人们在生产过程中地位的类型决定的"（223；51）。这是一个非常奇特的出发点。之所以说它奇特，是因为卢卡奇紧接着提出第二个观点。在这里，没有任何证据能够证明，每个人都能够站在整个历史之外的一个居高临下的位置上，来对整个历史进行观察这一假设。"卢卡奇所阐述的总体性就是……我们对于所有已知事实所进行的连贯的、前后一致的安排、部署。当主体认识到他自身存在于历史之中，而历史也存在于他自身当中的时候，他没有像黑格尔主义哲学那样去统治整体，但是，他至少参与了总体化这一进程。"[①] 这也就是说，他主体参与到了试图将他生活在其中的生活看做一个整体，从而使得生活具有意义这一过程当中去。以上这些观点都不需要一种先验的或者说在认识论的意义上具有特权的视角。无论我们站在何种角度上来看，都可以尽我们所能将各个部分组合成一幅整体图景，只是在我们当中，有些人比其他人做得好些罢了。我们只需要使得那些被看做是"典型的"假设变得具有说服力，或是得出"恰当的"结论就可以了。

然而，卢卡奇却越来越被真实的政治问题所吸引。他向罗莎·卢森堡提出了这样的问题："怎么能够把那些本能上是革命的但是没有达到

[①] Merleau–Ponty, *Adventures of the Dialectric*, London: Heinemann, 1974, p. 31.

明确觉悟的广大无产阶级群众从这种领导手中解救出来？"

> 自发起来反对自己领导人的这种行为并且渴望有革命领导的那部分无产阶级必须集合在一个组织中。这样产生出来的真正革命的党和集团必须设法用它们的行动（为此它们绝对必须有它们自己革命的党组织）赢得广大群众的信任，使他们摆脱机会主义者的领导……（466；289）

因此，就像以前一样，我们再一次面临着相同的选择，但是这一次，这种选择以一种更为明显的方式表现出来。让我们假设，必须要传达出这样的消息，即一个人不总是对于他或她自身利益的最佳判断者，那么，这一消息要在什么条件之下才能够令人信服地产生它所期望的政治效果呢？这样一种必然会引发不同意见的观点又如何能够"赢得广大群众的信任，使他们摆脱机会主义者的领导"呢？

卢卡奇在他早期对罗莎·卢森堡进行探讨的文章——这篇文章是在咯琅施塔得叛变事件发生之前写就的——当中，对于上述问题所具有的本质性重要意义进行了强调：

> 党的力量确实是一种道义力量：它是由受经济发展的逼迫而进行反抗的、自发革命的群众的信任提供的。它是由这样一些群众的感情提供的，他们觉得，党是他们最特有的但是他们自己还不完全清楚的意志的客体化，是他们的阶级意识的可以看得见的和有组织的形态。只有当党通过斗争取得这种信任而且值得这样信任时，它才能成为革命的领导者。因为只有在这种情况下，群众的自发欲望才会竭尽全力和越来越出于本能地涌向党的方向，涌向自己意识到的方向。（215；42）

关于"是什么使得从'虚假意识'当中衍生出来的论证有可能具有说服力"这个问题，我只能看到四种可能的答案。

第一种可能的答案是，你或许可以说，从"虚假意识"当中衍生出来的论证反映出的是一种客观的真理。当我们在分析政治世界的时候，没有人会接受这样一种答案；即使它反映出的真的是一种客观的真理，真理也从来不会因为它是真理就具有说服力。

第二种可能的答案是，你或许会采用蕴含在卢卡奇思想当中的康德主义线索，并坚持说阶级意识这一概念本身就为人们赋予了一种要认真看待从"虚假意识"当中衍生出来的论证的责任或义务。这种说法也同样不具有说服力。同样的道理，康德也知道，当他将世界划分为本体的世界与表象的世界的时候，他提出的关于责任或义务的论证是没有说服力的。进一步来说，在卢卡奇的思想中所具有的那种阿伦特主义元素，或者更确切地说，是在阿伦特的思想中所具有的卢卡奇主义元素，都将上述论证完全转换到了一个独特的经验领域当中。这样一来，我们就不可能从责任或义务这一角度出发来拯救卢卡奇提出的论证了。①

第三种可能的答案是，你或许会采用卢卡奇太过草率地转向的那条线索，声称从"虚假意识"当中衍生出来的论证之所以具有说服力，是因为这种论证是党带给我们的。无需赘述，这种说法也是毫无意义的，并且我们已经看到，虽然卢卡奇已经转变了方向，但是他甚至无法说服自己去相信上述说法。就像卢森堡所说的那样，工人委员会即使犯下一千条错误，也好过"不会犯错"的中央委员会。

只有民主的限定条件，也就是将从"虚假意识"当中衍生出来的论证所具有的制度化框架放在一种强势民主的环境当中去，使其成为一场讨论的合理出发点，而不是关闭的一扇门。有了这种民主的限定条件，从"虚假意识"当中衍生出来的论证就不再是一种镇压人民的尝试，而变成了一种为人民提供支持的机会。批判性地参与到与自己的同志所进行的公共讨论之中去，创造出一种空间，在这一空间当中，我们可以提出这样的问题："我真的思考过我是谁了吗？我真的思考过我的利益是什么吗？我真的思考过你说的话了吗？"在这种背景之下，对于总体性的分析……也就是说，对于社会问题以及我的那些问题随着时间的流逝与其他人的问题所

---

① 阿拉托和保罗·布赖内斯指出："然而，这对于卢卡奇来说，依然是一个核心目标，或许还是'唯一'的一个核心目标，这个目标就是：构建出生活，将生活变成核心，去克服'文化的悲剧'理论与康德提出的'两个世界'（也就是经验的世界和观念的世界）所造成的种种分裂。"Arato and Breines, *The Young Lukács and the Origins of Western Marxism*, New York: The Seabury Press, 1979, p. 49.

产生的相互关联所进行的分析……似乎就是某种人们有可能想要参与到其中的事情了。

与此同时，那种暂时性的真理般的论断，例如从"虚假意识"中衍生出来的论证……在被恰当地理解的情况之下……就是在强势民主中居于核心位置的审议过程的必要组成部分了。之所以这样说，其中一部分原因是出于对我在本文开头处所提到过的那种动员的需要。然而，我们现在却可以看出，正是在文化层面上引发的种种结果，才真正能够为这种策略的运用进行辩护和正名。强势民主不仅能够帮助我们在短期利益和长期利益之间找到某种恰当的平衡；还能够帮助人们为了公共目标而共同行动做好准备。相互尊重，同情，或者说一种关心的伦理道德，都能够为以上进程提供极大的助力。然而，如果这些实践引导人们产生了所有事情都是同样好、同样真的信仰的话，那就是危险的、自我毁灭性的。我们不可能在所有时候都是正确的，对于一种好的分析与坏的分析之间的差异所进行的公众判断，以及这样的公众判断所引发的冲突，是不会因为人们的愿望而消失的。跌入到上述陷阱的人——无论这些人是单独的个体，还是"政治动物"——的确都将会感到非常不快。除了需要我们对权力说出真相之外，民主还需要我们对我们自己说出丑陋的真相。实际上，"parrhesia"（即"说真话的人"）这个词汇最初所描绘的就是一个敢于在公众集会当中站出来，提出最不受欢迎的论断的人，这个人提出的论断就是："朋友们，你们的看法错了。"

当然，将冲突带入到审议当中，会引发各种各样的难题，有些问题是众所周知的，而有些问题我们还不甚明了。大家不要认为，我相信我已经搞清楚了（将冲突带入到审议当中所引发的）所有问题。然而，这些问题却不是我此处所关心的问题。我想要证明的只是，从一种更为基础性的层面来看，从"虚假意识"当中衍生出来的论证与强势民主是彼此需要的。哈贝马斯曾经说过：

> 只有在一种关于言论的普遍伦理学的层面之上，需要才能对它们自身进行解释——也就是说，每个个体认为他应该理解的东西，以及表现为他自己的"真实"利益的东西——（需要）才能够同样成为

在实践中进行的谈话的对象。①

我对于卢卡奇的解读，按照一种与哈贝马斯相类似的但却又有着显著差别的方式，将上述问题结合在了一起。为了强调我与哈贝马斯之间的这些差别，我或许应该按照以下方式对上面这段话进行修改：

只有在作为一种实践被组织起来的强势民主的层面之上。

在这种实践当中，真理般的论断既不是像教条一样被人所接受，②也不是通过奉承产生的，而是在修辞学实践当中被构建出来的，这样就会在共同体当中制造出些许涟漪（但不是潮汐般的大浪），并因此导致从"客观可能性"这一角度出发所进行的自我评估……

……只有在这样一种环境当中，需要才能对它们自身进行解释——

也就是说，每个个体认为他或她应该理解的东西，以及表现为长期利益与短期利益之间恰当平衡的东西——

……才能够同样成为在实践中进行的谈话的对象。

第七部分　结　论

我之所以对"虚假意识"这种说法进行质询，是始于某种类似于挑战的精神。我可以找出许多不将这一概念或是卢卡奇的思想本身视作民主政治理论模式的原因。但是，有些时候，我们会在一个黑暗的地窖当中发现一道亮光。这篇文章所遵循的是在卢卡奇思想当中的一条微弱的线索，而不是他的权威性。卢卡奇所抨击的问题，就是"谁能够谈论其他人的利益"这个问题，是非常具有活力的。这个问题是

---

① Habermas, *Communication and the Evolution of Society*, Boston, MA.：Beacon Press, 1979, p. 90.

② 在"A Universal Ethics of Speech"这篇文章中，探讨了真理般的论断是如何像教条一样被人所接受的。

同一性政治的核心所在。民主以前也曾经遇到过这个问题，并且我们现在了解了在那些旧的思考方式当中，既有好的东西，也有坏的东西，这具有非常重要的意义。

我也承认，我曾经运用"工人委员会"这种说法来稍稍刺激你。我运用这样一种宽泛的、刺激性的比喻来定义强势民主，这或许为你的宽宏大量施加了压力。我也回避了许多难题，例如像是罗莎·卢森堡和卢卡奇甚为关心的革命性转变这样一个历史事实。① 我之所以采用这种方式，是因为我想要表明，本质性的问题是一样的。如果我的论证在像是"虚假意识"以及"工人委员会"这样极端的例子当中都是成立的话，那么我的论证对于在一个同一性政治世界的日常生活当中的政治理解以及政治联合来说所具有的重要意义就更无需赘述了。

从理论的角度来看，我使用这种夸张的手法还有另外一个好处。这就是，我将"工人委员会"的局限性视角与另外一个强势民主应该认真对待的、双重层面的问题结合在一起了。

一方面，请大家记住，在卢卡奇转向工人委员会所暗示出的民主的限定条件中，不仅仅包含着我们一起公开进行的自我批判，还包括批判性地参与到与一个人的同志所进行的公开讨论当中去。强势民主必须不断地提出这样的问题："这些同志是谁？"，"是什么使得他们成为我们的同志？"，"同志这个概念所引发的公民权概念其内在的组织层面的含义是什么？"

在民主的讨论中，没有任何东西是需要所有的公民在所有时间内都聚在一起的。事实上，没有人能够理智地假设，仅仅是因为我们一起聚在同一处，我们就是同志了。如果明天你还是我工作中的老板，那么我是不可能在乡镇议会上站出来发表反对你的言论的。强势民主所依赖的

---

① 这就对我们理解官僚主义这个问题有所启发。卢卡奇主要是在谈论党的时候，才将物化与官僚主义等同起来的。从这种意义上来说，（党的）领导人与（党派当中的）成员之间不断地进行互动，这对于政治的发展具有至关重要的意义，官僚主义的短期效力掩盖了官僚主义为我们的长期利益所带来的灾难性影响。以上元素在卢卡奇思想当中的表现也为我的以下观点提供了进一步的支持：如果说阶级意识真的意味着要由党来告诉我们应该做些什么的话，那党就会发挥出官僚主义的功能；但是，卢卡奇将官僚主义与物化等同起来，并且还指出，阶级意识是对于物化的克服，因此物化就不能是官僚主义者所具有的属性或者说特征了。

是在同志之间所进行的讨论。如果这需要将讨论组织为不同的群体——会不断发展的群体——的话，那么，就让我们称其为阶级意识；并且，如果伴随着这种阶级意识产生的还有共同行动的强大能力，以及一个群体接下来会通过作为其代表的其他群体而进行审议。民主将不得不与这些共同的力量进行斗争。我们有理由认为这样一种民主最终会发展出与资本主义进行斗争的能力。

当然，这是从多元文化论的角度出发，为同一性政治所进行的某种极端辩护。这就将我们带回了故事的另外一个层面。到现在为止，我们对于故事的这个层面已经相当熟悉。从"虚假意识"当中衍生出来的论证只有在一种修辞学的设定当中才是可行的，而这种修辞学的设定会导致在言说者所处的特殊环境当中，产生出它"虚假意识"的限定条件。这些限定条件为我们开启了一个空间，在这个空间中，被"虚假意识"指向的对象开始思考"我是谁"以及"我究竟想要什么"这样的问题。这就是在政治的"阶级意识"中所包含的道德转向所必需的先决条件。然而，请大家注意，开启这样一个先于"阶级意识"而存在的空间，是对作出论断的人的要求，而不是对这种论断所指向的对象的要求。因此，从这个意义上来说，导致"阶级意识"产生的进程，也同样会作为对这一过程之形成所必需的真理般的断言进行修正和改进的力量而发生作用。因此，对于作出"虚假意识"中衍生出来的论断的人的修辞学要求，在正确的条件之下，也同样会对同一性政治当中那些最糟糕的因素产生腐蚀性的作用，这些最糟糕的因素包括：同一性政治的教条主义，同一性政治对于其成员的特殊性的拒斥，同一性政治看不到其成员的某些其他利益具有普遍性要素这一盲目性，以及同一性政治在有些时候对于某些比"文化"更为重要的事物的否认。

从马克思到卢森堡再到卢卡奇这一思想传统具有两个支柱。第一个支柱是像卢梭这样的启蒙主义主要批判者也会同意的一条假设，即人类拥有完善自身（perfectibilité）的天然才能，也就是学习的能力。第二个支柱是这样一种观察，即在每一天中，世界上都会出现一些新的事物，并且生活就是"从本质上来说是新的东西的不断生成"（ununterbrochenen Entstehen des qualitative Neuen)。(326；144)① 要想使得从"虚假意识"中衍生出来的论证与以上这两种信念相容，就必须要将这种从"虚假意识"中衍生出来的论证设定在一种强势民主的框架之中。大量公开的言论能够使我们对于总体性这一假设的信心有所增长，也就是说，大量公开的言论能够使得我们对于社会的分析以及我们对于我们真实的利益应该是什么样的理解有所发展。只有"对于理性的公共运用"才能够"为人类带来启蒙"，并且，我们从来都不会"因为使别人沉默而获得合法性"。这是因为，"如果这个人的观点是正确的，我们就被剥夺了用真理替换谬误的机会：如果这个人的观点是错误的，我们就失去了一个几乎是巨大的好处，这就是通过真理与谬误的碰撞而制造出更为清晰的观念以及更为生动的印象。"②

卢卡奇理解得最好的一点，也是我们或许还没有很好地理解的一点就是：正是以上这些相同的条件，为民主赋予了一种说出什么是虚假的、什么是真实的责任或和义务。我们不仅仅具有对权力说出真相的义务，还有对我们自己的同志以及我们自己说出真相的义务。这里所说的义务，不是康德所说的那种"加诸于自我之上的"义务，而是某种从对民主的渴望当中产生的义务。

当我说一种民主的限定条件产生于从"虚假意识"当中衍生出来的论证所具有的本性的时候，我想要表达的就是上面所说的这种意思。只有当这一限定条件被积极地宣称出来的时候，从"虚假意识"中衍生出来的论证才能够结出果实。与此同时，只有当我们找出一种可行的、提出真理般的断言方式的时候，强势民主才能够成为政治的一种可行的形式。这是因为，没有任何一种政治运动能够在没有真理般的论断的条件之下进行。在推进我们的政治计划的过程中，民主人士应该要确保这些论断可以供人进行公开的质疑。如果我们做不到这一点，它们就不再是真理了。

（孟丹译　周凡校）

---

① 卢卡奇为了掩盖住这一点，而提出这是罗莎·卢森堡"过分的估计"。但是，卢卡奇的论证正是失败在这一点上，并且，这也是他的论证失败的原因。

② 第一处引文摘自康德的《什么是启蒙？》(in *Political Writings*, p. 55)；第二处引文摘自 J. S. 米尔的作品《论自由》(*On Liberty* p. 20)。

意识的物化

——卢卡奇同一的主体—客体中的胡塞尔现象学

理查德·韦斯特曼

概 述

卢卡奇的《历史与阶级意识》遭受了罕见的羞辱,这部著作曾经的崇拜者对其大加鞭挞,然而这些崇拜者的理论却正是从这部著作当中得来的。与卡尔·科尔施发表于1923年的著作《马克思主义与哲学》相类似,卢卡奇的这部著作也对无产阶级固执地拒绝奋起支持德国和匈牙利的革命政权进行了探讨。科尔施和卢卡奇没有对资本主义必然灭亡进行所谓科学的分析,他们集中关注的是在意识"内部"所发生的事情,而不是在意识背后所发生的事情,并以此来理解社会。科尔施对于哲学与社会之间的关系进行了辩证的分析说明,而卢卡奇则试图在个体所处的社会当中为其主体性的结构找到根基。现在,人们将他二人的这些理论看成是所谓"西方"马克思主义的基石。然而,虽然很多人都采纳了卢卡奇对于意识的物化所进行的分析,却很少有人认可他提出的正是意识的物化这个问题在那些受其影响最深的人当中创造出了一种革命的主体性这一论证。霍克海默与阿多诺合著的《启蒙辩证法》就是一个最佳例证:尽管他们二人受到卢卡奇的启发,对社会的总体理性——"文化产业"就是其缩影——进行了批判,但是他们拒绝接受卢卡奇将无产阶级解释为历史的同一的主体—客体,以及(无产阶级)能够将机械的必然性转变成一个自由的世界这种乐观的分析。事实上,如果对卢卡奇提出意识的社会确定这一说法看得过重，就很难解释自由该从何开始：一些卢卡奇的诠释者曾经提出过这样的论证，将主观的行动者从神秘的彼岸输入到社会的总体性当中，是为了打破一个完全被决定了的社会。无产阶级被设想成是社会关系的缔造者，（卢卡奇）认为他们（即无产阶级）只要认识到禁锢着自身的是他们自己创造出来的产物，他们就能够在自己的创造活动中自由地行动。

  我想要提出一种不同的解释，从而使得卢卡奇的上述观点能够更有效地自圆其说。我们不应该仅仅从"传统"德国哲学的视角出发来解读卢卡奇，我们还应该从卢卡奇那个时代的哲学思想——尤其是胡塞尔和拉斯克这两人的哲学思想——出发来对他进行解读。卢卡奇没有用认识论的思维方式将意识解释为一个主体的知识结构，而是用"现象学的思维方式"，将意识解释为一个拥有自身范畴的、独特的本体论领域，这个领域不能被还原为任何一种比它自身更为基础的东西。如果从这个角度出发来解读卢卡奇的话，我们就可以从同一的主体—客体内在所固有的东西出发，将同一的主体—客体的出现解释为包含在意识的逻辑结构当中的一个矛盾，而不必找出一个预告存在的主体了。

  为了论证上述观点，我首先将概括一下对于卢卡奇的传统解读，这样才能够凸显对于卢卡奇进行现象学解读所具有的独到之处：根据这种传统解读，卢卡奇所依赖的一个预先存在的主体能够推翻它所创造出来的客体。现象学解读自身拥有四个阶段。然后，我将会对卢卡奇从其作品当中学到了现象学方法的哲学家们——也就是拉斯克和胡塞尔——进行简短的解释说明，并以此指出这种用现象学来解释意识的解读方式所具有的种种特征。第三，我将会从《历史与阶级意识》当中找出一些关键性的现象学主题，并以此证明用现象学方式解读卢卡奇主体性理论的合法性。第四，我将借助现象学重新解释异化：它指意识及主体性客体性的具体构造。最后，我将会对卢卡奇的革命理论所具有的一些实践含义进行说明。我会证明，卢卡奇并不像大家通常所想的那样依赖于自主、自治的主体，并以此来论证卢卡奇的革命政党理论也并不像大家通常所想的那样是一种列宁主义，而是更多地具有卢森堡主义的特征。

  这种现象学解读并不能对卢卡奇的理论作出完整的解释；如果否认

黑格尔以及其他人的思想也对卢卡奇的理论产生了重大影响，那无疑是愚蠢的。然而，由于绝大多数卢卡奇的诠释者，都将几乎是全部的注意力集中在了德国古典哲学传统对于卢卡奇所产生的影响上，我在这篇文章当中就系统地将这一传统忽略掉了：我不得不削弱黑格尔这一太阳所发出的刺眼光芒。只有这样，才能够看清现象学这一月亮所发出的幽暗之光。要想对卢卡奇的理论作出更为完整的说明，就需要对现象学与观念论在卢卡奇理论当中的互动进行综合性的分析。然而，在这篇文章当中是不可能做到这一点的。虽然如此，我还是希望能够在此证明胡塞尔的方法改变了我们对卢卡奇的解读，从而说明卢卡奇的理论所具有的丰富性。如果我们认为卢卡奇想要依靠一种救星来解放工人阶级的话，就会走入神秘主义的主体性这个死胡同；如果我们强调卢卡奇的思想中所包含的现象学层面，那么我们就会看到一种更为开放式的局面。

加沙的迷途者：无意识的主体

为了说明用现象学的方法来解读卢卡奇所具有的独到之处，我首先将要检阅一下对于卢卡奇思想作出的惯常解释。从本质上来说，那些对于卢卡奇的批判主要是说卢卡奇从来不曾对依靠主体来达成社会变革这种观点作出的充分的解释：这种观点无法从社会实在当中为自由找到任何空间，卢卡奇认为创造这种实在的是一种半神秘主义的主体，他的批判者将之类比为某种庸俗的费希特主义。进一步来说，由于卢卡奇对这种主体的定义太不清晰，任何一个个体或是群体——例如一个打着无产阶级旗号行动的党派——都能够声称自己是这种主体，这就为打着自由的旗号进行专制统治开启了方便之门。因此，在这些批判者看来，卢卡奇整个论点的特征就是，对于被看做社会实在背后的动力的自主、自治主体的过于依赖。我将会证明，如果用现象学的方法对卢卡奇进行解读，就能够避开上述问题。但是，在我们转向现象学解读之前，有必要先对以上这种更为常见的解读所具有的一些突出的观点——尤其是卢卡奇的诽谤者们在他的理论当中看到的那种对于主体性的依赖——进行简略的说明。

在卢卡奇看来，革命所面临的一个最大的障碍，就是无产阶级没能成功地产生出一种关于其自身在资本主义当中所处位置的意识。这种失败源自于资本主义社会对其成员的主体性进行塑造的方式，资本主义社会统治着包括其成员看待世界的方式在内的一切。在收录于《历史与阶级意识》当中的那些最早写就的文章当中，卢卡奇还仅仅局限在无产阶级或许拥有与他们真正利益相矛盾的独特信仰这种看法当中。在《阶级意识》这篇文章当中，卢卡奇指出了他认为是促使无产阶级按照资产阶级的动机来行动的"错误的"意识。与这种虚假的意识形成对比，卢卡奇为无产阶级赋予了一种更具有真实性的意识，这种更为真实的意识是在以下基础之上建立起来的：

> 将意识与社会整体联系起来，就能认识人们在特定生活状况中可能具有的那些思想、感情等；如果对这种状况以及从中产生的各种利益能够联系到它们对直接行动以及整个社会结构的影响予以完全把握，就能认识与客观状况相符的思想和感情等……阶级意识就是理性的适当反应，而这种反应则要归因于生产过程中特殊的典型的地位。①

卢卡奇注意到，马克斯·韦伯提出的两种理想类型之间具有某些相似性：这两种理论都试图对特定的社会群体为什么按照各自的方式行动进行解释。② 因此，错误的或者说歪曲的意识没有触及关于主体性或行动者特性更为深层次的哲学问题：这就假设了主体"能够"行动，但却有可能是在不正确的动机驱使下行动这一前提。

到卢卡奇写作《物化和无产阶级意识》这篇文章的时候，上述简单直接的分析已经被一种更为复杂精妙的理论所取代了，这种更为复杂的理论对于个体的形式—范畴的主体性是如何被这些个体所处的社会环境所规定进行了解释说明。卢卡奇在一开始的时候对于物化的社会形式所

---

① 参见 Georg Lukács, *Werke*, 14 vols. to date, Neuwied: Luchterhand, 1962 – , 2: 223.

② Max Weber, *Economy and Society*, ed. Günther Roth and Claus Wittich, trans. by Ephraim Fischoff et al., 2 vols, Berkeley: University of California Press, 1978, 1: 21.

进行的研究，显然在很大程度上受到了乔治·西美尔《货币哲学》这部著作的影响：人与人之间的种种社会关系就是各种既有的、固定的、抽象的形式。① 然而，卢卡奇超越了西美尔提出的那种对于物化的心理学批判，这种批判只是描绘了个体在面对一个非人的机械化社会世界时所感到的恐惧而已。卢卡奇将这种社会的物化与一种哲学的视角联系在了一起，康德主义—黑格尔主义的哲学传统就是这种哲学视角的缩影。在卢卡奇看来，德国古典哲学证明了我们所了解的世界是主体的理性所创造出来的产物，并以此解决了关于外部实在知识这个问题：所有的意识都是由被理性范畴体系化的经验所组成的。然而，这些范畴的有效性却是从理性必然性当中产生的，而并非来源于这些范畴与特定的主体之间的关系。因此，世界"虽然从表面上看起来似乎是由规律构成的已知的、可知的、理性的体系的必然结果，然而我们实际上却无法彻底、全面地理解这些规律的必然性"。② 主体的"自由既不能打破知识体系无意义的必然性以及没有灵魂的、注定的自然规律，也无法为它们赋予某种意义"③。将世界描绘成主体创造出来的产物本来应该解放主体，但是，在一个已经被先定创造出来的领域中，实际上将个体从自由行动驱逐到一个已经被假定创造出来的王国中去了。作为一个整体的实在——尤其是社会——似乎是按照无法更改的规则来运行的。社会实践规定个体要通过一系列不可更改的理性规则——我们可以认识它们，但却永远无法对其进行控制——来看待存在。

许多评论者都认为，卢卡奇这种解决方式实际上是一种唯物主义版本的费希特主义。④ 根据安德鲁·阿拉托与保罗·布赖内斯的说法，卢卡奇试图找出一个预先存在的主体，正是它创造出了世界以及规范着这个世界的种种规则，用他们的原话来说，卢卡奇的这种观点"起源于德

---

① Georg Simmel, *Philosophy of Money*, trans. by Tom Bottomore and David Frisby, London：Routledge, 1990.

② 参见 Lukács, *Werke*, 2：307 – 308。

③ 参见：Lukács, *Werke*, 2：313。

④ See, e. g., Tom Rockmore, *Irrationalism*：*Lukács and the Marxist View of Reason*, Philadelphia：Temple University Press, 1992; and Martin Jay, *Marxism and Totality*：*The Adventures of a Concept from Lukács to Habermas*, Berkeley：University of California Press, 1984, pp. 106 – 107.

国古典哲学对于将所有的实体,特别是自然本身表述为一个主体的行动这种寻求"①。在资本主义的制度之下,社会是建立在商品关系这一基础之上的,在这个社会当中的主体就是无产阶级,是无产阶级创造出了包含在商品当中的价值。就像汤姆·洛克莫尔所解释的那样:"卢卡奇指出,费希特将其定位在思维活动中的主体与客体的统一,实际上是通过无产阶级的活动产生的,从他的这种观点当中,可以看出费希特的思想对卢卡奇所具有的重要性。"② 德国古典哲学依靠所谓形而上学的方法来解决自由这个问题,并由此来证明被规则所规定的实在是一种被实体化的理性的产物,而马克思却可以证明,这些规则拥有一种物质的源头,或者至少可以说,这些规则的源头是与社会有关的。卢卡奇似乎找到了隐藏在社会实在背后的主体——这种主体在不知不觉间创造出了使自身软弱的条件。但是,如果这种主体能够认识到这一现实的话,就可以解放自己。

卢卡奇的批判者正是攻击这一点。他所依赖的主体被判定是错误的或是神秘主义的。举例来说,在莫伊施·波斯顿(Moishe Postone)看来,卢卡奇的失败之处源自一种错误的信仰,他相信劳动(而非价值)是资本主义社会的驱动力;因此,他太过依赖于无产阶级这个劳动的化身。③ 特里·伊格尔顿(Terry Eagleton)则指出:"卢卡奇将形而上学的形式保存下来了……他只是用无产阶级取代了世界精神而已。"④ 结构主义批判家则对卢卡奇论证当中的所谓浪漫主义残余进行了批判,在他们看来,卢卡奇之所以应该受到批判,是因为他提出了一个"关于无产阶级的'宗教性'概念",这种概念"表现出的是资产阶级思想所具有的

---

① Andrew Arato and Paul Breines, *The Young Lukács and the Origins of Western Marxism*, New York: Seabury, 1979, p. 130. see also G. H. R. Parkinson, *Georg Lukács*, London: Routledge and Kegan Paul, 1977, p. 44.

② Rockmore, *Irrationalism*, p. 116.

③ Moishe Postone, "Lukács and the Dialectical Critique of Capitalism," in *New Dialectics and Political Economy*, ed. Robert Albritton and John Simoulidis, Basingstoke: Palgrave Macmillan, 2003, p. 98.

④ Quoted in Eva L. Corredor, *Lukács after Communism: Interviews with Contemporary Intellectuals*, Durham, NC: Duke University Press, 1997, p. 145.

浪漫主义、反科学主义传统对于马克思主义理论的第一次重要入侵。"①汤姆·洛克莫尔则对卢卡奇思想当中的逻辑错误进行了批判,② 指出他的论证以待决之问题为论据:"如果说无产阶级意识是自由活动的条件,那么他实际上就是在说,一个人变得自由的条件就是他/她已经自由了。"③ 我们可以将这些形态各异的批判统一为一种观点,这种观点就是,卢卡奇的理论所依赖的是一种自治、自主、自我决定的主体,他将这样一种自治、自主、自我决定的主体看成是社会的缔造者,而他又无法为此作出令人信服的论证。让我们相信这样一种主体的唯一理由,就是卢卡奇需要这样一种主体。

卢卡奇的批判者们还进一步指出,卢卡奇没能成功地在作为一个整体的无产阶级当中找到这样一个主体,这就为那些披着行动者外衣的人们对他的理论的滥用开启了方便之门。安德鲁·阿拉托与保罗·布赖内斯认为,卢卡奇的上述观点铺就了一条走向对革命进行组织的中央政权这种被神化了的斯大林主义的道路。④ 在莫伊施·波斯顿看来,卢卡奇过分强调了无产阶级的作用,并以此排除了激进的社会变革,而将商品化的雇佣劳动固定成了未来社会所需要的主体。这就"隐含地确证了一个一战后产生的新中央政权的结构"⑤。总而言之,卢卡奇对于无产阶级是隐藏在社会背后的主体的信仰——在他看来,无产阶级需要做的就是认识到自己是隐藏在社会背后的主体这样一个事实——为一个小群体在自身具有更优越的知识这一基础之上宣称自身具有无限权力,并且打着无产阶级的旗号来行动打开了方便之门。

---

① Louis Althusser, *For Marx*, trans. by Ben Brewster, London: Verso, 1997, 221n; Gareth Stedman Jones, "The Marxism of the Early Lukács," in Gareth Stedman Jones et al., *Western Marxism: A Critical Reader*, London: New Left Books, 1977, pp. 33, 37.

② Rockmore, *Irrationalism*, pp. 129 – 151.

③ Ibid., 150. On a similar line of criticism, not of Lukács specifically but of revolutionary Marxism more generally, see Carl Schmitt, *The Crisis of Parliamentary Democracy*, Cambridge, MA: MIT Press, 1985, chap. 3.

④ Arato and Breines, *Young Lukács*, p. 151.

⑤ Postone, "Lukács and the Dialectical Critique of Capitalism," p. 98.

从认识论到现象学

以上对于卢卡奇种种批判都有这样一个假设前提：卢卡奇所使用的是一种我们可以将其称之为认识论的本体论思维方式：（这种思维方式认为）在这个世界当中存在着客体，也存在着能够认识这些客体的主体，并且还存在着由这些主体所掌握的、对于这些客体的意识。意识是一种从本体论的角度来看次生的、第二性的东西：意识是在主体的知性能力与来自客体的感官材料之间的互动当中产生的。卢卡奇在对自由进行解释的时候，再次运用了上述论证的结构：主体创造出了意识的世界，主体在这个意识的世界当中行动。因此，主体能够按照自己的意愿对这个自己创造出来的产物进行塑造。卢卡奇的批判者将批判的焦点集中在：他没能对这样一个主体及其与社会实在之间的联系作出充分的解释。

一些更具有同情心的评论者则假设出了一种不同的本体论，对于主体性具有不同的理解。梅洛-庞蒂据此认为，卢卡奇将主体和客体相对化了："知识自身不是对某种意义或一种思维客体的理智占有；并且，无产阶级是能够承担历史意义的，即使这种意义并没有呈现出一种'我思'的形式。"① 吕西安·戈德曼（Lucien Goldmann）则画出了两条平行线。他一方面将马丁·海德格尔的《存在与时间》解释为是对于卢卡奇的回应，另一方面则将海德格尔的存在等同于卢卡奇的总体性。② 杰伊·伯恩斯坦（Jay Bernstein）则通过强调海德格尔与德里达之间的相似之处，来表明"有人认为，《物化》一文中卢卡奇将无产阶级设定成了一种以历史为根基的、费希特式的绝对主体，这种解读与卢卡奇的意旨是背道而驰的"③。

---

① Maurice Merleau-Ponty, *Adventures of the Dialectics*, trans. by Joseph Bien, Evanston, IL: North University Press, 1973, p. 50.

② Lucien Goldmann, *Lukács and Heidegger: Towards a New Philosophy*, trans. by William Q. Boelhower, London: Routledge and Kegan Paul, 1977.

③ Jay Bernstein, "Lukács's Wake: Praxis, Presence, and Metaphysics," in *Lukács Today: Essays in Marxist Philosphy*, ed. Tom Rockmore, Dordrecht: Dreidel, 1988, p. 179.

令人感到遗憾的是，以上这些观点通常都是泛泛而淡，因而无法提供一种我们所需要的、能够使得他们自身的观点变得滴水不漏的分析。安德鲁·芬博格（Andrew Feenberg）是一个例外，他将卢卡奇提出的意识这一观点与关于文化的人类学概念等同起来了：意识不是主体思维的内容，而是收集在一起的一个共同体的实践。[①] 然而，不幸的是，安德鲁·芬博格没能提供充足的文本论据来证明他的上述类比——这个类比无法解释卢卡奇对于意识与个体主体之间关系的重视。无论如何，从本质上来说，安德鲁·芬博格，杰伊·伯恩施坦，梅洛－庞蒂和吕西安·戈德曼有一点都是正确的，这就是：他们都是通过现象学这个视角对卢卡奇进行重新解读的，而我希望能为他们的论证提供支持。

我想要提出的一个从本质上来说是全新的观点，就是一种对意识（德文为"Bewuβtsein"，英文为"consciousness"）的重新解读：我认为卢卡奇是从现象学的角度出发，对意识进行研究的。他分析了意识所特有的内在的、逻辑的结构。他既没有将这些内在的、逻辑的结构看成是对于世界的反映，也没有将它们看成是一个主体的投射，而是将它们看做是一个独特的、基础性领域的种种范畴，而这些范畴不能被还原为其他任何一种存在模式。这就将主体所扮演的缔造者角色最小化了，这就为卢卡奇走出一个从表面看来面临的僵局提供了一个出路：很多评论家对于卢卡奇的批判都是他没能成功地指出一个主体，我将论证主体对于卢卡奇来说从本体论的角度来看只是一个次生的、第二性的东西罢了，而不是卢卡奇全部理论思想的基础，我希望能够借此来为卢卡奇进行辩护。

为了澄清一种对于卢卡奇进行现象学解读的含义，我将会描绘出胡塞尔和拉斯克理论当中的一些最为突出的元素，并以此指出对卢卡奇的现象学解读所具有的一些关键性特征。虽然我无法对胡塞尔和拉斯克的思想作出非常详尽的解释说明，但是我可以找出一些能够将他们的思想与认识论区分开来的思想观点。我认为从卢卡奇的思想中，可以看出这

[①] Andrew Feenberg, *Lukács, Marx, and the Sources of Critical Theory*, Totowa, NJ: Rowman and Littlefield, 1981, p. 71.

些（与认识论相比较的）不同之处。因此，那些对他主体概念的批判就变得无关紧要了。

胡塞尔与现象学

能够将胡塞尔和拉斯克与新康德主义的现代哲学家区分开来的一点，就是他们对于康德的哥白尼革命的颠倒。亚里士多德设定出了一些本体论范畴（实体、质和量等）：一个客体应该被看做是与某些特定的性质在一起、作为某种特定的实体而存在的，诸如此类。18 世纪的怀疑论破坏了这些范畴。这些怀疑论者声称，它们没有自身的存在。然而，在第一批判（即《纯粹理性批判》）当中，康德将本体论换成了认识论，因而又重新确证了它们的有效性。康德将他自己（调整过）的范畴描述为判断力的范畴：它们不一定适用于客体，因为它们存在于它们自身当中（从这个意义上来说，这些判断力的范畴是本质），但是它们对于客体来说具有根本性的重要意义，因为它们为我们显现出来（从这个意义上来说，这些判断力的范畴是现象）。就像卢卡奇所观察到的那样，这就意味着："对于（从一种关于存在的科学这个意义上来说的）每一种'形而上学'的拒斥。"① 如果没有范畴的话，我们就无法拥有关于存在的知识——但是，实在的范畴性结构也同样依赖于先验的主体。

胡塞尔和拉斯克拒斥上述模式。与此相反，他们研究意识是为了揭开内在于意识当中的结构之谜，既没有将意识的这些内在结构建立在外部客体的基础之上，也没有将它们建立在主体的创造性力量这一基础之上。② 胡塞尔称他的方法为现象学。他指出，要想正确地理解意识，我们首先必须要下定决心，系统化地忽略掉外在于意识的世界的存在：我们要进行现象学的悬置（epoché）。我们要把整个外部世界"放进括

---

① 参见：Lukács *Werke*, 2: 297.
② 关于胡塞尔与现象学和本体论之间的特殊关系，大家可以参考 David Woodruff Smith, *Husserl*, London: Routledge, 2007, pp. 135 – 87.

号",并且还要在不否认其存在的情况下,"绝对不对其进行使用"。①因此,这种现象学的悬置就使得现象学家能够通过意识来研究意识:"意识在其自身中拥有一种其自身的存在,这种存在具有自己的绝对本质,不受现象学排除的影响。因此,意识就作为一种'现象学的残余'被保存了下来,意识这种存在领域具有非常独特的本质必然性,也的确能够成为一种新奇的科学领域,即现象学。"② 如果从现象学的角度出发来描述一个客体的话,我们用来描述这一客体的方式与那些从物质的角度出发来描述这一客体的方式具有本质上的不同:胡塞尔所使用的范畴与亚里士多德所使用的范畴是不同的,因为胡塞尔所使用的那些范畴不适用于在意识"之外"的客体。然而,胡塞尔所使用的那些范畴与康德主义所使用的范畴也不相同,因为胡塞尔所使用的那些范畴不是关于思维的范畴,而是关于客体的范畴。因此,我们发现,胡塞尔后来所作的一系列研究是建立在只适用于现象学客体的那些结构和范畴的基础之上的。

　　胡塞尔的上述做法所产生的结果就是揭开了客体的特殊性:现象学的客体从其内在本性来看就是"有意义"的。胡塞尔的兴趣不仅仅局限在世界在时间和空间上的表象——康德的认识论就是在其指导下进行的。对于胡塞尔来说,意识的每一种行动都是"意向的":意识的每一种行动都按照某种特定的方式指向客体。这个客体有可能(被意识所)判断、爱慕或是渴望,或者我们也可以从不同的角度来思考这个问题——拿破仑既是"奥斯特里兹的胜利者",也是"滑铁卢的失败者"。

---

① 参见 Edmund Husserl, *Ideas Pertaining to a Pure Phenomenology and a Phenomenological Philosophy*, *First Book*: *General Introduction to Pure Phenomenology*, Fred Kersten, Dordrecht: Kluwer, 1991, p. 61。胡塞尔自己的思想也经历了一段十分可观的发展历程,他的许多最为重要的思想在他生前都从未出版,然而他的这些重要思想却在他众多学生的手稿当中流传着。出于我此时此刻的目的,我集中关注的是在胡塞尔《关于纯粹现象学和现象学哲学的观念》的第一卷(即《纯粹现象学引论》)当中所呈现出来的思想:这是因为,卢卡奇在《物化》这篇文章当中所引用的正是胡塞尔《关于纯粹现象学和现象学哲学的观念》的第一卷。因此,我们可以确定,卢卡奇对第一卷《纯粹现象学引论》是非常熟悉的。

② 参见 Edmund Husserl, *Ideas Pertaining to a Pure Phenomenology and a Phenomenological Philosophy*, *First Book*: *General Introduction to Pure Phenomenology*, Fred Kersten, Dordrecht: Kluwer, 1991, p. 65.

胡塞尔用意向对象（noema）这个术语来将一个客体描述成结构性复合体，在这个结构性的复合体当中，包含着这个客体自身的特殊含义，这种特殊含义就是位于某个特殊接合点的"这一个"个体事物。用胡塞尔自己的话来说就是："由于所处的时刻所具有的意向性，每一个有意向的思维过程都是具有意向结构的；从其内在本质来看，在每一个具有意向性的思维过程内部都包含着某种例如'意义'的东西，抑或是一种建立在这种意义赋予基础之上的多重意义，并且通过与这种意义联合在一起而进一步对恰由这种'意义赋予'变得'有意义的'其他产物产生影响。"[①] 如果过分简单化地理解的话，那么我们就可以说，胡塞尔的现象学方法就意味着对于纯粹意识的结构——客体就是通过纯粹意识的这些结构表现为具有意向性的、特殊的东西——进行观察。这些现象学的结构不能被还原为无意义的、物质性的客体。这些现象学的结构不是观念论意义上的结构，因为它们所描述的是现象学的客体如何与其自身发生关联，而不建立在任何主体的基础之上。

胡塞尔对于意识的句法学结构和语义学结构的关注，对于主体和客体都具有重要的意义。首先，他明确地表示不会求助于康德的本体（noumena）。他说："如果我们认为知觉（并且，如果按照知觉自身的方式来看的话，任何一种对于一个物理事物的直观）没有触及物理事物自身的话，那是本质上的错误。它不是以在其自身之内、或是在其自在的存在之内向我们显现出来的……不是被给予的一幅图画或符号"[②] 意识不仅仅是一种表象而已：客体不是简单地被意识所认知，而是"存在于"意识之中。我们对于客体的意识从本体论的角度来看是基础性的东西：意向性的结构就是客体在其客体性之内的结构。客体在现象学上是什么，不能还原为它在物质上是什么，而且必须与后者区分开来。

胡塞尔小心翼翼地为自己从观念论的角度受到的指责进行辩护，他

---

① 参见 Edmund Husserl, *Ideas Pertaining to a Pure Phenomenology and a Phenomenological Philosophy*, *First Book*: *General Introduction to Pure Phenomenology*, Fred Kersten, Dordrecht: Kluwer, 1991, pp. 213 – 214.

② Edmund Husserl, *Ideas Pertaining to a Pure Phenomenology and a Phenomenological Philosophy*, *First Book*: *General Introduction to Pure Phenomenology*, Fred Kersten, Dordrecht: Kluwer, 1991, p. 92. 此外，大家还可以参考 David Woodruff Smith, *Husserl*, pp. 211 – 212

否认是主体"创造出"了这个意识的世界。他认为自己的论证"没有从这个作为全部实在的世界所具有的完全合法存在当中取走任何东西":意识的实在所依赖的是其自身的内部结构,而不是一个主体的思维投射。根据胡塞尔的解释,即使自我仅仅是以通过意识的特殊结构而被揭示出来的某物的形式而存在着,"每一个自我也是在其自身的思维过程当中存在着的……自我存活在这些思维过程当中:这并不是说自我拥有这些思维过程,并且'能够看到'这些思维所包含的东西。"① 自我意识来源于客体的意义性——而不是客体的意义性来源于自我意识。举例来说,当我在听音乐的时候,我所关心的不仅仅是我此时此刻所听到的特殊旋律而已。我对这段旋律的印象也同样包含着我对之前听到过的旋律的记忆——胡塞尔称之为"滞留"(retention)——并且还包含着一种预期的视域,由以后的旋律的可能性构成的——胡塞尔称之为"前摄"(protention)。② 这就为我们提供了一种"作为一个统一体的思维过程之流"——换句话说,也就是一个意识的统一体。③ 从这个意义上来说,一个具有意向性的客体要想显现出来的话,就必须要成为意识的一部分——但是,自我意识正是"从"意识的这种时间性、意向性的结构当中产生出来的。用胡塞尔的话来说就是:"当我审视着当下的生命之流,同时我就将自我理解为这种生活的纯粹主体了……我可以说且必然要说我是,这生命是,我活着:我思。"④

拉斯克关于真理的本体论

埃米尔·拉斯克是一战前新康德主义的领军人物。他于 1915 年在前线阵亡,享年 39 岁。他的死亡意味着他那些体系化的目标终究是无法实现的了。就像史蒂文·克罗韦尔(Steven Galt Crowell)所注意到的

---

① Husserl, *Ideas*, p. 174.
② Husserl, *Ideas*,, p. 175.
③ Husserl, *Ideas*,, p. 197.
④ Edmund Husserl, *Ideas Pertaining to a Pure Phenomenology and a Phenomenological Philosophy, First Book: General Introduction to Pure Phenomenology*, Fred Kersten, Dordrecht: Kluwer, 1991, p. 100.

那样，尽管人们通常将拉斯克划分在新康德主义的范畴之内，然而在一些最为重要的观点上，拉斯克却是与胡塞尔更为接近的。史蒂文·克罗韦尔将拉斯克与胡塞尔并列为对海德格尔产生了重要影响的两位人物，而卡尔·舒曼（Karl Schuhmann）和巴里·史密斯（Barry Smith）则找到了拉斯克与胡塞尔之间的通信。① 在拉斯克与胡塞尔之间所具有的相似之处当中，有三点对我们此刻的研究具有重要的意义：第一点，拉斯克的兴趣主要集中在客体性所具有的那些自我奠基的、不依赖于主体的逻辑结构；第二点，在拉斯克的思想当中没有本体（noumena）的位置；第三点，拉斯克将主体看成是其经验结构的产物，而不是反之。

拉斯克的主要兴趣在于"克服存在与逻辑领域的独立，解除客体与真理内容的长久分离，认识到先验的逻辑性或者说'存在'那种'可思'的性质"②。他希望能够借此将逻辑与存在调和起来。史蒂文·克罗韦尔对此的解释是："拉斯克试图在重新找回亚里士多德的范畴说所具有的本体论意义，同时保留一些关键性的、关于那些纯粹'逻辑'特征的康德主义洞见。"③ 本体论范畴是一个连贯的体系——客体是借由这个连贯的体系而存在的——这个连贯的体系既不是任意的，也不是来自归纳。拉斯克提出了"一种名为'生命学'（aletheiology）的理论——也就是一种建立在真理这一概念的基础之上的本体论意义理论（但不是形而上学，也不是表象）。"④ 尽管拉斯克提出的这些范畴从先验的角度来看是有效的（这就将其与胡塞尔的意识内在性区分开来了），然而，他关于有效性的理论学说却不依赖于任何一个对其进行思考的主体，因此，从这个意义上来说，拉斯克提出的关于有效性的理论学说不具有观念论的特征。（拉斯克提出的）这些范畴是适用于经验的，这是因为

---

① Steven Galt Crowell, *Husserl, Heidegger, and the Space of Meaning: Paths toward Transcendental Phenomenology* (Evanston, IL: Northwestern University Press, 2001); Karl Schuhmann and Barry Smith, "Two Idealisms: Lask and Husserl," *Kant-Studien* 83 (1993): pp. 448-466.

② 参见 Emil Lask, *Gesammelte Schriften*, ed Eugen Herriegel, 3 vols., Tübingen: Verlag von J. C. B. Mohr, 1923-1924, 2: 28-29。

③ Steven Galt Crowell, *Husserl, Heidegger, and the Space of Meaning: Paths toward Transcendental Phenomenology*, p. 39.

④ Steven Galt Crowell, *Husserl, Heidegger, and the Space of Meaning: Paths toward Transcendental Phenomenology*, p. 37.

"这不是一个关于认知的主体与客体之间关系的问题，也不是关于主客体二元性的问题，而是关于先验的逻辑知识所具有的内容与客体之间关系的问题"①。与胡塞尔相类似，拉斯克也把哲学当成是一种对于先验的、非主体性结构——客体就是通过这些先验的、非主体性结构而存在的——所进行的探索。拉斯克和胡塞尔坚持认为这些范畴结构必然具有有效性，他们希望借此来避免流于庸俗的唯物论；他们也拒绝将这些范畴的基础建立在主体之上，并希望借此来避免流于单纯的观念论。

从逻辑的角度出发，我们还可以接着推演出拉斯克与胡塞尔之间所具有的另外两点相似性。拉斯克提出的范畴是本体论意义上的，之所以这样说是因为这些范畴决定了客体的存在：这里不存在本体。"但是，我们在这里也不应该允许客体与'关于客体的真理'被分离成两个领域。我们应该认为，真理自身进入到了客体之中，并且与客体具有同一性。"② 客体之所以"是"一个客体，仅仅是"因为"它是以逻辑的形式表现出来的：再也没有什么隐藏在客体背后的更为"真实"的东西了。史蒂文·克罗韦尔明确表示："范畴的有效性就'是'客体的客体性，是存在物的存在，是事物的物性——客体不仅仅是通过主体的表象（判断）行为，而是'在其自身中，被认知的。'"③ 从这个意义上来说，拉斯克的思想更接近亚里士多德而不是胡塞尔。但是这两种范畴学说都不能被还原为"外在于"意识的实体的客体。

最后，拉斯克的主体仅仅通过其自身的经验而活着的：他所提出的这种主体没有任何独立的先验存在。知觉并不意味着一个主体在其自身的意识当中"拥有"某个客体；主体仅仅是客体为其自身找到意义的地点而已，主体就是"为先验的客体搭建起来的场景"④。拉斯克话锋一转，他又指出：如果主体是从具有独立结构的经验当中衍生出来的话，那么，这种独立的结构也同样规定了主体与客体之间的关系。那种所谓

---

① 参见 Emil Lask, *Gesammelte Schriften*, 2: 29。

② 参见 Emil Lask, *Gesammelte Schriften*, ed Eugen Herriegel, 3 vols. Tübingen: Verlag von J. C. B. Mohr, 1923 – 1924, 2: 109。

③ Crowell, *Husserl, Heidegger, and the Space of Meaning: Paths toward Transcendental Phenomenology*, p. 44.

④ 参见 Lask, *Gesammelte Schriften*, 2: 415。

"理论的沉思"的思维方式就是一个例子。卡尔·舒曼和巴里·史密斯注意到,这就"悬置"了主体与世界之间的互动。① 用拉斯克自己的话来说就是:"认知者仅仅'活在'真理之中,他的生活就存在于认知当中。与此相对照的是,拥有知识的人并非存在于他仅仅是对其进行思考的东西当中。"② 从拉斯克死后出版的作品当中,我们可以看到他明确地表示:因为沉思,也因为没能在其自身的经验当中存在,"活的主体性将自身变成了一种沉思的主体性,并且因此创造出了一个阴影区域,这就是无人称的事实领域。"③ 从本体论的角度来看,从所经历的经验到认识论的沉思的转变(拉斯克将这种转变称之为"历史性的分割"[historische Einteilung])将主体从世界当中异化出去了。主体的性质是由具有先验结构的主客体之间的关系所决定的——而不是相反。

一种现象学方法概述

从胡塞尔和拉斯克以上这些论述当中,我们可以构建出一种典型的现象学方法,并以此来对《历史与阶级意识》作出判断。如果要表明卢卡奇是用现象学的方法来对意识进行分析的,就意味着以下这几点。首先,卢卡奇试图按照自己的方式来对意识进行描述:范畴是适用于意识自身的,而不仅仅是适用于意识之中的客体。第二,他既排除了观念论的本体论,又排除了庸俗唯物论的本体论。不是从主体当中衍生出来的:只要存在着一个主体,这个主体就是附加在意识的结构上的。因此,之所以说现象学是非观念论的,是因为现象学不需要依靠一个主体来设定出意识的内容或是意识的结构。与此相类似,谈论本体是没有意义的:客体的客体性是它们在意识自身的范畴内部的被给予性。将意识还原为一种关于客体的副现象(epiphenomenon)是对于客体的性质的误解:客体的存在是按照意识的范畴被构建出来的。因此第三点就是,意识是根据其自身的逻辑被规定的。意识必须是具有内在连贯性的——用

---

① Schuhmann and Smith, "Two Idealisms".
② 参见 Lask, *Gesammelte Schriften*, 2: 191-192。
③ 参见 Lask, *Gesammelte Schriften*, 3: 179。

拉斯克的术语来说就是，意识必须是具有有效性的——并且任何的不连贯或是矛盾之处都会导致无法被还原为位于意识之外的因素的问题（例如像主观的心理焦虑，或是客观的经济危机这样的问题）。牢记以上这几点，我们接下来必须对卢卡奇的文本进行检验，来看看我们是否可以用以上这些方法来解释卢卡奇对于无产阶级自我意识的发展所进行的描述。

卢卡奇与现象学

事实上存在着一些可以用来检验卢卡奇与现象学之间关系的确凿例子，然而，却很少有人去检验这一点。卢卡奇通往马克思的道路被描绘成是一个迷失的浪漫主义者的游荡之路。卢卡奇的传记当中所记载的一些细节——卢卡奇出身于一个典型的大资产阶级家庭，是一个布达佩斯银行家的叛逆之子，他与母亲频频发生冲突，又遭遇了一些惊心动魄的、灾难性的爱情故事——为我们提供了一种解读卢卡奇的视角：举例来说，康登（Congdon）在他的描述中将青年卢卡奇一分为三，其中每个都忠实于卢卡奇当时所具有的洞见之中的永恒的女性（ewige Weiblich）。[1] 与此相对应的是，在卢卡奇的前马克思主义作品当中，康登最为关注卢卡奇所创造的一些较为轻松的文学作品：《灵魂与形式》的沉痛反省，异化的无家可归之感在《小说理论》当中的回声，以及投射在陀思妥耶夫斯基作品当中的思想，都描绘出了一幅诗意的灵魂在资本主义制度下饱受惊吓的图景；从这个角度来看，卢卡奇向马克思的转向似乎是不可避免的。然而，他对于一个为世界赋予真实表达其自由的形式的艺术化主体的信赖似乎也同样是不可避免的。

这幅图景有其正确之处，但只说了故事的一半：这幅图景忽视了卢卡奇作为一个与李凯尔特、文德尔班、胡塞尔和拉斯克共事的新康德主义哲学家的身份。虽然有明显的证据表明卢卡奇与以上这些思想家发生了互动，但是这些思想家对于卢卡奇产生的影响却被忽略了。1916年一

---

[1] Congdon, *The Young Lukács*, Chapel Hill: University of North Carolina Press, 1983.

封来自恩斯特·布洛赫的信当中包含着大量探讨胡塞尔、拉斯克以及洛采（Hermann Lotze）——洛采的有效性逻辑理论对拉斯克产生了影响——的内容：卢卡奇也认真地参与到了这种探讨之中。他丝毫没有掩饰以上这些思想家对自己产生的影响：在《物化》这篇文章当中，他几次提到了拉斯克和李凯尔特的思想，而且，卢卡奇还特意表明，胡塞尔的方法论对他产生了重大的影响。卢卡奇的那部海德堡美学专著具有明显的现象学特征，在这部专著当中，他大量地直接引用了胡塞尔的思想。① 卢卡奇与拉斯克私交甚密：在他们二人经由韦伯相识之后，拉斯克对卢卡奇这位青年学者的事业起到了很大的助推作用，他与李凯尔特一起拥护、支持卢卡奇。卢卡奇在信中提到拉斯克时，将他说成是一个亲密的朋友，后来又颇具感情地回忆了他在海德堡美学专著当中与拉斯克的对话。此外，在1917年，卢卡奇还在《康德研究》上发表了一篇对拉斯克充满感激之情的追悼文。

虽然有少数评论家曾经注意到了卢卡奇早年对于德国西南部地区哲学家的兴趣，但是这些人却很少试着进一步追踪他早年的这种兴趣对《历史与阶级意识》所产生的影响。康登注意到，卢卡奇在海德堡美学手稿当中所使用的语言具有胡塞尔的特征，但是他没有探索这是否进一步对卢卡奇的社会理论产生了重大影响。② 只有汤姆·洛克莫尔对卢卡奇社会理论当中的新康德主义认识论所作出的杰出分析填补了这一空白，然而他却没有从本体论的角度出发，检验意识与自我意识之间一些关键的不同之处。③ 要想正确地理解卢卡奇，我们就必须要效仿一下《堂吉诃德》的作者皮埃尔·孟纳（Pierre Menard）的做法：只有充分了解了卢卡奇的种种思想源头，才能对《历史与阶级意识》作出高于讽刺漫画水平的解读。从卢卡奇早年与胡塞尔和拉斯克共事的证据来看，如果我们认为在解读卢卡奇晚期作品的时候可以忽略这些人的思想对其产生的影响，那就未免太大意了。

---

① 关于卢卡奇的第二部海德堡研究中所具有的现象学元素，大家可以参考 Elisabeth Weisser, *Georg Lukács's Heidelberger Kunstphilosophie*, Bonn: Bouvier, 1992。
② Congdon, *The Young Lukács*, pp. 92 – 95, pp. 111 – 117.
③ Rockmore, *Irrationalism*.

虽然《历史与阶级意识》并没有"连续一致"地使用现象学方式来描述意识，但是在卢卡奇那些最为重要的文章当中，他是用现象学的方法来描述意识的。正如卢卡奇在《历史与阶级意识》的前言中所说，这部著作并没有呈现出一种完整的科学体系：这部著作只是一部他在许多年间根据不同的题目写成的作品所组成的合集而已。因此，我们也不应该期望在这部著作当中看到一种严谨的连续性。特别要指出的是，卢卡奇分析意识的方式还发生了改变。在收录在这部著作里的一些早期文章当中，卢卡奇依然将意识看做是对于被一个主体所拥有的客体的知识：举例来说，在1920年3月发表的《阶级意识》这篇文章当中，卢卡奇提出了无产阶级成员需要拥有关于社会的正确理论知识，才能按照恰当的革命方式来行动。然而，他的最后三篇晚期作品——即《物化和无产阶级意识》、《关于组织问题的方法论》（这两篇文章都是为《历史与阶级意识》这部著作特意写成的）以及《什么是正统马克思主义？》（再版时卢卡奇对这篇文章进行了彻底的修改，并且将其篇幅增加了一倍），都是用现象学的方法来对意识进行分析的：这三篇文章所描述的都是意识的结构，而不是意识的具体内容；这三篇文章都运用了存在（而不是表象）这个词汇来描述存在于意识内部的客体；还有，在这三篇文章当中，主体都被描述为依赖于意识被构建的方式。如果我们将这三篇距离我们最近的文章看做一个整体的话，那么那些支撑着卢卡奇方法论的现象学前提就变得非常清晰了。

然而，即使在这三篇文章当中，卢卡奇也没有表现出系统化的社会现象学。虽然我们在这里不能重新构建出一种系统化的社会现象学，但是，我们却可以证明卢卡奇"广泛"地运用了诸多现象学术语，从而证明用一种现象学的方法重新诠释同一的主体—客体的合法性。因此，我要指出两种在卢卡奇的文本当中周期性重复出现的现象学主题：第一，他将意识看做是一种客体的存在模式，而没有将意识看成是对于这个客体的知识；第二，他特意对规定了客体性的意识的"结构"进行了研究。我将会证明，他用来描述意识的术语更接近现象学，而不是认识论。

意识与存在

卢卡奇将客体的有意识的存在看成是（某种程度上的）实在：事物在意识当中的存在就是它们真实的存在，而不是它们表现出来的方式。他之所以攻击传统的"批判主义"（例如康德主义），是因为这种传统的"批判主义"的方法论起点是"方法与现实的分离，思维与存在的分离"①。与此相反，卢卡奇强调了辩证的范畴是存在的形式，而不是思维的形式，这就对应了拉斯克所提出的每一个客体都是作为一种"由形式与内容组成的、不可分割的复合体"而被给予的这种说法。② 形式不是主体加诸于感官材料之上用来创造出客体的东西；形式是客体的存在所内在固有的东西。因此，形式这一中介不是"某种从无中产生的、（主观地）插入到客体当中的东西……而是对于客体自身所拥有的真正的、客观的、具体的结构的揭示"③。与此相关的是，在表象背后不存在本体。卢卡奇将自在之物的问题看成是德国古典哲学的决定性问题。④ 卢卡奇注意到，虽然费希特形式上抛弃了本体，但是他依然将存在的实事性、客体的简单存在当成是一种不能在理性上推导而来的东西。⑤ 因此，（费希特才认为）"事实总是表现出不可克服的非理性。"⑥ 卢卡奇将这种与一种非理性的被给予之物的无穷无尽的冲突，归因于拒绝"将实在理解为一种总体以及存在"⑦。卢卡奇先将意识的实在性（Wirklichkeit）与存在（Sein）区分开来，再将这二者联系起来，从而打破了思维与存在的二元性。在德国古典哲学看来，实在仅仅是表象而已。事实上，实在本身就是不可还原的存在。

卢卡奇对于社会进行了分析，在这一点上他超越了胡塞尔和拉斯

---

① Lukács, *Werke*, 2: 174.
② Lukács, *Werke*, 2: 304.
③ Lukács, *Werke*, 2: 346.
④ Lukács, *Werke*, 2: 291.
⑤ Lukács, *Werke*, 2: 300.
⑥ Lukács, *Werke*.
⑦ Lukács, *Werke*, 2: 299.

克,但是他是运用胡塞尔和拉斯克的方法来对社会进行分析的。在卢卡奇看来,我们一定要按照社会所"表现"出来的方式对其进行分析。也就是说,社会在其中所表现出来的范畴,就是社会自身的存在的范畴。正是出于这个原因,卢卡奇才认为马克思的"古代的摩洛赫不是曾经主宰一切吗?德尔斐的阿波罗不是曾经是希腊人生活中的一种真正力量吗?"这篇文章所隐含的意义不仅仅在于,远古诸神之所以具有真实的力量是因为人们按照信仰行动;在卢卡奇看来,我们必须将这些远古诸神理解为按照某种特定的方式、借由它们的表象而存在于意识之中的东西。① 事实上,卢卡奇虽然对马克思没有继续深入发掘上述含义表示了遗憾,但是他认为"他在成熟的作品当中所使用的方法总是按照在实践当中逐渐形成的存在的概念来进行的"。② 因此,我们不能简单地按照韦伯可能使用的方法来评判这些宗教信仰——就是将这些宗教信仰看成是被理想化了的行动动机。我们必须要将这些宗教信仰当成是(借由它们在意识当中的存在而)存在于社会实在当中的一部分,从而对其进行评判。

在1922年版的《什么是正统的马克思主义?》这篇文章当中,卢卡奇明确表达了上述观点。他指出:"马克思要求我们将'感官世界'、客体和实在理解为人类可感知的行动。这就意味着,人类意识到自身是社会存在物。"③ 然而,上述分析只有在资本主义制度下才是"真正"有可能的。(在资本主义)之前的社会关系看起来太过自然,也太没有组织了,因而人类无法将他们自身看成是社会性的存在物。只有在资本主义制度下,所有的社会关系才最终明确地变成了经济的关系,这才使得个体的社会存在变得清晰起来,并且"人才变成了真正意义上的社会存在物。社会才成为了对人来说的真正实在。"④ 资本主义那种清晰可见的、形式化的平等使得作为一个整体的社会变成了真正的实在:随着人们对于社会关系的意识变得越来越清晰,这些社会关系也就变得越来越真

---

① Lukács, *Werke*, 2: 306.
② Lukács, *Werke*.
③ Lukács, *Werke*, 2: 192.
④ Lukács, *Werke*, 2: 193.

实。卢卡奇将意识的变化描述为一种状态的变更：当"意识"（Bewuβtsein）变更为"意识到"（Bewuβtwerden）的时候，就强调了"意识"的存在（Sein）："是"（being）和"变成"（becoming）——而不是"认识"——是最适合用来描绘意识的语言。由于意识是一种本体论的方法或者说领域，而不只是对已赤裸裸存在者的知识，——这是因为，引用卢卡奇的话来说就是"其它层面的实在是可能的"①，所以意识被组织的方式对实在有重大影响。最后，只有当社会具有意识的时候，我们才能说社会是作为实在而存在的：社会的表象与社会的存在是不可分割的。

意识的自发性结构

卢卡奇对于本体是排斥的。他坚持认为，一个已知的客体的范畴就是这个客体真实的范畴，否认实在代表的仅仅是关于世界的知识。出于以上这些原因，卢卡奇对于实在所具有的那种自发的一致性格外关注。这就是卢卡奇思想当中的第二个现象学主题：他所探讨的是意识——特别是像物化这样的关于意识的问题——的"结构"，而不是意识的内容。卢卡奇研究了表象是如何被构建出来的，而不是研究主体知道什么或是怎样知道的。资本主义将一种普遍的结构加诸于所有的表象之上，这才是将资本主义与之前的早期社会区分开来的地方。用卢卡奇的话来说就是："正是拥有将整个社会都包含在内的、统一的经济结构的资本主义为意识的总体性，首先——从形式上——创造出了统一结构。"②

卢卡奇为了巩固上述观点，提出主体和客体都是在意识内部并且是通过意识而得到了结构性的规定，而不是意识被主体和客体所规定。这种观点的最佳例证就是他对于费希特试图用活动性来取代知识的方法所进行的分析：卢卡奇将费希特必须按照伦理学的方法将主体与世界联系在一起的方法描述为一种"意识的结构"。③ 卢卡奇认为，费希特与康德之间最关键的差别，就在于主体与客体之间关系的结构不同。从卢卡奇

---

① Lukács, *Werke*, 2: 193.
② Lukács, *Werke*, 2: 275.
③ Lukács, *Werke*, 2: 302.

对于术语的选择当中我们可以看出，主体与客体之间不同的关系，就意味着作为一个整体的意识的不同结构。意识不仅仅是被理性的范畴所统治的知识，意识与主体是有差别的。在对意识所进行的描述当中"包含着"这样的含义，即主体在结构上是如何被定位于关于客体的意识。卢卡奇没有简单地研究那些主体用来认知世界的认识论范畴，而是研究了作为一个整体而存在的意识的领域是如何被组织起来的，他用来研究后者的方法更接近于胡塞尔和拉斯克，而并非康德或是费希特。

总而言之，我们可以从卢卡奇描述意识的方式当中看出胡塞尔和拉斯克对他的思想所产生的影响。卢卡奇将意识的范畴看成是客体自身的真实范畴。而不是认识论意义上的范畴；他拒斥那种认为存在着本体或某种基础性的实在，而意识仅仅是对它的描述的观点；令他感兴趣的是意识的结构，而不是意识的内容——也就是说，是"怎么"，而不是"什么"。当然，我们不可能将卢卡奇还原为胡塞尔或是拉斯克，这是因为卢卡奇最感兴趣的客体是社会历史的总体性，而不是一般的客体本身。虽然如此，我仍然将卢卡奇在现象学的框架内所使用的某些描述社会意识的方法挑选出来了。尽管（令卢卡奇感兴趣的）客体已经超越了胡塞尔或拉斯克的视域，但他用来描述这种客体的意识存在的方法，依然在很大程度上受益于胡塞尔和拉斯克的方法论。在证明了以上观点之后，我将会用这些方法论来解读卢卡奇关于革命性的主体性理论。

意识的物化结构

"如果要遵循自然科学的模式，大概就不可避免地意味着要将意识物化"——因此，不是卢卡奇，而是胡塞尔将那种工具化的科学主义态度的兴起与物化联系在了一起。[①] 与此相类似的是，拉斯克表明，一种纯粹从理论的角度来看待世界的立场将会导致关于一个阴影世界的"删改的、歪曲的知识"的产生。[②] 与许许多多对于卢卡奇的物化这个术语

---

① Husserl, "Philosophy as Rigorous Science", in *Phenomenology and the Crisis of Philosophy*, trans. by Quentin Lauer, New York: Harper, 1965, p. 103.

② Lask, *Schriften*, 3: 240; Schuhmann and Smith, "Two Idealisms".

所进行的庸俗的批判相比，胡塞尔与拉斯克两人的上述思想观点与卢卡奇使用这个术语的本意最为接近，而那些庸俗的批判则通常是将卢卡奇这个术语的含义还原为康德将他者看成是主体及在其自身当中存在着的目的，而不是客体或手段这一绝对律令的马克思主义的版本。①

当然，卢卡奇的物化理论很可能还有其他的思想来源——最显而易见的就是黑格尔和马克思。然而，黑格尔所使用的不是"物化"（Verdinglichung）这个术语，而马克思也只提到过两次这个术语，许多学者都认为，卢卡奇这个术语类似黑格尔和马克思在不同术语下的某种概念。因此，人们将（卢卡奇所谈论的）物化理解为是社会所导致的那种黑格尔主义的自我对象化（self-objectivization），然后这种物化又变成了马克思主义语境下那种异化，就是主体的产品——也就是商品——向主体表现为一种客体，一种物。上述观点起源于一种方法论的谬误：上述观点认为，在（卢卡奇所探讨的）"物化"这个概念当中必定包含着某种来自黑格尔或马克思的含义。因此，我们的任务就是要在黑格尔和马克思的思想理论当中，找到与（"物化"）这个概念类似的东西；如果我们不这么做，而是按照卢卡奇自己的方式来理解他提出的"异化"这个概念，那么就会发现，这个概念与（马克思主义语境中的）"异化"（alienation）或是（黑格尔主义语境中的）"对象化"（objectification）大有不同。

有一位思想家倒是频繁地使用"物化"（Verdinglichung）这个术语，他就是西美尔。在他看来，货币为人类的社会关系赋予了一种像物一样的特征，将这些人类的社会关系变成了固定的并且是具有客观有效性的东西。虽然西美尔对于价值的反思——即他将价值看成是一种与存在有所不同的本体论领域——是非常有趣的，但是他最为关心的却是心理学层面的东西：他提醒我们，物化的社会关系看起来似乎是不受从这些物化的社会关系当中被排除出去的主体性的影响的，这是非常危险的。在西美尔看来，存在着一种与物化的社会关系不同的主体性实体，而这种

---

① 关于上述观点的最新例证，大家可以参考 Axel Honneth, *Verdinglichung*, Frankfurt am Main: Suhrkamp, 2005。

主体性实体与物化的社会关系是相互对立的。

从卢卡奇《物化》这篇文章的第一部分当中，我们可以清晰地看出西美尔对于卢卡奇对社会关系的分析所产生的影响。但是，卢卡奇对于社会关系的分析却远远超越了西美尔的思想。对于卢卡奇来说，最为核心的问题在于"被物化了的意识结构"：也就是关于物化是如何变成一种将意识本身组织起来的原则的问题。① 由于卢卡奇谈论的是意识"自身"是如何在其自身的结构当中被物化了的，因此他的思想超出了社会学或是心理学的领域。要想理解卢卡奇是如何在物化的极端性当中看到希望的，我们就必须在不借助于超越意识的精神或主体的情况下来理解意识。换句话说，我们必须要从现象学的角度出发来理解意识。在卢卡奇的这种论证当中，包含着三点内容。首先，我要检验的是卢卡奇所说的那种"被物化了的意识结构"的含义：这说明了在意识内部建构主客体之间的关系的特殊方式。第二，我会检验一下，上面提到的这种方式是怎样对主体产生影响的。卢卡奇关注的不是心理学层面的问题，而是被物化了的意识是如何被"时间性地建构"的方式。最后，无产阶级的自我意识的出现，来源于一种在主客体从现象学的角度被建构时所产生的逻辑矛盾。不是物化在心理学层面上的问题导致了辩证的矛盾的出现：不是因为一个被对象化的世界与一个外部的、"作为具有精神的有机体而存在的"主体之间产生冲突，这个由于被物化而产生反抗的主体试图克服异化。在卢卡奇看来，隐藏在物化内部的矛盾是作为一种现象学意义上的意识的结构而出现的。

意识的物化

卢卡奇认为，在克服资本主义的过程当中起到关键作用的是"针对被物化了的意识所带来的影响而进行的斗争"。从这个观点当中，我们可以清晰地看出，他更为关注的是物化对于意识的意义，而不是对于社

---

① 参见 Lukács, *Werke*, 2: 275。

会体制的意义。① 虽然卢卡奇将商品定义成是物化的缩影,但是在他看来,物化的统治所产生的最为重大的结果,就是"被物化了的结构更加深刻、更加命定地并且是更有组织地沉入到人的意识当中去。"② 因此,从这个意义上来说,物化既是一种意识的特殊结构,又是一种社会学的现象。在物化这个术语的含义当中,包含着主体与客体之间的一种特定的关系:所谓被物化了的意识的意思就是"采取了理性化形式化模式的知识,是唯一一种可能的……理解实在的方法"③。对于实在采取的一种不同的态度会导致如下结果:"朝向一个机械化的、被规则所统治的过程的思考立场,这一过程所发挥的作用不依赖于意识,并且不受人类行为的影响,看起来似乎是一种完全封闭的体系,它改变了人类对待世界的直接态度所具有的那些基础性的范畴:它将时间和空间还原到一个公分母,并且将时间降格到了空间的层面上去。"④ 卢卡奇将发展的基础定义为在一台机器当中工作的经验,指出一种朝向世界的新态度的出现,即主体将自身视作对其意识内容进行沉思的(因而与其分离)。

卢卡奇坚持认为,物化对意识产生了双重影响,这就进一步突出了他的论证所呈现出来的现象学层面。他向来关注的不仅仅是证明客观层面的影响,还要证明主观层面的影响。卢卡奇强调,是商品"将其自身的结构强加到人类的全体意识之上",以此来宣称,他的任务是要揭露"客体性的形式以及主体的相关立场"是从商品的拜物教特征当中衍生出来的问题。⑤ 因此,卢卡奇反复描述了主体和客体是如何同时被支配着意识的物化结构所改变:正是这一组织原则决定了主体和客体都是位于意识"之内"的,而不应认为主体是存在于意识之外的。在关于客体的问题上,卢卡奇描述了沉思的思维问题,将这个问题还原为观察一个客体世界的问题,这些客观是"作为一种由规则组成的已知的、可知的、理性的体系的必然结果,作为其必然性"来运行的:尽管我们可以

---

① Lukács, *Werke*, 2: 511.
② Lukács, *Werke*, 2: 260, 268.
③ Lukács, *Werke*, 2: 299.
④ Lukács, *Werke*, 2: 264.
⑤ Lukács, *Werke*, 2: 275, 258.

"认识"这个体系，但是我们只能被动地观察这个体系，而无法控制这个体系。① 卢卡奇在此处所抱怨的问题与拉斯克的观点非常类似：他们都认为，如果用认识论的方法来定义我们对于世界的意识的话，就意味着世界会表现出绝对机械化的并且是决定论的特征。从我在此处想要达到的目的的角度来看，物化结构统治意识的主观层面上的结果具有更为重要的意义：知识的主体不仅仅从特定的个体当中被永远地分离出去了，并且还被转变为"一个纯粹的——即纯粹形式化的——主体"，这个主体的"性质与能力表现为一个人所'拥有'的'事物'，就像外部世界当中各种各样不同的客体"。② 我们不能从认识论的角度出发，将意识理解为知识，因为认识论这种立场"本身"就会无情地导致主体的形式化。这种主体为了认识世界而将自己置于世界之外的态度是物化的精髓。

主体的现象学构建

在卢卡奇看来，认识论立场的错误之处——我们可以清晰地看出，这种认识论的立场将主体从主体的意识当中分离出去了——就表现在被物化了的意识所具有的结构对于个体主体进行塑造的方式当中。上述现象之所以会出现，是因为作为一种商品的劳动按照"小时"被出卖：整个现象学领域的基础时间结构被客观的、量化的关系所支配着。胡塞尔提出了经验之流的说法，这种经验之流所拥有的"滞留"（retention）和"前摄"（protention）为一种有机的连续性——主体就是从这种有机的连续性当中产生出来的——提供了无产阶级的原子化、物化的意识，时间被分割成了同一的、可以相互替换的、相互之间没有联系的片段。这就是时间被转变为空间，以及被彻底改变了的主体对待世界的态度的缩影：

---

① Lukács, *Werke*, 2: 307 – 308
② 这两句话的德文原文分别是："ein reines – rein formelles – Subjekt"，以及"Eigenschaften und Fähigkeiten … erscheinen als 'Dinge,' die der Mensch ebenso 'besitzt' und 'veräußert' wie die verschiedenen Gegenstände der äußern Welt." Lukács, *Werke*, 2: 306, 275。

因此，时间失去了其质的、变化的、流动的特征。时间僵化成了一种被限定了的、可以用量化的方式对其进行测量的连续统一体，在这个连续统一体当中充满了可以用量化的方式进行测量的"事物"：时间变成了空间。由于时间已经变成了就像周围环境（Unwelt）一样是物理空间的抽象的、可以测量的——这种环境既是前提，同时又是劳动这一客体所创造出来的那种可以从经济的角度被机械分割的并且是专门化的生产所造成的结果，主体自身也必然相应地被理性地分割开来。①

卢卡奇在《物化》这篇文章当中反复使用了"环境"（Umwelt）这个术语来指称直接的意识的环境——主体就存在于当中——他运用"环境"这个术语的方式，与胡塞尔在《纯粹现象学和现象学哲学的观念》与《作为严格科学的哲学》当中对于这同一个术语的运用非常类似，在胡塞尔的理论思想当中，"环境"这个术语发挥着一种先驱或者说前导的作用，这个术语后来在胡塞尔的理论体系当中逐渐发展为一种更为完善的概念，这就是生活世界（Lebenswelt）。更为重要的是，卢卡奇认为，主体是被运用于其意识的结构所瓦解的：在此处他再次表明，是意识的组织决定主体，而不是主体决定意识的组织。从所有现象的领域这个角度来看，意识已经成为了一组客体的集合：意识已经完全被物化了。这就是把劳动当成一种商品所导致的结果。由于人们是按照时间对劳动进行测量的，因此在当前，人类存在于世界之中的方式这个基础性的范畴就被一种更适用于空间的原子化原则所建构了。从这个意义上来说，卢卡奇的批判并不仅仅是针对作为一种"拜物教"的形式而存在的商品掩盖了隐藏在被扭曲了的交换价值背后的、由劳动创造出来的真正的"使用"价值这一更为基础性的东西而言的。他的批判针对的是对于商品向意识的结构所表现出来的那种量化结构的应用——是客体和主体出现的条件。

① Lukács, *Werke*, 2：264。

卢卡奇坚持认为，只有当"构建出人类的存在的所有范畴都表现为存在本身的决定条件（而不仅仅是表现为存在有可能被理解的方式）"的时候，无产阶级的自我意识才能发挥作用。① "由于"被物化、理性化了的商品形式是通过时间而被应用到意识当中去的，因此上述条件就得到了满足：商品形式的社会范畴——社会就在这种社会范畴当中表现出来的——也"同样"是把对主体的揭示构建为主体的范畴。在这里我要澄清一点：虽然黑格尔在《精神现象学》当中与马克思在《1844年经济学哲学手稿》当中都对主体是如何"表现为一个客体"——也就是说，主体是如何以一种客体化的形式获得关于自身的知识，以及这种知识是如何改变自身表现出了兴趣。卢卡奇对于主体与客体之间的本体论关系的关注却来源于胡塞尔。就像卢卡奇所解释的那样："对于工人来说，工作时间不仅仅是他所销售的产品的客体化形式……同时也是他作为一个主体，一个人而存在的确定性形式。"② 因此，由于无产阶级被定义为出卖他或她的劳动时间的人，劳动时间的量所发生的任何变化都会从根本上改变他或她的"所是"。对于工人来说，量的变化具有质的意义，这是因为这些量的变化对意识——他或她就是通过这种意识被揭示的——产生了影响。卢卡奇没有将资本家客观地定义为在社会当中出卖劳动时间的人：对于资本家来说，劳动时间的变化仅仅是他们所购买的客体的量的变化罢了。与此形成鲜明对照的是，无产阶级的社会存在是要借助于时间的，因此时间的量所发生的变化，会从根本上改变无产阶级"是其所是"的存在的"质"。恰恰是因为无产阶级是通过意识而存在的（这是从现象学的角度来说——如果从认识论的角度来看的话，无产阶级就是存在于意识"之外"的了），在意识内部的结构与组织所发生的变化才会对无产阶级产生如此深刻的影响。

主体与客体的矛盾

意识被物化了的结构已经将主体一分为二了。一方面，它创造出了

---

① Lukács, *Werke*, 2：342.
② Lukács, *Werke*, 2：351.

一种形式化的、没有内容的、不起作用的主体，这个主体感到自己无力对表现出来的实在产生作用。另一方面，实在被时间性地建构的方式之所以能够对具体的个体意识产生影响，恰恰是因为认识论意义上的结构所具有的明显的独立性，仅仅是意识的内在结构所造成的结果而已：事实上，对于主体来说，并不存在什么先验的超越性。因此，通过将意识还原为单纯的客体性，主体也就变成了客体性的东西。然而，正是因为主体如此依赖于其意识所具有的结构，卢卡奇才能够论证说，是这些（意识的）结构的内部存在的一种逻辑矛盾创造出了无产阶级的自我意识。对于卢卡奇的传统解读认为，主体被其自身创造活动的物化所背叛了，而一种现象学的解读则能够揭示出，主体通过意识本身的结构被创造成了一种自我意识。在主体在意识内部被创造出来"之前"，不存在任何主体。进一步来说，正是由于这个"如其所现"主体与其自身的意识结构是相互矛盾的，这个主体才变成了一种自我意识。

上述问题之所以充满矛盾，是因为从意识的资本主义结构这个角度来看，"主体与客体之间是严格对立的"。① 物化与思考立场已经创造出了一种表现为与自身的客体世界区别开来的主体。在社会当中，这就导致了工人同时表现为抽象的劳动时间以及独立的个体劳动贩卖者。同一个人在意识当中被建构为既是主体又是客体。因此，"通过此处由于人将其自身客体化为商品而在主体性与客体性之间产生的分离，与此同时这种处境就有可能变得具有意识了。"② 卢卡奇对于新闻工作者的处境所进行的评论，为我们提供了一种有益的对照：新闻工作者可能说服自己，使自己认为自己的工作真的能够体现出自己的主观才能（虽然这种幻觉是错误的），然而对于无产阶级来说，劳动不过就是抽象的时间罢了，所以就在工人所从事的工作当中与工人相分离。③ 因而无产阶级意识到一种完全被分割开来的双重存在——客体（指无产阶级存在的日常现实）与主体（指抽象的劳动力贩卖者，从表面上来看，这就是劳动力被对象化的"原因"），在别的阶级那里是不存在的。无产阶级对于这种

---

① Lukács, *Werke*, 2: 351.
② Lukács, *Werke*, 2: 352.
③ Lukács, *Werke*, 2: 275.

情况的认识"在其知识的客体当中导致了一种客观的、结构上的变化"①。由于无产阶级的劳动具有社会性,也因为无产阶级在主体与客体的双重存在当中与他自身的劳动是具有同一性的,因此,工人已经认识到了"被孤立的个体与抽象的普遍性之间的矛盾,他的劳动与社会之间的关系就是在这种矛盾之中发生的"②。因而工人再也不能将自身看成是资本主义当中的个体了,而必须要认识到他自己是一个作为无产阶级而存在的社会存在物:正是从这个意义上来说,我们将无产阶级看成是"其自身作为一个阶级的起源。"③ 卢卡奇并不是说,无产阶级突然就注意到了自己是一个阶级(或者说无产阶级突然间就从自在[an-sich]转变成了自为[für-sich]);卢卡奇想说的是,无产阶级作为一个阶级的存在,仅仅是通过主体与客体在意识的结构内部的逻辑矛盾而产生的。这些(意识的)结构就是无产阶级的存在所具有的范畴。

到了这个地步,卢卡奇对于具体的特殊性(这里指的是工人)与抽象的普遍性(这里指的是劳动)的调和具有明显的黑格尔主义的特征,但是,卢卡奇是通过用胡塞尔的方法构建出意识才走到这一步的。个体无产阶级的意识被建构为一种包含着一个主体,也就是抽象的劳动贩卖者,以及一个客体,也就是商品化的劳动自身。由于客体是通过时间被建构出来的,这就改变了主体被揭示出来的方式:主体与客体是同时表现出来的。矛盾是存在于意识内部的这些范畴之内的,而不是存在于意识与某种外在于意识的事物之间。卢卡奇这种内在辩证法并不需要先验的主体:这种内在辩证法所需要的仅仅是意识自身所创造出来的东西。通过将意识社会化地建构为主体与客体,无产阶级的社会存在就第一次被揭示出来了。

党就是无产阶级生成自我意识的行动

人们曾经指责卢卡奇太明显地依赖于德国观念论——尤其是庸俗

---

① Lukács, *Werke*, 2: 353
② Lukács, *Werke*, 2: 355.
③ Lukács, *Werke*, 2: 355.

的费希特——的思想观点，认为德国观念论的思想在卢卡奇提出的那种作为革命的主体而行动的革命政党所起到的作用的理论当中占有过于重要的地位。卢卡奇无法证明无产阶级如何能够对决定着无产阶级意识的社会产生作用，这就迫使他提出让一种中央集权的、列宁主义的政党来代表无产阶级行动。在某些评论家看来，卢卡奇的上述观点表现出了一种值得称赞的实在论；而在其他一些评论家看来，卢卡奇的上述观点为一党专政打开了方便之门。① 假如对于卢卡奇的现象学解读正确的话，那么上述论证就变得不大可能了：如果说卢卡奇不认为社会关系是由一个先验主体所创造出来，而且该主体可自由作用于它的话，那么他就不大可能陷入到某个政党当中去寻找这样一个主体。在《历史与无产阶级意识》当中收录的最后两篇文章，是与《物化》在同一时期内写成的。我们从《历史与阶级意识》这最后一部分内容当中可以看出，卢卡奇是用与他分析物化时所使用的相同的现象学方法来对党进行描述的。首先，我将会简短地概述一下卢卡奇为党在革命时代所赋予的角色。卢卡奇没有将党描述成一种具有布朗基主义—列宁主义特征的机会主义代表。他描述党的方式与罗莎·卢森堡看待大规模罢工的方式更为接近。第二，我将会证明，卢卡奇这种更接近于民主的党派观是如何建立在现象学的基础之上的。从卢卡奇描述党的语言以及他所使用的那种关于代表的特殊观点当中，我们都可以看出，他是从一种独特的现象学角度出发来看待政党的。

作为先锋的党

卢卡奇在《历史与阶级意识》收录的最后两篇文章当中，论证了一个强大的党组织所具有的好处。因此，人们通常认为，这就意味着他已经放弃了自己早期所持有的那种关于基础更为广泛的无产阶级革命的卢森堡主义信仰，而转向了那种认为要依靠一个小先锋群体以工

---

① 前面那种认为卢卡奇的上述观点表现出一种值得称赞的实在论的评论，大家可以参考 Gareth Stedman Jones, "Early Lukács"；后面那种认为卢卡奇的上述观点为一党专政打开了方便之门的评论，大家可以参考 Arato and Breines, *Young Lukács*。

人的名义完成推翻资本主义这一任务的列宁主义。然而，从卢卡奇反复使用并且着重强调对卢森堡的赞美之词来看——1922年当时正是正统布尔什维克主义大获成功的时候，卢卡奇在此时反复赞美卢森堡是一种奇怪的策略——我们还是很有可能针对上述批判为卢卡奇进行辩护的。事实上，如果我们考察一下卢卡奇为党所赋予的特殊角色，我们就可以清晰地看到，卢卡奇看待党的方式与卢森堡思想当中的大规模罢工理论是非常类似的：通过党的活动，工人变得具有意识了。有两大重要论据可以用来证明上述论点。第一，卢卡奇所拥护的是一种具有广泛基础的党的理念，而不是列宁提出的那种小规模的、纪律性极强的干部。卢卡奇对于后者是持明确的反对态度的。第二，卢卡奇并没有从工具主义的角度出发来看待党，即将党看成是一种夺取政权的手段。与此相反，卢卡奇认为，党就是意识通过参与党的工作得到发展的场所。

卢卡奇将党定义为一种拥有广泛基础的运动，工人通过这种运动自身受到教育，他并不认为党是由少数受过教育的革命者组成的一个小团体，而这些少数革命者必须对工人进行教育。虽然党是由那些意识最强的工人所组成的，但是党也应该吸引更多的无产阶级加入到斗争当中来。卢卡奇为了表明上述观点，指出了一种"什么都没有改变的情况"，他列举了"两个极端的例子，第一个例子是，一个相对小规模的、拥有内向组织的党通过与无产阶级的广泛阶层进行互动而发展成了一个大规模政党；第二个例子是，一个大规模共产党在经历了无数次内部危机之后，逐渐失去了原有的大规模"①。这两种极端的情况拥有一个共同点，这就是其目标都是一个大规模政党，而不是一个革命性的核心。这一点是非常重要的。

进一步来说，卢卡奇反复将无产阶级——而不是党——推向了主体的位置。他认为，将要进行革命的是阶级，而不是阶级的机构。"即使从理论的角度来说，共产党也不能代表无产阶级行动"：我们一定不能

---

① 参见 Lukács, *Werke*, 2：355。

将共产党看成是补偿无产阶级主体性缺失的代理人。① 同样的道理在党的内部也同样适用。卢卡奇提醒我们，如果一个中央委员会有过多的权威的话，恐怕会将使大众退回到"一种仅仅是'观察的'、沉思"的态度，而这种态度将会导致"自发地过分抬高个体（即领导人）所起到的重要作用，而过分贬低了阶级（即大众）的重要性，这将会是灾难性的。"② 卢卡奇坚持认为，在党内发挥重要作用的成员"不仅仅有批评的权利，并且还被迫要表达出自己的批评"。因此，政策不应该仅仅由领导人来决定。③ 正因为如此，卢卡奇才对那种由专家组成的党的理念持拒斥的态度。

卢卡奇为党设定的任务，将他与列宁进一步区分开来。由于"共产党的斗争是无产阶级阶级意识的斗争"，党就不应该"代表"阶级来从事革命性的政治活动——抑或"仅仅"是"增强与促进阶级意识的发展进程"。④ 这就同时排除了那种将党看做是推翻资产阶级政权的最佳工具的实用主义观念，并且证明了在卢卡奇的理论当中存在着卢森堡主义的精神。用卢卡奇自己的话来说就是："共产党的斗争是无产阶级阶级意识的斗争"，而不是对于社会本身的实际改革。⑤ 卢卡奇对那些"替无产阶级行动"的人持批判态度，后者没有鼓励"通过他们的行动来发展阶级意识的真实进程"。⑥ 因此，"共产党的出现只能是拥有阶级意识的工人有意识地完成的工作。"⑦ 党的工作与卢森堡理论当中的大规模罢工起着相同的作用：这就是通过实践来发展革命性的意识。

即使在卢卡奇与卢森堡主义分道扬镳、赞美党的杰出作用之时，他也出于良心认可了卢森堡作出的贡献。她的错误在于过分乐观："她只是过高地估计了这一进程的有机性，而没有充分认识到其中有意识地进行组织

---

① 参见 Lukács, *Werke*, 2: 505。
② 参见 Lukács, *Werke*, 2: 496。
③ 参见 Lukács, *Werke*, 2: 514。
④ 参见 Lukács, *Werke*, 2: 503。
⑤ 参见 Lukács, *Werke*, 2: 503。
⑥ 参见 Lukács, *Werke*, 2: 507。
⑦ Lukács, *Werke*, 2: 517.

的元素的重要性。"① 然而，卢森堡关于一种有组织的进程的大体看法还是正确的：党仅仅是从形式上将无产阶级所获得的最高阶段阶级意识固定下来了，并且保持了无产阶级的意识的纯粹性，使之远离非无产阶级阶层或是职业革命者的腐化。即使是在对布尔什维克大加赞美的时候，卢卡奇所关注的也是布尔什维克党内成员所需要作出的承诺，而不是关于一个小规模的、有组织有纪律的党的实用主义。当然，这并不从逻辑的上必然得出对党的规模进行限制或加强党的中央委员会的结论。卢卡奇或许没能把握布什尔维克主义的现实，但是他对于党的描述所指向的并不是一种中央集权的领导权力，而是一种大规模的行动。

阶级意识的现象学

卢卡奇这种关于的党的理论是来源于现象学这一点还有待进一步阐明。之所以说卢卡奇关于党的理论具有现象学的特征，是因为他所谈论的意识的类型，以及（卢森堡主义所谈论的那种）大规模政党所进行的实践，都既不需要一个先验的主体，也不必然包含着一个主体对一个与之相对立的客体有所行动的意思。首先，卢卡奇将阶级意识的出现描述为无产阶级的一种具体的发展，而不是对于知识的获得。第二，（由于阶级意识的出现不是一种"知识"），阶级意识只能体现在集体的意识当中，而不是存在于一个单独的认识论主体的思维当中的。第三，卢卡奇将无产阶级的自我意识描述为无产阶级的阶级存在所发生的一种本体论的、质的转变。最后，卢卡奇认为，主体革命实践只是执行，而不是创造。工人阶级之所以是自由的，是因为工人阶级以自为的范畴表现出自己，而不是因为工人阶级改变了一个与之相对立的客体，即社会。

首先，我们不能将阶级意识直接等同于关于客观现实的真实知识。无产阶级在获得意识的过程当中发生了变化，因此，阶级意识"是什么"也必须随之改变。正因为如此，卢卡奇才对那种声称自己具有比无产阶级更为优越的地位、并且能够对无产阶级进行教育的政党提出了批

---

① Lukács, *Werke*, 2: 494.

判,他将这些政党所宣称的这种优越地位说成是"纯粹的资产阶级事后结构,是被物化了的仅仅是'沉思'的意识"①。卢卡奇使用"事后"这个术语想要表达的是一种按照预先存在的概念——也就是按照之前被固定下来的材料——解释社会或阶级的倾向,正如观念论主体面对实在时所使用的理性范畴。这就将认识论的立场、物化与旨在"教育"无产阶级的革命性实践联系在了一起。与此相反,卢卡奇将实践说成是无产阶级意识的形式通过其自身的经验而得到的发展。唯有如此,才有可能克服"普遍性与特殊性、规则与'被规则包括在内的'个例之间的种种对立"②。卢卡奇小心翼翼地将"subsumierten"(被包括在内)这个词汇打上引号,是为了再次强调从认识论意义上的判断能力这一角度来分析阶级意识从其内在本性来看就是错误的。运用前定的概念和范畴来解释社会,从本质上来说是错误的。卢卡奇拒绝将阶级意识等同于认识,并以此来破坏那些发挥着领导作用的党骨干试图统治革命阶级的努力。

卢卡奇提出了另外一种理解阶级意识的方法,梅洛-庞蒂提出的阶级意识的意义"并没有采取'我思'的形式"③这种观点,是对卢卡奇这种方法最好的总结。阶级意识并不是某一个主体的精神所拥有的东西,阶级意识在党之中表现为"阶级意识的组织形式",也就是无产阶级拥有形式的方式。④卢卡奇在言谈话语间暗示出意识客观地拥有形式:意识并不是在思维当中发生的,主体也没有将意识加诸于世界之上,意识是在客体自身当中直接被表达出来的。因此,"对于每个个体来说,心理层面的意识都保留了其事后的特征"。卢卡奇对于在党的组织形式当中表现出来的高级意识与个体所拥有的低级的、认识论意义上的意识进行了区分。⑤由于卢卡奇所谈论的阶级意识所具有的形式不依赖于任何一个认知的主体,因此从这个意义上来说,卢卡奇就与那些观念论的范式分道扬镳了。进一步来说,某个前瞻性的领导人可能会宣称自己对

---

① Lukács, *Werke*, 2: 494.
② Lukács, *Werke*, 2: 510.
③ Merleau-Ponty, *Les Aventures de la dialectique*, 50.
④ Lukács, *Werke*, 2: 505.
⑤ Lukács, *Werke*, 2: 495.

于阶级意识的正确形式有着独特的洞见,所有像这样的宣称都是毫无意义的,我们之所以这样说是因为:如果说意识的形式是表现在集体的组织之中,而不是表现在"思维"当中的话,那么只有整个集体才能够对于这个集体自身的意识具有某种洞见。我们是不能(从认识论的角度出发)从意识之外去认识意识的,能够揭示意识的只有意识自身。

第三,因此我们应该从本体论的角度出发,来看待这种意识本身。由于工人阶级是有组织的,因此工人阶级是具有自我意识的;由于工人阶级是具有自我意识的,因此工人阶级才能够按照正确的方式存在。上述观点就隐含在卢卡奇对于与布尔什维克党——布尔什维克党对其成员提出了严格要求,但却没能成功地从党派的成员身份当中构建出他们的伦理形式——相类似的空想派所进行的批评当中。在卢卡奇看来,上述错误的源头就在于,这些党派没能认识到思维与存在之间的必然关系。① 与这些党派相比,共产党就是按照组织形式而存在的无产阶级;共产党是无产阶级存在的思维,或者说是无产阶级这种存在变得具有意义的方式。因此,"共产党在组织方面具有独立性是必然的,只有这样,无产阶级才能够将其自身的阶级意识看成是一种历史的形式……只有这样,对于整个无产阶级来说,其作为一个阶级的存在才能够上升到意识的水平。"② 这就表现出了"意识的一个更高阶段"。③ 在这里,卢卡奇将意识当成了一种范畴:我们可以评价一个实体的意识水平。意识不是一个概念:我们不能说意识本身"是什么",因为意识本身不是一个实体。无产阶级在党内为自身赋予了形式,并借此上升到了一个更高的本体论水平之上。党不是阶级意识(Klassenbewuβtsein),而是无产阶级的阶级意识的生成(Klassenbewuβtwerden)。④

最后,卢卡奇按照一种将卢森堡主义与非主体现象学结合起来的方式,对自由进行了定义。他指出,自由就包含在社会关系的集体规定当中。卢卡奇引用了马克思关于资产阶级的联合导致了无产阶级作为一个阶

---

① 参见 Lukács, *Werke*, 2: 499.
② Lukács, *Werke*, 2: 504.
③ Lukács, *Werke*, 2: 505.
④ Lukács, *Werke*, 2: 363.

级的诞生的说法。他指出，资本以一种客观的方式，将工人的社会存在加诸于工人的身上。与马克思有所不同的是，卢卡奇想要定义出一个全新的自由领域，在这个全新的自由领域当中，"无产阶级正在逐渐变得独立，无产阶级的'将自身组织为一个阶级的组织方式'即将达到一个更高的水平"，在这个新时代里，"决定权前所未有地掌握在了无产阶级的手中"①。卢卡奇在这里所说的自由，指的是阶级对于揭示自身的形式的选择，即行动者自己直接决定其客观表象的形式，而不是作为一个与主体相对立的外在客体而对社会施加影响。我们不能将这种自由理解为仅仅是"使得无意识的变得有意识，或使得潜在的变成现实的"东西。②（卢卡奇指出，黑格尔所说的那些按照其内在固有的特性而投射出文化、宗教、哲学以及政治形式的"国家精神"就是上述错误的例证。）③ 与此相反，为了避免使形式被物化，我们就必须要不断地改变这些形式。共产党就是这种自由的第一种体现："只要党能够成为党内每一个成员的进行行动的世界，党就能够克服资产阶级个体的沉思特性。"④ 这就意味着，党内的所有成员都必须参与到创造出党的组织形式的进程当中去，因为只有这样，这些成员的行为才能够获得真正的主体性，而不仅仅是将自身框入到前定的范式框架中去而已。这就解释了卢卡奇提出的全身心投入到党的工作当中去所构建出的自由，比资产阶级政权之下的个体的自由要更为真实这种说法。这样一种形式主义的方法就体现出"从个人的全部个体性当中抽象出来的东西……是在抽象的观点之下将这个人包含在内……（以及）人类意识的物化。"⑤ 权力与自由的形式化范畴是建立在概念的基础之上的，而并非以真实的人为基础：这就是根据思维范畴而对关系进行建构的物化的缩影。因此从这个意义上来说，自由就是一种运作：只有根据自身选择的社会关系，并且通过运作某些特定的关系而参与到对于社会存在的集体决定当

---

① Lukács, *Werke*, 2: 490.
② Lukács, *Werke*, 2: 480.
③ Lukács, *Werke*, 2: 358.
④ Lukács, *Werke*, 2: 515.
⑤ 这段话的德文原文如下："der Abstraktion von der Gesamtpersönlichkeit des Menschen … seiner Subsumierung unter einem abstrakten Gesichtspunkt … [die] Verdinglichung des menschlichen Bewuβtseins." Lukács, *Werke*, 2: 497.

中，个体才能够获得真正的自由。

关于代理人的问题超越了胡塞尔和拉斯克的视域，我们确信卢卡奇是知道这一点的。然而，卢卡奇提出的自由产生于党的组织形式之中这一观点意味着他将自由定位在对于无产阶级的现象学揭示所具有的形式化范畴当中了。个体工人执行这些将他们集体塑造工人阶级的范畴：无产阶级的自我意识不是知识，而是自由的行动。革命实践不仅仅是通过实践来理解理论：革命实践就是对于自我决定的范畴的积极执行。最终，历史的同一主体—客体就这样被构建出来了：无产阶级（最终还包括无产阶级的继承人）的主体性在于使其自身成为客体。正是由于无产阶级是自我揭示的客体，无产阶级才是主体。

结　论

在20世纪20年代对于卢卡奇进行批判的苏维埃的批评者被忽略了，他们被看成是出于无知而对他进行的意识形态层面的诽谤。但是，在这些批判者当中，至少有一人，也就是德波林——虽然他自己的思想理论是非常粗糙的——认识到了胡塞尔和拉斯克以及李凯尔特和文德尔班对于卢卡奇的思想理论所产生的重大影响。对于《历史与阶级意识》的传统解读没有对于以上这些思想家的影响给予足够的重视。卢卡奇的批评者认为他的同一的主体—客体首先是具有主体性和创造性的：他（即这个同一的主客体）被迫屈从于一个神秘的代理人来推翻他所创造出来的社会。与对于《历史与阶级意识》的传统解读形成对照，我通过强调卢卡奇对于意识的结构的重视，而勾画出了一种现象学解读，从这种现象学解读的角度来看，社会与无产阶级的意识形式就是他们自身的真实的、客体形式。不存在还未揭示出来的作为本体意义上的自在之物的社会、劳动或是无产阶级：社会、劳动以及无产阶级的存在是由他们的表象所具有的结构所决定的。卢卡奇"最为"关心的是（通过其自我意识的表象而揭示出来的）无产阶级的自我意识，而不是推翻资产阶级社会。《历史与阶级意识》不是一本革命手册。因为卢卡奇并没有试图将这部著作写成一本革命手册：他在这部著作当中所关注的是发生变化的必要而非充足的原因。

　　我通过揭示出《历史与阶级意识》中存在着胡塞尔的思想主题，对戈德曼、梅洛-庞蒂、芬博格以及伯恩施坦（对于卢卡奇）的解释给予了支持。虽然像戈德曼提出的海德格尔直接回应卢卡奇这样的说法不一定站得住脚，但是以上提到的这些卢卡奇评论家有一点是正确的，这就是，他们都注意到了卢卡奇的思想与海德格尔的思想存在着一些结构上的相似性：比起卢卡奇直接对海德格尔产生影响这种说法，（卢卡奇和海德格尔）这二人具有共同的思想来源（正如我们之前所说，就是胡塞尔和拉斯克的思想）这种解释似乎更好。与此相类似的是，芬博格对于卢卡奇的实践理论和人类学意义上的文化概念所进行的平行类比现在看起来也更有说服力了。卢卡奇将阶级意识理解为将无产阶级凝聚在一起的形式或关系的直接表现或是执行：阶级意识存在于客体的结构之中，而并非存在于思维当中；这就使得我们追寻到了在个体意识与经由社会表现出来的集体意识这二者之间所具有的一种连续性。物质的、后天习得的形式——卢卡奇并没有将这种形式理解为一个主体的思维投射——变成了一种客体。因此，芬博格对于卢卡奇的全部社会理论所作出的解释，与以上所说的这种现象学的方法是最为一致的。

　　为了发掘出《历史与阶级意识》当中的现象学层面，就必然会忽视长久以来一直备受重视的其他思想家——尤其是黑格尔——对于卢卡奇的影响。当然，要在这样一篇短文中对胡塞尔和黑格尔这样的思想巨人进行比较是不大可能的，更何况这篇文章主要关注的是卢卡奇。然而，我可以简短地解释一下，为什么尽管黑格尔对于卢卡奇的影响是显而易见的，但是卢卡奇却认为黑格尔的思想从本质上来说是具有缺陷的，并且，我也可以简短地解释一下卢卡奇为了弥补黑格尔思想当中的缺陷而被迫转向胡塞尔的原因。

　　在卢卡奇看来，黑格尔是资产阶级哲学的顶点。之所以说一个哲学体系是资产阶级的，不是因为这个体系的缔造者从属于某个特定的阶级，而是因为这个哲学体系开始于个体试图理解在他之前的世界的努力：这个个体是经济人在哲学层面的相关之物，是在社会中航行的单独的、理性的行动者。因此，从这个意义上来说，认识论的霸权是与资本主义社会形式的崛起相对应的。一种真正是自我批判的认识论，最终将会不可避免地与关于本体的问题相对立，这是因为，这种真正是自我批判的认识论认识到描述主体、客体与知识之间在本体论层面上的关联是不可能的。黑格尔的解决办法就是通过表明世界当中存在着理性来证明主客体之间隐含的统一性。然而，在卢卡奇看来，黑格尔的解决办法是一种观念论，因为这种（主客体之间的）统一是从主体的角度出发才得以证明的：黑格尔的现象学将主体逐渐增长的对于理性的认识描述为主体对于实在的把握；法哲学（Rechtsphilosophie）开始于对于个体权利的定义，并且由此出发扩展到了对于个体权利在国家当中的具体表现所进行的揭示。（黑格尔的法哲学）先是从逻辑的角度定义出理性；然后才发现在世界当中存在着理性的特征。虽然卢卡奇对于黑格尔试图将主体与客体统一起来的做法表示赞同，但是，他认为黑格尔的资产阶级—认识论立场意味着他解决问题的方式依然是抽象的。

在卢卡奇看来，马克思对于商品拜物教的分析是无产阶级思想的缩影。商品的意识形式就是商品的真实存在。卢卡奇认为，社会的实在就是一系列这样的形式：意识是一个本体论的领域，而社会就"存在"于这个本体论的领域当中。无产阶级的思想没有将社会看成是一种向主体表现出来的现象，而是从社会形式以及主体性自身当中来对其进行分析和解释的。然而，由于马克思没有进行这样的哲学分析——或者说我们至少可以肯定，卢卡奇在20世纪20年代能够得到的马克思的文本当中，没有这样的哲学分析。虽然（马克思）对于商品拜物教的分析或许可以被看做是这种哲学分析的"例证"，但是，（马克思）对于商品拜物教的分析却缺少对于意识进行分析的、周密的哲学方法论。（因此，卢卡奇才会遗憾地说马克思没能对存在的不同层次作出确切的分析。）卢卡奇需要胡塞尔以及拉斯克的观念体系。胡塞尔和拉斯克的观念体系超越了资产阶级哲学：在他二人的思想体系当中，与意识所内在固有的结构相比，主体是衍生出来的、第二性的东西。虽然如此，但是胡塞尔和拉斯克还不是无产阶级哲学家：因为他们都是依靠先验的、非历史性的范式来对意识进行定义的，而没有将（意识所内在固有的）结构看成是更为广泛的社会进程当中的一部分。他们（即胡塞尔和拉斯克）对于资产阶级哲学问题的解决方式依然是抽象的。卢卡奇是从一种更为广泛的社会—本体论叙事角度出发来运用现象学的。如果说胡塞尔和拉斯克的范畴具有本体论的特征，那么我们或许可以说，卢卡奇的思想具有本体发生学的特征：卢卡奇感兴趣的是客体的存在的现象学范畴是如何形成的，以及我们能从中得到什么关于存在的认识。

在1967年重新出版的《历史与阶级意识》的序言当中，卢卡奇批判自己这部著作试图通过"逻辑—形而上学的建构"而"用黑格尔的方式来超越黑格尔"。与其说这是对于卢卡奇的论证所进行的一种观念论层面上的解读，倒不如说这种自我批判更接近现象学。观念论的解读隐含着一种非理性的、浪漫主义的主体，而现象学的解读则为逻辑的范畴赋予了本体论层面的意义；现象学的解读将这些逻辑的范畴变成了形而上学层面的东西。客观地说，《历史与阶级意识》在解释说明推翻资产阶级社会这一点上并不成功。在这部著作当中，没有多少用来说明无产阶级在建党之后应该"做"些什么才能推翻资产阶级社会的细节。自我意识之所以会出现是因为一种逻辑的矛盾：卢卡奇过于轻易地认为，结构的矛盾会导致对于这种矛盾的意识的产生。然而，由于卢卡奇将现象学和辩证法的方法联系在了一起，我们对于社会是如何存在的，以及社会是如何构建出社会成员的意识都有了更为深刻的理解。卢卡奇就此为一种新的社会存在本体论奠定了基础。

（孟丹译　刘元琪校）

走向一种对物化的政治批判

——卢卡奇、霍耐特与批判理论的目标

阿尼塔·查里

近来政治理论界逐渐意识到,在当今新自由主义时代背景下,一种被忽略了几十年的精深的资本主义批判对于理解民主实践的局限和可能性来说是至关重要的。沿着这一思路,哲学家阿克塞尔·霍耐特在其最近的一部著作中试图赋予物化概念以新的活力,这个概念是在西方马克思主义中颇为流行的资本主义批判的核心。他这样做是为了突出物化对于理解当代社会现实特征的相关性,而不仅仅是为了回到卢卡奇具有影响力的物化分析上去;事实上,霍耐特完全重新阐发了物化概念。卢卡奇用物化概念来联结经济生活的一种特殊形式(即资本主义)与个体对社会世界采取的超然被动立场,这种立场在资本主义社会中是很普遍的,甚至是必需的。相反,霍耐特认为按照承认(recognition)理论的术语来说,可以把物化的最重要的特征理解为一种主体间(intersubjective)的现象:人类无视其本来在社会世界中具有的与他人之间的情感关联。在本文中,我认为霍耐特试图用承认理论的术语来重塑物化批判的代价是抛弃了这个概念的核心——将资本主义统治的社会经济结构与人类对社会世界采取的超然旁观立场联系起来,以此揭示它们如何共同阻碍了社会的解放变革。霍耐特转向物化的动机无疑是因为这个概念与当代资本主义社会生活结构所关涉的社会不正义分析相关。他坚决要求区分物化批判与政治经济学批判,这导致他对物化范畴意欲描述和批判的资本主义统治的社会经济层面的理解显

得过于单薄。

如果事实如此，那么仍然没有解决霍耐特为什么对物化过程的理解如此贫乏的问题，这个问题是理解当前批判理论面对的主要挑战的关键：构造一种带有政治性、特定历史性的资本主义批判。我将通过探讨霍耐特用承认理论回应尤根·哈贝马斯提出的批判理论"交往转向"的方式（他无意中复制了这些问题），来回答这个问题。对霍耐特论述物化的著作的分析，引起了关于第一代法兰克福学派之前是如何重塑物化概念的讨论。我的研究表明霍耐特的物化概念承袭了哈贝马斯的"系统"与"生活世界"概念之间一种未被重视的区分形式，一方面以此来影响主体间性与交往行为之间的显著区别，另一方面影响对资本主义的结构批判。因此，霍耐特在主体间性的纯粹概念基础上，剥夺了物化的社会经济层面的优先性。随着物化概念的物质中介的清除，霍耐特的主体间性路径产生了一种不能充分批判资本主义统治形式或把当前激进民主政治实践理论化的物化概念。这样一来，批判理论仍然受缚于交往转向的二元论框架，我认为它无法构造一种对当代新自由主义资本主义带有政治性的批判，正如用新的方式阐释经济与政治的边界混淆了它们的前提那样。①

把物化批判应用到当代批判理论中的任务还未完成，为了实现这个目标，我试图综合霍耐特关注物化批判规范层面这一路径的优势、卢卡奇对物化的实践的、政治经济维度的强调及其对具有特定历史性的资本主义社会形态病理学的重视。我将霍耐特与卢卡奇的路径结合在一起，而不是使它们互相对立，从而提出了一种重新联结物化的社会理论层面、规范层面以及政治层面的批判，并为一种有助于我们重新思考当今民主实践可能性的资本主义政治批判打下了基础。

在本文中，我首先诠释了卢卡奇与霍耐特的物化理论；并着重强调了它们之间的差异；而后我将重新审视哈贝马斯的物化批判构想，以此说明他的交往范式怎样导向了一种二元论的物化理论。我认为霍耐特虽

---

① 关于经济与政治上的"新自由主义"的阐述，参见 Aihwa Ong, *Neoliberalism as Exception*: *Multations in Citizenship and Sovereignty*, Durham, NC: Duke University Press, 2006; David Harvey, *A Brief History of Neoliberalism*, New York: Oxford University Press 2005; Luc Boltanski, *The New Spirit of Capitalism*, London: Verso, 2005.

然试图解决哈贝马斯的系统/生活世界二元论问题,但这个问题却仍留存在他的理论中;最后,我指出如何通过综合霍耐特与卢卡奇的理论,尤其是认识到他们各自理论中独有的主体间性观念,提出一种更具政治性的物化批判。

卢卡奇:物化与资本主义主体性

在《物化与无产阶级意识》一文中,卢卡奇认为物化是资本主义社会的核心社会病理学。① 物化归根结底是个体对社会世界及其自身实践所采取的一种超然旁观立场。物化的表现是缺乏对社会对象的参与投入(冷漠,Teilnahmslosigkeit),由此人类把"物"理解为呆滞的对象,人类意识不是积极构造这些对象,而只是与之相符合。具体而言,卢卡奇认为物化是一种对资本主义具有独特构建意义的意识形式。它是个体对社会采取的主观立场,在这个社会中,经济作为孤立的、自给自足的、似乎脱离人类意志而自行运转的社会生活领域而存在。卢卡奇通过关注经济的独立性与客观性如何制造能够保证资本主义主要社会结构永恒存在的假象或幻觉的方式,明确了主体日常实践与资本主义经济动力(dynamic)之间的无意识联系。因此,物化概念描述了资本主义社会中的个体之所以不能认识到经济是由人类实践构成的原因,即使乍看上去它是自行运转和自我持存的动力。

卢卡奇明确把物化批判与马克思用来指称把人与人的关系伪装成物与物的关系的"商品拜物教"批判联系在一起。继马克思之后,卢卡奇主张,如果资本主义社会中的人类意识表现为事不关己的物化态度,那么这种态度也会影响到资本主义社会生活本身的独特结构。在《资本论》中,马克思把这个问题域称为拜物教观念,它描述了资本主义社会中的社会关系如何表现为(像商品那样)"物"的形式,这些物的活动与运作被认为

---

① "Reification and the Consciousness of the Proletariat", in Georg Lukács, *History and Class Consciousness*, trans. by R. Livingstone, Cambridge, MA: MIT Press, 1971.

超越了人类的控制范围。① 商品按照自身规律运动着，与生产它们的劳动者相异化、相脱离。马克思认为，商品的拜物教特征是资本主义的主要结构特征，掩盖了生产人类必需品的社会劳动。② 资本主义不再像前资本主义社会那样，通过外在的社会关系为劳动赋予意义，而是通过把劳动变成一种自给自足的形式来掩饰其作为社会关系的地位（status）。劳动的拜物教特征在于它是一种把自身与社会行为者的经验相混淆的社会调节形式，因此具有了无意识的社会决定的特征。因此，劳动在资本主义条件下运用了对资本主义社会中的个体具有强制作用的客观形式，社会劳动关系也采取了异化的自我掩饰形式。流通中的商品看上去仅仅是"物"或必需品，但实际上商品的运动服从于独立的交换价值规律。

虽然马克思在《资本论》中对拜物教的分析反映了资本主义社会形态变成自行运转、明显自我持存的动态过程，但他却没有关注个体如何与商品及其自身劳动产生联系的问题，也没有说明个体的主观立场是通过什么方式变成了资本主义生产方式的重要特征的。③ 卢卡奇关于物化的论文填补了这一空白。如果马克思的观点揭示出商品拜物教模糊了资本主义动力中人类活动的作用，那么卢卡奇的贡献在于强调了马克思的分析假定了一个主体，这个主体把资本主义的动力视为自然的和永久不变的。卢卡奇认为物化是一种特殊的意识形式，即认同资本的拜物教形式是自然的、独立于人类主体的。他通过对这种意识形式的考察，拓宽了马克思的分析。卢卡奇主张，这种主体性的非参与的、旁观形式的生产对资本主义再生产与对商品生产来说同样重要。的确，这种旁观立场自身变成了一种商品。④ 为了说明这一点，卢卡奇反复使用了令人不快的旁观者隐喻，即主体只能被动"旁观"自身的机械活动："……个性

---

① Karl Marx, *Capital: A Critique of Political Economy*, trans. by B. Fowkes, New York: VintageBooks, 1977.

② 参见 Moishe Postone, *Time, Labor, and Social Domination: A Reinterpretation of Marx's Critical Theory*, Cambridge: Cambridge University Press, 1993, part II, ch. 4, pp. 123 – 183。

③ 事实上，马克思的早期著作关注工人与劳动对象的主体立场问题；但是，不能把他的这种分析置于商品拜物教批判的术语下。

④ 关于这一点参见 Theodor W. Adorno, *The Culture Industry: Selected Essays on Mass Culture*, London: Routledge, 1991; Guy Debord, *The Society of the Spectacle*, New York: Zone Books, 1994。

只不过是无助的旁观,而自己的存在却被降为孤立的粒子,堕入异化体系中。"① 因此,卢卡奇明确论述了现代资本主义制度与畸形自缚的理性形式之间的关联,这种理性形式为资本主义社会生活的不自由进行辩护,而不是对之进行批判。

用这样的方式,卢卡奇揭示了物化的特定政治维度;更确切地说,是揭示了物化是如何促成资本主义社会形态的去政治化倾向的。从哲学活动到工业劳动,卢卡奇界定了物化的特征,揭示了资本主义主体性的普遍形态,并认为它是对人类活动实践基础的误认(misrecognition)。在资本主义社会中,物化把与似乎僵化呆滞的社会世界有关的凝视(contemplation)及被动性永久化了。人类不再承认自身,不再承认通过商品或社会表现出来的自身实践,也不再承认资本主义的拜物过程是对人类自我决定的阻碍。结果,个体与超出自身实践领域的统治结构结合在一起,而认识不到人类活动是如何生产并再生产这一结构的。相反,社会在个体面前作为一种抽象的永恒结构出现,似乎能脱离人类主体或理性而独立进行自我再生产。因此卢卡奇认为,人类成为在物化的魔咒下不断阻碍社会变革的可能性。

霍耐特对卢卡奇的批判:作为误认的物化

尽管《历史与阶级意识》是法兰克福学派批判理论的基础文本,然而物化理论在当前讨论中有被忽略的趋势。霍耐特的近作《物化:对一个旧观念的重新审视》是一个显著的例外。他以承认理论的术语重新理解物化批判,使其可以为当代社会哲学所用。② 霍耐特回答了这一问题,即什么被认为是从卢卡奇著作中的马克思主义倾向中产生的规范性不足,并由此导致了对物化的主体间性维度的忽视。霍耐特为了重新表述

---

① Lukács, *History and Class Consciousness*, p. 90

② Axel Honneth, *Reification: A New Look at an Old Idea*, ed. Martin Jay, Oxford: Oxford University Press, 2008. 霍耐特所使用的"社会哲学"术语与政治哲学或社会哲学有些区别,参见 Axel Honneth, "Pathologies of the Social: The Past and Present of Social Philosophy", in *The Handbook of Critical Theory*, Cambridge, MA: Blackwell, 1996, pp. 369 – 398。

物化概念，把这一概念移入了承认理论术语中，在主体间性层面关注物化现象。在霍耐特的理论框架中，物化就是遗忘了先前的承认立场，这一立场以我们对他人及社会世界对象的认识和投入（engagement）为前提。我将从两个方面对霍耐特的物化批判重构进行分析：首先，我认为霍耐特把物化批判与对资本主义社会形态的分析割裂开来，导致了物化概念的非历史化，使其对当今政治可能性的分析达不到应有的理论深度。其次，我认为霍耐特割裂了物化的规范性层面与其社会经济基础分析之间的联系，剥夺了物化概念在政治理论中的批判潜能，将物化与"主体间性"等同，而这里的主体间性含义太过狭窄，不能为批判资本主义社会统治提供基础。我不是将霍耐特的理论与卢卡奇的理论相对立，而是认为将霍耐特的著作看做是卢卡奇的分析所隐含的规范性基础的明确表达，这样更加有益。

本文不是要描绘霍耐特承认理论的整个架构，而是简要论述与物化讨论有关的基本观点，特别关注霍耐特近来与南希·弗雷泽（Nancy Fraser）的辩论中对其承认理论的重述，这场辩论的目的是试图用更加符合这次对话的术语，通过再分配诉求，来阐明承认理论在多大程度上能够对资本主义进行理论批判。[1]

霍耐特承认理论的前提是，把社会成员包括在内总是先于相互承认的机制，个体通过学会把自己视为根据某些特征得到社会承认的人而被规范地纳入社会中；它试图揭示道德对社会交往所带来的束缚。[2] 霍耐特认为，社会理论需要能够在社会如何决定个体完整性的主体规范期待方面把握社会不正义概念。因此，他认为："被社会拒绝承认（贬低、蔑视）的经验必定处在社会导致的痛苦和不正义的意义概念的核心位置。"[3] 对于霍耐特而言，作为社会斗争动机的社会拒绝承认的重要性在于社会理论相关性的经验发现，然而这也表明了承认的规范性原则超越

---

[1] Nancy Fraser and Axel Honneth, *Redistribution or Recognition?: A Political–PhilosophicalExchange*, London: Verso, 2003.

[2] Axel Honneth, *The Struggle for Recognition: The Moral Grammar of Social Conflicts*, Cambridge: Polity Press, 1995.

[3] Axel Honneth, "Redistribution as Recognition", in *Redistribution or Recognition?* New York: Verso, 2003, p.132.

了这些实例，因此非常需要在社会理论与不正义和蔑视的日常表达之间建立起联系，而这长期以来是批判理论的一个盲点。霍耐特写道：

> 社会学中的反规范主义遗产仍然在老法兰克福学派中流行，现在这个难题必须成为所有批判社会理论复兴的起点。因为缺乏主体自主评价社会秩序的规范立场的范畴起点，理论仍完全脱离总能被唤起的社会不满维度……需要的是一个转向承认理论规范前提的基本概念转换，在被社会拒绝承认、被羞辱、被蔑视的情况下，这一理论位于所有不正义经验的中心。①

霍耐特对卢卡奇物化概念的重塑是霍耐特理论的核心，它在拒绝承认现象学中占据主导地位。相应的，霍耐特实现了从被他视作卢卡奇物化概念的经济主义到以承认术语进行物化分析的理论转换。霍耐特认为，如果没有这一对物化概念的重塑，物化理论就会与批判物化现象的规范标准论述以及如何能从经验上把握物化的观念相脱离。据他所言，这些标准与试图完全立足于资本主义内在批判的理论划清了界限，因为即使资本主义经济制度也在某种程度上依赖于社会成员置于其上的这些规范性期待。他写道：

> ……即使经济领域的结构转型也依赖那些受到影响的人的规范性期待，至少是依赖于他们的默许。与所有其他领域的整合一样，资本主义市场的发展只能采取以符号为媒介的协商过程形式，而这一过程又受到人们对根本性规范原则的理解的制约。②

因此，霍耐特与卢卡奇产生了严重分歧，他完全割裂了物化问题与资本主义社会形态批判之间的联系。

霍耐特注意到卢卡奇论证策略的一个根本问题，即卢卡奇借助社会实践本体论来说明为什么物化是一种统治形式。物化就是一种畸形病态

---

① Axel Honneth, "Redistribution as Recognition", in *Redistribution or Recognition*? New York: Verso, 2003, p. 134.
② Axel Honneth, "Redistribution as Recognition", in *Redistribution or Recognition*? New York: Verso, 2003, pp. 250–251.

的实践结构，指的是主体在与他人及客观世界的关系中表现出来的被动性。这样看来，主体就可以对物化进行批判，因为它是成问题的，它违背了某些人类活动的本体论前提。霍耐特认为，卢卡奇是拿实践的非物化形式（人类与世界交往的基本的、原初的、主动的形式）的标准来衡量病态的物化实践。在物化实践中，我们被动地，或者像卢卡奇所说的那样，凝视地与世界发生关系，我们偏离了符合我们生活形式理性的实践形式。在此意义上，霍耐特认为卢卡奇的社会本体论批判不能充分论证其物化批判：应该对实践的物化形式进行批判的主要原因，不是因为它们与社会本体论的某些描述要素相抵触，而是因为它们违背了特定的道德原则。①

承认的遗忘

霍耐特在卢卡奇对物化的主体维度的分析中，而不是在对商品拜物教的分析中，发现了一种更加富有成效的物化社会理论，即主体与社会世界的实践联系方式的改变。在这一点上，霍耐特把卢卡奇的核心观点概括为：冷漠观念或缺乏参与投入。这个术语指一种互动形式，在这种互动中，主体认识不到其对世界的参与从根本上是主动的、投入的和饱含感情的，反而是作为超然的旁观者被动地凝视这个世界，不带任何感情，也不加入任何存在的意义。②

霍耐特认为，在对冷漠的批判中存在另一种"非正式的"物化批判理论，它不是基于理想化的、造物主式的人类主体理论，而是基于主体间实践的规范性标准；这些把人类塑造成世界稳固核心的标准目前还没有完全被商品交换的普遍化所侵蚀。③ 此时，"卢卡奇不是把物化实践与集体主体的生产活动相对立，而是把它与另一个就主体而言

---

① 关于"社会本体论"批判的讨论，参见 Honneth, "Pathologies of the Social"。
② Honneth, *Reification*, p. 24.
③ 霍耐特对卢卡奇所作的海德格尔式歪曲解读是值得注意的，但这篇文章不会涉及这个主题。除了霍耐特在 *Verdinglichung: Eine anerkennungstheoretische Studie* (2nd edn, Suhrkamp, 2005) 德文原著中论海德格尔和杜威的章节外，还可以参见 Lucien Goldmann, *Lukács and Heidegger: Towards a New Philosophy*, London: Routledge & Kegan Paul, 1977。

的主体间态度对立起来。"① 对霍耐特来说，卢卡奇这个"非正式的"论述线索为把物化批判从整体性中挽救出来提供了思路：物化并没有完全清除投入的非物化实践，而"仅仅是把它从我们的意识中清除了出去"②。

凭借这一认识，霍耐特提出用承认理论术语来重新理解物化，认为所谓被物化的、冷漠凝视的实践形式遮蔽了，而不是完全消除了人类关于世界原初、关心、主动的立场。霍耐特提出把这种立场理解为原初的承认立场，"与其他所有关于自我与世界的态度相比，它享有天生的范畴优越性"③。霍耐特的物化批判基于人类与世界的承认、关心、富于感情的关系，而不纯粹是认知的、被动的态度。《启蒙辩证法》的思路启发了他，他提出把物化重新理解为"承认的遗忘"，表明人类失去先前作为认识他人与世界基础的关怀与承认立场的意识过程。霍耐特认为，承认的优先性是"先天的"和"范畴性的"。他从发展心理学和社会化研究视角出发，认为在人们与对其童年有巨大影响的人与人之间的情感联系的经验中，承认在时间上先于纯粹认知，并以此来说明物化批判是如何植根于学习过程中的，而这一过程体现了思考过程的情感条件。④ 霍耐特又借助海德格尔和杜威来说明承认之于认知的概念优先性，认为这一点同样隐含在卢卡奇的理论中。

霍耐特提出的物化概念比卢卡奇的物化概念在分析上更加细致，在识别物化现象的过程中，要求一种更高层面的经验特殊性。然而霍耐特的物化理论中存在一个不可忽略的重要缺失：它不再把自己视为对资本主义社会政治关系的批判。而在卢卡奇的论述中这是社会统治批判和逃避自我决定的基础。为什么霍耐特从卢卡奇的理论中抽取出这样一个狭窄的物化概念：局限于如此小范围的现象并切断了物化现象与资本主义社会结构之间的联系？我认为这个问题能够通过在批判理论传统中更加广泛地考察物化批判得到解答。值得特别关注的是哈贝马斯和霍耐特把主体间性概念理论

---

① Honneth, *Reification*, p. 27.
② Honneth, *Reification*, p. 31.
③ Honneth, *Reification*, p. 36.
④ Honneth, *Reification*, pp. 41 – 46.

化的方式，他们试图为批判理论重新定向，从而偏离主体哲学的规范模式。① 霍耐特对物化批判的重塑脱离了对资本主义的结构批判，是批判理论向交往和主体间性范式转换的一个例子。然而，物化概念只有对资本主义结构提出质疑时才能派上用场。我将论证，卢卡奇物化批判的要素指示了一条更为宽广的主体间性理论路径，从而避免了处于哈贝马斯和霍耐特分析的核心的对主体间性与物质性所作的明显区分。

批判理论的交往转向：超越生产范式

不管怎样，当代对卢卡奇的接受在很大程度上是以第一代法兰克福学派理论家的著作为媒介的，他们都深受卢卡奇物化批判的影响。人们普遍认为，法兰克福学派陷入无所作为的悲观主义是他们接受总体物化观点的结果，批判理论立场在一个彻底行政化的社会中耗尽了生命力。卢卡奇从革命形势角度进行论述，把物化分析指向在政治斗争过程中出现的实际问题，并朝着建立革命主体理论的方向前进。② 相反，早期法兰克福学派理论家抛弃了卢卡奇的历史革命主体假设，把物化概念视作革命之所以踌躇不前的主要原因。物化批判在批判理论和精神分析理论中起了同样的作用：用来解释工人阶级为什么不能承担历史任务，反而在自身的奴役中坚持统治阶级的意识形态。这在20世纪40年代阿多诺和霍克海默的著作中表现得尤为明显，他们受到弗里德里希·波洛克（Friedrich Pollock）用来诊断资本主义新阶段的国家资本主义观点的影响，在这一新阶段，国家干预以及政治相对于经济的首要性有效地化解了先前存在于自由主义资本主义阶段的内在矛盾。③ 霍克海默和阿多诺

---

① 关于这一点参见 Seyla Benhabib, *Critique, Norm, and Utopia: A Study of the Foundations of Critical Theory*, New York: Columbia University Press, 1986。

② 参见 John Rees, *The Algebra of Revolution: The Dialectic and the Classical Marxist Tradition*, Revolutionary Studies series, London: Routledge, 1998; Michael Löwy, *Georg Lukács: From Romanticism to Bolshevism*, London: NLB, 1979.

③ Friedrich Pollock, "State Capitalism: Its Possibilities and Limitations", in *Critical Theory and Society: A Reader*, ed. Stephen Eric Bronner and Douglas Kellner, New York: Routledge, 1989, pp. 95–118.

的经典著作《启蒙辩证法》（1944）使物化批判脱离了马克思主义对带有特定历史性商品形式的分析，而服务于对理性的批判，后者现在被认为是工具理性的。① 众所周知，《启蒙辩证法》把物化假定为整个人类社会（从最初的萨满仪式到最近的科学统治）的特征，因此无条件地屈从于一种毫无矛盾的社会形态的神话，这一社会不可能产生自我批判的标准。对卢卡奇物化理论的接受已经被其与法兰克福学派物化批判之间的悲观主义联系玷污了，这有可能会在概念层面上阻碍人们对物化理论的正视。

哈贝马斯对批判理论的重新定位偏离了工具理性范式。他认为这一范式受缚于无所不包的物化理论，试图通过复兴交往理性观念来挽救内在批判计划。批判理论的交往转向尝试通过展现其现代性批判的隐含前提来反击早期批判理论的悲观主义。哈贝马斯认为，现代性批判有赖于日常实践中固有的交往理性规范标准。哈贝马斯的核心任务是抛弃"生产"范式，这一马克思的左派黑格尔主义时期及早期批判理论中的人类主体规范模式。哈贝马斯认为，主体的生产范式是所谓的"主体哲学"的核心，是把历史理解为集体主体的活动的规范模式，这一集体主体通过其生产活动把自身具体化并重新占有这一具体化。② 正如卢卡奇所述，去物化（de-reifying）的批判通过揭示现存社会形式的历史建构本质得以发展，从而理解现存社会形式变革的可能性；这被视作主体哲学传统的组成部分。哈贝马斯认为，这一传统限制了实践概念，因此不能解释内在于交往关系中的理性，后者为批判提供了实践立场，并揭示了社会变革的可能领域。哈贝马斯写道：

> ……确切地说，解放视角不是来自生产范式，而是来自导向相互理解的行为（action）范式；如果想在实践中发现任何情势下社会成员的可能需要，以及他们为了共同利益应该做的事，那么就必

---

① Max Horkheimer and Theodor W. Adorno, *Dialectic of Enlightenment: Philosophical Fragments*, trans. by E. F. N. Jephcott, Stanford, CA: Stanford University Press, 2002.

② 参见 Seyla Benhabib, "The Origins of Defetishizing Critique", in *Critique, Norm, and Utopia: A Study of the Foundations of Critical Theory*, New York: Columbia University Press, 1986, pp. 44–69.

须改变这一互动过程。①

因此,哈贝马斯借助交往行为术语来重新理解物化批判,认为这一努力能够为物化批判的规范立场提供基础,而这是生产范式没能做到的。但是哈贝马斯的批判计划自始至终依赖其"互动"的主体间概念与马克思主义"劳动"(Arbeit)概念之间的尖锐对立,借此控诉工具行为与社会行为的合流。在这一点上,我认为他的主体间性概念脱离了其可能性的物质基础。② 这暗示了哈贝马斯和霍耐特后来构建物化批判理论的方式。

作为生活世界殖民化的物化

哈贝马斯把他的"交往行为理论"描述为"借助系统产生的生活世界病理学术语,对物化问题的重新阐述"。③ 通过从交往行为或被自主的、无规范约束的系统制度侵犯的生活世界的现象的角度重新理解物化,哈贝马斯把主体间性维度置于物化理论的中心。事实上,他认为物化正像他所谓的系统合理化对"生活世界的殖民"一样,是可以理解的,只是缺少了对拜物形式的分析。我认为,哈贝马斯沿着这些路径对物化的重新阐释,造成了被物化的生活世界的主体间领域与系统合理化的反规范领域之间的尖锐对立,没有考察两者在根本上是如何交织在一起的。事实上,他既没有认识到系统不是反规范的,也没有认识到生活世界的规范性是有其物质基础的。此外,我将说明霍耐特试图解决哈贝

---

① Jürgen Habermas, "Excursus on the Obsolescence of the Production Paradigm", in *The Philosophical Discourse of Modernity: Twelve Lectures*, Cambridge, MA: MIT Press, 1987, p. 82.

② 关于劳动与互动的区分,参见 Jürgen Habermas, "Labor and Interaction: Remarks on Hegel's Jena Phenomenology of Mind", trans. J. Viertel, Boston, MA: Beacon Press, 1973, pp. 267-268。在哈贝马斯之前,汉娜·阿伦特明确提出了这一与马克思主义劳动概念的差别,参见 Hannah Arendt, "Karl Marx and the Tradition of Western Political Thought", in *Social Research* 69 (2) Summer 2002: pp. 273-319。

③ Jürgen Habermas, *The Theory of Communicative Action*, vol. 1, *Reason and the Rationalization of Society*, Boston, MA: Beacon Press, 1984, p. xxxii.

马斯的理论缺陷，使其"起死回生"①，但仍然继续了哈贝马斯的受限的主体间性概念，即它是由系统与生活世界之间的某种（受压抑的）对立形式暗中产生的，这最终导致了霍耐特对物化的狭隘理解。

哈贝马斯认为卢卡奇的深刻之处在于，他把物化当做一个系统问题进行分析。只要商品生产按照伴随着劳动力自身商品化的交换价值的生产的方式运作，"相关经济行为走向就会脱离生活世界语境，而与交换价值媒介（或金钱）产生联系"②。这种社会中的交往受外在机制的调节，而不是受恰当描绘交往领域的价值和规范的制约。按照哈贝马斯的理解，卢卡奇的理论洞察在于阐明了受（交换）价值原则调节的资本主义经济领域与哈贝马斯所谓的生活世界（即社会交往行为领域）的变形之间的联系。③ 在哈贝马斯的术语中，可以把这种作为物化现象核心的关系表述如下："支配资本主义社会的客观性形式损害了世界关系，在这一世界关系中，言说和行为主体能够在客观的、社会的及其自身主观的世界中与事物产生直接联系。"④ 哈贝马斯提出为了调控行为而使用"系统"概念（比如经济和国家维度）来理解这些准客观机制。系统整合不受规范和价值的制约，而受金钱和权力的反规范的自主的"操纵媒介"的控制。在系统中，调控行为机制本身是作为某种外在的东西出现的。通过交换价值媒介进行的交往行为超出了通过语言实现理解的主体间性的范围；它们变成了来自客观世界的某种东西——一种虚假的自然。⑤

系统显然独立于人类的主体间构造，具有自给自足的物的特征。

哈贝马斯赞成卢卡奇对马克斯·韦伯的悲观的现代性论断的质疑，从而提供了另一种不单单等同于物化的合理化理论。然而哈贝马斯批判的中心论点却是卢卡奇依赖于一个太过笼统的合理化观念。事实上，哈贝马斯认为，卢卡奇是根据商品形式的普遍化以及交换的抽象化来分析

---

① Honneth, "The Point of Recognition", p. 242.
② Habermas, *The Theory of Communicative Action*, vol. 1, p. 358.
③ 关于生活世界概念，参见 Jürgen Habermas, *The Theory of Communicative Action*, vol. 2, *Lifeworld and System: A Critique of Functionalist Reason*, Boston, MA: Beacon Press, 1987, pt VI.
④ Habermas, *The Theory of Communicative Action*, vol. 1, p. 359.
⑤ Habermas, *The Theory of Communicative Action*, vol. 1, p. 358.

社会合理化的所有过程的。他写道：

> 就像卢卡奇只考虑一种媒介，即交换价值，并且把物化仅仅归结为"交换的抽象化"，把西方理性主义的所有表现形式都理解为这一过程的征兆，认为整个社会都通过这一过程而被一再地合理化。①

为了论述自己的规范性基础，哈贝马斯提出，物化批判必须诉诸交往行为概念，由此把握内在于社会生活世界甚至是处在物化条件下的交往理性标准。

哈贝马斯重塑卢卡奇物化理论的主要观点是，把仍然处于边缘的系统性要素与那些强行侵入文化再生产、社会整合以及社会化等生活世界领域的系统性机制区分开。② 这种对边界的逾越构成了"对生活世界的殖民"；按照哈贝马斯的理解，它指向一种比卢卡奇所呈现的物化概念更具体、更细化的物化概念。哈贝马斯提出，复杂社会在功能上需要的系统整合自身是不存在问题的，也没有构成一种物化形式。只有在系统操纵媒介超出自身范围，渗入生活世界的交往领域时，才会导致物化问题。因此，哈贝马斯把社会概念认作系统和生活世界的目的是，把物化理解为对生活世界的殖民，又不必对合理化进行总体批判。他因此可以断言，只要系统结构不渗入以符号为媒介的生活世界中，某些系统整合形式——即"经济"和"国家"，对所有复杂社会来说都是必需的。

尽管哈贝马斯对卢卡奇进行了批判，但他明确地说，他对物化问题的重新阐释从根本上受到了马克思主义对资本主义的批判的影响。然而，必须指出他的路径与卢卡奇的明显不同，特别是在认为交往行为是内在于受语言调节的互动结构方面：资本主义社会中的物化批判植根于交往行为自身的结构，它们具有抵御对生活世界进行殖民的系统结构的稳固潜力。

---

① Jürgen Habermas, *The Theory of Communicative Action*, vol. 2, *Lifeworld and System: A Critique of Functionalist Reason*, Boston, MA: Beacon Press, 1987, p. 360.

② Jürgen Habermas, *The Theory of Communicative Action*, vol. 2, *Lifeworld and System: A Critique of Functionalist Reason*, p. 374.

两种主体间性概念

哈贝马斯在交往行为理论术语中对批判理论的重新定位，划定了霍耐特沿着承认理论思路修正批判理论的范围。在《权力批判》中，霍耐特不同意哈贝马斯把系统理解为整合的反规范形式，认为这种立场模糊了一直以来交往的规范结构植根于社会和政治制度中的方式。① 霍耐特借助承认来规避过于依赖系统理论分析的哈贝马斯理论中的二元主义。然而，却违背了初衷。他试图通过把与哈贝马斯的"系统"概念相关的现象领域（即社会整合领域）纳入到"生活世界"中来描述问题，这仅仅是把它抬到了更高的层面上，而没有解决概念问题。这有助于解释霍耐特在论述物化时令人奇怪地只提到了生活世界概念，而没有说明商品的动力，就像承认的遗忘那样。霍耐特对物化的重新解释把物化批判局限于纯粹的主体间性层面，因此不能把握物化概念的批判核心，这个概念的本来目的是要解释资本主义作为一个系统的特性；而在这个系统中，主体间的关系变成了非人的对象之间的关系，因此采取了强制人类行为的抽象形式。

为了在当代政治理论中复兴物化概念，霍耐特的观点无疑是正确的：必须以比卢卡奇文本中更加明确的方式来构建体现物化规范逻辑的物化的主体间维度理论。然而，在卢卡奇与霍耐特的对话中，显然要区分两种相互竞争的主体间性观念。一方面是霍耐特在个体互动模式中构建的主体间性理论：在其理论中，承认的本质特征是超制度的。制度（在其最普遍的意义上）本身不是承认的场域；承认产生于个体互动领域。简·菲利普·德兰蒂（Jean-Philippe Deranty）和伊曼纽尔·雷诺（Emmanuel Renault）把这称为承认的"表达"概念，因此认为制度是外在的而不是内在的承认条件，事实上，也是主体化（subjectivation）自

---

① Axel Honneth, *The Critique of Power: Reflective Stages in a Critical Social Theory*, trans. by K. Bavnes, Cambridge, MA: MIT Press, 1991.

身的外在条件。① 制度能够"表达"或拒绝承认，但是这种描述问题的方式倾向于把承认的制度语境作为个体承认需要的补充，而不是其要素。霍耐特的承认表达理论抓住了承认需要的规范内容，然而它对互动主义（interactionist）的主体间性概念的依赖则不太可能把握社会斗争的物质条件。另一方面，从卢卡奇理论中抽取出来的主体间性观念，把制度——比如资本主义制度——理解为互相作用的主体在某种意义上构建的社会关系的隐蔽形式。因此，制度不只是以某种方式表达或拒绝外在于自身的承认，这一主体间性概念也不能在霍耐特假设的互动模式中加以理解。卢卡奇超越了霍耐特模式中所表达的纯粹的人与人之间的主体间性术语，在一个更加深刻的意义上来理解交往，即它可以对主体间交往的物质媒介进行理论阐述。进一步来说，卢卡奇式的立场明确把系统与生活世界尖锐的二元划分排除在外，通过把假定的反规范系统结构展现为社会关系的自我隐蔽形式，批判得以展开。在某种意义上，只要社会关系还是人类主体的产物，而不仅仅是给定的、必需的或客观的，就可以对其进行批判。

有人可能会提出反对意见，认为我通过诉诸卢卡奇式的主体间性模式重新实现物化批判的尝试，采用了难以自圆其说的生产主义的规范前提，恢复了长期被质疑的"跨主体性"（transsubjectivity）视角。然而，我的目标是动摇批判理论交往转向的前提，它们排除了卢卡奇从当前辩论中概括出来的主体间性的"生产主义"模式，也驱逐了与这种模式相一致的物质性维度。不需要把这种主体模式贬低为虚假的黑格尔主义讽刺画——由此把去物化的实践理解为不过是思想与世界的巧遇——从而得出下述结论：去物化的实践可以通过让个体认识到内在于资本主义制度中的无意识决定形式，使社会制度更能反映人类的自我决定。如果物化批判与为了克服资本主义社会统治而构建的政治实践理论有任何关联的话，我认为它必须建立在重新审视主体间性与社会制度之间关系的基础上。

---

① Jean-Philippe Deranty and Emmanuel Renault, "Politicizing Honneth's Ethics of Recognition", in *Thesis Eleven* 88, February 2007: pp. 99-100.

物化的物质性

马克思认为,商品拜物教的实质是人与人之间的关系采取了物与物之间(商品之间)的关系的形式,因此采取了一种自主的形式,它遮蔽了这一关系的基础,即社会关系本身。在此论述中,值得注意的是,拜物教的确包含了某种形式的拒绝承认,即对以物物关系面目出现的社会关系的拒绝承认,但它并不局限于这一拒绝承认。此外,以物的面目出现的不仅仅是其他人,即使通过劳动力的商品化和机械化,事实也是如此;更根本而言,社会关系本身也变成了类似物的、客观的、不变的东西;进一步说,正如马克思所述,拜物教产生于社会现实层面,即产生于商品交换的社会活动中。虽然拜物是一个抽象概念,但它也拥有客观的存在。① 我们可以借助阿尔弗雷德·索恩—雷泰(Alfred Sohn - Rethel)的术语来理解这一点:"商品所有者在交换关系中所做的是实践唯我主义(solipsism),不管他们的具体想法和言论怎样。"② 或者如斯拉沃热·齐泽克所说,在资本主义社会中,个体是"实践中的拜物主义者,而不是理论中的拜物主义者"③。这是为了强调物化的社会实践的物质性这一关键点。卢卡奇从主体性与客体性相互构建的维度来分析物化现象。④ 因此,物化是一种与资本的拜物形式相互构建的实践形式。卢卡奇把对劳动过程的合理化及劳动的抽象化与商品化的分析与这样一种理论联系起来,即人类意识是如何逐渐变得被动凝视的,它无法领悟内在于资本主义动力中的人类主体性维度,而这一维度是克服资本主义统治的自主形式的唯一途径。我比较了这一做法与霍耐特描绘宏观社会背景的路径,后者以经济过程为例,认为它"不

---

① 关于这一思想的表述很有吸引力,它说明了马克思试图把黑格尔的逻辑范畴展现为社会存在范畴的特殊方式,关于这一点参见 Lucio Colletti, *Marxism and Hegel*, trans. by L. Garner, London: NLB, 1973。

② Alfred Sohn - Rethel, *Geistige Und Körperliche Arbeit: Zur Epistemologie Der Abendländischen Geschichte*, Weinheim: VCH, 1989, p. 37.

③ Slavoj Žizek, *The Sublime Object of Ideology*, London: Verso, 1989, p. 31.

④ Lukács, *History and Class Consciousness*, p. 84.

只是规范地而且是真实地'镶嵌'在规范构造的社会秩序中"①。根据其承认理论,霍耐特把握住了资本主义社会关系的规范秩序的关键维度,但这样做的代价是忽略了这些关系的物质构造。这给他的物化批判与当代政治理论之间的关系带来了影响。

走向一种对物化的政治批判

哈贝马斯、霍耐特和卢卡奇的物化批判反映了透过物化思考政治问题的不同方式,现在我对他们各自采取的批判模式进行辨析。我认为结合霍耐特与卢卡奇的理论而不是使两者相对立,才能使前者的物化理论对于思考物化的政治批判产生有益的影响。

哈贝马斯通过系统和生活世界概念对物化的重新定位把物化构建为禁锢主体间关系的系统制度的产物,认为它理应受到为了实现相互理解的交往的规制。因此,对哈贝马斯而言,物化不只是生活世界的投射。然而,由于在概念上把社会二分为系统和生活世界,卢卡奇式的分析的批判辩证特征也就随之消失了。哈贝马斯把系统理解为一种反规范结构,而不是像卢卡奇论述的那样,把它理解为一个规范性被遮蔽的自主结构。进一步来说,哈贝马斯的理论暗地里认为经济和国家的现存形式是必需的,因此他不可能建构一种变革政治,这与他把社会当作一个系统的功能主义(functionalist)理论是相一致的。哈贝马斯通过把经济和国家领域视作"系统"范畴,放弃了为激进的参与民主观念提供理论基础的计划,激进的参与民主是一种政治的去自主化(de-autonomized)形式,因为这样一种真正的民主形式不能被构想成一种哈贝马斯所谓的政治"系统"。② 结果,哈贝马斯对物化概念的政治理论上的重要性的理解是有限的:他只能把反抗物化形式的社会运动理解为政治的边界防卫形式,只是预防对生活世界的侵

---

① Honneth, "The Point of Recognition", p. 256
② 关于这一点参见:Thomas McCarthy, "Complexity and Democracy: or the Seducements of Systems Theory", in *Communicative Action: Essays on Jürgen Habermas's Theory of Communicative Action*, ed. Axel Honneth and Hans Joas, trans. by J. Gaines and D. L. Jones, Cambridge, MA: MIT Press, 1991. 在这里不论及我的批评是否适用于哈贝马斯不关注物化的后期著作,特别是 *Between Facts and Norms: Contributions to a Discourse Theory of Law*, Cambridge, MA: MIT Press, 1996。

扰，而不是变革物化的生活世界的系统结构。

霍耐特的物化理论对物化的政治理论的意义的理解是含糊不清的。一方面，我认为霍耐特脱离作为哈贝马斯分析核心的"系统"合理化分析，是对物化的政治批判的一种富有成效的引导。霍耐特抛弃了作为哈贝马斯论述中心的反规范系统结构的功能主义观念，因此提供了对物化的多元阐释，而不仅仅局限于生活世界中主体的边界防卫反思。相反，必须分别考察产生各种"承认遗忘"情况的特定原因和场合，从而发现这种遗忘是如何在每种情形下有规律地产生的。霍耐特写道："如果各种物化形式的核心构成了承认的遗忘，那么必须从产生并维持这种遗忘的实践或机制中来找寻其社会原因。"① 此时，霍耐特的理论似乎没有忽略分析社会普遍结构原则与相应的、相互构建的主体间物化现象之间的关系。事实上，这项计划与卢卡奇试图做的相似。然而在文本中的其他许多观点上，承认的遗忘主要被当作一个认知过程，因此需要的是关于"认知过程如何使我们有可能忘掉先前的承认"② 的论述。在这些方面，霍耐特似乎把物化现象仅仅归入主体间情感关系领域，而不考虑构成社会关系的结构是如何对它们进行调节的。即使按照霍耐特自己的理论轨迹，作为社会实践去物化形式规范基础的、对个体与重要的他人之间情感认同的关注也缺乏早期"承认斗争"的政治意蕴。在霍耐特论述物化的著作中，冷漠概念所描绘的参与投入的缺乏表明人类原初主动的承认立场已经彻底被遗忘了，但还远未阐明这种遗忘是如何对社会理论或政治理论产生重要影响的。当脱离拜物教批判时，必须提出下述问题：物化概念是否保持了必要的概念性力量来阐明当前的民主政治。③

严肃考虑这个问题时不能忽视霍耐特研究路径的力量，它把物化批判的重要规范维度抬至显要位置，毫无疑问这个维度在卢卡奇那里只是隐含的，还未被理论化。进一步来说，我认为像霍耐特那样提高冷漠概念的地

---

① Honneth, *Reification*, p. 79.
② Honneth, *Reification*, p. 58.
③ 关于这一点参见 Deranty and Renault, "Politicizing Honneth's Ethics of Recognition"。他们指出"霍耐特有意识地避免提及它（他的理论）为承认政治"，虽然"他的理论能够很好地解释为什么他不情愿讨论政治及其对伦理的关注，他对政治的逃避却是软弱的象征"。(p. 92)

位，这应该成为政治理论中把去物化的重要性理解为政治实践规范标准这一尝试的核心。这条路径关注物化"参与"特征的缺乏，因此能够导向在自主社会过程中寻找突破口的一种批判理论，这一理论按照其变革潜能来把握社会和经济结构，把这些社会过程变成政治逻辑，或用霍耐特的话来说，变成承认的规范逻辑。① 然而，霍耐特在其研究中没有继续推进这条行之有效的研究思路。他的分析表明了阐释物化规范逻辑的可能性，但是一种对物化的政治批判必须关注承认理论的规范性层面与资本主义结构的社会理论分析之间的转化，并且不把资本主义化约为哈贝马斯意义上的"系统"。

然而，当霍耐特论及资本主义结构时，他对其过程的理解是非常有问题的，比如，他声称即使"貌似匿名"的经济过程也是受规范原则决定的。② 这使霍耐特在论辩中处于不利地位，南希·弗雷泽指责他把资本主义过程纳入承认秩序中。③ 弗雷泽的批评提出了霍耐特是否赋予资本主义承认秩序任何外在性的这一重要问题，或者说资本主义最终是否不过是其承认秩序。④ 霍耐特把自己的计划描述为受到某种"道德一元论"的引导，认为任何具有规范性的社会理论都必须"在社会的制度领域内发现规范整合原则，来开启令人满意的进步前景"⑤。换言之，就像霍耐特在

---

① 类似这一分析的绝佳尝试是 Kōjin Karatani, *Transcritique*: *On Kant and Marx*, Cambridge, MA: MIT Press, 2003。

② Honneth, "The Point of Recognition", p. 254（对"决定"的强调为作者自加）；这一思潮的例外是一篇描述法兰克福社会研究所新研究项目的文章。在这个项目中，霍耐特和马丁·哈特曼（Martin Hartmann）提出了一种关于资本主义"悖谬"的具体理论，其中特定的结构分析占据了更大的比重。参见 Martin Hartmann and Axel Honneth, "Paradoxes of Capitalism", in *Constellations* 13 (1) (2006): 41 – 58。

③ 参见南希·弗雷泽在 *Redistribution or Recognition? A Political – Philosophical Exchange* (London: Verso, 2003) 中论这一批判的两篇文章。关于详细讨论霍耐特理论如何回应"历史唯物主义"缺陷，然而倾向于过度弥补这些缺陷以致"压抑了"调整主体间互动的"物质媒介"的文章参见：Jean – Philippe Deranty, "Repressed Materiality: Retrieving the Materialism in Axel Honneth's Theory of Recognition", in *Critical Horizons* 7 (1) (2006): 113 – 140. 以及：Jean – Philippe Deranty, "Les horizons marxistes de l'éthique de la reconnaissance", in *Actuel Marx* 38 (2005): 159 – 178。

④ 我同意弗雷泽的批评，然而我不同意她关于把承认分析与再分配分析整合到一个规范模式就足以解决问题的双边策略观点。在我的框架中，物化打破了仍陷于自由主义民主政治框架中的再分配与承认之间的二分。

⑤ Honneth, "The Point of Recognition", p. 254.

《为承认而斗争》中所认为的那样，承认是社会冲突的"道德语法"。因此，即使以阶级斗争的名义，或者以反资本主义的名义来争取"再分配"的斗争，也得把承认的道德逻辑假定为再分配诉求的基础。按照霍耐特的理解，马克思主义理论倾向于牺牲承认逻辑来构建一种关于资本动力的元政治学（metapolitical）理论，以保证其科学诉求。他认为，它"为了把再分配的内在道德需要包括在这些相同的过程中"，就必须同时"把这些过程理解为强烈依赖以价值为媒介的交往"，而这是自相矛盾的。① 在此意义上，人们可能会把霍耐特的论点转述为：承认是如此指示政治解放的结构的——否认青年马克思在政治解放与人类解放之间作出的区分。② 为此，霍耐特可能会说，用物化的承认理论概念来对当今政治进行理论化，我们可能会犹豫不决，但只有以这种方式重新阐释的一种物化理论才能够说明政治的内在逻辑。霍耐特承认其资本主义承认秩序理论：

> ……当然不能充分解释当代资本主义发展过程的动力，但是它只打算弄清楚这些过程所包含的规范限制，因为主体用特定的承认期待来面对它们。③

因此，用规范社会理论的术语来说，承认理论路径就是"政治自主性"的声明。④

---

① Honneth, "The Point of Recognition", p. 254.
② 在这一方面，霍耐特的承认理论与雅克·朗西埃（Jacques Ranciere）的政治"自主"观念出人意料地相似，然而初看上去却没有这么明显，虽然后者拒绝前者社会斗争理论强烈的道德寓意，也反对前者黑格尔主义的道德进步观念。两者之间的相似之处在于它们都关注政治的经验维度以及对解放结构的描绘：要求平等，即使是用经济或社会术语表达出来的，也包含了不能归入斗争的经济或社会学维度的内在政治或伦理逻辑。参见 Jacques Rancière, *Disagreement: Politics and Philosophy*, trans. J. Rose, Minneapolis: University of Minnesota Press, 1999. 朗西埃自己关于其理论与承认理论关系的讨论参见 Max Blechman, Anita Chari, and Rafeeq Hasan, "Democracy, Dissensus and the Aesthetics of Class Struggle: An Exchange with Jacques Rancière', in *Historical Materialism* 13 (4) (November 2005): 285 – 301 以及 Jean – Philippe Deranty, "Jacquesère's Contribution to the Ethics of Recognition", in *Political Theory* 31 (1) (2003): 136 – 156。
③ Honneth, "The Point of Recognition", p. 250.
④ 关于这一点的讨论，参见 Étienne Balibar, "Three Concepts of Politics: Emancipation, Transformation, Civility", in *Politics and the Other Scene*, trans. by C. Jones, J. Swenson and C. Turner, London: Verso, 2002, pp. 1 – 39。

最后，我认为霍耐特通过区分物化批判与拜物教批判之间的联系，强化了"经济"与"政治"领域之间不合理的区分，它使理论不能把握当今解放政治斗争的范围，把政治局限在承认逻辑中，而不考虑为现存社会经济关系结构变革而斗争的政治运动维度。不管怎样，我认为霍耐特对物化的社会机制的多元理解为把握去物化的政治提供了一条富有成效的思路，不过条件是抵制霍耐特的这一倾向，即运用纯粹的主体间性概念把统治的物质结构完全纳入生活世界概念中。霍耐特对物化的多元阐释始于多种物化体验，因此可以拓宽卢卡奇的论述，因为卢卡奇认为，物化体验只有从总体性分析视角出发才是可以理解的。一种真正的对物化的政治批判将对这两者之间的转换进行更加充分的论证，以此来描绘去物化的实践结构。

借助对物化的政治批判理念，我试图扩展弗雷泽与霍耐特在《再分配还是承认?》一书中进行辩论时所使用的术语，这场辩论倾向于把反资本主义斗争理解为再分配斗争，并通过把再分配诉求理解为主要存在于分配正义术语中的诉求，来拒绝承认它们潜在的变革特征。例如，反资本主义的斗争反对新自由主义的全球化，在现存的制度和合法化的分配制度原则中，它们超出了社会承认的需要，即便的确是社会蔑视情绪激发了它们。[①] 以巴西的无地运动（MST）为例，它已掌控了大量土地，供无家可归的农村人口使用，没收了5万多平方公里的土地，提供给失地家庭。即使社会承认诉求显然是这一斗争的重要维度，也不能把这一运动的逻辑归于这一诉求。无地劳动者反对私有财产制度本身，在占领的土地上建立民主管理的农村农业生产合作社，这已经超出了承认诉求的范围。[②] 这场运动的政治结构引发了这样一种转化，即把对资本主义

[①] 弗雷泽最近用其"反常正义"理论评论了这个问题。她把当前形势诊断为正义的元政治学条件，即主体、制度场域以及裁判规范，认为它们本身就应该受到彻底检视。

[②] 关于这场运动的讨论参见 David McNally, *Another World is Possible: Globalizalion & Anti-capitalism*, Winnipeg: Arbeiter Ring Publishing, 2006, 特别是第6章和 Sue Branford and Jan Rocha, *Cutting the Wire: The Story of the Landless Movement in Brazil*, London: Latin American Bureau, 2002, 特别是第二部分和第四部分以及 George Meszaros, "Taking the Law into Their Hands: The Landless Workers' Movement and the Brazilian State", in *Journal of Law and Society* 27 (4) (2000): 517–541。

统治的分析转变为把这些结构变成去物化的政治形式的主体间实践形式的分析。同样地，玻利维亚、印度及世界其他地区反对公共用水私有化和商品化的"争夺水资源的战争"（Water Wars）是另一个例子，说明不能仅仅用承认逻辑来理解当今的许多政治斗争，也不能把它们化约为再分配诉求。它们是反对物化的斗争，强调了物化批判的重要性，在把当前的民主斗争理论化时，既要考虑物化的主体间性，又要考虑物化的"物质"维度。

（贺羡译　黄晓武校）

马克思和卢卡奇的异化和物化概念

乔治·马尔库什

一、关于"异化"概念的讨论

在过去的20年中,发生了关于马克思主义的意义和重要性的大讨论,在这场讨论中,异化问题扮演了一个相当重要的角色。始自上个世纪50年代中期,有时被称为"人本主义"的马克思主义潮流席卷了东西方世界,在这场意识形态/知识的运动中,"回到马克思"至少是主要的口号之一。"马克思的复兴"这样一种思想无疑首先直接针对的是教条化的马克思主义完全僵化的理论框架,这种马克思主义已经变成了"国家宗教",成为东欧社会官僚体制统治的合法化工具。对于青年马克思的"重新发现"和"复原",对于马克思思想连贯性的强调,不仅意味着一系列范畴、问题和观念的重新引入,其对当代境遇的批判视角被认为是富有成果的,是官方共产主义意识形态的贫瘠而扭曲的马克思主义版本(故意)未能考虑到的;也意味着对挪用马克思主义传统的辩护论意识形态的全面挑战,这种挪用将马克思主义的实证内容用过时的、教条的形而上学掩藏起来;它尝试恢复这一传统在20世纪现实中的批判/解放意义。正是在这个背景下,"异化"概念再次出现在人们的视野中,通过这个概念,人们能够明确有力地阐述一种对西方资本主义社会和所谓的东方"社会主义"社会都同时是批判的态度。在东欧的现实框架内,甚至是在青年马克思思想中发现的这个概念的相当抽象的特征,也与新发现的关于家庭—社会的左派批判的理论模糊性和实践局限性相称。

然而，从60年代中期，"人本主义"马克思主义的这个概念不仅受到来自官方的共产主义意识形态的攻击，也受到了与阿尔都塞的名字联系在一起的部分"非正统"西方左派的批判，他们把"人本主义"的马克思主义作为一种试图将马克思主义传统消融到一种基本自由的意识形态中的尝试而加以拒斥，他们认为，在这种自由的意识形态中，理论的独特性和社会的具体性，也即马克思思想的革命性优势丧失了。这一批判部分地预示了也部分地表达了至少部分西方新左派的政治/意识形态的转向：一种对经济问题和传统阶级分析的日益关注取代了早期对日常生活和工业社会人类交往特性这些核心问题的关注，这一转向在经济衰退发生后变得更为盛行。正是在这个背景下，阿尔都塞提出了在青年的"人本主义"马克思和成熟马克思之间存在着一个"断裂"的主张，他认为青年时期的马克思仍然停留在哲学和意识形态的领域，而成熟的马克思则走向了理论上的反人本主义，建立了一种新的严格的科学，即"无主体的历史"，这一主张获得了更加广泛的知名度和理论影响力。

就马克思主义理论家而言，关于异化问题的争论在更为广阔的理论框架中发生并被阐述，但不幸的是，这一争论的过程首先阐述的是各种意识形态对事实和合理论证的抵抗与回弹。在这种更为广泛的意识形态的背景中，马克思是否在他晚期的更为成熟的经济学著作中抛弃了异化这个术语和概念的问题成为争议的焦点。该问题被一个几乎所有争论者都赞同的（为了避免误解，我作为一个这场讨论的无关紧要的参与者同样尊重这些事实）"真正正统"的主张所规定，涉及的是一些相当确实的、没有多少争议的文献学事实。在我看来，尤其是在最近，马克思一些未经发现的晚期手稿（所谓的《资本论》的"第六章"再发行，和1861—1863年的大部分理论手稿的出现）出版之后，没有人能够合理地反对这个事实：马克思在晚期经济学著作中使用且不仅是偶然使用"异化"概念和思想，而且异化的思想有机地串联起马克思经济理论的主要关键内容。实际上，题为《直接生产过程的结果》的《资本论》第六章写于1863—1865年，包含了（在"资本的神秘性等等"的标题下）马克思在其著作中对资本主义异化问题最为详尽的讨论之一。因此，如果不想坚持决定性的"认识论的断裂"发生在《资本论》第一卷的最后篇章写作完成的前一年，不想宣称后来由恩格斯和考茨基在马克思的早期手稿中整理出的三卷都是"不可靠的"，那么就不得不接受这个意识形态和观念论的异化概念被马克思保留这一事实。当然，正如很多人令人信服地主张的那样，异化问题在《资本论》文本中得到处理，这一概念频繁出现在第三卷。

另一方面，毫无疑问，异化概念和异化理论在马克思的早晚期著作中占有不同的地位，发挥着不同的作用。在《1844年经济学哲学手稿》中，"异化"实现了这样一个概念的功能，它将对资本主义社会在人类发展整体上的地位的哲学—历史的界定与对它的去人性化和充满冲突与对立的功能的批判—经验的描述，结合为一个直接的和无区分的统一体。理论和实践的（描述性和批判性的）因素在异化理论中相遇并不可避免地交织在一起，正如它的经验和思辨（经济和哲学）因素一样。所以整部著作正是以这一概念为中心，并借助于这一概念而被阐释。不管如何解释，很明显，在马克思后来的经济学手稿中，异化概念不再扮演着这样的角色，它已经逐渐融入背景之中。那些强调马克思思想的连贯性的人（包括我在内），正如一些"人本主义"马克思主义的代表所做的那样，经常倾向于忽视甚至否认这个相当显而易见的事实，将《资本论》描述为是早期精致哲学思想的简单运用，或至多是一种经济学的具体化和发展。在这个意义上，现在我认为对"连贯性"这个概念的批判具有部分的正当性。

二、在马克思思想发展中的"异化"概念

因此，关于马克思的异化理论，真正的问题不是他后来是否放弃了这个概念，而是要解释这个理论在马克思思想整体中所发生的功能变化。并且，这一要求马上引出另外一个问题：随着其功能的明显变化，异化概念本身的含义是否也发生了改变，如果有所改变，是在什么方向上以什么样的方式进行的？

唯有纵观马克思的思想发展脉络，才可能回答这个问题。这篇文章甚至都无法尝试勾勒出整个图景的大致轮廓。不过，还是有必要作一些

概要性的说明,因为在《1844年经济学哲学手稿》中,马克思非常详尽而全面地阐述了异化理论,并且关于异化问题的最新讨论理所当然地几乎全都围绕着这部著作的论述展开,因此一些概要性的说明还是非常必要的。《1844年经济学哲学手稿》既不能被简单地认为是马克思的**早期**著作——马克思在此已经详细讨论了他后来视为理所当然的那些基本哲学观念,这些观点成为他的经济学著作不言自明的基础(尽管这个论断包含了重要的真理性环节),也不能认为它只是一部**不成熟**时期的作品——它反映出马克思尚未摆脱黑格尔和费尔巴哈的影响(这是一个几乎完全错误的论断,因为与他们思想的理论上的断裂在这个时期已经实质上完成)。这部著作建立在一些明确和广泛的理论和实践的预设之上,虽然这些预设不久之后都被马克思修改或者抛弃,但它们在内容上根本不是"黑格尔主义的"或者"费尔巴哈主义的"。

首先,《1844年经济学哲学手稿》从否定资本主义批判经济理论的可能性出发(一种从无产阶级立场出发的经济理论)。当时马克思明确指出,之所以所有的经济理论都是错误的,恰恰因为它们是经济的理论,即,它们把资本主义社会的经济生活描述为是由这种或那种规律支配的,但这些规律都是片面而武断的抽象,无视建立在竞争基础上的经济的基本特征:它的无政府主义、它的压倒一切的**无理性和投机**。将资本主义经济当做一个具有自身逻辑的系统进行分析,这就暗示着——有意或无意地——它是理性的,所以,经济理论本质上都是辩解性的。对资本主义的彻底批判,只有将政治经济学作为"必然虚假的意识"进行**哲学**批判时才能够实现。它必须使经济发展的物化"法则"面对那些真正的主体、那些从事生产活动的个体和他们阶级的具体的活生生的行动和需要——"国民经济学"正是对这种行动和需要的抽象——才能超越经济的视角。这种对哲学和经济学之间关系的理解构成了马克思阐述早期异化理论的总框架,然而这种理解在1845—1848年已经被马克思所抛弃,在这一时期**批判的经济学**理论的设想首次出现(尽管仍然是以一种受限制的形式)。诚然,马克思从未否认在对社会现实的哲学和"科学的"/经验的研究之间存在着有机联系,它就蕴含在"批判理论"这一概念中,成为他思想连贯性的主要轴心之一。当马克思把他的经济学著作的主要任务——和差异化原则——设定为发现社会—经济决定形式的"起源"时，他创设和实现了哲学导向、历史定位的资本主义政治经济学方案。然而，这一方案，意味着对在《1844年经济学哲学手稿》中提出的哲学和经济学关系的根本改变，意味着对将哲学作为唯一彻底批判的思想工具的观念的摈弃，并因此也带来了"异化"哲学观念的方法论功能的根本改变。

其次，这些关于《1844年经济学哲学手稿》中哲学和经济学理论关系的明确假设，使哲学承担起批判地分析**具体经验**现实的任务（通过对它们在作为资本主义基本意识形态的"国民经济学"中的扭曲表象的批判来实现）。为了在方法论上保证这个任务的完成，马克思转向了黑格尔，在马克思看来，黑格尔是资产阶级哲学思想的集大成者。他对于黑格尔哲学的一般态度，与《资本论》第二版后记中简单表达的要将辩证法"颠倒过来"的任务一样——实际上《1844年经济学哲学手稿》末尾对黑格尔辩证法的批判，在马克思的全部著作中最为彻底和全面。这两者的区别在于，**什么**是马克思所认为的黑格尔哲学的"内核"和顶点：如果《资本论》是对蕴藏在黑格尔《逻辑学》中的洞见——**过程整体性**的辩证法理论——的唯物主义运用，《1844年经济学哲学手稿》则表现为这样一种特征，它是一种将黑格尔的现象学方法进行彻底的唯物主义转换和应用，而黑格尔的《精神现象学》的方法被认为是具体内容中的历史的理论再现的方法。这种"唯物主义的现象学"的方法对马克思来说，首先意味着从个体工人（作为资产阶级社会的现象学意义上的典型代表）与社会财富世界的关系（这个关系被固定在"国民经济学"中，并被马克思哲学地解释为基本的、物质—实践的、主体—客体关系的特定历史类型）出发，然后试图解释这个关系，同时从**无产阶级与他/她自己活动的关系**角度来解释工人和与他/她对立的对应物、与资本家的关系。由此，作为《1844年经济学哲学手稿》中心范畴的异化劳动，就依据在历史上具有典型性的（鉴于它的生产性和由之而来"创造历史"的）个体的生命—活动而被定义。应当再次强调的是，对个体生活状况的参考，仍然构成了后来马克思所使用的"异化"一词的基本特征：这个概念的全部理论和批判意义围绕着这样一个主题：在"史前"

时期，尤其是在资本主义社会，对象化的社会发展和实际的个体发展之间的倒置和对立关系。后来对异化特征的阐释，把它界定为历史性增长的鸿沟：一方面是财富和被社会以一种对象化的形式作为一个整体逐渐发展起来的人类能力、需要、社会交往形式和知识的多面性，另一方面是个体——正是这些个体生产了对象性的财富——的单面性、抽象性、贫困性和依赖性，在某种意义上说，这些特征描述只道出了在《1844年经济学哲学手稿》中，作为将"人的本质"和"存在"对立的异化概念的含义。但是随着宣布放弃从个体和他/她的生产性活动之间的关系来"演绎"社会—经济生活的所有复杂相互关系的尝试（这种放弃在《德意志意识形态》中已经清晰表现出来），马克思将异化分析的焦点转向对社会总体、对资本主义社会中的社会—经济之间相互作用的具体特征分析。但这种分析的去除偶像崇拜的方向和目标——将人类历史存在的所有既定的、以物的形式出现的先决条件理解为社会规定的活动结果和产物——没有改变。然而，现在不再采取"现象学还原"来还原到"典型"个体的生命活动方式，而是通过概念性地集中分析在社会整体中的**社会关系再生产问题**来实现这一目标。这也涉及在另一个方面的重点的变化。《1844年经济学哲学手稿》中充满着一种奇特的张力：当整个论证逻辑清晰明确地把异化设定为一种历史环境特有的**客观—结构的**特性时，却用个体的关系—态度来定义异化，导向了使用主观的、经验心理学的词汇（如感情的隔阂，无力等）的明确阐述。毫无疑问，马克思后来仍然强调客观形势和对这一形势的意识之间的联系（甚至可能会被认为，他通过在黑格尔意义上使用"表象"一词表示现实本身的一个方面而在这方面引入了新的歧义性），但尽管如此，异化的特征已明确转向这个术语的客观意义。

第三，在《1844年经济学哲学手稿》中运用的"唯物主义现象学"的方法，不仅与一种在后来广为接受的批判理论的方法论预设紧密联系，而且也和一种**实践**类型的前提联系在一起，这种实践类型关注的是在作为革命性集体活动目标的共产主义中个体与社会的非异化关系。共产主义对那时的马克思来说，意味着人的本质和个体存在之间全面彻底的和解，意味着这样一种社会条件的创立，在这种社会条件下，每个人都将现实地获得并在自己的生活中实现被历史地创造和对象化的社会的全部潜能（作为"人的本质力量"的需要和能力）。在哲学层面，马克思明确拒绝黑格尔将对象化（Vergegenstaendlichung）和异化（Entfremdung）等同起来，也拒绝那种摆脱所有外部规定性的观念论自由概念。他明确地从作为有限的自然存在的人的观念出发，因此将解放问题从形而上学—伦理学领域转向实践—社会领域：对他来说，这种转变并不意味着从一般的人类存在的历史—社会限制中解放出来，而是明确指定用这样一种方式改变社会生活体系的任务，使联合起来的个体可能持续不断地有意识地去除所有那样的社会限制，这些限制在历史上已经成了阻碍具体成型的个性显现的障碍。然而，这种"现实主义"的哲学取向和在《1844 年经济学哲学手稿》中提出的实践—社会方案的**乌托邦**特征存在着矛盾，在《1844 年经济学哲学手稿》中，马克思认为每一种一般劳动分工、每一种功能或工具性的人际关系、人类交往的量化方面都是有待克服的异化的表现。在马克思思想中，这种"哲学实在论"和"实践的乌托邦主义"之间的张力是他后来整个思想发展的基本推动力之一，不过他逐渐转向对这种冲突的清算，而这个清算的过程开始于他1845—1848 年之间的著作。

　　这里只是在其最普遍的方向上，概要性地阐述了这些变化的特征，这些变化不仅引起了对一个概念的表述和解释的修改，但它的基本内容和主要界限仍然没有改变；而且它们（由于马克思有关资本主义经济性质的观点越来越明确）也使得先前被命名为"异化"的世界历史现象在概念上被解构为在抽象层面上可区别的若干方面。或者，在现阶段为了更加慎重，人们可以提出如下观点：在马克思后期经济著作中存在着一些明确的相互关联的术语，早些时候，这些术语要么完全没有出现，要么至少没有获得系统的意义。可以指出如下基本术语：异化（Entfremdung 或 Entausserung）、物化（Verdinglichung 或 Versachlichung）、人格化对应物的对调或反转（Verkehrung 或 Verrueckung）、"本质的变形"（Transsubstantiation）一词也具有类似神秘化（Mystifikation）和拜物教含义的应用。据我所知，还没有关于马克思实际应用这批术语的意义和关系的详细考察。在关于异化的争论中，只有"异化"与"拜物教"关系问题的讨论还带有些连续性，而且由于"异化"一词通常是按照《1844年经济学哲学手稿》中的用法来理解，所以这样的讨论根本无法得出什么确定结论。至于"异化"和"物化"，这两个词通常被作为同义词对待，"物化"或被认为是"异化"的心理—经验的后果（如A.沙夫），或在后期马克思的著作中用以取代早期的"异化"概念（如J.伊斯雷尔）。现在，让我来谈谈"异化"和"物化"之间的关系。

三、晚期马克思"异化"概念的含义

马克思在《德意志意识形态》中以如下方式定义了异化概念：

> 受分工制约的不同个人的共同活动产生了一种社会力量，即成倍增长的生产力。因为共同活动本身不是自愿地而是自然形成的，所以这种社会力量在这些个人看来就不是他们自身的联合力量，而是某种异己的、在他们之外的强制力量。关于这种力量的起源和发展趋向，他们一点也不了解；因而他们不再能驾驭这种力量，相反，这种力量现在却经历着一系列独特的、不仅不依赖于人们的意志和行为反而支配着人们的意志和行为的发展阶段。这种"异化"……等等。①

正如我们将要看到的，这一描述本身已经包含了马克思晚期经济学著作中异化概念的所有基本要素。在这里，只是为了说明，我引述《资本论》第一卷中与此具有惊人相似性的论述：

> 工人作为独立的人是单个的人，他们和同一资本发生关系，但是彼此不发生关系。他们的协作是在劳动过程中才开始的，但是在劳动过程中他们已经不再属于自己了。他们一进入劳动过程，便并入资本。作为协作的人，作为一个工作有机体的肢体，他们本身只

---

① Marx-Engels, *Werke*, (Dietz) (hereinafter MEW) Bd. 3, p. 34.（《马克思恩格斯文集》，第1卷，北京：人民出版社，2009年版，第537—538页。——译注）

不过是资本的一种特殊存在方式。因此，工人作为社会工人所发挥的生产力，是资本的生产力。①

关于这个概念的运用，我们可以作如下考察：

（一）在这里，异化概念不是被理解为一个可用于描述个体或他们的社会学归类的"操作性"词汇，而是作为那些哲学的"规定性概念"之一，其功能在于首先从彻底批判和革命胜利的立场，阐明在历史发展单一进程中的所有历史时期（首先是现在）和社会制度的地位。毫无疑问，"异化"在马克思后来的整个经济学著作中都是在这种意义上使用的：它的作用是从矛盾和对立的观点，描述作为一个"环节"、作为人类历史发展的一个阶段的资本主义经济关系自我再生产系统的特征，这些矛盾和对立对马克思来说代表了人类解放的可能性。因此，它决不是一个"纯粹描述性的"价值中立的概念。然而，它的价值内涵，不是建立在规范的—元历史的"人性"概念上，即作为普遍的人和特殊的人的不可改变的本质（正如 R. 沙赫特等人所坚持的），而是建立在作为进程的历史概念上。然而，这个进程的观念，至少从马克思的意图来看，不是指某种超验的目标：它是在"实用主义的视角下"，从一种被社会—历史所限定的目标出发的，但它同时又是绝对无条件的，因为作为需要的至关重要的"必然性"，不仅是被理解为被经验—被感受的苦难，而且，还被理解为一种创造的、实践—革命的可能性。

（二）异化概念特别与历史进程有关，它可以被界定为"在进化方面的社会化"，与个人陷入其中的社会交往网络的历史延伸和加强密切相关。这与马克思的这样一个想法紧密相连："世界—历史"不是作为一种对历史事实进行共时与历时描述的主观—认知方式，而是作为一个历史性地在形成中的现实。"地方史"向世界—历史的转型，社会关系范围的扩展，不是通过那些相关个体自觉自愿的联合协作而推进的，而是通过每个个体越来越深地依赖于这种社会性的而非集体性地创造的客观条件来实现的，而这些条件本质上不会被任何个体的有意识的活动改

---

① MEW, Bd. 23, pp. 352 – 353.（《马克思恩格斯文集》，第 5 卷，北京：人民出版社，2009 年版，第 386—387 页。——译注）

变或影响。异化概念关注的就是这种"非自愿的社会化"过程的结果，它在资本主义社会达到顶峰。

（三）异化的理论围绕着这样的观念展开，在上述条件下的个人，无论是单独的还是他们的全体，不能控制自己社会活动的结果，他们自己的产品作为他们生活的不可改变的客观条件与他们对立，他们被制度化地纳入其中，而这些物质条件则按照它们那独立于诸个体意愿的自身逻辑来决定他们的命运。后期马克思的异化概念的所有特征，都提到这一事实：产品（无论它是什么样的）"成为自主的"并"控制"、"使用"、"支配"和"主宰"生产者。

（四）这种产品对生产者的统治，在作为对象性的—对象化的各种生产条件所有者的非生产者对直接生产者的统治中被人格化了，并通过这一过程实现了人格化。异化，从而意味着人类社会化进程中对立的阶段，当"人类的发展总是以牺牲多数个人的发展为代价"的时候，"劳动生产力发展的一个特殊形式……直接与劳动者本身的发展相对立"。① 社会交往的扩展及其结果，即对象化的社会财富的增长是通过孤立而"抽象"的即片面的并在物质上和精神上双重贫困的那些个人进行的对象性地交织而互补的活动来实现的；异化导致了社会发展和个人发展之间的鸿沟。

（五）这样被理解的异化是历史发展的一定阶段的一个对象的—结构的特点：这被马克思在他的后期著作中着力强调。"工人劳动的'社会的东西'等等，不仅'在想象中'，而且'在实际上'，不仅作为异己的东西，而且作为敌对和对立的东西，作为对象化和人格化于资本中的东西，与工人相对立。"②

正是这种异化的思想，马克思将其应用于对资本主义历史传统**主题**的特性描述：它的各种冲突的历史意义的界定，消除冲突的方向与可能性。概要地说，他讨论了在资产阶级社会中异化的**四个**基本类型和形式，其中两个指男性和女性之间交往的自主作用过程，另外两个指他们

---

① "Theories of Surplus Value", MEW, Bd. 26/2, p. 111; *Das Kapital* III, MEW, Bd. 25, p. 833.

② "Results of the Immediate Process of Production", Archiv, Moscow, Vol. II/VI, p. 98.（《马克思恩格斯文集》，第8卷，北京：人民出版社，2009年版，第505页。——译注）

社会活动的对象化"产品"。

首先，马克思指出，在资本主义制度下，作为社会交往的普遍形式，市场关系的异化特征渗透到所有领域并同化了所有类型的社会关系。"以交换价值和货币为中介的交换，诚然以生产者互相间的全面依赖为前提，但同时又以生产者的私人利益完全隔离和社会分工为前提，而这种社会分工的统一和互相补充，仿佛是一种自然关系，存在于个人之外并且不以个人为转移。"① "活动的社会性质……在这里表现为对于个人是异己的东西，物的东西；不是表现为个人的相互关系，而是表现为他们从属于这样一些关系，这些关系是不以个人为转移而存在的，并且是由毫不相干的个人互相的利害冲突而产生的……个人从属于像命运一样存在于他们之外的社会生产；但社会生产并不从属于把这种生产当做共同财富来对待的个人。"② 通过商品生产，资本主义不仅消解了将地域性共同体的个体联结起来同时还使他们与更大范围的社会联系相隔离的社会纽带；它不仅用"个人与全体的联系"来代替这些纽带，使社会的各种活动、需要和能力的动态—普遍发展成为可能；借助于市场，它还消解了所有固定的、人与人之间相互依赖的关系，这种关系是这些个人的"自然"特性，它作为社会决定因素，是他们的个性衍生物，可以说他们生来就囚禁于这种个性中。历史的社会化的自发—客观的进程，在资产阶级社会中达到顶峰。同时，这也意味着**一个"个体化"**的过程，即：为个体从他们直接的社会环境和被这种环境所赋予的社会角色中解放出来创造一种日益增长的可能性。但这种个体化发展的地域—个人的依赖关系、"自然的"—个人的限制的消除，在资本主义条件下，是通过创造所有个体对对象的—外部条件的普遍依赖而实现的，这样就形成了一个受自身规律支配的自足系统。个人从以往既定的、已经建立和不可改变的社会关系中解放出来，这种关系把它绑定到前定的人际与活动圈子内，但这种解放只是局限于通过商品这一中介和它们普遍的化身即货币——也就是说，通过那些

---

① *Grundrisse*，(Dietz, 1953)，p. 76.（《马克思恩格斯文集》，第 8 卷，北京：人民出版社，2009 年版，第 52 页。——译注）

② *Grundrisse*，(Dietz, 1953)，pp. 75-76.（《马克思恩格斯文集》，第 8 卷，北京：人民出版社，2009 年版，第 51—53 页。——译注）

与社会活动者的个性完全分离并对其漠不关心的事物建立和实现个人的社会联系。个体化的历史进程采取了使个人的**人格解体**的对抗形式。

第二，资本主义不仅消解了所有形式的地域性共同体，它们过去曾以这样或那样的方式直接规范（和限制）着个体的生产性活动。在其发展中，资本主义还创建了自身特有的生产合作形式：工厂。通过真正将劳动纳入到资本的统治下，它逐步发展出了历史上第一个生产的社会组织，这一生产组织从传统的压制和束缚中挣脱出来，真正被合理的目标所统治。然而，劳动者的这种合作，这种由他们的联合以及共同而协调的物质活动所产生的社会生产力，不是通过他们自身而是通过资本形成的。"雇佣工人的协作只是资本同时使用他们的结果。他们的职能上的联系和他们作为生产总体所形成的统一，存在于他们之外，存在于把他们集合和联结在一起的资本中。因此，他们的劳动的联系，在观念上作为资本家的计划，在实践中作为资本家的权威，作为他人意志——他们的活动必须服从这个意志的目的——的权力，而和他们相对立。"① 并且，他们自身的各种活动的社会整合与这些活动的直接从事者之间的异化变得越来越明确，因为"工人的劳动能力本身由于上述形式而发生了形态变化，以致它在独立存在时，也就是说，**处在**这种资本主义联系**之外**时，就变得无能为力，它的独立的生产能力被破坏了"②，"直接劳动到社会劳动的这种上升，表现为单个劳动在资本所代表、所集中的共同性面前被贬低到无能为力的地步"③。正是异化的这个方面，逐步地越来越多地被马克思强调，首先不是因为其起源的重要性（合作作为产业资本在历史上的第一种存在形式），而是因为当以最直接的方式表达异化的时候，它本身携带着彻底克服它的种子和可能性。

第三，这些生产者直接和间接关系的异化形式的出现与繁殖，是通过资本主义的私有财产机制，通过生产的客观条件与主观条件以及与生产者

---

① *Das Kapital* I, p. 351.（《马克思恩格斯文集》，第5卷，北京：人民出版社，2009年版，第385页。——译注）

② "Results...", p. 158.（《马克思恩格斯文集》，第8卷，北京：人民出版社，2009年版，第538页。——译注）

③ *Grundrisse*, p. 588.（《马克思恩格斯文集》，第8卷，北京：人民出版社，2009年版，第191页。——译注）

自身相分离的体制来实现的。通过这种分离，资本主义将生产资料的发展一方面从对历史地但也是缓慢—有机地进化的个人生产技能的依赖中解放出来，另一方面从对发生同样变化的、作为生产预定目标的社会需求的依赖中解放出来；资本主义使生产资料得以独立发展，并把它们转化为直接的社会力量，现在它自己驱使社会技能和需求的快速增殖。但是，这些社会创造的生产力，这些劳动者生产活动的对象化成果，主要集中在少数人手中，他们控制着生产者，并以此控制了直接生产者的生活条件。"资本主义生产第一次大规模地发展了劳动过程的物的条件和主观条件，把这些条件同单个的独立的劳动者分割开来，但是资本是把这些条件作为统治**单个工人**的、对单个工人来说是**异己**的力量来发展的。……劳动条件作为同工人相对立的**社会力量**积累起来，并且在这种形式中**资本化了**。"① 随着资本主义历史地创造并扩展适合自身的技术基础，劳动的对象化的物质产品对生产者的统治在工人和机器的关系中获得了**技术**的实现。"在机器体系中，对象化劳动在物质上与活劳动相对立而成为支配活劳动的力量，并主动地使活劳动从属于自己；这不仅是通过对活劳动的占有，而且是在现实的生产过程本身中实现的。……"② "不再是工人使用生产资料，而是生产资料使用工人了。不是工人把生产资料当作自己生产活动的物质要素来消费，而是生产资料把工人当作自己的生活过程的酵母来消费，并且资本的生活过程只是资本作为自行增殖的价值的运动。"③

第四，资本主义使生产者不仅从他的劳动物质条件而且从生产活动的智力—精神的成分中异化出来，这种成分总是出现在前资本主义的手工劳动形式之中。在资本主义社会，不是工作经验的缓慢积累，而是科学——抽象精髓普遍发展的这一产物——的自觉运用逐步成为技术发展的基础。从作为整体的社会总体性方面来看，这意味"高级文化"的产品开始重新整合进直接的生活过程，它们已经从直接的生活过程中（随

---

① "Results...", p. 160.（《马克思恩格斯文集》，第 8 卷，北京：人民出版社，2009 年版，第 539 页。——译注）

② *Grundrisse*, p. 585.（《马克思恩格斯文集》，第 8 卷，北京：人民出版社，2009 年版，第 186 页。——译注）

③ *Das Kapital* I, p. 329.（《马克思恩格斯文集》，第 5 卷，北京：人民出版社，2009 年版，第 359—360 页。——译注）

着脑力劳动和体力劳动之间等级性的结构分工在历史上的出现）彻底分离出来。但在进行劳动的个体方面，这只导致了这个事实，他的劳动现在变得完全机械和没有灵魂。"科学通过机器的构造驱使那些没有生命的机器肢体有目的地作为自动机来运转，这种科学并不存在于工人的意识中，而是作为异己的力量，作为机器本身的力量，通过机器对工人发生作用……知识和技能的积累，社会智力的一般生产力的积累，就同劳动相对立而被吸收在资本当中，从而表现为资本的属性……"①

四、马克思的"物化"概念

"物化"（Versachlichung）一词，据我所知，在马克思的《政治经济学批判大纲》中首次出现——但还没有任何自己固定和特殊的含义。在某些情况下，② 它似乎简单地意味着"对象化"（Vergegenstaendlichung），即将人类活动外化并物质性地固定在产品中，这是劳动过程本质的一积极的方面；在其他一些地方，它明确地在"拜物教"的意义上被使用，即把人与人之间的关系转变为物与物之间的关系。③ 但在马克思后来的经济学著作中，这个概念逐渐（尽管不是完全）被一个同义词"物化"（Verdinglichung）所取代，它也获得了特定的含义，在《资本论》第三卷中这种含义得到了最清楚的表达。在这里，我们读到："在资本中……社会关系的物化，物质的生产关系和它们的历史社会规定性的直接融合已经完成……"④

然而，这个"定义"需要解释——由于"生产的**物质**关系"（对比"**历史和社会的规定**"）这个表达是有问题的。马克思通常使用术语"材料"（stofflich）来表示那些与人和自然之间的新陈代谢（物质交换）过程相关的，也就是与人的活动和生产技术方面（在他的著作中多次直接而明

---

① *Grundrisse*, pp. 584 and 586.（《马克思恩格斯文集》，第 8 卷，北京：人民出版社，2009 年版，第 185—187 页。——译注）

② *Grundrisse*, pp. 12–13.

③ *Grundrisse*, p. 78.

④ *Das Kapital* III, MEW, Bd. 25, p. 838（Italics mine G. M.）.（《马克思恩格斯文集》，第 7 卷，北京：人民出版社，2009 年版，第 940 页。——译注）

确地将"物质内容"和"技术的"等同）相关的内容。这些人的活动和生产技术方面，被历史地"传递"和"积累"，不同于"生产关系"和"历史的—社会的规定形式"（后者成为人和客体之间、由他们在这些关系中的地位决定的凝结功能），它们从根本上被改变并在历史中不断"变形"。因此，"生产的物质（stoffliche）关系"在用语上似乎是一个矛盾。

理解"物化"的关键在于马克思的一般**经济功能**概念。这一概念在《资本论》及其先于《资本论》的手稿中都被详细阐述（或至少被暗示）。他强调，每一个历史上的经济系统不得不履行一些一般性的任务，这些任务**在抽象的意义上**对全部社会—经济形态都适用，而且由于**再生产**的要求，这些任务被规定为经济关注的中心。再生产的连续性，始终和必然要求保持物质再生产的各要素之间**均衡比例关系**，包括与一定的客观因素联系在一起的人类各种活动（一般和特殊的生产和消费之间、在生产的各部门之间、在消耗的资源和有用的产品之间等的比例关系）。"……要想得到与各种不同的需要量相适应的产品量，就要付出各种不同的和一定量的社会总劳动量。这种按一定比例**分配**社会劳动的**必要性**，决不可能被社会生产的**一定形式**所取消，而可能改变的只是**它的表现方式**，这是不言而喻的。"[①]

但历史上所有已经存在的经济制度都建立和维持将各种劳动工具与**资料**和**人的不同活动**（它被理解为劳动力的历史规范，本身就是一种自然的力量）通过社会机制在质上、"技术"的结合，这种社会机制将人分配并纳入不同的生产资料中，而生产资料自身在不同的人群间（不平等地）进行分配；马克思间或提到的"劳动的技术分工"通过社会的劳动分工和财产分割而产生并获得实现，授予生产过程的参与者和它的物质要素以明确的带有固定的社会特征的"社会形式"。社会劳动的分配不是按照技术活动进行的（这种技术活动包括对待作为工作的一般材料的自然的具体积极态度和能力），而是按照某种社会规格的劳动进行的，这些社会规格的劳动涉及人与人之间的固定从属关系：在作为一个社会

[①] Marx to Kugelman, 11.7.1868.（《马克思恩格斯文集》，第 10 卷，北京：人民出版社，2009 年版，第 289 页。——译注）

范畴的某一明确"行业",奴隶、农奴、雇佣劳动者的劳动。已实现的劳动技术功能通过生产者的固定社会—经济角色得到调节。在这个意义上,再生产意味着在活动之间存在的成比例**"物质"**关系的再生产,以及人与人之间**社会**生产关系的再生产。事实上,也正是人与人之间的社会生产关系,以一种自发的方式决定具体内容,决定在限制条件内将被实现的具体历史经济目标,所谓的限制条件是通过比例关系合理的物质—"技术"的要求强加的,人与人之间的社会生产关系通过各种社会机制,决定什么需要将被认为是经济上合法—有效的**"需求"**,哪些资源的使用应当被计入**"成本"**。它们设定生产的目标—功能,这些目标功能将按照"节约"的功能要求被实现,以保持一个合理的比例关系。

所以,在所有经济构成中设定生产目标的社会功能和合理—技术的实施机制不可分割地交织在一起,并立即相互融合。在资本主义制度下这种"结合"(由马克思通过"合并"[Verquickung],"一起成长的意识"[Zusammengewachsenheit]等术语加以界定)的具体形式被马克思称为**"物化"**。

所有前资本主义生产方式通过这个事实显示其特点,一方面,再生产过程通过彼此完全独立的地方单位实现,结果生产要素在整个社会的这些独立单位之间不能自由移动和转让(在这里生产具有局限于"地域性"[borniert]的特征)。另一方面,更重要的是,经济活动在这里仍然嵌入并通过依赖关系实现,除了生产本身的关系,还有血缘关系、政治的、宗教的或个人的束缚等,各种各样的关系被马克思定义为"个人的统治和奴役的关系"(Herrschaft und Knechtschaftverhaeltnisse)。这里,生产领域作为一种特定的制度性活动领域尚未分离出来。从而生产的客观目的被社会性地假定为"个人和他/她的社会的先定关系的再生产",[①]并且劳动的技术活动服从于直接的、传统上固定的社会规则(各种生产工具使用的"仪式化",通过一种标准的明文规定的社会分工确定的生产角色等等)。"技术"在这里被嵌入和归入一定形式的社会接触之中,它具有一个"人"的品质并且形成生产力发展的"内在限制"(Grenze 边境)。资本主义破坏了影响其发展的地域和传统的—社会的限制——

---

① *Grundrisse*, p. 386.

它将生产即人与自然的物质交换活动作为一个独立的活动领域分离出来，目标是在不断扩大的规模上进行"财富"生产。它把人类与自然的积极物质交换从生产过程本身的外部限制中解放出来，"只有在资本主义制度下自然界才真正是人的对象，真正是有用物；它不再被认为是自为的力量；而对自然界的独立规律的理论认识本身不过表现为狡猾，其目的是使自然界（不管是作为消费品，还是作为生产资料）服从于人的需要。资本按照自己的这种趋势，既要克服把自然神化的现象，克服流传下来的、在一定界限内闭关自守地满足于现有需要和重复旧生活方式的状况"[1]。但只有在将社会财富作为生产的目标，只有在将客体、将客体化的抽象社会劳动作为价值的形式下，它才如此。由此，不仅为社会生产力的发展指明方向，这种发展是与个体劳动者的发展相反和敌对的（异化），不只是给这个发展设置了新的**障碍**（Schranke），如今，这种障碍就来自于生产过程本身的资本主义性质——这些障碍在资本的自身运动中被不断推翻，只有通过经济—社会的冲击，它们才能被重新设置。它还再次将技术和社会的规定与再生产过程的要求不可分割地融合起来，但现在，使对生产目标和方向的社会决策服从于通过市场实现价值和剩余价值的自主运作机制，这种运作机制按自己的逻辑、按一种自然规律的力量行事，以至于使这个过程的具体的、历史的—社会的形式表现出"自然的"或技术的必然性。如果在前资本主义社会，劳动—过程的技术要求采取的是人与人的依附系统内提出的具体权利和义务形式，那么，在资本主义，社会统治关系则采用了劳动—过程本身的技术—功能要求的形式。"在资本主义生产过程的基础上，资本在**生产资料**形式上存在的使用价值和作为一定社会生产关系的**资本**的这些生产资料即这些**物**的规定，是**不可分割地融合在一起的**……"[2] 因此，"监督和指挥的劳动，就它由对立的性质，由资本对劳动的统治产生而言，因而就它为包括资本主义生产方式在内的一切以阶级对立为基础的生产方式所共有而言，

---

[1] *Grundrisse*, p. 313.（《马克思恩格斯文集》，第 8 卷，北京：人民出版社，2009 年版，第 90—91 页。——译注）

[2] "Results...", p. 20.（《马克思恩格斯文集》，第 8 卷，北京：人民出版社，2009 年版，第 462 页。——译注）

这种劳动在资本主义制度下,也是直接地和不可分离地同由一切结合的社会劳动交给单个人作为特殊劳动去完成的生产职能,结合在一起的"①。

从这个讨论可以清楚地得出如下结论:"异化"和"物化"概念已由晚期马克思作了概念性区分:异化概念是指在历史中日益"社会化"的对抗性特征,物化概念是指人对纯粹自然力量的支配在历史中日益发展的对抗性特征,是指这个矛盾前进的过程,在这个过程中,劳动作为人与自然之间的物质交换从人与人之间的社会互动中分离了出去。相应的,在马克思后期的经济学著作中,异化首先与私有财产关系的主导地位紧密相连,而物化则与劳动社会分工的特定历史形式即被他称为"自发"(naturwuechsig)形式相关联。在另一方面,同样清楚的是,异化和物化是同一个历史进程的两个方面,只有通过抽象才能区别这两者,而现实中它们彼此则互为前提。在将两者都视作"史前"——主体客体倒置(Verkerhung)时代——的基本趋势的历史规定中,马克思着力强调了这一点。② 这种"倒置"是指客观的生产条件统治主观的条件,统治生产者,尚未实现人掌握自己的物质和社会生活的过程,它表现为人对人的统治,并通过这种统治得到进一步的拓展。"实际上,资本家对工人的统治,不过是独立化的**劳动条件**、独立于工人的**劳动条件**(……)对**工人本身**的统治……"③ 异化和物化的统一,只表示这样一个事实:人在他们的联合中,还没有成为真正自觉的历史主体,通过自己的决定和团结的言行主宰他们的个人和集体命运。人从自然进程的支配中解放出来,这种自然进程,通过有节奏地重复的规律和难以觉察的变化,支配着前资本主义社会人们的生活,而这一解放只是带来不断加快的技术—社会变化的过程,不过,变化的真正主体是作为资本"积累起来的死劳动"。

对于马克思,这不仅强调了"异化"和"物化"共同的历史的哲学的特征,而且强调它们明确的批判意义。两者都旨在把资本主义放在历

---

① *Das Kapital*, pp. 399 – 400.(《马克思恩格斯文集》,第 7 卷,北京:人民出版社,2009 年版,第 434 页。——译注)

② *Zur Kritik der politischen Oekonomie*(1861 – 1863),*Marx-Engels Gesamtausgabe*,(Berlin, 1927 –),hereafter MEGA, 11/3/, p. 100; "Results...", p. 34; *Das Kapital* III, p. 55 etc.

③ "Results...", p. 32.(《马克思恩格斯文集》,第 8 卷,北京:人民出版社,2009 年版,第 468 页。——译注)

史进程的连续性中，揭示其自我封闭的功能性统一和自我推进过程的历史特征，在显示其暂时性的意义上，揭示了其实践上克服的可能性。两者都将资本主义社会放在过去的背景下，但是都从未来的角度，从超越和克服其基本对立的实践角度，通过这些概念自身阐明自己。

  应该非常肯定地强调，异化和物化相互之间的联系也意味着——在实践意义上——两者只有联合和同时进行，它们的克服才有可能。社会主义的整个概念，当我们在《资本论》的"批判的经济学"中遇到它时，它是建立在这样的事实基础上的，只有在"生产者的自由联合"中，再生产过程的物质技术和功能的先决条件才有可能从这些社会目标的设定中彻底地分离开来，只有这种社会目标才能确定这些功能的真实历史内容、经济的因此也是社会发展的性质和方向。社会发展和个人发展之间对立（异化）的消除，以这种分离为前提，并且预设了"必然王国"单独的制度化，"必然王国"是"特定的物质生产"的领域，在任何社会形态下，"特定的物质生产"**总是**被"迫切的需要和外在的必然性"所左右，并且这里能做的就只能是"合理调控"和"集体控制"，与之相对的"自由王国"，独立于直接生产活动，是以"人的力量的发展作为自己的最终目标"①的领域，这不仅体现在闲暇时的文化活动上，更体现在联合体的公共自治上（正如马克思在他反对巴枯宁的论辩中所说"一切都必定始于这里"）。这种"自治"的中心任务明确包括对生产目标以及需要满足的社会需求的特征与范围，作出自由而直接民主的决定。只有当这些决定已经付诸实践，中央集权的经济管理机构的工作才得以开始，这一机构通过将公共集体意志的这些表现，转化为一套适当而平衡的，作为一个整体计划的生产任务，它能满足物质—功能的合理性的所有要求。在这些条件下，中央机关其实只是"摆放共同的社会生产的簿册及账目的平台而已"（并且预设所有经济关系之间都是不透明的，这些功能将是如此简单，以至于它们可以根据轮换原则，由社会所有成年成员实现）。但是，如果第一个条件不能满足，如果社会集体决策的社会互动的过程不能脱离他们对"技术"的运用，如果因此物化仍然存

---

① *Das Kapital* III, p. 828.

在，那么这个中央机关（正如马克思如此令人信服地指出它与"蒲鲁东主义"相反）必然会成为"专制的生产统治者和分配的管理者"。①

恩格斯主义者将"对事物和生产过程的管理"与"对人的统治"对立起来，这个幸运的公式清楚地表达了社会主义的最基本的原则和方面之一，正如马克思在他最后的经济学著作中设想的那样。应该强调的是，这种想法不是作为对《资本论》中资本主义经济运作进行批判分析的一个"未来主义的附录"，实际上，它不是只属于马克思的传记，而且可以直接从"文本"中丢弃的信念之一；它是**这样一个视角**，从这个视角，资产阶级经济的结构和运作被观察并被理论地阐述，因此，它贯穿于整个内容，即，从表面看那些似乎纯粹是描述—分析的范畴。也许，这将足以指明这样一个事实，至少在《资本论》中，价值的定量理论以这种区分的可能性为前提，即，在起源于资本主义关系的具体社会形式的经济任务和功能与源于社会再生产过程的物质要求的那些经济责任与功能之间作出区分，也就是说，它预设了在已经存在于资本主义社会中的"抽象力量"的帮助下对物化的克服。并且，马克思和"生产劳动"问题的不懈（而且似乎相当不成功的）斗争表明，至少他完全意识到这个事实。人体解剖结构有助于理解猴子的解剖结构的比喻对他来说，不仅在资本主义对前资本主义社会的关系中有效，在社会主义对资本主义的关系中同样如此。共产主义作为对人与自然的积极物质交换过程和自由社会的互动过程的区分的第一个历史阐释和实现，这对老年马克思和对青年马克思都是"已解开的历史之迷，而且它知道它就是这一解答"。②

五、卢卡奇《历史与阶级意识》中的物化概念

马克思的异化理论——至少是在社会主义的思想中，在被遗忘了几十年以后——在卢卡奇的《历史与阶级意识》中以"物化"之名得到"再发现"，这已经是老生常谈。同时，卢卡奇最初在《资本论》（因为

---

① *Grundrisse*, p. 73.

② *Oekonomisch-philosophische Manuskripte*, Reclam, 1974, p. 184.

《1844年经济学哲学手稿》那时还没有出版）文本的基础上进行了重建，在马克思主义理论中引入了重大变化——至少与它后来的变体相比而言是如此——作者本人（在他著作的新版前言里所提出的自我批评中）和近期的批评家们都视之为对马克思主义的误解乃至歪曲，这也已成为一个常识。卢卡奇讽刺自己的拙作只是他通向马克思的"道路"，他把自己主要的错误归根于无力把黑格尔的遗产置于彻底的唯物主义批判和重新阐释之下，导致了"物化"（异化）和对象化在一般意义上的等同，从而偏离了哲学唯物主义。最严厉的批评家如 L. 科莱蒂本质上也同意这种评价，但是他更加着重强调了卢卡奇理论中浪漫主义的反资本主义以及其与现代非理性主义宗旨之间的联系。

  然而，上述两种批评至少**从表面上**看来好似都不太使人信服。有种观点认为，卢卡奇以一种浪漫主义的方式否定了由资本主义及其机器工业在科学应用的基础上所推动的人类发展和进步。这一批评与卢卡奇对资本主义的特点定义是完全矛盾的，因为卢卡奇认为资本主义是第一个"社会性"的社会，它历史性地成功地"把自然的诸范畴归属于社会化进程"。① 通常很少有人赞同，卢卡奇不仅在《1844年经济学哲学手稿》出版前就已重新引入了异化理论，还坚持认为前资本主义和资本主义经济之间的结构差异。② 这种差异被第二国际对马克思主义的单线式的"进化论的"阐释弄得模糊，却与马克思在《政治经济学批判大纲》中对相同话题的著名讨论惊人地相似；当然，马克思的那本书卢卡奇之前也是完全不知晓的。即使必须承认他的"实践"概念（与"沉思"相反）作为与针对客体的质的个体性的创造性活动，在逻辑上包含了对工业生产本身的排斥并且看起来还预先假定了一个"新技术"，对其不能用世俗语言解释，除了（如果可行的话）用艺术创作进行类推，上述观点还是对的。然而，这并非根源于对资本主义社会同过去相比所取得文明成果的否定，而是——用他自己后来的话说——源于一种将来的"弥赛亚主义"观点。（这一观点同时大体上也适用于他关于自然科学的确凿的矛盾态度。）

---

① *History and Class Consciousness*, Merlin, 1971, p. 233.
② *History and Class Consciousness*, pp. 232 – 238, 55 – 59.

但卢卡奇自己的自我批评，似乎仍然有颠覆性的特征。他提出的异化和对象化的同一意味着他当时将"物化"的源头定位于人类生命活动中的物质特点，而这一点很确定是完全无法由文本来证实的。关于无产阶级作为同一的历史主体—客体的概念很明显将黑格尔主义和神话—神学的（或称"唯心主义的"）元素引入马克思主义历史观中，这一观点是毫无疑问的。但是，如果通过对这一概念的唯物主义特点有了最初的误解，或者像有时人们建议那样，由于对实在—实践活动有那种贵族式的不屑，那么这一观点也是很难解释清楚的。

还有一种说法似乎更贴近真相，通过在其后期著作基础上重建马克思主义关于异化和物化的理论，卢卡奇以一种奇怪的方式回归到了**青年马克思**的立场——他对这个时期的马克思知之甚少。卢卡奇把异化和物化概念合二为一，而在《资本论》中这是两个完全不同的概念，这一合并具有极其重要的意义。因为通过区分这一差异，马克思才得以明确地摆脱了他青年时期的"实践的乌托邦主义"。"物化"这一概念不仅设定了在革命性的未来里适当地把社会交往和社会决策从物质—技术的活动中分离出来的必要性，同时也以同等积极的方式强调了充分考虑这些在所有社会都必须被考察的物质—功能限定条件的必要性，技术以及经济合理性的要求。通过融合异化和物化，更确切地说，是通过对资本主义合理化原则的过于抽象的批判（或许反映了伴随着人性的"魅惑"和"理性主义的"个性复合体之间的无法解决的韦伯式困境的影响），卢卡奇——可以认为——在他的后革命性热情中详尽地重建了乌托邦的所有要素（否定普遍劳动分工、量化、任何手段工具，等等）。这描绘了《1844年经济学哲学手稿》的特征，它反映的是一种近似于革命前夕的情形。

有鉴于此，甚至黑格尔的影响也赢得一种全新的意义。因为仅仅认为是卢卡奇（与科尔施一起）首先注意到（这里不考虑那时还未出版的列宁的《哲学笔记》）黑格尔的思想遗产对于理解马克思思想和意图的重要性，并由此引发了延续至今的新一轮大讨论，这是不够的。同样重要的是必须看到被卢卡奇视为这个遗产的基础的东西。通过领会唯物主义历史观的本质在于对对象性的种种形式和主体的相关态度所经历变化的研究,① 卢卡奇事实上从哲学的角度将《资本论》解释为是对黑格尔《精神现象学》中所提出的问题进行了彻底的重组和解决（并且通过对作为资产阶级哲学的康德哲学关于经验世界的先验构成问题）。这一观点作为整个著作中最富成果和最具挑战性的观点之一，同时也构成了卢卡奇自己关于"物化"重要论文的方法论框架。也只有在它指出了早期马克思主义者卢卡奇与青年马克思之间的一个更加重要类似点的情况下，这一观点才引起了我们极大的兴趣。

也许在这种语境中，而不是之前提到的对它的批判描述中看《历史与阶级意识》，会更有助于阐明这本书在马克思主义思想发展史上的独特性和地位。不过，与早期马克思的类似在一个最重要的方面也是误导性的：它错过著作的主要方面，这不是向青年马克思的复归，而是一种无意识的、非常有问题的、肯定不成功的**超越晚期马克思**的尝试："经验的"和"被赋予的"（zugerechnetes）阶级意识问题。

这本书的这个著名问题经常被误解，自从它被同化为马克思特别是第二国际讨论颇多的另一个问题：一个无产阶级个体如何能意识以及是否意识到，他和其他雇佣工人在处境与基本利益上是一致的？然而，这并不是卢卡奇讨论的问题（虽然他自己对此总是不太清楚）。对他来说，"经验的"阶级意识同样包括在资本和劳动给定的关系框架内的、个体工人对自己客观处境的错误认识，**还有**他所说的"大众心理"的意识：在这些**给定关系**的系统中，**对整个阶级的特殊而短暂的利益**在经验上正确的意识。"被赋予"的阶级意识概念的整个要点，在于强调无产阶级的直接经济利益，由于它们是在资本主义经济的物化结构中发展的，所以它们自身由这一物化所决定，并且不能超越它的种种局限。由于卢卡奇以同样的决心与改良主义者对纯粹特定阶级利益的执著战斗，以及与对"最终目标"的宗派主义—乌托邦式的执著战斗，② 他的书的主要问题被设置为寻找这两点间的**中介**，寻找社会实践的"阶梯"，不允许有认知力的个体，而是斗争的阶级——从当下出发——达到它自己的"世

---

① *History and Class Consciousness*, Merlin, 1971, pp. 83, 153, 186, etc.
② See e. g. *History and Class Consciousness*, pp. 22 – 23.

界历史的使命",达到历史总体的立场。

用黑格尔的语言,并且也许是在康德二元论的影响下,卢卡奇实际上确实提出了(正如我们事后所知)关于在工业发达的西方资本主义国家爆发一场社会主义革命的可能性的基本问题——用这种形式(并且就这种形式而言),这个问题可以在"正统"马克思主义的阶级分析概念框架内被明确表达。但在马克思主义思想发展史中,这是一个新问题。诚然,马克思以最抽象的形式的确偶尔触及过它。我们在《政治经济学批判大纲》中读到:"私人利益本身已经是社会所决定的利益,而且只有在社会所设定的条件下并使用社会所提供的手段,才能达到;也就是说,私人利益是与这些条件和手段的再生产相联系的。"[①] 但在19世纪,这个问题还不能在理论上或实践上得到阐明。根据无产阶级"绝对异化"理论,无产阶级实际上不是资产阶级社会的一个阶级,并且因此在其中也没有什么特殊的利益,然而马克思在放弃了这个理论之后却能够坚持如下的理论:无产阶级生活状况的本质无保障性与资本主义再生产的周期性特征相关联,并且它不仅威胁到无产阶级传统的生活标准,而且还危及它作为一个"历史上特定的"劳动力的再生产,它与资本主义经济发展的不可避免的社会后果(通过大工业日益集中的无产阶级,所有雇佣劳动者拥有平稳的社会经济地位,整个人口持续增长的二元分化,等等)一道,客观上创造了个体劳动者的"私人利益"与阶级的革命任务之间的中介。基本的(虽然是历史的)急迫的(不急迫的)需要与功能—经济的**必然性**之间的相互作用形成了社会主义改造的足够驱动力——**作为生产力主要因素**的工人阶级(正如他从来没有停止过强调的)处在与资本主义生产关系不断加深的对立中。这样,无论是阶级的特殊利益与它的解放使命之间的关系问题,还是经济必然性和自觉的革命活动之间的关系问题,都不能被清楚地提出。

基于对西方革命失败的反思,卢卡奇提出了这两个问题——主观上他并没有意识到革命时期的结束这个事实,多半使他有可能会对它们进

[①] *Grundrisse*, op. cit., p. 74.(《马克思恩格斯文集》,第8卷,北京:人民出版社,2009年版,第50页。——译注)

行如此彻底的讨论（这构成他的书和科尔施的《马克思主义与哲学》之间的相似性基础，虽然在这里这一相似性已经终结）。这样，他不仅挖掘了马克思主义理论的全部解放的意义，而且不知不觉中超越了马克思。他扎根于物化理论，并且通过物化理论阐述了他的问题，这一物化理论既不是在现代条件下重建马克思的相关思想，也不是这些思想的唯心主义或浪漫主义的变形——它包含了它们的批判**萌芽**。正如科莱蒂和其他人所认为的，这无疑是真实的，即在卢卡奇这里，那些被马克思明确地确定为"资本的文明使命"的技术和经济发展的所有环节，被置于批判之中：减少劳动的所有复杂形式，通过自然科学的应用将劳动过程本身去神秘化，在生产和生活的其他领域中发展一个合理组织等。但他将它们作为物化的现象加以对待，**不是**因为他否认与前资本主义的过去相比它们的进步性特征，而是因为他认为并表明这种进步的资本主义性质不仅决定了对这些文明成果进行应用的种种社会形态，**而且也抓住了它们的物质内容**。尤其是在他对作为物化的诸多方面所作的"合理化"和"沉思的态度"的分析中，卢卡奇证明，价值在资本主义社会不仅是使用价值的"物化的中介物"，由于它，在社会财富不断增长的条件下，甚至最起码的需求仍会定期地得不到满足，而且它渗透了使用价值本身的内容，并成为其先决条件（而不是反之亦然），因为它按资本主义经济要求的方向，社会地改变了人类的需求；他认为资本主义不仅决定了机器的应用条件，而且确定了技术的发展方向，使工人们的分裂与自主权的丧失成为一个直接而必然的技术后果等。这本书的经常被引用并存在争议的著名论断"自然是一个社会范畴"，这不是一个唯心主义认识论的推测，而是对整个论证相当不成功的表述，它表明人对自然的态度，无论是在其被动的还是主动的形式（作为需要和作为劳动）里都不是简单地以社会关系为中介，在现有社会的所有形式中，这一态度不仅与它们杂乱地交织在一起，而且本质上由它们决定，因此**不能从它们中分离出去**。然而，如果情况就是这样，那么，马克思主义的物化概念由于假定这种分离的必要性，而这种分离就过去而言只能发生在思想中，而要出现在实践中只能是就未来的解放而言，从而都是虚幻的。但同时卢卡奇与马克思都坚持**作出这种区分**，因为他着重地将历史理解为进步并且更具体地理解为生产力的进步,因此在对自然的统治领域,他在理论上为自己创造了完全自相矛盾的局面。(应该补充的是,还应当看到同样的二律背反存在于他对待经济宿命论和自由—自觉的革命活动问题)。并且,由于他理论上和实践上提出令人信服的理由,来接受这个悖论的两个方面,因此他不仅为自己也为所有后续的激进思想创造了这样一种情况。

从卢卡奇个人的角度来讲,他从来没有意识到这个二律背反——并且肯定从来没有解决它。经过与这个问题旷日持久的斗争,思想的许多趋势出现,后来得到独立的发展,最终《历史与阶级意识》以惨败收场。从理论上讲,它导致了末世论—目的论的历史观,从实际上说,它将作为无产阶级自由自觉的行动解放的实践过程转化为这样一个要求,即将个体的整个个性和整个存在交付给作为"被赋予的"阶级意识①的体现的党,从而随后对作为理论和实践的"替代"(substitutionism)的布尔什维主义仅仅提出了哲学阐述。当卢卡奇在30年代初拒绝这本书,它不仅是对斯大林压力的屈服,作为继续留在这场运动内的代价,而且也是一种将自己从与布尔什维克原则的完全同一,以及对这一原则的内在化中解脱出来的方式——他的反对党对知识垄断的"游击战",在其所有的妥协与犹豫中,并且在其40年的连续性中,见证了他的这一方式。

许多年后,在《历史与阶级意识》中所提出的主要问题又重新出现,但现在有意识地并且直接对抗(而不是解释)马克思的思想。也许是战后"新马克思主义"的两位最重要代表——马尔库塞和哈贝马斯——的理论反思实际上从这一观察出发——至少在当代资本主义条件——不再可能在作为社会进步承载者和贮藏库的生产力和"对抗性"的资本主义生产关系之间划出一条明确的线,因为高度发达的工业资本将生产资料自身转化为统治手段。并且不论是西方的理论和实践经验,还是东欧的所谓"社会主义者"社会的重要例子都指出这样一个事实,马克思的物化理论和它所想要的实在论,从根本上说是乌托邦的。在任

---

① Lukács, op. cit., p. 336.

何目前可预见的条件下，社会交往领域和技术性劳动活动之间达到一个完全制度化的分离是不能实现的，除非是在科幻小说所设计的一个财富极大丰富的社会中。然而，由此对与马克思主义传统联系在一起的任何激进社会思想提出的至关重要和基本的问题是：（1）理论上：马克思主义理论的基本二分的范畴——生产力与生产关系，物质内容与社会形式，劳动与生产，使用价值与价值等——通过它们，他对历史进程的连续性和非连续性都同时给出了解释，对这些范畴的使用如何能在概念上是正当的？并且能经验地运用于历史分析的具体分析中？（2）实践上，关于资本主义社会的批判：在哪里可以找到这种批判的标准以及这个实践—批判活动的主体，如果"生产力逻辑"既不提供前者也不提供后者？（3）实际上，就社会主义变革的角度来看：如何才能实现经济技术合理性要求与民主自治和经济自我管理的协调，如果其适用性和有效性领域不能实现严格的体制上的分离？

马尔库塞和哈贝马斯首次试图将这些问题的相互关系和哲学后果思考到底。在这样思考时，两人实际上都一方面，从马克思的冷冰冰的历史内在论转向对传统哲学的复归（而且这不是批判**本身**），（马尔库塞在弗洛伊德元心理学的基础上走向哲学人类学复兴；哈贝马斯通过吸收现代交往理论走向康德先验论），另一方面，脱离了马克思以阶级分析的形式实现的社会学具体性。（所有这一切，正如费伦茨·费赫尔此后对晚期卢卡奇的研究显示，在他们与卢卡奇晚期的"正统马克思主义"的发展之间存在着影响深远的结构上的相似性。）所以，在一定意义上说，《历史与阶级意识》在它的所有矛盾中并以它最终的一败涂地，在马克思主义理论的初衷和意义的框架内，付出了最大的努力来解决这些基本问题。其典范意义在于：它是第一次并且也许是最戏剧性地显示了20世纪批判的社会主义思想超越马克思的必要和无能。

（赵春清译　郑天喆校）

逃离物化的控制

——卢卡奇、阿多诺和哈贝马斯的物化概念

哈瑞·F. 达姆斯

导论：对物化的忽视

近些年来，"物化"概念已经真正从社会理论包括社会批判理论的争论中消失了。这个概念处于20世纪早期的马克思主义理论即一般被人称为"西方马克思主义"理论的复兴的中心位置。具体地说，卢卡奇引入了这个概念，并将这个概念与马克斯·韦伯的合理化理论相组合，以更加有效的方式去把握马克思在对异化和商品的批判中所描述的过程。①卢卡奇使用物化概念，抓住了**发达**资本主义生产方式的进程特征，即与先前的资本主义早期阶段不同，发达资本主义生产方式将社会、文化和政治的生产与再生产过程都同化到资本主义积累的动力需求和发展逻辑中。这不仅是说建构资本主义生产方式的人际关系和组织形式正沿着一种特定的经济必然性之路被重新制定，而且更为必然的是，资本主义生产模式还将人类思考世界的方式同化到它的一些具体要求中。因此，资本主义生产的持续扩张和完善，及它对工作环境的控制，都使得共存与合作的具体社会、政治和文化形式日益贫瘠，同时还造成我们缺乏一种从社会、政治及哲学的多样性视角来思考现实的能力。

当资本主义生产进程达到合作化、组织化和官僚化的资本主义时，

---

① 安东尼奥·葛兰西和卡尔·科尔施是西方马克思主义另外两个重要的奠基者。

卢卡奇宣称，"物化"概念可以描述资本主义如何使我们的能力降低，使我们难以在一种复杂性和敏锐性不同的层次上来感知、构想和体验现实；描述科学、理论和艺术的生产过程是如何被同化到有益于发达的组织化的资本主义生产要求的社会复杂性层面。在这个方面，物化对应着"抽象的暴力"，后者是资产阶级哲学和理论的特征。或者如塞拉·本哈比（Seyla Benhabib）所言：

> 对卢卡奇来说，商品是资本主义社会关系的"细胞"……（它的）秘密……是抽象对等性的建立。不仅所有种类的商品可以根据商品的属性相互对等和交换，而且人类活动和关系也是商品化的，也就是说，它们也可以还原到一种抽象的对等关系中。在不同质的事物和人类活动中建立对等关系需要确切地从那些将自身与他者区别开的、实质而具体的特征中进行抽象。抽象的过程就是一个社会化的过程：它不是个体施行的智力行动，而是对应于一个真实的社会过程。①

在西方马克思主义传统中，受卢卡奇物化思想启迪的早期社会批判理论家都使用这个概念来描述在资本主义现代化进程中，社会与自然存在的所有方面是如何被同化到一个表面仁慈但骨子里却暗含强制和均质化力量的利润动机中。② 结果，曾经饱含创造性的能量正在从一些可供选择的尝试中萎缩，这些不同的尝试包括从艺术生产到各种社会、政治组织形式的试验。在众多社会哲学家中，像霍克海默、本雅明和阿多诺等人，都认为资本主义生产模式不断扩张和持续完善的物化结果，无论是需要大的官僚等级制，还是将 20 世纪早期的批量生产所面临的将内外部组织挑战合理化，都**毫无例外**、程度不同地渗透到社会结构的每一层面。因此，根据资本主义生产的那种精神麻木、虚假神圣性强加给社会的观念来思考世界的要求，将持续改变任何想在社会组织的所有层面

---

① Benhabib S. . *Critique*，*Norm*，*and Utopia. A Study of the Foundations of Critical Theory*，New York：Columbia University Press，1986，p. 183.

② 关于如何理解资本主义胜利前商业生活表面上是无害的问题，请参见赫希曼（Hirschman）的作品（[1977] 1997）。

重组和组建商业、劳动和政府这一系列结构的努力；改变任何想创造集体政治行动新形式的努力；改变任何试图解决社会的、人际间的或个人的问题的努力。

对物化概念最成功的使用之一在于揭示出，**在公司资本主义的条件下**，像自由、解放和民主等抽象概念如果其本质不是直接与发展着的社会、文化和政治生活形式相关，是如何丧失它们的社会相关性和批判意义的。这样的概念被凭空制造出来，**没有**经过批判就被作为社会政治的合法性原则，在这个意义上，这些概念还更进一步降低了现代社会的能力，使其衰弱到难以开始或经历一种质的转变，因为所有这些转变要依赖于我们重新思考这些观念的意义和价值，依赖于我们将这些概念与变化着的社会历史环境关联起来。

近些年来，激进的现代主义批判理论家、后现代和女性主义批判理论家都已经放弃对物化的兴趣，转向一种在社会存在和共在方面可能更为基本的维度，以及与他们的分析更为相关的范畴。① 尽管在关于社会现实及发生质的转变的可能性的种种内在设想上，后现代和女性主义批判理论家比现代主义的批判理论家更怀疑这些设想是否是主流社会科学方法和前提的一部分，然而他们共同持有一种观念，即认为马克思的批判理论不再是一个切实可行的方案，对于分析20世纪晚期的西方社会来说，它既不是最为适合的，也不是最重要的批判。因此，我们也不感到奇怪：作为分析20世纪晚期资本主义社会的一个重要维度的有用概念，物化已经不像以前那样流行了。同时，阿多诺谈到，毋庸置疑，随着社会上的物化效应，抽象的思考也许正是市场关系日益微妙的相关项。然而，如果社会科学中抽象理论化的繁荣确实与物化的普遍有关，那么我们是否还依然还保持一种敏感性，即对抽象地思考社会的矛盾内涵保持敏感？

---

① 在整篇文章中，我都不太情愿使用"后现代"这个指称。因为这个术语并不是指称一个思想的统一体，而是代表各种假设、目的和目标的一系列理论和架构。其中许多理论综合了不同类型的批判理论元素（例如法兰克福学派、后现代和女性主义理论等）。但是，为了论证我的观点，我们很有必要在批判理论中作出这样的区分：一方面是一种激进的现代设计，另一方面是清晰地假定我们已经超越现代性的诸种设计。

显然，关于实际地解决物化问题的可能性理论越来越无用，这已经导致西奥多·阿多诺和马克斯·霍克海默对批判发达资本主义社会日益持有一种"否定"、"悲观"的态度。因此，他们对物化的强调可能导致社会批判理论家越来越少地关注实践问题和目标。为了努力获得更多的实践相关性，在激进的现代主义法兰克福学派传统中工作的当代批判理论家，反过来在很大程度上放弃他们前辈的工作，即致力于追踪和处理资本主义生产模式在社会、政治和文化生活等各个方面制造出的那些越来越多样却也越来越难以觉察的物化结果。

哈贝马斯的《交往行为理论》是重建社会批判理论基础的最有雄心的努力，使之与更为传统主流的社会学和社会理论类型相一致。这也代表着迄今为止为了将理论系统化而对使用物化概念的最后尝试。然而，在这种语境下，物化概念不再作为"理解物化思想形式"的一个范畴那样重要，"物化范畴是卢卡奇从资本主义商品交换的必要抽象中获得的，是人对自然的工具性使用的内在因素。"[①] 相反，物化作用来源于对现代社会的社会亚系统特征的功能必要性的日益重视，正是它保证一种封闭的、批判性的审查，尤其是对资本主义生产的经济效率和社会福利国家的行政有效性的审查。集体决策的责任正在被委托到某些具体价值领域的狭小"内在逻辑"中，而毋庸考虑它们的有限本质，也因此使现代社会无法通过无歪曲的交往行为去面对问题。自从这些功能性亚系统，如经济和行政国家，用钱和权力的系统"媒介"取代了解决问题的媒介——交往行为，在能真正解决面临的各种问题的意义上，现代社会已失去应对各种复杂性挑战的能力。这在社会福利国家中体现得尤为明显。社会福利国家宣称其目的是改进那些人的生活状况，即那些被排斥在以劳动为基础来决定成功和幸存的体系之外的人，而这种体系对于资本主义工业体系是必不可少的。然而，福利国家的具体功能和效果已经被紧密地与根据发达资本主义的以商业—政府合作为特征的官僚主义原则来管理社会的必要性联系起来。既然福利国家来源于新兴资本主义经

---

① Honneth, A., "Critical Theory". In: A. Giddens & J. H. Turner (Eds), *Social Theory Today* (pp. 347 – 382). Stanford, CA: Stanford University Press, 1987, p. 359.

济和官僚化管理的历史共谋,所以面临如失业、贫穷等结构性问题——这些已经日益在多数发达资本主义国家中越来越普遍并被人接受——它们是无能为力的。

在**激进的现代主义**法兰克福学派传统中工作的当代理论家,不同程度地拒绝了其前辈重视物化问题的三个理由。他们声称,如果资本主义生产和发展的社会经济学的动力将继续停留在批判理论关注的核心,这将会在社会组织和发展上付出代价,也许后者是一个更为基础的维度。近来,致力于不再认为物化范畴具有重要分析和实践价值的现代批判理论有:霍耐特论**权力**的著作,权力成为一个更核心的范畴;琼·柯亨和阿拉托论**市民社会**的著作,市民社会作为现代社会的维度,被马克思主义者所疏忽,并对他们的理论和实践目标造成损害(通过将"市民"维度消融在**资本主义**社会这个更为宽泛的范畴中);此外更为普遍的是,人们对西方社会中**公共领域**的本质和重要性产生兴趣。

在另一方面,**后现代**批判理论家指出,过去称之为"物化"的事物不是揭示而是隐藏了西方文明特有的那些不可逾越和逃离的权力关系模式以及社会组织和结构的相应形式。后现代主义理论家坚持认为,在我们能有效地理解这个"现代"社会的本质之前,我们必须超越那些根据控制、可预言性和可通约性来分析社会的、似乎是自明的启蒙范畴,沿着一种能培养真正自我决定可能性的道路前进。对声称物化(及异化、商品化等在马克思主义批判中很重要的早期概念)是个必要范畴的理论的后现代主义回应中,鲍德里亚的《符号政治经济学批判》(1981)体现出一种征兆性特征(虽然不是代表性的)。近期,在论社会批判理论的当代形式中,克雷格·卡尔霍恩(Craig Calhoun)巧妙地将鲍德里亚的后现代主义回应描述如下:

> 现在重要的关系结构不是资本对劳动的统治,或者是权力中心的成长及其对权力的地域性组织的消除。相反,现在重要的关系结构遍布在符号中。表象比起被表象的事物,显得更为真实。人们已被"外化"到"超现实"的技术文化中,在那里意义取代了物化,我们知道的只是大众存在的幻影……人们对商品形式的异化的体验

到了如此抽象的程度，以致商品变成了一种简单的意象，远离了其在人类劳动或具体的使用价值中的根基。①

不管政治经济学批判是否已经变得无力解释，因为某种意义上这个批判是建立在使用价值和具体劳动这样的具体范畴上，激进的现代主义者和后现代主义批判理论家都不再将资本主义经济的**系统**分析、它的内在运行与其对社会的**具体**效果等列为我们理解现代的重要因素。②

当前处于摇摆中的批判理论的第三种类型，最终都在某种意义上集中到这样的观念，即必须把西方社会的社会、政治和经济结构与组织形式放在与性别区分和实践的关系中来分析。与后现代批判理论家相似，激进女性主义理论家认为，物化概念意味着资本主义生产模式必须被理解为是解决问题的一种具体形式的表达，这种形式不能被还原到社会生活的更为基本的层面。女性主义理论家批判这个处于功能主义和马克思主义理论核心的概念，认为资本主义发展必须被理解为自身不断变化的过程，任何试图将它的发展起源追溯到社会存在更基础层面的努力，都将剥夺我们批判地分析其对现代社会作出独特而巨大的贡献及施加种种负面效应的可能性。相比之下，这些以性别为导向的批判理论家指出，这种现代主义的视角排除了认识到资本主义生产是在特定的性别语境中发生的可能性，资本主义生产模式和管理的官僚化形式并**不代表着解决问题的"逻辑"完全独立于社会组织的其他形式**，相反，组织的经济和官僚主义形式都是父权制统治的表现。这一洞见不仅适用于资本主义发展的初期，也尤其适用于近期的官僚资本主义阶段，例如，哈贝马斯在福利国家资本主义条件下对物化的概括，南茜·弗雷泽对此进行了批判，并指出在《交往行为理论》中，哈贝马斯认识到"委托人的角色本

---

① C. Calhoun, *Critical Social Theory, Culture, History, and the Challenge of Difference*, Cambridge, MA: Blackwell, 1995, p. 103.

② 在法兰克福学派批判理论中，最为著名的没有忽视经济学研究的是波斯顿（Moishe Postone），他对资本主义的本质和逻辑保有一种系统的兴趣。他的著作《时间、劳动和社会统治——重新解释马克思的批判理论》（1993）持有这样的观点：我们必须在传统的马克思主义理论和作为一种"社会建构"理论的马克思作品的整体目的之间作出清晰的区分。前者对马克思理论范畴的许多社会历史具体性和它们分析价值的有限性不感兴趣。虽然他的研究没有对形成当代社会生活条件的具体经济形式进行批判分析，但还是开启了对之颇有前景的考察。

身就带有'物化'的效果",然而,他没有意识到"这个角色,作为女性的角色,已经以一种新的'现代化'和'合理化'形式使女性的附属性永久化"。① 确实,哈贝马斯的理论忽视了:

> 在关于男性统治和女性附属方面,福利国家资本主义只采用了其他一些方式来维护人们所熟悉的"规范性地达成共识"……它将福利国家资本主义的罪恶假定是一般的、不加区分的物化的罪恶。因此,它没有阐释这个事实,即正是女性不成比例地遭受着官僚化和货币化的影响;它也没有阐释这个事实,即从结构上看,官僚化和货币化与其他事物一样是统治女性的工具。②

虽然我们确实有许多强力的理由来**相对地**忽视物化概念,不再把它作为社会批判科学研究的核心概念,但我们还是应该询问一下,在今天的社会科学中,人们弃而不用物化概念是否标志着其作为当代社会的一个社会现象已逐渐丧失其重要性?还有其他一些可能造成物化概念被忽视的因素吗?

只要我们确实没有一个可用的完整的社会理论与社会科学参照系,使我们在当代**不同**的西方社会中考察物化的本质、物化在一般社会中的作用以及它与社会共在的那种可能更为重要和基本维度的关系,我们就不能声称物化已经过时了。此外,我们不能轻易假定,仅通过理论手段,我们就能决定"权力"、性别和物化(及一系列额外的范畴)是如何依据它们的社会重要性而相互关联的:权力是如何渗透到社会、政治和文化生活的每个毛细血管中(正像福柯使我们想到的);性别结构如何使家长式地"解决"社会问题和各种挑战的方式永久化;物化作为一个过程是如何以一种难以觉察的方式塑造社会生活的方方面面。在现存的条件下,我们不知道,也没有能力知道这些维度中的哪方面比其他的

---

① N. Fraser, What's Critical About Critical Theory? The Case of Habermas and Gender. *Unruly Practices. Power, Discourse and Gender in Contemporary Social Theory* (pp. 113–143), Minneapolis, MN: University of Minnesota Press, 1989, p. 132.

② N. Fraser, What's Critical About Critical Theory? The Case of Habermas and Gender. *Unruly Practices. Power, Discourse and Gender in Contemporary Social Theory* (pp. 113–143), Minneapolis, MN: University of Minnesota Press, 1989, pp. 133–134.

维度更为有力、重要。因此，得出物化已经不值得我们明确地去关注的结论是不成熟的。事实上，声称物化对批判理论来说已经不是一个重要的概念，这种方式本身已经使我们实际上屈从于物化的统治了。

在这篇文章中，我将简单地勾画出西方马克思主义中物化批判理论作出的三个重要贡献。为了将这个概念恢复成有生命力的社会学范畴，我提出我们需要一个比较的理论方式，必须根据"混合的"实践方式，在批判理论中实现一个实践的转向。我力图将先前的讨论与保证最少收入的观念关联起来，后者是降低西方社会物化范围的一种潜在可行的举措。当我这样展开论述时，我不是想说法兰克福学派的社会批判理论在**本质**上是物化的批判理论，而是说由于它们忽视了这个维度，所以批判理论丧失了一个主要对象。毕竟，正如阿多诺所指出的：

> 思想家可能很容易就通过这种方式使自己得到安慰，即想象物化被消除了，或［商品］的特征也被消灭了，由此他就拥有了哲学家的界碑。但物化自身是虚假客观性的反思形式。围绕物化的核心理论、一种意识形式，使得批判理论不切实际地成为统治意识和集体无意识都可以接受。①

因此，在概括20世纪末的社会历史事件状况时，我们必须意识或重新意识到，经济高度发达的社会可能被物化渗透到什么程度，为了不被这种物化的束缚所迷惑，我们必须既要认清它们为何存在，又不能让它们决定我们如何思考超越**物化**的社会存在状态。

现在，我开始转入对卢卡奇、阿多诺和哈贝马斯的物化概念的论述。在由卢卡奇开创的西方马克思主义传统中，物化理论发现三种阐述形式。每一种阐述都认为在社会改造和社会研究方面，物化是一个在实践中很重要的概念。在卢卡奇的最初阐述中，物化概念是他在第一次世界大战之后那几年所形成的资本主义革命转变理论的核心。在阿多诺的作品中，物化概念被重新阐述，目的是把它作为对当时流行的抽象思维

---

① Th. W. Adorno, *Negative Dialectics*, (E. B. Ashton, trans.). New York: Continuum, [1966] 1973, p.190.

的批判，以提高社会学研究的质量。最后，在哈贝马斯的《交往行为理论》中，物化概念对于他这个主张很重要，即物化作用来源于自我调节的资本主义市场经济和行政国家之间各自的"内在逻辑"，阻碍现代社会以各种更加广泛的理性方式，依靠交往行为来解决各种社会重大问题。尽管许多西方马克思主义理论家在某些观点上使用了物化概念，但卢卡奇、阿多诺和哈贝马斯却非常坚持地认为，物化对我们理解西方发达资本主义社会来说是最重要的。

卢卡奇的物化理论

在第一次世界大战的随后几年中，卢卡奇在他的论文集《历史与阶级意识》中提出物化理论。当时，发达资本主义的劳动运动已经呈现出日益分裂和无效，被资本主义社会的理想所充斥，同时，成功的无产阶级革命已发生在经济上比较落后的后沙皇专制的俄罗斯。后者的经验令马克思主义者极其不安，因为俄罗斯革命并不符合马克思所确认的、资本主义社会成功进行社会主义革命转变的必要条件。具体地说，生产力还没有达到革命爆发的那一点，即如果没有对高度发达的生产力造成危害，相应地也就没有革命产生的条件（俄罗斯社会是在20世纪30年代斯大林主义时期，以巨大的社会、人类代价实现了工业化）。此外，在资本主义民主理想中没有这样的传统，使人们将自己看做是主体而不是客体。但是俄罗斯革命已经在西方无产阶级运动相对低落的时期取得胜利的事实，促使卢卡奇想到，马克思的原初理论需要重新修正，以便适应更加发达的资本主义发展阶段。

在《历史与阶级意识》中，卢卡奇开始为更加发达的资本主义发展阶段，重新阐述马克思的政治经济学批判。当时，国际共产主义运动正在经历着一种日益唯物主义的转向。卢卡奇将这种转向视作一种危险的倾向，因为它使革命运动忽视了马克思资本主义理论的那种批判的、反实践的动力。在《物化和无产阶级意识》中，卢卡奇提出，资本主义社会已逐渐接近这样一个临界点，在那里，资本主义生产模式的普及将会达到如此对象化（objectification）的程度，以致西方社会所特有的传统区分，如阶级、种族差异和民族主义等，正面临着一种同化力量的深刻的平等化作用。因为所有的社会成员第一次遭遇同样的经历，历史已经进入在以前是不可能的、产生真正有效的、集体行动的阶段。因为所有人都体验到资本主义的对象化作用，他们也能够超越社会结构的差异，为共同的目标进行早期都不可能参与的集体行动。然而，既然对象化代表着一种共同的经验，那么我们第一次有了共同的特性，这一点为有效的集体行动提供了结构性的先在条件。

为了论证其论点，卢卡奇主要依靠两个理论范畴：马克思对商品化的批判和韦伯的合理化理论。在《资本论》第一卷的《政治经济学批判》中的"商品拜物教及其秘密"部分中，根据资本主义生产方式对社会及社会关系各个层面所造成的商品化作用，马克思展开对资本主义的批判。当时，马克思《1844 年经济学哲学手稿》对**异化**（alienation）概念的强调还没有被人们发现。当卢卡奇写作《历史与阶级意识》时，他并不熟悉马克思早期根据异化而写就的政治经济学批判。但是，他却能把马克思对异化的批判重建为商品拜物教批判的基础，能将"在资本主义条件下，人的生产活动对自身变得陌生和对象化的方式"进行理论化。[①] 此外，卢卡奇还依据韦伯的合理化理论，并把它理解为是这样的过程：其中人类存在和共存的每一个方面都在根据效率、可计算性、可预见性和控制性来重新评估。尽管韦伯的理论原先并不是设计为经济学范畴的，但卢卡奇还是用它来思考现代资本主义市场经济是如何形成的问题。相反，卢卡奇将合理化确认为比任何重要的经济过程都根本的范畴。尽管从 16 世纪到 19 世纪晚期的现代经济发展，已经为韦伯的理论提供了极好的阐明，但他更感兴趣的是合理化过程的普遍性，这种合理化作为基本的过程已经渗透到包括经济的现代社会的各个方面。

卢卡奇将马克思对商品化的批判与韦伯的合理化理论组合起来，对社会必要条件进行理论概括，以处理社会的任何结构性问题或挑战。他声称，物化比商品化更微妙。人们对物化作用的体验不可能像感受商品

---

① G. Rose, *The Melancholy Science. An Introduction to the Thought of Theodor W. Adorno*, London: Macmillan, 1978, p. 31.

化那样具体、直接。当人们被当做一个商品来对待时，他是知道的。但当人们开始**像**商品一样发生作用、感觉和行动时，他未必知道。事实上，物化作为"第二自然"，就是商品化：一旦物化已经普遍化，我们确实很难具体地感觉到它。物化已经削弱前资本主义存在形式特有的社会、文化、种族和宗教等基础，因此也剥夺了作为群体中的个体能力，使其不能觉察和表达出物化生活与其先前生活的不同之处。虽然，那种抽象地确认物化作用的能力可能还存在，但以一种**社会的**重要方式来描述它的能力将不再存在。与此同时，物化还会阻碍人们去努力构想后传统和后资本主义的社会生活形式。

与合理化相比，物化是与实践更为相关的一个范畴。因为物化确定这个进程的重要本质；而合理化范畴并没有使我们明晰我们要处理什么问题，也因此损害我们以更加合理有效的方式来解决问题的能力。然而，如果认识到物化是发达资本主义中的一种具体的合理化形式，我们就可以更好地认识我们所面临的问题实质。在《历史与阶级意识》中，卢卡奇得出结论：只有在共产主义政党的领导下，无产阶级革命才有可能打破资本主义生产模式所强加给所有有生命及无生命事物上的物化外壳。但是，他没有说无产阶级革命可以一下子解决社会的所有问题。相反，他提出，这样的革命可能为在实践中具体地解决现代社会中的主要结构性问题作出了准备。只要物化过程继续存在，社会将不能**有效**解决**任何**结构性问题。因为我们甚至不可能直接看到任何问题，因为社会可能花费巨大的能源和资源来处理表面的症状，而不去处理产生问题的根源，它甚至可能完全放弃处理社会结构性问题的努力。

在1924年的共产国际第五次代表大会上，卢卡奇被迫从他在《历史与阶级意识》中提出的对马克思唯物主义的批判中撤退，物化概念在他作品中就不再有什么作用。后来成为法兰克福学派松散成员的瓦尔特·本雅明，可以说是最具有创造性和革新性的思想家。他以一种与卢卡奇略显不同的方式使用物化概念。布洛赫、布莱希特以及海德格尔都使用这个概念。尽管如此，直到阿多诺形成他对物化的看法以后，这个概念才重新获得批判理论的核心概念地位，成为社会学分析的一个工具。实际上，只有在阿多诺的著作中，物化理论才找到它第二个最重要的支持者，物化是

"阿多诺主要著作和许多短篇论文的核心"①。由于本章的目的,如果我们严密地关注阿多诺是如何理解和使用物化概念的,将会使我们走得太远。我将依据吉利恩·罗思(Gillian Rose)对阿多诺物化理论及其产生背景的精彩描述,来评论他对我们理解社会批判理论这一核心概念作出的贡献。

阿多诺的物化批判

当阿多诺开始思考物化概念时,物化概念已经有多种模糊的含义,它经常被当做异化和商品化的同义词来使用。在阿多诺那里,物化概念获得了一种与卢卡奇稍微不同的使用含义,而这是建立在阿多诺对马克思的不同理解上。阿多诺不是根据马克思的劳动过程理论来理解商品拜物教,而是依据马克思的价值理论,强调使用价值和交换价值的不同。"他非常关注这一点,即物化不应该被理解为'意识事实',一种主观的或社会心理学的范畴……他努力在社会学的工作中将物化变成一个经验范畴。"②

尽管我们通常都用一种纯粹理论和抽象的术语来讨论物化,但我们应记住,阿多诺的物化理论虽然形成于20世纪20年代末到30年代初期,但当他在1938年到达美国时,他的物化理论却获得最大的推动力。阿多诺在美国的这些年主要在纽约和洛杉矶。那时这些城市大概是物化作用已经直接显现出来的地方。阿多诺在20世纪40年代早期写就的格言集《最低的道德:对被毁生活的反思》中,就显示出他是在怎样的程度上将物化看做一个非常具体的社会学、社会的范畴,并运用到甚至是最微不足道的日常生活经验中。在社会研究所的成员中,阿多诺在适应"美国式生活"方面是最困难的。

尽管法兰克福学派第一代的理论家由于对《工具理性》③ 的批判而

---

① G. Rose, *The Melancholy Science. An Introduction to the Thought of Theodor W. Adorno*, London: Macmillan, 1978, p. 43.

② G. Rose, *The Melancholy Science. An Introduction to the Thought of Theodor W. Adorno*, London: Macmillan, 1978, p. 43.

③ M. Horkheimer, *Critique of Instrumental Reason*, New York: Continuum, [1967] 1994. M. Horkheimer, & Th. W. Adorno, In: G. Schmid Noerr (ed.) *Dialectic of Enlightenment: Philosophical Fragments*, (E. Jephcott, trans.). Stanford, CA: Stanford University Press, [1947] 2002.

更为人们所知，但阿多诺在其作品中，更喜欢将物化概念与"同一性思想"联系起来。他区分出三种思想类型：同一性思想，非同一性思想和理性同一性（rational identity）思想。然而必须把这种区分放在辩证法的传统中来看，如果直接将阿多诺对这些类型的使用与黑格尔的辩证法联系起来，那将是错误的。毕竟，阿多诺对哲学和社会理论的主要贡献是"否定辩证法"概念。对于晚期资本主义生产和组织条件下的社会、政治和文化状态，他认为"否定辩证法"是对之作出唯一合适回应的思维形式。当然，如果试图将黑格尔的辩证法作为一种"反方法"的方法来理解，也完全是合理的。阿多诺更进一步提出一种辩证法形式，这种辩证法形式可以从**绝对**避免陷入变成一种方法的危险中，也可以免于与现存的、物化的社会制度产生共谋关系。他的同一性思想必须被看做是这种反物化、反方法的计划中的一部分。

同一性思想对应于"思想的**实证的**自然控制功能"①。这种类型的思想是把概念的潜在复杂性（在黑格尔的**概念**意义上）归结为术语的简单性。将表面上看没有歧义和问题的术语附着在这个对象上，并指出这个对象的所有维度都可以在这个术语的基础上得到充分表达。在阿多诺看来，像这样地每前行一步，都是对面前对象的一种破坏，尤其当这个对象事实上不是可以为某些特定目的所使用的简单直接的事物，而是一个在历史中产生的形式，或者是一个人。同一性思想将对象的多面性减少到一个（或少数几个）可测量的、可控的维度，而将那些代表不纯粹的、矛盾的或抵抗的潜在方面都排除掉。确切地说，这不是认为这些概念不仅要指涉对象，而且还要用理想的术语来指涉它们的多种维度。

这是同一性的乌托邦层面。因为在这个意义上来确认对象的概念将不得不具有理想状态的所有属性。阿多诺将这种情况称之为"理性的同一性"……但同一性思想是我们思维的正常模式，它意味着概念必须在理性上与对象同一。然而，考虑到我们社会的现状（资本主义生产模式），概念不可能确认它的真实对象。感知到这一

---

① G. Rose, *The Melancholy Science. An Introduction to the Thought of Theodor W. Adorno*, London: Macmillan, 1978, p. 44.

点的意识就是**非同一性思想**或**否定辩证法**。阿多诺认为，以不同于我们典型的思维模式的方式进行思维的可能性，是内在于这种思维模式中的。①

我们将根据推论在如下逐步地阐述阿多诺思想的要点：首先，如果社会条件允许的话，概念必须包含对象"看上去所是"的所有东西。②第二步，对象的可能性必须要面对其**现存条件下**的现实。

对象需满足"看上去所是"的拟人化手法是展现客观的、乌托邦要素的风格方式。这就应是**理性同一性**的条件。用它"是什么"来面对它和描述社会就意味着将它与理性同一性的条件作**比较**，也就是在概念与对象的关系中**看到**非同一性。因此，阿多诺**不是**说对象可以独立于我们的概念而**让人理解**。此外，如果对象根据假设是真正满足其概念的东西，"那么去询问这些本质关系是否是真实的，或只是概念的建构，将是无意义的"。[阿多诺] 因为通过定义我们就知道，真实就等同于或"还没有"等同于它的概念。真实就是**概念**，而不是**建构**。③

正是在这样的语境下，阿多诺的"物化"理论才进入图景中。他特别关注同一性思想的同化力量：这无论是体现在日常生活的惯常表现中，还是在非/反辩证法的科学中，同一性思想事实上是一种"被物化"的思想形式。同一性思想把不同的事物转变成一样的事物。如果任何概念被认为已经充分地描述了对象，甚至在这个概念还没有充分把握到对象的复杂性和/或矛盾性时，它已经在事实上将处于多维度层面的对象同化到概念的碎片化空间。如果我们陷入同一性思维中，我们会将不同事物、或者至少不完全一样的事物看做是一样的。结果，我们就丧失了

---

① G. Rose, *The Melancholy Science. An Introduction to the Thought of Theodor W. Adorno*, London: Macmillan, 1978, p. 44.
② G. Rose, *The Melancholy Science. An Introduction to the Thought of Theodor W. Adorno*, London: Macmillan, 1978, p. 45.
③ G. Rose, *The Melancholy Science. An Introduction to the Thought of Theodor W. Adorno*, London: Macmillan, 1978, p. 44.

辨别差别的能力。更进一步，我们甚至会问这样的问题：有这种差别是否和如何重要？如果我们将同一性思维运用到与社会相关的或由社会所规定的概念中去，我们将会把这些概念所指的"实在"变成它们可能是或不是的讽刺画，而不认为它们是实在的。阿多诺来说，不能觉察出在概念上被等同的事物之间差别的思维，"就是作为一种社会现象和思维过程的物化"。①

  物化是个社会范畴。它指的是意识被规定的方式。
  因此，说某物已经被物化了，不是强调人与人之间的关系显得像是物与物的关系。它强调人与人之间的关系以物的属性形式显现。于是，非物化就真正地变成物的属性，或类比地说，变成使用价值……当概念与它的对象完全同一时，某物就是非异化的……在资本主义社会，被物化了的概念是非物化属性可以显现的唯一形式……批判理论的那些非物化的概念来自于它们所显现于其中的物化形式……被物化了的概念描述了社会现象、社会表征，就好像它具有这个概念所指涉的属性一样。②

随后在阿多诺的学术研究中，他使用语言的方式本来就不可能使他消除当今语言的物化特征，但他决定将这种物化降低到最小程度。他自己让我们铭记先进资本主义生产条件下的语言存在物化维度。尽管，阿多诺确实并不否认我们有可能客观地界定社会现实的重要特征，尽管他也没有坚持任何形式的传统的符合论真理观，但只要我们持有同一性思维，我们就不能有意义地谈论真理。只要我们不愿意持有这种思维，即认为概念和对象之间不可能同一，就必须删减我们不能希望用概念去把握的东西。或者，换一种方式说，只要我们还持有同一性思维，我们就会系统地排除考虑对象"其他"可能性。如果让我们认识到它，这种其他可能性将不会屈从；如果允许它声明，它将表达出它的不同看法和另一

---

  ① G. Rose, *The Melancholy Science. An Introduction to the Thought of Theodor W. Adorno*, London: Macmillan, 1978, p. 46.
  ② G. Rose, *The Melancholy Science. An Introduction to the Thought of Theodor W. Adorno*, London: Macmillan, 1978, p. 47.

种解释;它将告诉我们这个道理:完全不仅仅是权力在让我们"思考"。

阿多诺不停地努力逃离将其自身表现在语言(和艺术中)的物化漩涡。对于他的这种努力,我们不应只从字面上来理解。例如,当他说"物化是完全的"时,他意指它既是又不是。理解的关键点在于意识到为了对**任何**"对象"的公平,"是"和"不是"这两个意思必须被考虑到。只要我们还能声称物化是完全的,那么显然我们就还没有完全屈服于物化的实际普遍存在。① 此外,只要我们的思维还没有变,那么任何社会、政治和经济的变化即使不只是装饰性的,也都将停留在表层。

哈贝马斯的功能主义理性批判和交往行为的物化

在《交往行为理论》第一卷第四部分论从卢卡奇到阿多诺的"作为物化的合理化"时,哈贝马斯讨论"西方马克思主义传统中的马克斯·韦伯"和早期法兰克福学派对工具理性的批判。他概括两个方面的张力关系:一方面是现代发达的福利国家资本主义发展经济的紧迫性施加给社会、政治及文化生活方面的诸多"物化"效应;另一方面,在生活世界的另一种不同逻辑中体现出的潜在层面,日益形成一种交往行为形式,以建立规范和价值,这些规范和价值决定着人们在社会中相互作用、解决问题和建构生活的诸多方式。哈贝马斯对卢卡奇这个方面的分析价值很感兴趣,即认为在日渐分化的资本主义经济和扭曲的生活世界之间存在一种张力关系,而交往行为的能力就深埋其中。哈贝马斯使用卢卡奇将马克思与韦伯联结起来的方式,指出"资本主义经济系统不仅是一种新阶级关系的形成,而且是一种发达层次的系统分化本身"②。卢卡奇将韦伯的合理化理论与马克思的政治经济学批判联系起来,如此他就能认识到"作为潜在的阶级冲突后果的现代化进程,其非特定阶级立场的副作用"③。

---

① G. Rose, *The Melancholy Science. An Introduction to the Thought of Theodor W. Adorno*, London: Macmillan, 1978, pp. 81 – 82.

② J. Habermas, *The Theory of Communicative Action*. Vol. I: *Reason and the Rationalization of Society*, (T. McCarthy, trans.). Boston: Beacon Press, [1981] 1983, p. 374.

③ J. Habermas, *The Theory of Communicative Action*. Vol. II: *Lifeworld and System*, (T. McCarthy, trans.). Boston: Beacon Press, [1981] 1987, p. 332.

卢卡奇使用物化概念，将"韦伯对社会合理化的分析从它的行动理论框架中分离出，并把它与在经济系统中资本实现的匿名进程联系起来"①。哈贝马斯是如何使用物化概念来概括卢卡奇对经济系统中资本实现的匿名过程的批判，他又如何将物化概念作为交往行为能力的物化，运用到经济及现代行政国家中的权力合理化？

"新康德主义术语'客观性形式'作为历史上产生的'存在或思想的一种形式'，它标志着整体社会发展阶段的总体性。"② 在简短地对此进行讨论之后，哈贝马斯使用三个步骤，批判性地挪用了卢卡奇的物化理论：第一步，他讨论雇佣劳动对劳动个体生活的物化作用。接着，他勾画出卢卡奇使用马克思的"商品形式"概念，分析资本主义发展进程是一个物化和合理化进程。最后，哈贝马斯讨论并批判卢卡奇对黑格尔**总体性**概念的复兴。理由如下：

> 卢卡奇没有分析就接受了黑格尔逻辑的基本概念，他预先假定理论理性和实践理性在绝对精神的概念层面上的统一。然而，韦伯准确地看到社会合理化过程中的悖论：形式理性的发展（与制度体现）本身绝不是无理性的；它与学习过程相联结。这种学习过程不仅拒绝与客观理性的辨证联系，更是排除了有根据地恢复形而上学世界观。③

哈贝马斯并没有声称我们不能回到这些观点，只是这种返回**不能通过合理性论证的方式得到证实**。如果是出于分析的目的，客观理性的概念也许是可证实的，但与实践直接关联可不是如此。如果卢卡奇为**理论的目的**而使用无产阶级革命的"客观可能性"，以作为合理政治行动的模型来"衡量"具体的工人阶级行动的可行性，那么他试图建立一个真正有效的社会转型理论就可能会更成功些。

---

① J. Habermas, *The Theory of Communicative Action*. Vol. I: *Reason and the Rationalization of Society*, (T. McCarthy, trans.). Boston: Beacon Press, [1981] 1983, p.354.

② J. Habermas, *The Theory of Communicative Action*. Vol. I: *Reason and the Rationalization of Society*, (T. McCarthy, trans.). Boston: Beacon Press, [1981] 1983, p.355.

③ J. Habermas, *The Theory of Communicative Action*. Vol. I: *Reason and the Rationalization of Society*, (T. McCarthy, trans.). Boston: Beacon Press, [1981] 1983, p.362.

无可否认，卢卡奇并不想简单地重建黑格尔的哲学。相反，他想将黑格尔的思辨理性概念进行**实践转向**：黑格尔试图在哲学上将理性的分化环节统一起来。这些不同环节的理性散落在实际的现存社会中，没有达到行动的实践层面。然而，卢卡奇坚信，哲学洞见的批判性实质只有达到实践的层面，才能显示其力量。他赞同韦伯的看法，即客观理性不能在哲学思维的层面上甚至也不能在理论的层面上得以重建。但是，卢卡奇颠倒了韦伯的主张：韦伯认为重建一个关于世界的综合理解体系是不可能的，因为体现在合理化行动体系中的理性的分化环节并没有一个绝对的共同的参照系，而卢卡奇拒绝这一主张。

> 资本主义社会合理化模式的特征是，认知—工具理性的复杂性的建立是以实践理性为代价。交往行为的关系已经被物化。因此提出这样的问题是有意义的，即是否对已经显现为物化的、不完整的合理化特征进行批判，并不意味着将认知—工具理性与道德—实践、审美—实践理性之间的补充关系作为内在于完整的实践概念即交往行为自身中的标准。①

在马克思看来，在"理论"中，理性概念所展现的一致性是一种幻觉。然而，根据"在论证基础上达成的程序式统一体"来看，理性的分化环节之间确实存在一种形式关联：

> 现在只是把自身表现为"理论"——在文化解释系统的层面——中的形式关联的东西，有可能在"实践"——也就是生活世界中被达到。在"哲学变成实践"的标语下，马克思运用了青年黑格尔派的"行动哲学"的观点。②

哈贝马斯认为卢卡奇的决定性失误之一是，他试图将"变成实践"建立在"**理论**的平台上，并把它当做哲学的革命性实现"。他的理论被

---

① J. Habermas, *The Theory of Communicative Action*. Vol. I: *Reason and the Rationalization of Society*, (T. McCarthy, trans.). Boston: Beacon Press, [1981] 1983, pp. 363-364.

② J. Habermas, *The Theory of Communicative Action*. Vol. I: *Reason and the Rationalization of Society*, (T. McCarthy, trans.). Boston: Beacon Press, [1981] 1983, p. 364.

贬低，因为它不能给人们指出通往一致和理性的道路，这一理论也因此为了这一目的被重建成基本例子。但是，"理论"导致证明的负担太大了。现在，"哲学"（用卢卡奇的术语）必须不仅

> 能够思考……被具体化为世界秩序的总体性，而且是被具体化为世界历史进程的总体性，这个总体性的历史发展也可以通过那些人的自我意识实践来实现，这些人受到哲学的鼓舞，特别是关于他们在理性的自我实现过程中起着积极作用的哲学思想。①

为了将理性的分化环节整合为一体，卢卡奇把阶级意识理论补充到他的物化理论中。哈贝马斯引用阿尔布莱希特·韦尔默的话来结束他对卢卡奇的讨论。韦尔默声称卢卡奇试图

> 超越韦伯的抽象概念——"合理化"，并使人们清楚资本主义工业化进程的特定政治经济学内容，这些都是卢卡奇重建马克思主义哲学层面这一重大项目的部分内容。我认为，这种努力最终以一种讽刺的形式告以失败。这是因为在某些重要的方面，卢卡奇对马克思主义哲学的重建等同于回归到客观唯心主义。②

在如何解决全面沟通理论与实践的可能性上，哈贝马斯并没有努力，甚至对此没有深思过。他认为这是不可能的。相反，我们必须明白，将一个理论借鉴和"运用"到"社会现实"的不同领域和社会组织的不同层面中，就必须根据将要解决的具体任务特有的"内在逻辑"来发展这个理论。

在 20 世纪晚期社会，我们不能再假设任何首要的主题、目的或特别重要、重大的挑战，不能假设这些可以比其他方面的关注、解决问题

---

① J. Habermas, *The Theory of Communicative Action*. Vol. II: *Lifeworld and System*, (T. McCarthy, trans.). Boston: Beacon Press, [1981] 1987, p. 364.

② A. Wellmer, *Communication and Emancipation: Reflections on the Linguistic Turn in Critical Theory*. In: J. O'Neill (Ed.), On Critical Theory (pp. 231–263). New York: Seabury Press, 1976, pp. 241–242. J. Habermas, *The Theory of Communicative Action*. Vol. I: *Reason and the Rationalization of Society*, (T. McCarthy, trans.). Boston: Beacon Press, [1981] 1983, p. 365.

的模式和制度安排都重要。在缺少首要原则的条件下，资本主义经济系统的自我持存动力表面上具有不可避免和不可还原的简单性，缺乏任何意义的追求，为所有实践的目的，实现整合日益"破碎的社会世界"①的功能。准确地说，正是因为这种条件，我们才迫切需要在不同价值领域和社会生活层面区分出各自的内在逻辑。内在逻辑范畴促使我们确认出不同领域中的区域性模式，它们必须降低提出与意义相关的问题的可能性：即经济、**行政**国家（与多少是民主过程中产生的国家相反）和在社会组织每一层面上的官僚统治。第二步，它促使我们意识到存在一些这样的领域：它们实现功能的能力寄托在对抗和多少解决点意义问题，如政党、大学和哈贝马斯专门谈到的"公共领域"。②

正是在这种语境下，哈贝马斯对卢卡奇物化理论的借用才发生作用。例如，根据内在逻辑的概念，经济是根据紧迫性而进化的社会系统的典范，这种紧迫性使得我们没有机会在社会层面询问，这个系统（例如经济）是**如何**在现代社会中实现其功能的。然而，生活世界的整体性和生命力就依赖于这种能说出社会领域中诸多问题的能力。作为一个领域，社会生活的参数可以通过一种或多或少成功的、没有限制的交往行为的互动过程来决定，生活世界的内在逻辑指向一种指导行动、决策过程以及朝向不能还原到任何"内在逻辑"的一种合理性形式的社会组织形式。

通过对比，我们发现经济的内在逻辑指向一种最小限度的合理性形式。这种合理性将社会提供的、可解决社会政治文化问题和冲突的选择，缩小到资本主义经济发展过程特有的合理性类型。用哈贝马斯的话来说就是，强大的经济迫使不那么强大的生活世界将其在交往行为基础上解决社会迫切问题的能力同化到"解决"问题的经济模式上：这种模式往往以一种"可管理"的方式来界定这些问题，降低这些问题的复杂性，然后继续前行。沿着韦伯的概念理路，自律性（Eigengesetzlichkeit）

---

① A. Honneth, *The Fragmented World of the Social*, (C. W. Wright, editor.). Albany, NY: State University of New York Press, 1995.

② J. Habermas, *The Structural Transformation of the Public Sphere*, (T. Burger, & F. Lawrence, trans.). Cambridge, MA: MIT Press, [1962] 1989.

不仅运用到经济上,而且还运用到现代行政国家上,后者遵循的是完全不同的内在逻辑。① 哈贝马斯使用帕森斯的系统论方法提出,在经济中,交往行为被**金钱**媒介所取代,而在行政国家中,媒介是**权力**。隶属于经济的和行政决策过程中内在逻辑**都**对生活世界的内在逻辑进行了"殖民化":

> 逐渐合理化的生活世界既独立于又依赖于像经济和国家管理等日益复杂、组织正规化的行为领域。这种依赖性来自系统要求的(根据金钱和权力)对生活世界的间接化,它假设一种**内在殖民化**的社会病理学形式,即只能以打乱生活世界的符号再生产为代价,即"主观"体验到的、认同危机或病理学的符号再生产,物质再生产的严重不平衡才能避免。②

在这种情境下,**物化**对当代理论的重要性,不是就经济和行政国家对一般社会关系的强制作用而言,**而是**就它们对生活世界能力的限制作用而言,生活世界的能力一方面是在交往中质疑其物化作用,另一方面,处理物化作用及其在社会中的根源。

具体地就沟通理论与实践的关系而言,马克思对资本主义的批判分析必须由韦伯所激发的如下观点加以平衡,即整合良好的社会要完成的

---

① 在韦伯的《经济与社会》([1922] 1972)的德文原版索引中,"自律性"(Eigengesetzlichkeit),作为他的合理化理论的基本概念之一,被提到过22次,韦伯将其运用到市场过程、法律发展、"宗教"的和其他一些"超越"或非经济的现象和过程中,甚至包括艺术创作。这本著作的英文版由冈瑟·罗思(Guenther Roth)和克劳斯·威蒂克(Claus Wittich)编辑,十位学者历经数十年翻译完成。但对于"自律性"概念,没有形成统一的翻译。因此,这个概念没有出现在索引中。例如,它被翻译为"独立性"(p.650)、"它们自身的规律"(p.1309)和"它自发的倾向"(p.636)。考虑到这个概念的实质,最后一个翻译是非常有指导性的。"在市场被允许沿着其自发的方向发展的地方,它的参与者就不会看向每一个人,而只是向着商品看去;也就不存在兄弟友爱和尊敬的义务,那些由私人关系所维系的自发的人与人之间关系也不复存在。它们都将阻碍赤裸的市场关系的自由发展,反过来,市场的特定利益又削弱这些障碍所依存的伤感。"通过比较,在哈贝马斯著作和其他批判理论家的翻译中,"Eigengesetzlichkeit"被翻译为"内在逻辑"或"内部逻辑",具有极大的一致性。相关的材料见哈贝马斯《交往行为理论》(1981年著,英文版1983年,第160—168页;176—185页。)

② J. Habermas, *The Theory of Communicative Action*. Vol. II: *Lifeworld and System*, (T. McCarthy, trans.). Boston: Beacon Press, [1981] 1987, p.305.

大量任务不能被同化到与各具体任务的内在需要完全不兼容的要求上。例如，我们不能从开始就假设，在我们没有考虑到在官僚化的大众社会中所谓"民主决策"的本质是什么的条件下，高效的经济决策要求可以同化到民主决策的要求上，而在经济效率上没有损失。行政国家尤其是福利国家中的"社会亚系统"及其在不同的内在逻辑上所产生的合理化进程，进一步使克服物化的策略复杂化。

尽管哈贝马斯借用韦伯和帕森斯的思想提出，经济和行政国家的发展遵循着完全不同的内在逻辑，但他也谨慎地指出，发达资本主义中这种差异的确切实质和程度是个经验问题。为了说明经济与行政国家在特定社会中是如何相互关联的，根据社会决策进程的方式，哪一种内在逻辑更为重要，我们必须从事经验的社会科学研究。我们不能从一开始就仅仅根据理论的方式来决定，经济的或行政的两种殖民化类型哪一种更重要，或**准确地**说出它们是如何相互关联的。

根据这个理由，我们不可能直接推断出一些合适的疗法，来解决经济对生活世界的殖民化及它对社会交往行为条件造成的物化作用。哈贝马斯小心地使用相关术语"去殖民化"（decolonization），来指明沟通理论与实践关系的方向，这个方向可能会产生一个令人满意的结果；关于经济，生活世界必须在以下这个意义上非殖民化，即生产和分配过程的物化作用必须被我们充分意识到，它对现代社会交往潜能的控制必须降低。

哈贝马斯之后的物化

自从哈贝马斯在《交往行为理论》中清晰地讨论卢卡奇的物化理论之后，这个话题就真正从社会理论争论中消失。或者似乎是这样。事实上，正如我早先提到过的，过去习惯于用物化来描述的东西还在继续被人思考着，并且有些严厉地告知我们要沿着稍有差别的路径来思考：通过那些表面上似乎看不出与旧概念有什么不同的术语。例如，物化作用被理论概括为权力和/或性别。与物化相关的观念在许多方面都被自觉、明确地移置到韦伯的合理化理论中。所有明确讨论与韦伯有关的东西事实上经常带有物化思想的因素。如果沿着西方马克思主义物化理论研究之路，那么上述讨论会得到更加有效的描述。在某些方面，对现代社会的后现代批判奠基在对物化的激进理解上。他们经常中肯地提出物化已经被暗中当做是现代资本主义官僚社会的社会本质。

同时，物化自身的具体解释价值可能相当有限。对经济和政治权力结构的理解、对性别的界定以及主流科学和社会科学仍然坚如磐石的特征，都允诺具有某些具体的使用和价值，而物化则远远不是具体的、可直接探查到的。据此，我们就可能倾向于根据社会科学研究和社会政治实践去低估物化的实践重要性。在另一方面，我们不能确信，物化看似不那么重要的表象实际上不是它在当代社会中更为重要的标记：正像女性主义和后现代主义批判家所反复展现的，看上去不重要的到最后有可能成为最重要的，以至于我们宁可不去面对它。正如吉莉安·罗斯对阿多诺的解释，如下事实详细地解答了这个问题，即"对物化的多数反应，无论是哲学的、社会学的或艺术的反应，都是被物化的，这往往是因为它们处于这个概念的基础层面"[1]。那么，我们能把这个概念变成一个社会学范畴吗？

首先，我们必须询问一个已被物化的社会是否还保留任何智力的、文化的传统，以允许它们认识到社会物化带来的种种后果。这些传统实际上也许不能使社会或它的大部分成员有效地认识到物化的各种后果。然而，重要的是社会有其处理的手段，以确保物化的后果能以某种形式——如果"仅仅"是抽象的形式——被积极地识别出。如果没有这些手段，物化将获得"第二自然"的地位，就会日渐阻碍人们理解社会中的每一个单个的话题、问题或挑战，使其成员注定在一些从一开始就难以成功的术语中挣扎。

可以确定的是，我们不能不看具体的环境就决定什么样的概念和理论工具可以用来确定物化，在**实践上**达到其核心。后现代主义者坚持认为，现代性与西方马克思主义者根据物化所描述的状况有内在的联系。

---

[1] G. Rose, *The Melancholy Science. An Introduction to the Thought of Theodor W. Adorno*, London: Macmillan, 1978, p. 49.

这种描述对许多人来说具有很强的说服力。然而，我们必须仔细地考察在一般意义的资本主义、物化和现代性之间是否真正有一种内在的关系，或者，是否在资本主义、物化和现代性的某些具体形式中存在某些关系，这需要更为仔细的研究。因此，我们有必要作出坚定的努力，不要暗中将具体情况扩大到普遍情形中，也不要将具体问题放到同样一般类型的所有情境中。

（贺翠香译　郑天喆校）

超越韦伯的现代性范畴?

——卢卡奇与施米特早期论合理化

约翰·P. 麦考密克

马克斯·韦伯在美国社会学界无可匹敌的声望一方面取决于其著述令人难以置信的深邃与广博,同时也由于"二战"之后美国学术界的意识形态境况。在冷战时代,作为西方自由主义多元主义对抗东方共产主义的学术确证并作为一种拒斥正统马克思主义社会科学的方法论武器,韦伯的著作被有意识地(如果说并不总是明显地)复兴。韦伯在当代北美学界始终被视为一个"自由主义者",这证明上述举措是成功的。不过,用出自其他国家背景或其他不同理论视角的学术方法阐释韦伯著作的意识形态特征会更为顺畅:韦伯的著作不仅被视为当代自由主义社会理论的资源,同样也被看做是一面首要的智识之镜。在这面镜子中,作为本世纪相对于自由主义而言突出的社会政治性替代方案,社会主义与法西斯主义各自最为精深的理论家,卢卡奇[1]

---

[1] 卢卡奇与韦伯的智识关联囊括在关于前者社会与政治理论的最佳英语研究之中。See Andrew Arato and Paul Breines, *The Young Lukács and the Origins of Western Marxism*, New York: Pluto, 1979; Stefan Breuer, "The Illusion of Politics: Politics and Rationalization in Max Weber and Georg Lukács", *New German Critique* 26 (Summer, 1982); Martin Jay "Georg Lukács and the Origins of the Western Marxist Paradigm"), *Marxism and Totality: The Adventures of a Concept from Lukács to Habermas*, Berkeley: U of California P, 1984; and Andrew Fennberg, *Lukács, Marx and the Sources of Critical Theory*, Oxford: Oxford UP, 1986. 他们的个人关系可参看各自的传记研究作品: Arthur Mitzman, *The Iron Cage: A Historical Interpretation of Max Weber*, Oxford: Transcation, 1985, and Arpad Kadarkay, *Georg Lukács: Life, Thought and Politics*, Cambridge: Blackwell, 1991。

与施米特（Carl Schmitt）① 都检验了自身。

本文旨在考察在韦伯去世之后的 20 世纪 20 年代早期，其方法论与政治上的自由主义受到卢卡奇的批判理论与施米特的政治存在主义强力挑战这一历史时刻。它将探讨这两位著名的韦伯弟子如何力图恰当地对待他们老师最为重要的论题：现代性是一种逐渐"祛魅"与"合理化"的进程。1923 年，在《历史与阶级意识》与《罗马天主教教义与政治形式》（下面简称 RC）两本著作中，卢卡奇与施米特都相应地积极面对韦伯在其《新教伦理与资本主义精神》、关于世界宗教的论文和关于"志业"的讲座中②明确表达出的论点。这两个学生之前都曾在各自的早期社会文学研究（socioliterary studies）中运用韦伯关于现代性即一种社会渐次地形式化、抽象化的进程这一论题。然而，他们自 1923 年以后开始认识到韦伯的方法并不充分，是片面的，因为它无法恰当地解释社会现实的具体而质性的表现得以存在的原因，以及与此相关联地，现代社会中非理性、浪漫与神秘事物依然延续的原因。韦伯认为，这些与后者结合在一起的现象不是一种非理性过去的现代遗存，就是当代的从过度合理化的当下逃逸而出。卢卡奇与施米特试图表明，这种非理性和新神话与韦伯所描述的抽象理性内在相关，也就是说，现代性并非培育出政治"祛魅"或是驱除掉文化迷信，它自身恰恰制造出它们（指政治神权和文化迷信——译者注）。这种论点的证据在许多方面都源于韦伯自己：对于卢卡奇和施米特而言，将价值讨论简化为"敌对的诸神"之战是一种潜在的非理性主观意志，它仅仅补足了现代性这一"铁笼"势不可挡的客观理性结构。我希望以如下方法考察这些问题，该方法超出了那场著名的关于韦伯晚年卡里斯玛与早期民主政体理论的规范性与历史性分

---

① 哈贝马斯曾在一则有争议的声明中指出，施米特是韦伯的"一位真正的学生"，或者至少是一个"自然的儿子"。See *Max Weber and Sociology Today* (1965), eds. Otto Stammer, trans. K. Morris, New York: Harper & Row, 1971, p. 66, n4. 就韦伯对施米特之影响更为详尽的论述，See Wolfgang Mommsen, *Max Weber and German Politics* 1890 – 1920 [1959], trans. M. S. Steinber, Chicago: U of Chicago P, 1984; Gary L. Ulmen, *Politische Mehrwert: Eine Studie über Max Weber und Carl Schmitt*, Weinheim: VCH Acta humaniora, 1991. See also John P. McCormick, *Carl Schmitt's Critique of Liberalism*, Cambridge: Cambridge UP, 1997, 本文是该书第一章的缩写。

② *From Max Weber: Essays in Sociology*, ed. and trans. H. H. Gerth, C. Wright. Mills, New York: Oxford UP, 1958. 关于"志业"的讲座将分别被引作"科学"（Science）与"政治"（Politics）。

歧之争。然而，有一个事实必须在分析过程中加以强调，这就是卢卡奇与施米特分别以各自的方式支持了20世纪两种强烈拥护政治意志的神话：分别采取苏联共产主义和国家社会主义形式的左翼与右翼权威主义。

一、卢卡奇、施米特与韦伯

安德鲁·阿拉托与保罗·布赖内斯发现，在中欧，"20世纪20年代早期、特别是1923年这一年对于深入反思意识与社会的关系至关重要"[①]。他们在这一紧随"一战"[②] 之后的动荡时期最为关注的著作是卢卡奇的《历史与阶级意识》（下面简称 HCC）[③]。实际上同样在1923年，一部名声较小但仍对社会政治理论贡献卓著的著作则是施米特的《罗马天主教与政治形式》[④]。事实上，这两本著作及其作者之间的关系很少为人关注。[⑤] 鉴于施米特与卢卡奇在智识与人格上都受到韦伯的影响，上述情况令人惊诧：卢卡奇从1911年到1915年是韦伯圈子（特别是社会学家周日下午讨论组）中的一员；施米特则于20世纪10年代末在慕尼黑听过韦伯著名的"科学"与"政治"讲座。[⑥] 施米特在1919年的著作中就该问题向浪漫主

[①] See Andrew and Breines, 173.

[②] See Detlev Peukert 对这一时期的著名分析，*The Weimar Republic: The Crisis of Classical Modernity*, trans. R. Deveson, New York: Hill & Wang, 1992。

[③] Lukács, *History and Class Consciousness*, trans. Rodney Livingstone, Cambridge: MIT, 1988. hereafter cited *HCC* parenthetically within the text and referred to as *History*。我大体依照利文斯通的译文，只在个别情况下予以修正。

[④] *Römischer Katholizismus und Politische Form*, Stuttgart: Klett-Cotta, 1984, hereafter cited *RC* parenthetically within the text and referred to as *Political Form*; all renderings are from Gary L. Ulmen's translation, Westport: Greenwood, 1997.

[⑤] 有一部阐释青年卢卡奇智识背景的杰出著作却对施米特只字未提：Mary Gluck, *Georg Lukács and his Generation: 1900 – 1918*, Cambridge: Harvard UP, 1985. Breuer and Ulmen are notable exceptions in this regard but see also Agnes Heller "The Concept of the Political Revisited", *Political Theory Today*, ed. D. Held, Stanford: Stanford UP, 1991。赫勒以一种将两位思想家的早期阶段严格区分而非建立关联的方法比较1927年之后的施米特与直至1923年的卢卡奇。然而，卢卡奇与施米特理论成果在法兰克福学派中的关联却受到广泛讨论：see the debate on the topic by Ellen Kennedy, Ulrich K. Preuss, M. Jay and Alfons Söllner in *Telos* 71, Spring, 1987; and more recently see William E. Scheuerman, *Between the Exception and the Norm: The Frankfurt School and the Rule of Law*, Cambridge: MIT, 1994。

[⑥] Ulmen, 20 – 21.

义者和浪漫主义开火，这与韦伯在"志业"讲座中谴责当时的非理性与消极力量如出一辙。① 与施米特一样，卢卡奇通过对文学的社会性审美研究走到其1923年的论文集。② 关于比较这两位理论家，最为引人入胜之处或许潜在地是如下三点：（1）这种比较将凸显施米特与卢卡奇之间令人吃惊的相似与极为重要的区别，前者是一位重要的反马克思主义者，而后者则当之无愧地开启了西方马克思主义或批判理论的传统；（2）它将放大韦伯"自由主义"社会科学的新康德主义理论缺陷；（3）它将揭示即便最为出色的对康德式自由主义的批判中所存在的政治危险，这种批判欣然地支持将政治行动作为一种替代方案。后两点对那些从事与之类似的当代批判的人而言也可以有选择地作为一种鼓励性资源和警示性提示。

尽管韦伯的洞察力非常明显地存在于施米特与卢卡奇在这一时期的关切之中，然而，两位理论家的相似之处实际上超出了他们所共享的这种韦伯式影响。比如，他们二人都觉察出并试图更好地打开韦伯所希望的为精英分子准备的那扇机会之窗。③ 施米特与卢卡奇都更愿意以短小精悍的论文或文集作为自己的表达手段，而非德国传统意义上的卷帙浩繁的形式。④ 他们都承认韦伯将现代性与新教结合在一起的观点具有真理内核，只是更试图修正其夸大之处并从各自批判的、局外人的、神学政治的立场扩展其范围——对于施米特而言是政治性天主教义，对于卢

---

① Schmitt, *Political Romanticism*, trans. G. Oakes, Cambridge: MIT, 1985, hereafter cited as *PR* parenthetically in the text.

② See Lukács, *Soul and Form*, trans. A. Bostock, Cambridge: MIT, 1974, hereafter cited as *SF* parenthetically in the text; "Zur Soziologie des modernen Drama", *Archiv für Sozialwissenschaft und Soziapolitik* (1914), hereafter cited as "*SD*" in the text; and *Theory of the Novel* (1916), trans. A. Bostock, Cambridge: MIT, 1971, hereafter cited as *TN* in the text.

③ 阿拉托和布赖内斯（Arato and Breines）将《历史》称为"一份对知识分子起关键作用的呼求"（第IX页）。就施米特与智识—政治精英分子而言，see McCormick, "Introduction to Schmitt's 'The Age of Neutralizations and Depoliticizations'", *Telos* 96 (Summer, 1993)。

④ 除去这种适合施米特文风的短小而有力的体裁，莱因哈德·梅林（Reinhard Mehring）还指出了小册子是如何体现出施米特"在体系与箴言之间"、"在黑格尔与尼采之间"进行的哲学式悬置，see *Pathetisches Denkens: Carl Schmitts Denkweg am Leitfaden Hegels: Katholische Grundstellung und antimarxistische Hegelstrategie*, Berlin: Duncker & Humblot, 1989, p. 21。阿拉托和布赖内斯在评论卢卡奇的随笔式方法时谈到，"由于其简洁与不完整，随笔与断片保持了符合于其对象之生动现实的真实性。与理智性综合以及实际上相互对抗的决心不相容的随笔与断片，在一个对抗性的世界中，则是出类拔萃的辩证表达形式"（第4页）。

卡奇而言则是世俗弥赛亚式的犹太教义。① 两人开始其学术生涯时，都践行着在当时占主导地位的方法论的新康德主义，不过日后都转而成为新康德主义最为激烈的批判者。两人似乎对对方的智识活动都有所了解：施米特很欣赏卢卡奇收录在《历史与阶级意识》中的"合法性和非法性"一文，② 而卢卡奇日后也写下了一篇关于施米特《政治浪漫主义》一书的严肃评论。③ 事实上，当卢卡奇成为共产主义辩护者很久之后，他阐释德国哲学的非理性主义时（见《理性的毁灭》）仍仔细将施米特的智识努力与其他较粗俗平庸的魏玛保守主义者区分开来：在考察施米特思想的"特殊细微差别"时，卢卡奇指出他的思想虽然"明显很保守"，但却"高人一等"，并认为施米特"在自由主义与民主的冲突之中觉察到了一个重要的现时代问题"。④ 就施米特而言，在其成为纳粹活

---

① 就卢卡奇的"世俗弥赛亚"倾向，see Joseph B. Maier, "Georg Lukács and the Frankfurt School: A case of Secular Messianism", *Georg Lukács: Theory, Culture and Politics*, eds. J. Marcus, Z. Tarr, Oxford: Transaction, 1989, and Anson Rabinbach, "Between Enlightenment and Apocalypse: Benjamin, Bloch and modern Jewish Messianism", *New German Critique* 34, Winter, 1985。就卢卡奇自述的其犹太背景与他著作的关联，see "Gelebtes Denken: Notes Toward an Autobiography", *Record of a Life: An Autobiographical Sketch*, ed. I. Eörsi, trans. Rodney Livingstone, London: Verso, 1983。同时可注意在首次出版于1926年的韦伯正式自传中对卢卡奇以及布洛赫的描述方式：Marianne Weber, *Max Weber: An Biography*, trans. H. Zohn, New York: John Wiley & Sons, 1975, p.466。就天主教义对施米特早期生涯的影响，可参考关于他的如下传记：Joseph Bendersky, *Carl Schmitt: Theorist for the Reich*, Princeton: Princeton UP, 1983, and Paul Noack, *Carl Schmitt: Eine Biographie*, Berlin: Propyläen, 1993。在20世纪20年代早期，施米特仍信奉着罗马天主教，并经常在天主教报纸上发表文章，不过他从未正式加入过天主教中央党（the Catholic Center Party）。在1923年年底时，施米特与教会渐行渐远，并于1926年因其婚姻状况而脱离教会。在魏玛共和国晚期，施米特对教会的刻薄日益明显，与较为温和的中央党公开争吵。

② See Ulmen, 85, 115-124.

③ See Lukács, "Carl Schmitt: Politische Romantik", *Georg Lukács Werke*, Band 2: *Frühschriften II*, Berlin: Luchterhand, 1964.

④ See Lukács, *The Destruction of Reason* (1954), trans. P. Palmer, Atlantic Highlands, N.J.: Humanities, 1980, pp.652-654. 卢卡奇特别提到施米特写于1923年的《议会制》（*Parlamentarismus*）: see *The Crisis of Parliamentary Democracy* (1926), trans. Ellen Kennedy, Cambridge: MIT, 1985. 卢卡奇自己曾于1920年写过一篇批评自由主义议会制度的文章："Zur Frage der Parlamentarismus", *Georg Lukács Werke*, Band 2. 施米特因其理论的复杂性而仍然为左派所认可：简·科恩（Jean Cohen）与安德鲁·阿拉托（Andrew Arato）虽然正当地批评了施米特，却依然赞扬其"辩证的鉴赏力", in *Civil Society and Political Theory* (Cambridge: MIT, 1992), 第236页；尚塔尔·墨菲（Chantal Mouffe）则在《政治的回归》（*The Return of the Political*）一书中将施米特称为"一位严厉的而敏锐的对手"，第118页。

动家的前一年，他给《政治的概念》一书撰写了一则最长也是最有分量的脚注，谈的正是黑格尔和将黑格尔的"现实性"保持得"最有生机与活力"的卢卡奇。①

事实上，正是这种与黑格尔或至少是黑格尔式的方法相似或者不同的比较证明，将卢卡奇与施米特作为现代性与理性批评者的理论家进行全方位比较很有意味。② 施米特曾经谈到"一种与黑格尔不同的谱系"，暗示出一种经由卢卡奇追溯到法兰克福学派乃至经由马克思追溯到更远的左翼传统，并指出另一条源于右翼的智识谱系。③ 施米特可以被视为或许能被称为辩证右翼分子的典型代表。恰恰是卢卡奇与施米特早期运用的辩证法立刻指出了韦伯式的对现代性与理性的自由主义解释存在许多缺陷，而且指出试图超越那些缺陷但自身也并非充分的"辩证"的极权主义具有危险性。

在他们20世纪10年代末20年代初写下的文化—政治性文章中，卢卡奇与施米特尝试系统阐述对现代性的批判，他们认为现代性将理性的作用局限在自身之中，既没有从事审美评判也不曾恐惧地逃离——这也是当时许多同时代人的典型反应。④ 他们面对着这样的问题：现代性似乎包含两种对立智识的极点：一方面是经济—技术思想，亦即与经济学、技术和实证主义相关的抽象形式理性；另一方面则是许多浪漫主义

---

① See Schmitt, *Der Begriff des Politischen: Text von 1932 mit einem Vorwort und drei Korollarien*, Berlin: Duncker & Humblot, 1963, 61 – 63, n22. 在国家社会主义背景下，施米特或者干脆不再引用卢卡奇，或者将其贬斥为一个犹太人和马克思主义者，see "Der Staat als Mechanismus bei Hobbes und Descartes", *Archiv für Rechts-und Sozialphilosophie* 39（1937）."二战"之后，施米特重新更为独立地思考卢卡奇，see *Verfassungsrechtliche Aufsätze aus den Jahren 1924 – 1954: Materialien zu einer Verfassungslehre*, Berlin: Duncker & Humblot, 1958, 425 – 426, 450。

② 就施米特从黑格尔或"黑格尔式策略"所汲取的资源，see Mehring, *Pathetisches Denken*。参看卢卡奇写于1938年的著作：《青年黑格尔》（*The Young Hegel*），R. 利文斯通（R. Livingstone）译，Cambridge: MIT, 1976, 以及他在《历史》1967年版序言中对该著作黑格尔特质的评论。

③ See Schmitt, "Die andere Hegel-Linie: Hans Freyer zum 70 Geburtstag, *Christ und Welt* 30（25 July, 1957）.

④ 尽管有一些阐释性缺憾，杰弗瑞·赫夫（Jeffrey Herf）的《极端保守的现代主义：魏玛与第三帝国时期的技术、文化与政治》（*Reactionary Modernism: Technology Culture and Politics in Weimar and the Third Reich*, New York: Cambridge UP, 1984）提供了那个时代许多面对理性的鲜活例证。

的分支，它们高度主观化并且审美地狂喜于一些特殊的具体事物。对于这两位理论家而言，理性的任务不是厚爱上述两种相互对立的现代性之一极，而是理解二者的相互关联性并试图超越之。正如对这两个极点的对待方式的改变最初揭示了他们对韦伯的感激一样，后来这种改变同样揭示了他们为什么反对韦伯。

在施米特与卢卡奇看来，就像康德设定了一种不可抗拒的形式理性，它不受（尽管费了赫尔克里斯式的巨大努力）其伦理学的纯粹主观性所干扰一样，韦伯在其政治论文中所吁求的负责任个体相对于客观形式化的社会结构而言同样无效，他在其现代性阐释中非常仔细地勾勒出了这一社会的发展。当然，这种"必然与自由"的对立与不断重复、更为人所熟知的主流社会科学话语，亦即"事实与价值"或者"结构与动力"的对立极为一致。或许更成问题的是，由于这些个人化主观立场无法达到那种与其相割断并与其设定相对立的客观形式理性，它们的规范性地位最终是不确定的。因此，一个与韦伯的解释（它对于本研究两个主题而言极为紧迫）相关的问题便是：如果现代性是一种完全合理化的进程，那么韦伯该如何解释这种似乎躲避了该进程却又在现代社会中看起来无所不在的主观非理性？总体上看，韦伯的理论洞察到了一些非理性要素，它们不可避免地以如下三种方式与其框架相抗衡：以外在于或先于理性主义体系自身的方式——那些"从坟墓中升起以恢复其永恒斗争"（"科学"，第149页）的"古老诸神"；或是以一种纯粹从理性"偏离"的方式；又或者仅仅以一种相对于合理化进程的"反动"方式。①

在他们早期的文学研究中，卢卡奇与施米特都采纳了韦伯的现代性理论，即把现代性视为由现代资本主义驱动的一种合理化进程的顶点。两人也同样重申了韦伯时常作出的对数量化的非人性力量的悲叹，这些

---

① 例如，现代宗教非理性主义就被韦伯视为一种对世俗化的几乎机械性的反应，"对宇宙之'意义'的思考变得越系统，对这个世界的外在组织越理性，而且对世界非理性内容的有意识体验越升华，这种反应就越强烈"。See "Religious Rejections of the World and Their Directions", *From Max Weber* 357. 在韦伯看来，新近强调的"神秘体验"是对一种不断增强的主导性的"理性认知与掌控自然"的强烈反应，"The Social Psychology of the World Religious", *From Max Weber* 282, 以及"科学"，第143、154页。

力量祛除掉人类生存的质性的特殊性。我们将在下一节简要考察他们上世纪头 10 年的著作，其中两人都积极地吸收了韦伯的大部分理论；而在接下来探讨的 20 年代初的著作中，两位思想家则证明了其理论的狭隘性，他们阐明了那些不为启蒙理性所理解的、被认为是前现代的或超理性的非理性事实上并非与这种理性相异化，而是其中的一个内在组成部分。韦伯著名的对**政治**（领导权、卡里斯玛、精英）的吁求是对其在社会科学著作中曾经分析的理性的回应，他还将其运用于"一战"后的德国背景之中，① 施米特和卢卡奇最终觉察出韦伯的解决方案尝试加以解决的官僚体制的浪漫对应物。② 然而，这只是一种浪漫的反转，他们自己的理论也无法防止其以更为彻底的方式屈服。

卢卡奇早期与现代性的理论碰撞出现在《灵魂与形式》（下面简称 SF）、《现代戏剧社会学》（下面简称 SD）和《小说理论》（下面简称 TN）这些文学与美学研究著作中，在此我不想以不充分的形式重复别人已经做得很好的工作。③ 在其 1916 年对《北极光》一诗所作的扩展性评论文章（下面简称 N）中，施米特几乎运用了同样的方法，④ 随后写于 1919 年的社会文学研究著作《政治浪漫主义》（下面简称 PR）则没有受到广泛对待。⑤ 我不会像深入研究 1923 年的《历史与阶级意识》和《罗马天主教义与政治形式》两部杰作那样对待这些早期著作。不过对

---

① 参看"政治"和附于《经济与社会》（*Economy and Society*）之后的"议会和政府"（"Parliament and Government"）讲座，下述引文中简称为 *ES*。

② 例如，韦伯将卡里斯玛视为纯粹本体，并将卡里斯玛式权威视为抽象官僚权威的具体对立面（*ES*，第 1112、1116 页）。

③ See the collection, *Die Seele und das Leben*: *Studien zum frühen Lukács*, eds. Agnes Heller, Frankfurt / Main: Suhrkamp, 1977, and in English: *Lukács Reappraised*, eds. Agnes Heller (New York: Columbia UP, 1983); Lee Congdon, *The Young Lukács*, Chapel Hill: U of North Carolina P, 1983; J. M. Bernstein, *The Philosophy of the Novel*: *Lukács, Marxism and the Dialectics of Form*, Minneapolis: U of Minnesota P, 1984; Eva L. Corredor, *György Lukács and the Literary Pretext*, New York: Lang, 1987. G. H. R. 帕金森（G. H. R. Parkinson）的《格奥尔格·卢卡奇》（*Georg Lukács*, London: Routledge & Kegan Paul, 1977）则很好地将早期美学研究与《历史》中的关切连接起来。

④ See Schmitt, *Theodor Däublers "Nordlicht"*: *Drei Studien über die Elementeden Geist und die Aktualität des Werkes*, Berlin: Duncker & Humblot, 1991, cited hereafter as *N* parenthetically in the text.

⑤ 至少在英语文学中是这样；see in German, for example, Mehring, *Pathetisches Denken*。

于后者的一些暂时性考察也自有其根据。

二、新康德主义与社会文学研究

在关于现代戏剧的研究中（它出现在1914年的德国），卢卡奇重申了韦伯对日益抽象与自主、非人格且非人性化的工业资本主义的分析：

> 从个体的立场来看，现代劳动分工从本质上将劳动与工人的非理性的并因此与其质性的特征相分离，将其指向客观的、以目的为导向的标准，这种标准外在于并独立于工人的人格。资本主义的首要经济倾向正是这种生产的客观化以及与生产者的个性相分离。在资本主义经济进程中，作为客观抽象物的资本成为实际的生产者，当然，它与那些事实上拥有它的人并不存在有机关系。所有者自身究竟是否有个性变得越来越无关紧要——想一想合资股份公司。（*SD*，第665—666页）

而在1916年对西奥多·多伊布勒①的史诗《北极光》的分析中，施米特按照韦伯对现代理性的观察重构了这首诗，韦伯认为现代理性为任何目的提供了极为有效的手段，但却无法从道德上评判这些目的——甚至是那些可能有害于生产进程参与者的目的：

> 这个时代的特征是资本主义、机械论与相对主义，也是商业、技术与组织的时代。事实上，"工厂"看起来给这个时代打上了标记。由于向某些恶劣或无意义的目的强加了功能性手段，作为手段高于目的的普遍性迫切需要，工厂在个体从一开始就从未认识到自身被根除时便将个体虚无化了。（*N*，第59页）

不过，卢卡奇与施米特在各自的著作中不仅援引了韦伯叙述的客观一面（"资本主义精神"的组成部分），同时还借用了其主观方面，特别

---

① 西奥多·多伊布勒（Theodor Johannes Adolf Däubler）生于的里亚斯特，因其赞扬南欧生活与文化优于北欧而得名。他于1910年发表《北极光》（*Nordlicht*）。

是类似新教伦理这样关于个人个性特质的关切。尽管他们俩都陷入到过度的生命哲学当中,他们也会像韦伯一样对别人的这一缺陷提出批评。因此,就卢卡奇而言,在其《历史与阶级意识》著名的"资产阶级思想的二律背反"一节中提出对立的主观与客观性范畴很早之前,他就已经在其文学研究中并列使用这些关于现代性的理论要素了。然而,虽然在其早期文学分析中仍和韦伯一起处于新康德主义领域之中,但卢卡奇对于这些二律背反的态度与其仅仅几年后的黑格尔式马克思主义著作有所区别。① 对于这些早期著作中所坚持的方法,卢卡奇日后发现其自身是他起初通过韦伯的理论而发现的现代性病症的同谋。

在卢卡奇早期著作中,抽象客观的形式与具体主观的内容之间极为重要的对立或多或少以前者被优先的方式受到对待。比如,在《灵魂与形式》中,卢卡奇追求一种他文集名称间无时间元素间的紧密结合——即"内在和外在、灵魂与形式相结合的神秘要素"(SF,第8页),但他却是以抽象形式优先于灵魂实质内容的方法来完成的。就像韦伯在其方法论中运用形式性的、通常超历史的"理想型"范畴赋予经验对象意义一样,② 卢卡奇将文学体裁视为使文学现实的实体得以涌现的框架:"形式赋予一种实体以限制,否则实体将消融为空气……"(SF,第7页)。不仅如此,韦伯著名的社会科学观察者是一个公正、中立且无个性的主体,它运用无时间的形式类型技术在对物质现实进行阐释分析时创造意义,而卢卡奇的文学批评与其极为相似,他同样是将现实从文学材料的喧嚣中抽取出来:"批评者在形式中洞察到命运,他最深刻的体验是被形式间接而无意识地在其自身中加以遮蔽的灵魂内容。"③

---

① 克里斯蒂安·兰哈特(Christian Lenhardt)在"马克斯·韦伯与批判唯心主义遗产"("Max Weber and the Legacy of Critical Idealism")一文中考察了韦伯与康德主义的复杂关系,《理性的野蛮》(The Barbarism of Reason)。关于新康德主义更为一般性的介绍,see Thomas Willey, Back to Kant: The Revival of Kantianism in German Social and Historical Thought 1860 – 1914, Detroit: Wayne State UP, 1978。

② 在理论上可参照 Lukács, The Methodology of the Social Sciences, trans. and ed. G. Roth and C. Wittich (New York: Free, 1949) 90; 在实践上,可参照:"Types of Legitimate Authority", ES 212 – 301。

③ See Lukács, Soul and Form 8. 关于韦伯"理想型"及其"客观性"理论的探讨:see Susan Hekman, "Max Weber and the post-Positivist Social Theory", The Barbarism of Reason。

然而，就韦伯而言，方法论的中立性与无时间性并未阻止对于历史特殊性这一偏好的出现，《新教伦理与资本主义精神》一书和"科学"讲座中的悲戚结论激发出"政治"和"议会与政府"讲座中对负责任个体的吁求。卢卡奇的早期著作也显露出对这种由现代合理化所导致的异化的同样悲哀以及积极加以超越的愿望。为此，他经常表露出一种明显源自克尔凯郭尔、尼采和陀思妥耶夫斯基的生存性悲悯之情。比如，《小说理论》就时常赞许那些中世纪的艺术家和思想家，因为他们同时捕捉到其所处世界的超越性与有限性：乔托（Giotto）、圣托马斯、圣弗朗西斯，还有最重要的人物但丁，他们都因为表达了一种为现代性所无法通达的"整体性"而受到赞扬。① 韦伯从托尔斯泰中读出了心安的亚伯拉罕的圣经形象，以此与异化了的现代公民相对照；卢卡奇则运用塞万提斯《堂吉诃德》的文学形象来支持一种更为精辟的观点。

在塞万提斯的小说中，卢卡奇发现了客观现实与主观体验、永恒不变与瞬间即逝在西方并存的最后一例，在此之后它们在现代历史中被一分为二：

> 通过这部作品，历史进程、时间流逝的深重悲哀告诉我们，当它们的时代过去时，甚至永恒的内容与态度也会失去它们的意义：时间甚至拂去永恒。《堂吉诃德》是首场内在性与庸常无奇的外部生活之间的战争，也是内在性唯一获胜的一次战争，不仅出淤泥而不染，而且甚至将其胜利的诗性光辉散播给了它的对手，虽然无可否认有些自我嘲讽的意味。（*TN*，第 104 页）

在塞万提斯之后，卢卡奇痛心于主观偏好与客观现实之间也就是他加以理论化的"灵魂与形式"之间关系的断裂，由此个人意识异化于外部世界，被迫处于一种"完全贪婪地集中于某个存在点之上"、"灵魂狭隘化"的状态（*TN*，第 106 页）。这正是浪漫主义和生命哲学典型内在情绪的琐碎沉迷。

在《灵魂与形式》中，卢卡奇已经批评了特别是由浪漫主义所体现

---

① See Lukács, *Theory of the Novel*, 37, 101–102.

出的现代美学，将其视为资本主义的确切表达，尽管它经常把自己视为资本主义的对立面。浪漫主义提升一种"美学文化"，这种文化的消极性完美地适应于资产阶级的无力和工业生产的非反思活动，所有的癫狂在卢卡奇看来仍然是消极的。施米特在论《北极光》和《政治浪漫主义》中描述了这种相关性并试图解决客观形式与主观内容的对立，他同样在某种程度上继承了韦伯的新康德主义遗产，只不过它们较少为人所知。

在其分析论《北极光》时，施米特与卢卡奇一样对比了现时代与中世纪艺术的社会地位。他同样引用了但丁的《神曲》和圣托马斯的《神学大全》作为他们所属时代的"精华"。尽管施米特同情多伊布勒对合理化效果的韦伯式文学描绘，他也批评这首诗歌未能在事实上表达诗歌自身所处的时代，只是在不充分地"否定"它。施米特发现，现代性的危机应该被置于"机械与灵魂的对立"——诸多无生命的匿名形式与反抗它们的具体生活之间——中才能加以理解，正如多伊布勒在《北极光》中所做的那样。但是，在施米特看来，这一立场对于充分地作出上述论断或加以解决而言存在着理论上的问题。诺斯替教派眼中的世界观将地球视为"魔鬼的完整工作，在其中无精神性永远地战胜精神"，"机械对抗灵魂"的世界观没有为能够摆脱以上谴责的人类活动或反思留出地盘。（N，第63页）就此而言，"我们没有援手；我们必须至少从监狱中向外张望以逃开一下，以此来拯救灵魂"（N，第64页）。施米特认为，类似这种灵魂与无灵魂的"二元论"无助于人们思辨地理解这个时代的本质或积极地加以改变。

施米特时常表达对诗人多伊布勒的感佩与尊敬，认为他"相对于任何一位批判的历史学家而言更为广泛地捕捉并描绘了当前状况"；尽管如此，施米特最终仍体察到其作品的不足之处，"在《北极光》中无法找到一种批判的历史立场"（N，第66页）。由于多伊布勒过分地依赖于技术世界同活生生的灵魂、精神的二元对立，他的作品不过是"这个无精神的时代的补偿……是一个技术时代的抗衡"（N，第64页）。这是对时代的否定，或许是"最后、最普遍的否定"，但并不是对现代性的真正批判，因为它自身无法超越灵魂与无灵魂之间的二元论，而这正是时代的特征。与此类似，在研究浪漫主义时，施米特也承认该运动合法化了对资本主义、科学与技术的抗议，但它最终在一个支配一切的结构中只是它们的一个补充要素。施米特明确运用韦伯的"理想型"方法，并在分析时巧妙地利用了韦伯刚刚所做的关于"志业"的讲座。不过在《政治浪漫主义》中，他并未像其日后所要做的那样，将韦伯置于合理化与浪漫主义的理论综合体之中。

施米特将多伊布勒所卷入的这种对抗性结构和浪漫主义追溯到现代思想的根基之处：在面对以哥白尼客观方法为典型的客观抽象性思维与以笛卡尔主观方法为代表的内在个体理性之间的分裂时，早期现代浪漫主义就已经放弃了一种统一的世界观。这在康德的形式理性中达到了顶峰：为了维持其普遍主义，必须将一种不能达到的的非理性归咎于具体现实——世界只是作为人类感觉的产物、作为自在之物的集合才存在，它的性质仅仅源于观察主体而非它自身，也不由其自身所决定：

> 自然科学不再以地球为中心，而是尝试于地球之外寻找焦点。哲学则以自我为中心，并将其焦点置于自身之中。现代哲学受到思维与存在、观念与现实、心灵与自然、主体与客体这些分裂的统治，即便康德先验方法也无法将其消除。康德的方案并未恢复外部世界相对于思维着的心灵的现实性。这是因为，对康德来说，思想的客观性在于它以客观有效的形式来运动。经验现实的本质——自在之物——根本不是一个可理解的对象。然而，后康德哲学谨慎地尝试把握这一世界的这种本质，以此终结现实存在的无法说明性与非理性。[1]

在施米特看来，黑格尔是唯一的一位接近于解决这种"抽象理性之典型的抽象概念与具体存在的二元论"的思想家，这种"机械世界观"为笛卡尔、霍布斯、康德等人积极地实践。正如施米特所评论的那样，

---

[1] Schmitt, *Political Romanticism*, 52. See Robert B. Pippin, *Kant's Theory of Form: An Essay on the Critique of Pure Reason*, New Haven: Yale UP, 1982, 其中对康德先验哲学形式主义的卓越阐释与质疑。

"浪漫主义者不具备这种哲学洞见"（PR，第82页）。浪漫主义者或是加速了主观自我的要素，或是以一种纯粹文学的方式使两种现象彼此勾连。因为现代思想的结构使得具体现实成为非理性，没有约束的主观自我从其中拣选出各种事例并赋予其意义；然而，尽管这种意义从西方源自前现代性的文化或宗教禁令之限制中解脱出来了，但它并非源于任何理性思维进程，而仅仅是盲目的突发奇想。像一个犹太人、一本书籍、一缕发丝这样的无害事物都成为主观审美的热切对象，而且政治性哲学性概念——诸如左翼革命党人使用的"人性"或者右翼保守人士使用的"历史"概念——也被等同视之，其中的一方均指责对方是浪漫主义。

在《政治浪漫主义》中，施米特将浪漫主义随心所欲地把具体质性归于对象称之为"浪漫产品"，认定这样做事实上在鼓励将对象等同："没有可能将浪漫主义的对象——女王、国家、被爱的人和玛利亚——区分开来，恰恰因为根本没有对象，只有场合（occasions）"（PR，第84—85页，译文有改动），"场合"为的是主体表达他或她自己。感性世界的每种特例最终都成为一致，因为个体的突发奇想在规定现实时是决定性因素，就像"没有实体的形式可以与任何内容相关。在规范性的无序状态中，每个人都可以构型他自己的世界，将每一个单词、每一个音节提升为一个具有无穷可能性的容器，并且按照一种浪漫主义的方式改变每一情境与每一事件"（PR，第76—77页）。因此，从现实世界抽取具体特性以此来操控其要素的合理化活动，被浪漫主义这种以主观操控模式向这个世界诸方面无尽置入一种随意的具体特性的活动所镜像。

无论它们看起来多么地致力于其关注对象，钟情于所爱、传统之维系或者人民之解放，浪漫主义者最终"总是沉浸于自身之中"（PR，第75页）。浪漫主义者无法与他人或这个世界进行实质性互动，因为他们太关注自身。因此，浪漫主义者自身的情绪或情感以及强度都给予那些为了呼应而唤起或服务于"场合"之出现的对象以重要性。事实上，对象的理想状态是不要对狂喜而恍惚的浪漫主义者的发呆状态干扰分毫，"他们根本无意于真正地改变世界，如果这个世界不打扰其幻象，那么它就是好的"（PR，第98页）。因此，尽管其假装强烈地介入到这个世界之中，浪漫主义特别是政治浪漫主义的本质，是消极的：它是"毁灭一切行动的无条件消极主义"（*PR*，第 116 页）。施米特由此彻底批判了滋生社会消极性的内在性与主观的贯注，这也为卢卡奇在其文学批评中所指认。

在施米特看来，如果浪漫主义终究要尝试超越他们对立方的修辞学"斥责"，他们通常求助于一位"更高的第三方"："偶因论者并不解释一种二元论，而是使之成立。然而，通过将其转移到一种综合性的第三领域中，他使之变得虚幻"（*PR*，第 87 页）。"真实的"、"现实的"与"真正的"这些形容词总是作为决定的代替物而被附到彼此对立的实体之一上：就像"现实的灵魂"意在合并所有那些与"灵魂和肉体"这些术语相反对的事物。这种策略虽然看似深刻，但不过是"掩盖了浪漫主义存在方式的简单结构"（*PR*，第 91 页，译文有改动）。尽管仔细地暴露出浪漫主义在解决这些对立时的拙劣并建议人们必须相反地通过"中介和相互作用"来进行处理，施米特事实上在《政治浪漫主义》的主要部分中并未这样去做。他在该书的导言中只是简短地写到了"通过有意识地为一种特殊历史综合体画出轮廓来确定系统性本质"的需要（*PR*，第 31 页，译文有改动）。但是，每当施米特看起来要从事这种历史化工作时，他总是引用又一个浪漫主义不充分的例子并以此来继续争辩。

然而，特别是浪漫主义鼓动的**消极性**尤为引发了施米特的愤怒。与韦伯"争斗的诸神"相呼应，施米特指出，"浪漫主义者智识情况的本质特征是，在神明的争斗中他并不为自己及其主观人格承担义务"（*PR*，第 64 页）。浪漫主义者推脱了参与意识形态斗争（这本身**即是**现代性）以及选择对与错的责任。紧随在 1919 年的韦伯之后（当时他还健在），施米特认为，非浪漫主义活动的本质与美学上的突发奇想相对，它是规范的、负责任的决断："将那些出于一位积极政治家之政治经验与目标的自制与（浪漫主义者的）器质性消极性区分开来并不困难。区分标准就在于，在对错之间作出判断的能力是否当下存在"（*PR*，第 116 页）。浪漫主义者从政治中抽身而出，此处的政治意味着作出价值判断，它们不能被推迟至去寻找一个稍纵即逝的"更高的第三方"（*PR*，第 117 页）。

在施米特看来，摆脱掉浪漫主义个体消极性的现代文学形象事实上与卢卡奇所确认的一样，这就是堂吉诃德。判断对错并按照其行动这一必要性使得施米特将堂吉诃德异乎寻常地确定为政治活动的典范：堂吉诃德高于穆勒（Adam Müller）和施莱格尔（Friedrich Schlegel），"因为他能够辨别对与错的差别，并且能够作出看起来对他适合的判断"，即便他被驱至对"外部现实采取无感觉的无视态度"。现在，施米特不再遵循而是违背了韦伯在"政治"一文中作出的责任伦理与信念伦理的区分，他模糊了二者的界限，认为"狂热而荒谬的"活动相比于浪漫活动来说更胜一筹，因为前者并非内在地消极，而且愿意就其所认为正确的事物采取行动。这一标准经常运用于他持赞成态度加以引述的迷狂而反对革命的理论努力之中，比如埃德蒙·伯克，特别是居安·多诺索·康特斯（Juan Donoso Cortés）和约瑟夫·麦斯特尔（Joseph de Maistre），这些努力可以被轻而易举地视为政治浪漫主义的极端代表，施米特则因为其深刻地被判定的保守主义政治附属性质而认为它们是非浪漫主义的。出于公平，施米特也愿意向那些持有这种信念的普通革命者让步。通过施米特的阐述不难发现，韦伯式的伦理学无论怎样"负责"，当一种外部现实经常被韦伯描述为无法抗拒、不可改变、无法理解时，依然可能由其"对外部现实无感觉的漠视"（PR，第147—148页）而滋生出非理性活动。一种理性而合法的规范性观点或许不会保持在这种使其面对"现实世界"时处于内在无效的动力之中。另一方面，一旦施米特因其对现实的描述而放弃了韦伯的新康德主义，他在何种程度上依靠康德式的对错范畴就成了问题。

到此为止，我们可以发现，施米特与卢卡奇在各自早期的文学研究中都在关注现代性的合理化一面是如何将所有现实进行抽象从而加以操纵，使得所有对象成为同一因而也变得没有意义；与此同时，他们还质问这种合理化的对立面，它通过主体任意地为所有对象贯注审美意义，它是同等地非理性。他们早期理论努力的重点就在于克服这两个方面，但并非以浪漫主义纯粹修辞或情感的方法。评论者们在卢卡奇《历史与阶级意识》的结论中发现了从康德向黑格尔的转向。[1] 另一些学者在施

---

[1] 参看帕金森、阿拉托和布赖内斯所探讨的卢卡奇的文学作品与《历史》之间的连续性和非连续性问题。see György Màrkus, "Life and the Soul: The Young Lukács and the Problem of Culture", *Lukács Reappraised*.

米特《政治浪漫主义》之后的著作中发现了一种从新康德主义之中独立出来的戏剧性宣言。① 这种转向很有可能是因为不满于他们早期作品中所阐明的主体与客体的对立、他们导师的理论表现（个体伦理与社会合理化的对立）及其明显无法被"资产阶级"思想和现实所超越的能力：过渡到明确追求克服上述僵局的政治观点，同时写出意在培育这种克服的非自由主义或反自由主义的重要思想篇章。

三、超越铁笼

直到1923年，也就是本研究主要关注的两本著作出版的这一年，卢卡奇与施米特才开始进行一些对话。卢卡奇于1918年底加入匈牙利共产党，施米特则在1922年由保守的新康德主义转向一种更为激进的哲学"决断主义"理论立场。② 这些新的理论与政治定位使得重新评价韦伯这样一位对他们影响深远的思想家成为必然。通过比较1923年两本著作和韦伯早期著作的标题就可见一斑：《历史与阶级意识》、《罗马天主教义和政治形式》与《新教伦理与资本主义精神》。

卢卡奇著作标题的意义在于其暗示出，资本主义**并未**一劳永逸地建成这个永远阻止历史发展的铁笼子。"历史"恰恰在促动着社会改变，因为这种变化的发动者并不像韦伯所预料的那样是现在已经筋疲力尽的新教派别及其伦理或价值，而是化身为无产阶级的作为生产性劳动者的内在性地积极的行动者。另一方面，施米特的标题并没有完全驳斥韦伯关于现代性的独特历史阐释，而是提出一种走出由韦伯的理论、进程及其行动者所带来的理论与实践困境的可能方案：曾经通过行动而产生一

---

① 比如，雅各布·陶布思（Jacob Taubes）就将1922年的《政治神学》（*Political Theology*）第一章视为这样一个宣言。see *Die Politische Theologie des Paulus*, München: Fink, 1993, pp. 141 – 142. See *Political Theology: Four Chapters on the Concept of Sovereignty* (1922), trans. George Schwab, Cambridge: MIT, 1985, cited hereafter as *PT* parenthetically in the text. 关于施米特早期思想的概括性论述，see Reinhard Mehring, *Carl Schmitt: Zur Einführung*, Hamburg: Junius, 1992, pp. 55 – 77。

② 我将在下文中回到这一点。在此想说的是，决断主义（decisionism）这一术语强调一个行为的事实性权威优于其对抽象理性规则的相对坚守。

种社会变革进程的新教主义内在视角的残余——它再也无法加以控制的结果——现在越来越试图逃避到浪漫主义所展现的审美私人类型和自由主义展现的政治私人类型之中。施米特运用一种假设可以超越客观与主观二律背反而非将其永恒化的天主教义来应对这种从社会世界的消极回撤，这种天主教义与私人倾向相对立的公共性倾向在政治而非一种神圣的家庭或经济领域的优先性中展现出来。①

两位理论家通过重新评判形式与内容、客体与主体的关系来支持他们的新立场，在韦伯的有生之年，他们试图在新康德主义的领域对这些关系进行考察。两位理论家尝试运用一种使得质性现实出现且自己去决定特殊具体存在的形式并与其互动的方法，而非将一种形式性的抽象先天范畴运用于社会生活的质的具体经验来确保其解放；在运用前一种方法时并不沉浸于对这种现实的浪漫狂喜之中，因为一旦沉浸其中将无法理解其质性存在。为了这样做，必须使韦伯的政治与方法上的主观立场的个人特征让位于一种集体立场的理论化，它将不会**参与**一种主体与客体的二元论，其自身**就是**主客同一，由此而在哲学与政治上超越了这种二元论。

在《物化与无产阶级意识》这篇《历史与阶级意识》中最为重要的文章一开始，卢卡奇主要不再以韦伯的阐释而是明显运用马克思的商品形式来分析现代的合理化：正是现代资本主义的"商品结构"塑造了"人际关系呈现出物的特征"这一局面，并由此进一步"消灭了工人的质性、人性与个性特征"。在卢卡奇看来，商品形式"是资本主义社会所有领域中最为核心的、结构性的问题"。② 显见于卢卡奇早期著述中的术语而今具有新的含义："对生产进程（泰勒制）进行现代'精神分析学'的阐释，这种理性的机械化进程直抵工人的'灵魂'深处"。卢卡奇早先在韦伯影响下从事文学研究时运用的超历史性术语（形式与灵魂），现在被视为现代性的历史性特征；为此，上述引文中的"灵魂"

---

① See Ulmen, 179 - 211, and his "Introduction" to *Political Economy vol.* 1, trans. B. Fowkes, London: Vintage, 1976.

② HCC, 88. Cf. the first chapter of Karl Marx, *Capital: A Critique of Political Economy*, trans. B. Fowkes, London: Vintage, 1976.

和"形式"的实际基础均被加上了引号。正如我们将要看到的那样，施米特在其著述中同样驳斥了其前任导师的范畴，他曾经对之保持过沉默。

在这两本著作中，作为一种社会问题的合理化现象绝没有被弃之不顾。施米特与卢卡奇承认，社会科学中的抽象量化分析占据着明显的支配地位，并且与社会合理化联系紧密。正如施米特所观察的那样，它的影响几乎无所不在："在几乎每一种讨论中，人们都能够发现自然技术科学的方法论统治当代思想到何种程度"（RC，第21页）。卢卡奇针对现代社会中思想为合理化的纯粹技术与日益"量化"所渗透的现象也加以评论："数学与理性范畴应该运用到所有现象之上的要求……与一种越来越合理化的技术相得益彰……"（HCC，第113页）。不过，他再一次将这种理性的产生归结于一个马克思式的而非韦伯式的范畴："为统治性商品形式的物化效果所侵蚀的现代思维模式"鼓励对社会进行纯粹"量化"而非"质性"的分析（HCC，第84页）。

施米特重申了他对这种生产模式的保留意见，它不曾为这一进程的产品提供任何规范性说明，无论其被用于装饰还是死亡：

> 现代技术轻而易举地服务于这种或那种需要或需求。在现代经济中，一种完全非理性的消费与一种彻底合理化的生产相符合。一种巧妙的合理化机制总是以同样的诚挚与精确服务于这种或那种需求，无论是为了一件丝绸上衣、一团毒气或者其他什么。（RC，第24—25页）

工业生产这种不可抗拒的快捷与统一性逻辑会满足任何极为主观的消费需求而不顾其对提出这些需要的人可能产生什么影响。经济学和技术的律令仅仅是形式，它们忽视了它们作用于其上的实体——人类——的意义。由于技术和经济学对它们所服务的需求（也就是人类的需求）的真实性质漠不关心，韦伯模式所理解的"合理化"在施米特看来便是一种"被荒唐地扭曲了的"理性："服务于满足任意物质需求的生产机制被称为'理性的'，而不去考虑最为重要的问题即目的理性，它能够利用这一超级合理化的机制"（RC，第26页）。两本著作中的一个共同主题仍旧是这一事实，即一种经济—技术合理化使得人类自身无限质性的独特性成为可供操纵的物质对象。卢卡奇对这种理性如何将"第二本性"强加于社会之上进行了评论,这种"第二本性"就是"一种比封建制还要没有灵魂的、更为深不可测的性质"(HCC,第19页)。尽管这听起来很像韦伯所讲的"奴役之壳"(韦伯《经济与社会》,下面简称ES,第1402页),但卢卡奇与施米特都提出了关于这种新型控制形式的替代方案,这是韦伯及其使用的范畴所没有提供的。

资本主义商品之间的完全等量化——一件丝绸上衣与一团毒气可以毫无问题地等同——这一事实由卢卡奇根据马克思对商品形式交换价值与使用价值的分析所奠基:"为边际效用理论奠定基础事实的形式化交换活动隐藏了使用价值,并在具体不等值与事实上不可比的对象之间建立了一种关系"(HCC,第104页)。正是交换价值掩盖了对象的特殊质性——质性差异化简为生产这些对象的劳动时间的相对量化值,并且忽略了它们"有机的、非理性的、质的决定性"。①

尽管施米特与卢卡奇都批评浪漫主义沉溺于具体特殊性并通过审美化来对其加以操纵,但他们也都对质性现实面对抽象理性的权能时的不堪一击非常敏感。在卢卡奇看来,生产领域中"技术的"与"经济的自律性"命令使得"工人的人性和个性与根据理性判断加以运作的抽象特殊法则相比……就成了纯粹的错误之源"(HCC,第89页)。合理化原则必须与这些"非理性的"物质表现"开战"(HCC,第88页)。

但是对细心的观察者而言,这还不是事情的全部:卢卡奇指出,"世界的合理化**看起来像是**完整的"(HCC,第101页)。事实上,这种合理化的只是"看似"无所不能的因素不过是一种二元论内在的组成部分,它自身实际上是在现实中获得的。在施米特看来,这种二元论事实上有一种结构性基础,它采取不同的表现方式:"尽管这听起来匪夷所思,(这些二元论)与我们时代的精神完全一致,因为它们的理智结构与一种现实相符。它们的出发点实际上就是一种断裂或分裂:一种呼唤综合的对立"(RC,第16页)。完全丧失掉内容的现代性的经济—技术

---

① HCC 104. 就商品形式更为深入的分析,see Moishe Postone, *Time Labor and Social Domination: A Reinterpretation of Marx's Critical Theory*, New York: Cambridge UP, 1993。不过该分析在一些重要方面已经偏离了卢卡奇的方法。

理性主义与其对立面相互交织，由此，其对立面与其所反对的理性一样都无法接近现实。认为一方相比于另一方而言更优越或更真实都不可能认识整体。因此，当多伊布勒以一种同样总体化的精神性反对一种总体化的理性时，施米特便早已怀疑其无法形成一种清晰一贯的理性立场。

施米特重申了《政治浪漫主义》中的论证，以此阐明一种"统治着当今时代方方面面的""激进二元论"的类型学：

> 其共同点是一种自然概念，这一概念在一个为技术和工业所改变的世界找到了自身的实现。现在，自然看似是与大城市机械化世界对立的一极，这些城市的石头、铁块和玻璃结构矗立在地球表面，就像立体主义画家笔下的巨大创造物。这种技术王国的对立面是未开发的自然，它野蛮而落后，是"痛苦的人类都不会踏上"的一块保留地。（RC，第16—17页）

与之相同，卢卡奇在《历史与阶级意识》中指出："自然是一个社会范畴"，他提醒我们，这种未被触碰的自然看似外在于现代合理化的领域之外，但实际上是一种与合理化相符的意识形态建构。施米特则指出了这种对立的不同面相（技术与自然不过是其中一种）：古典主义与浪漫主义、抽象与具体、形式与内容、客观与主观、理性与非理性、"沉默的实用性"与"狂热的强烈的音乐"等，正是"被玩弄的这些对立的总汇"（RC，第39页）。

在《政治浪漫主义》中，施米特考察了人们是如何抓住这些对立的任何一方并"出乎意料地与其成为荒谬的联盟的"（RC，第6页）。在这几本著作中，施米特发现该联盟特别令人厌烦的一种就是对天主教义与自然、非理性及多愁善感加以浪漫主义的结合。施米特不满于其所分析的穆勒和施莱格尔都改宗天主教这一事实。他试图将这些人与伯纳德（Bonald）、麦斯特尔、多诺索·康特斯以及秘密天主教徒伯克[①]等"积

[①] See Schmitt, *Political Romanticism* 32. 不止如此，施米特甚至还在1919年时暗示，这些反对革命者是"真正的"天主教徒。当他在1922年意识到这些人坚持人性之恶因而成为叛徒时，便收回了这一声明：see Schmitt *PT* 57。

极的"天主教徒区分开来。施米特愤怒地断定没有这种关联,并指出新教教义是如何与天主教教义一样被轻易地错误界定为一种浪漫主义表达。这种将罗马教会与上述一系列对立之中的后者连接在一起的浪漫主义尝试"使得教会成为机械化时代的对抗性一极",它仅仅使得上述对立中的前一项以及整个机械化时代永恒化。正如多伊布勒的诗中所言,此时的教会不过是时代的"补充":"假使教会满足于成为无灵魂性的灵魂一极,它将遗忘其真实的自我,并将成为资本主义所渴望的补充之物——维持激烈竞争的保健机构、大城市居民的周日出游或者夏日旅行"(*RC*,第 19—20 页)。

正像施米特在《政治浪漫主义》以及将要在《政治形式》中所做的那样,卢卡奇也利用了现代哲学的理性主义起点,以此来描绘从笛卡尔到康德的启蒙哲学是如何通过数学和几何学这些源于"一般客观性的形式化预设"(*HCC*,第 111—112 页)而将世界理解为认识主体的产物。由于无法解释自在之物,启蒙哲学日益"向内"回转,以便发现知识得以形成的主体。然而,康德的理性主义不仅描述了"每一种理性体系将如何冲击非理性的前沿或屏障",而且由于抽象理性通过所有事物的商品化而渗透进社会的全部领域之中,它还回答了非理性何以"侵蚀并分解了整个体系"(*HCC*,第 114 页)。

卢卡奇通过马克思所分析的既包含"客体形式"又采取"主观立场"的"商品拜物教特征"(*HCC*,第 84 页)将经济—技术合理化与浪漫主义直觉视为相同结构的一部分。这两极"相互纠缠在一起。在此我们可以看到,'自然'已经被资产阶级的革命斗争打上了深刻的烙印:(自然的)'被选定的'、可计算的、形式的亦即抽象的特征(以及将自然视为)与机械化、去人性化和物化增长相对立的所有内在倾向的贮藏地"(*HCC*,第 136 页)。非理性之物由理性体系自身来阐明:"对于非理性而言,将内容化简为它们的理性要素是不可能的……这种不可能性最为赤裸裸的情形就是质疑将感性内容与理性形式连接在一起的可能。"① 康德的理性并不是增加合理化,事实上它是强调并鼓励非理性,

---

① Lukács, *History and Class Consciousness* 116. Cf. Pippin, 216–221.

这是因为：(1) 它无法解释"整体"——就体系自身而言的理性体系之源泉；(2) 它无法**彻底地**从其对象的具体性中抽象出来。因此，非合理化的自然对于"狂迷"、"放弃与绝望"、"非理性的神秘体验"——尼采意义上的"生命"之复兴而言，是一种源泉。换言之，无法被合理化的就要被审美化。卢卡奇谈到，关于这一点，其结果是"美学日益重要"，以及这种新的社会发展是如何"赋予审美以及艺术意识以哲学重要性，而艺术在过去时代无法要求到这些"（HCC，第137页）。

施米特与其马克思主义的他我相比较更少具有典型的经济敏感性，他将这些对立两极之间的关系归结于更加唯意志论的源泉。然而，他仍然强调了经济与审美的重要性。几年之后，施米特描述了19世纪的特征如何成为"审美—浪漫的与经济—技术的两种倾向之间看起来绝不可能的结合"，然而这两种倾向又如何在事实上结合在了一起。在施米特看来，浪漫主义是

> 置身于18世纪道德主义和19世纪经济主义之间的审美的中间步骤。它仅仅是一种轻易而成功地受到所有理智领域的审美化影响的过渡。这是因为，从形而上学和道德到经济学的道路正是经由美学而完成的。这条横穿过审美消费与快乐的最为精致状态的道路是最为安全与舒适的道路，它朝向一种精神生活普遍经济化以及在生产与消费中找到其人类存在核心范畴的心灵状态。[①]

18世纪的主观道德，也就是从宗教与教义中解放出来的主体性，在19世纪则让位于对于对象的主观审美欣赏，该领域曾经被传统束缚所统治。正如施米特在《政治浪漫主义》中所洞察到的那样，浪漫主义将对象与情境仅仅作为他或她主观感情的表达"场合"来追求。卢卡奇则遵循马克思，将这种现象归结为商品的其他要素。商品的使用价值由生产它的具体特殊质性的劳动方式决定，由此引发了一种沉浸于这些事物的特殊质性与具体属性之中的审美专注——也就是一种将内容任意而主观

[①] See Schmitt, "The Age of Neutralizations and Depoliticizations", trans. M. Konzett and J. P. McCormick, *Telos* 96, Summer, 1993, 113.

地归为特殊对象的活动。① 与马克思和卢卡奇一样，施米特也意识到这种审美化并不与一种同时发生的"经济化"相背离，事实上它正是这种"经济化"的"典型性伴生现象"。②

施米特完成《政治形式》之后，为再版的《政治浪漫主义》添加了一部分内容，其中就谈到了这种主体性的分裂："在这个社会，牧师被留给私人个体自己去做。但并不仅仅如此。因为宗教的核心意义及一贯性，诗人、哲学家、国王及其个性教堂的构建都留给了他自己去做"（*RC*，第 20 页）。换言之，艺术、哲学、政治学、心理学以及宗教都成为主体表达、个人审美的场域。包括 1789 年大革命、天主教本身在内所有这些事情都成为审美消费的问题。正如施米特在 1919 年《政治浪漫主义》文本中所评论的那样，只要美学保持在其适当的领域之内，那么作为美学的美学并没有错。然而，对于现代浪漫主义将一切事物审美化的倾向而言，存在着令人不安的特定分裂。就此而言，卢卡奇完全同意：

> 在广义上的美学模式中，[生命内容] 从物化机制的消音效果中拯救出来。但是，这些内容必须要成为美学性的。也就是说，或者这个世界必须被审美化，而这却逃避了真正的问题……或者美学原则必须被提升为客观现实所据以形塑的原则：但是，这样做将会使得直觉理解的发现**神话化**。（*HCC*，第 139—140 页）

探寻一处挣脱掉经济—技术理性均质性效果的领域的真实需要激发出诸多现代神话，它们对一些人极富吸引力：尼采的"反基督者"、韦伯的"卡里斯玛"以及海德格尔的"存在的历史"③ 都是引人注目的例子。卢卡奇与施米特的思想是否不应该纳入上述团体还有待观察。

---

① Cf. Postone 149 – 154，168 – 170.

② See Schmitt, "The Age of Neutralizations and Depoliticizations" 133. 事实上，多年之后，卢卡奇赞同地引用了施米特的这段文字：see Lukács, *The Destruction of Reason* 652。

③ 对卢卡奇以及另一位认可极权主义的重要中欧哲学家海德格尔的重要（虽然并不完备）的分析：see Lucien Goldmann, *Lukács and Heidegger: Towards a New Philosophy*, trans. W. Q. Boelhower (London: Routledge & Kegan Paul, 1979). 同样参见赫勒就施米特、卢卡奇和海德格尔三人而言的《再访政治概念》（"The Concept of the Political Revisited"）。

卢卡奇评论浪漫主义道："看似站在了将自然内在化的制高点上，但（这种浪漫主义的特征）事实上暗示了放弃任何一种对自然的真正理解。将情绪注入内容之中预设了一种无法穿透而又深不可测的对象（自在之物）的存在，正如自然法则所做的那样。"（HCC，第214页）卢卡奇赞同施米特对"罗曼蒂克生产力"的对象所进行的批评，他将"非理性的"美学浪漫主义本身视为一种实证主义的形式——非反思地、机械性地接纳既定所与，正如之前所讲的经济—技术理性是一种非理性的形式一样——回避一种现实，而在任何严肃的理论努力中都必须思考这种现实。在这种超理性的思维中，"思想退化到一种朴素而教条的理性主义层面：它将概念的非理性内容的现实当做不存在。（这种形而上学或许在这些内容与知识'无关'这一套话之下掩盖了其真实本质）"（HCC，第118页）。

实证主义和浪漫主义的持续存在给现代伦理学与行动制造了一个问题：

> 在一种真实而具体的解决方案缺乏的情况下，自由与必然、唯意志论与宿命论的两难被简单地归为一个次要问题。也就是说，在自然和"外部世界"中，法则仍然以所向披靡的必然性加以贯彻，而自由与自主性这些据说来自伦理世界的发现结果则被简化为一种纯粹用来判断事件的**观点**而已……（这种）二元论自身被引入到主体之中。（HCC，第118页）

首先，伦理学与世界相脱离，而后分裂为一种将伦理学话语加以逻辑地纯化的形式性类型，以及充满了偶然性的实质性类型，它在死亡、矛盾和不可确定性中展现出来——这也就是康德与科尔森（Kelsenian）和克尔凯郭尔与陀思妥耶夫斯基相抗衡。

这种康德式的理性，即将伦理学从世界中分裂出去并在自身中产生了非理性的困境，正如施米特和卢卡奇所阐述的那样，在韦伯意义上的实践中被终结。卢卡奇写道：

> 由此，物化的世界成了唯一确定的可能世界……唯一的一个可

以在观念上达到并允诺我们人类能够理解的世界。它是否产生狂喜、放弃或绝望，我们是否通过非理性的神秘体验来寻找一条通向"生命"的道路，这与改变事实上如此的境况没有丝毫关系。（HCC，第110页）

卢卡奇并没有像韦伯那样将非理性认定为对合理化的情绪性或心理性反应，而是将其视为现代生产方式的一种不同的组成部分，其自身按照韦伯式的范畴被错认为**仅仅**将拥有一种合理化的效果：浪漫主义颂扬现代性的具体质性因素由商品化的使用价值要素产生，它虽然被交换价值的量化要素所隐藏，但却以一种与理性中介方式相对立的非理性方式不可避免地出现。然而，一种特殊历史实践中的非理性基础能够被一种实践中的改变所克服，而不是仅凭意志打发掉它，韦伯力图嘲笑与压抑其他浪漫冲动并且迫使其服从于时代的客观现实，这样做的方式只鼓励一种对待它的恰当而"负责任的"主观立场。这种荒谬、压抑与强制揭示了韦伯的"合理化"自身潜在地正是非理性的。

在卢卡奇看来，这种因无法在韦伯式范式之中通过科学手段来加以理解的担忧升华为一种这些手段不断增强的物化，它由此而确证得越来越少，反而进一步增强了原初的担忧并更加要求与客观现实保持一致：

> 消除每一种内容因素和非理性效果的尝试不仅会影响客体而且会越来越深刻地影响到主体。沉思的批判性解释将会把越来越多的精力投入到从其自身世界观中无情地去掉每种主观的、非理性的因素以及每种拟人化倾向；它以一种日益增强的活力在知识主体和"人"之间打进一个楔子，并将认识者转变为一个纯而又纯的形式主体。（HCC，第128页）

施米特与卢卡奇可能会非常轻而易举地在韦伯那里确认这种倾向。事实上，"志业"讲座为这种活力提供了极好的范例：韦伯越是在其"科学"文章中拥护他的科学方法的客观性，他越是必须强调内在于其中的缺点。作为结果，正如他讲座所继续的那样，这种科学方法更少以一种理性举措而更多地是作为一种存在立场而被捍卫。就此而言，韦伯对那些他所认为的非理性者的攻击也变得像是个人恩怨并且变得非理性，亦即"正是**软弱**无法支撑我们命运被注定的时代的严格性"（"科学"演讲，第149页）。"政治"讲座的结果，也就是针对祛魅的、摆脱价值的世界的解决方案很坚决，但仍然是仅仅被主观证实的个人立场。责任伦理学相比于良知伦理学而言可能更加能认识到客观现实，然而韦伯并未给出它究竟是如何较为不突兀地滑向一种"争斗的诸神"的立场。因此，韦伯净化其方法论观点（价值中立）的尝试增强了其自身政治立场（价值立场）潜在的非理性。①

现代理性未能解释具体现实——合理化将其化简为适合于技术生产的定量化测量，浪漫主义则将质性归结为主观地产生于观察者的个人癖好——这对于行动来说意味着莫衷一是。唯一可能的行动结果便是技术控制——无论它被现代机械化以何种令人印象深刻的方式执行着，或者是漠然观察——无论它被个体主体以何种强烈程度体验着。就像施米特在《政治浪漫主义》中断言个人主义的商业活动与浪漫主义的审美活动均内在地具有消极性一样，卢卡奇同样认为，笛卡尔—康德式的理性仅仅使控制那些被剥除了质性的对象成为可能，它只是一种沉思性活动而不是一种**实践**（*HCC*，第89页）。由于工人无助于生产方式的理智化，他或她的工作只是反应而非创造，仅仅符合于先前就已存在的形式，因此内在地具有消极性：

> 无论从客观上看还是从与其工作的关系上看，人都显现不出是这一进程的真正主人；恰恰相反，他只是组成为一个机械系统的零

---

① 关于这一点，参见理查德·沃林（Richard Wolin）对迪金斯（John Patrick Diggins）在《马克斯·韦伯：政治：政治与悲剧精神》（*Max Weber: Politics: Politics and the Spirit of Tragedy*, New York: Basic Books, 1996）中赞扬韦伯式"自由主义"的批评：Wolin, "Liberalism as a Vocation", *The New Republic* 215. 10（2 Sep. 1996）。史蒂芬·霍默斯（Stephen Holmes）的著作或许是当代"韦伯式"自由主义的最佳例证：霍默斯将阻遏并重新定位人类的非理性视为自由主义政治的核心任务，参见《激情与约束：自由主义民主制度的政治理论》（*Passions and Constraint: On the Political Theory of Liberal Democracy*, Chicago: U of Chicago P, 1995）。在《反自由主义剖析》（*The Anatomy of Antiliberalism*, Cambridge: Harvard UP, 1993）一书中，霍默斯冷酷地攻击了那些对自由主义和启蒙运动带有自由主义倾向的批评者，他将这些人看做这种非理性的危险代表。

部件。他发现这个系统早已存在并且是自足的,它独立于他运行,而他无论喜好与否都只能按照这一系统的法则来行事。随着劳动日益合理化与机械化,他的意志匮乏也通过其行为不再积极并日渐趋于**沉思**而被加强。沉思性立场面对一种进程时机械地与固定法则相符合,这种法则就像一种完美的封闭系统那样独立于人的意识而运作并且不为人类干预所干扰,它必将改变人们对世界的直接态度。(*HCC*,第89页)

在此,一种在康德式先天形式中得以实现的质性现实观念以一种**安慰性**而非**现实性**进程的方式被废弃了:"可计算性的抽象与量化模式在此以其最纯粹的形式表明自身:物化的心灵必然将它看做是其自身真正的直接性得以显现的形式,并且作为物化意识,这种心灵并不试图超越它"(*HCC*,第93页)。因此,"铁笼"错误地指认了现代性中的生产作用。合理化进程的可预计性将人类活动缩小到早已预先规定的范围内,使其无视它事实上能够积极改变这一进程的事实。① 在所要考察的这些著作中,如何克服这种由施米特确认的"总体合理化生产"与"彻底非理性消费"之间表面断裂所产生的消极性日益成为一个与理论问题同等重要的政治问题。

四、教皇与政党

在《政治形式》中,施米特沉浸于韦伯式的而今沙文主义的、而今后悔将其归结为新教主义的现代理性的荣光与恐怖之中,并且设置了一种独特的文化—政治替代方案,它将超越僵化的矛盾以及合理化理论根深蒂固的消极性:政治天主教教义。新教主义所开辟的经济—技术理性维持着诸多与一种生产、消费和效率类型中的对象——纯粹"事实"——相适合而不是与人自身相切合的规则。施米特认为,天主教的理性主义对于人们之所是和人们之所为并不是像市场和科学的"法则"

---

① Cf. Feenberg, 95, 104–105.

那样漠然置之。对于施米特而言，在控制人们行为和那些处理无生气的也就是没有生命的事物的法则之间存在着差别。在1923年时还是一位天主教徒的施米特宣称，在缺乏价值的经济—技术思想中能够发现"与天主教教义的政治观念的基本对立"（*RC*，第23页）。他断言，除去其普遍主义，罗马教会的合理性实际上捍卫了许多地区的当地特殊性，即便他们的敌人并不必然是教会的敌人时。施米特发现具有讽刺意味的是，天主教教义的新教对手会将其认作一种机械力量、"一种罗马教皇的机器"、"一种怪物似的等级权力机构"（*RC*，第6页，参见*ES*第809页）。在将韦伯挪用于为其辩护时，施米特表明正是新教主义及其相伴而生的理性实际上机械地夷平了自然的所有独特之处：

> 胡格诺教徒和清教徒拥有一种往往是非人的力量和自豪感。他能够生活在任何一片土地上。他可以广泛地建设工业，使土地成为他熟练劳动以及"内心世界禁欲苦行"的仆人，最终有一个舒适的家；所有这些都是因为他使自身成为自然的主人并使其服从于他的意志。他的这种控制类型与罗马天主教的自然概念格格不入。（*RC*，第17—18页）

尽管（或者不如说是由于）其具有令人印象深刻的普遍主义，天主教教义容纳并保持了全部种类的具体特殊性。当反抗天主教会时，新教徒追求主观性实体，他们认为教会的教义过于形式化。然而，正是他们的禁欲苦行威胁到现代世界中——他们而今从中退缩回来——有所不同的具体差异：

> 新教观念最强烈的观念之一便是在罗马天主教教义中发现了对基督教的贬低与误用，因为后者将宗教体制化为一种无灵魂的形式，但是与此同时，新教徒却在浪漫主义的航行中返回天主教会，试图从一种理性而机械化时代的无灵魂性中获得拯救……这正是一种引人注目的矛盾。（*RC*，第19页）

天主教会既不是新教徒所鄙夷的那种机械化形式性实体，也不是浪漫主义者们所欢呼的那所未被征服的自然与非理性表达的天堂。在施米特看来，天主教会站在这种对立之上吸收、维持并超越了它们："天主教会是一种对立的综合体。显然它能够容纳任何对立"（*RC*，第12页）。施米特认为，罗马天主教教义**并不是**一种漠视内容的形式，同样也并非将内容非理性地提升至被赞美的层次之上：

> 从天主教教义的政治观念来看，罗马天主教对立综合体的本质就在于以一种为其他统治权所不知晓的方式建立起相对于人类生活事物的特殊而形式化的优越性。它成功地构建起一种历史与社会现实的持久形态，尽管其具有形式化特征，但在很大程度上仍然持守住其至关重要而又理性的具体存在。这种罗马天主教教义的形式化特征基于再现原则的严格实现。就其特殊性而言，它在与当今占主导地位的经济—技术思想的对立中变得极为明晰。（*RC*，第14页）

与代表现代政治学和经济学的量化方法不同，天主教教义不依靠计算或衡量其所关切之物的数量指标来行事，而是强调在这些事物之中有一种质性超越了纯粹的物质性："经济思维仅仅知道一种形式类型，也就是技术精确，从代表观念中得不出任何进一步的东西。将经济与技术相关联……需要事物的现实在场"（*RC*，第15页）。施米特批评了卢卡奇在当时试图超出庸俗唯物主义教条的马克思主义类型，他提到苏联的代表观，这种观念谋求消除潜隐于传统本体论学说中的"理念"：

> 在社会主义的春天里，年轻的布尔什维克将与经济—技术思维所作的斗争转变为一种反对理念甚至可以说反对每一种理念的斗争。只要一种理念的幽灵乃至于一种先于物质性事物的既定现实的观念——也就是超验之物——还存在，这便总是意味着一种"自上"的权威。对于一种其准则源于经济—技术领域的思维类型来说，它显现为一种外部干扰、一种对自动助推机器的扰乱。（*RC*，第45页）

苏联的实证主义担心物质现实有可能比一种天主教教义所唤起的事物更多，在施米特看来，天主教教义是唯一的一处遗留下来的在一种**理性范式内**保有立场的机构，因此对于物质现实而言就有多于实证性显现之物的东西。施米特认为，天主教的代表能够保持下述宣称，即物质现实，特别是呈现在人类生活之中的物质现实，多于量化方式所把握的物质，与此同时它并不滑向将超验的意义归结为特殊对象的浪漫主义与非理性主义。

现在，施米特要反抗他自己曾经采用的理想类型，他批评韦伯所理解的"祛魅"，因为它并未在最初回复到一种魅惑观念。天主教会通过一种"司法性"或"制度性"理性来确认生活**并不**仅仅是物质，与此同时还"有意并精彩地克服了狄奥尼索斯式的异教膜拜、狂迷等"。这种穿越实证主义与非理性的"司法性"合理性为天主教的各种制度所例示：

> 教皇并不是先知，而是基督的代理者。这种仪式性功能杜绝了一种不受约束的先知论的所有狂热而过分的行为。办公处所独立于卡里斯玛这一事实表明，神父拥护一种似乎与其具体人格完全脱离的立场。然而，他并不是共和主义思想中的职员或委员。(*RC*, 第 23—24 页)

韦伯已经意识到，天主教教会的机构并非与卡里斯玛相关联的施米特称之为"狂热而过分的行为"的根源："主教、神父和传教士事实上都不再像早期基督教时那样是一种纯粹人格性卡里斯玛的化身，后者在一位主人的个人委任下提供了另一个世界的神性价值"(*ES*, 第 1141 页)。然而，韦伯继续写道："他们已经在服务一种功能性目的时成为官员，这种目的在当前时代意在使'教堂'既看似非个人化又在意识形态意义上具有神圣性"(*ES*, 第 959 页)。作为回应，施米特想继续认定的是，天主教关于机构的"司法"理论在非理性地致力于神父的**具体人格**与承认机构的纯粹**形式功能**两极之间立足。这种办公机构并不是像韦伯所宣称的那样以一种超级合理化的方式非个人化，然而也并不是一种非理性的表现。在施米特的理论中，天主教的现实超越了形式与内容的对立，由此而避开了韦伯的范畴。神父的办公场所**并不是**纯粹形式化或功能性的，这恰恰是因为它与在施米特看来使得人类生活决不能被仅仅视为"纯粹物质"的一个原因相关联："上帝在历史性现实中成为人"(*RC*, 第 32 页)。正如施米特所讲，"神父的职位与现代办公机构截然不同，它并不是非人性化的，这是因为它的办公场所与个人的委任与基督的道成肉身紧密相关"（RC，第24页）。耶稣基督是内在于人性的神性之象征，它是一种超越了生物属性的"尊严"。因此，对于施米特来说，天主教教义的代表性权威是一种承担了质性实体的形式，它超历史地使人性比纯粹物质更为丰富——形成一种物质化的神圣性：

> 天主教教义的政治权力既不依靠经济手法也不借助军事手段，而是诉诸权威的绝对实现。天主教堂就是一位"司法人士"，尽管它与股票交易所不是一个概念。生产时代的典型产物是一种计算方法，而教堂则具体而个性化地再现了一种具体人格。（RC，第22页）

施米特运用韦伯的"新教伦理"理论来反对韦伯自己的立场，他确信，正是新教教义使得政治变得私人化，并由此将具体的代表因素从政治中抽离了出来：

> 从历史上看，"私有化"在宗教中有其根源。资产阶级社会秩序意义上的最初的个人权利正是宗教自由。在各种自由（如信仰和良知自由、结社与集会自由、贸易与商业自由）的历史进化中，这正是本源性的第一原则。然而，无论为宗教指定什么位置，它在任何时间、任何地点都在展现着自身吸收和绝对化的能力。如果宗教是一种私人事务，那么它也表明：隐私是受到尊重的。二者须臾不离。因此，私有财产也正是由于其是一种私人事务而受到尊重。（RC，第47—48页）

使私人性神圣化约束了在公众场合展示重要事务的实践，并且贬低了曾经代表那些**最为重要**事务的公共领域的地位。现代公共领域是由那些为了增加自身物质利益而相互竞争着的私有财产所有者组成的集合体。因此，这些参与者不再是任何真正意义上的"代表"。结果便是社会被剥夺了完整的实质性图像；其功能成为经济—技术性的。

另一方面，天主教教义的代表性质在"公共"中展现自身，对于施米特而言特别是在"司法"的意义上展现：天主教堂是"罗马法律体系的真正后裔"，并且是"基督在历史性现实中道成肉身"的体现。在《历史与阶级意识》中，卢卡奇同样着重分析了在没有天主教教条的现代社会中法律的地位问题，但这或许是其转向一种神学的先声。卢卡奇运用韦伯的法律社会学理论（*ES*，第8章）再次强调了现代理性与非理性的关联：法律日益悬浮在两种立场之间，一种立场由"批判的"（卢卡奇自己经常讽刺地加上引号）法律理论家汉斯·凯尔森（Hans Kelsen）所代表，他将法律视为一种"无缝隙的"体系，可以由法官机械地加以应用；另一种立场则将法官视为一个任意而为的立法者，他依据不同的案例来行事——也就是说，源于纯粹形式化的判决与源于纯粹内容性的判决之间的对立："在法律体系之中……质性内容是否能够以合理化与计算的方式加以理解是一个形式与内容相对立的问题"（*HCC*，第107页），正是在此处，诸多二律背反明显地揭示出自身无法被"资产阶级思想"所解决：

> 这种综合只有在哲学能够彻底改变其方法并关注那些能够并且应该被认识的具体物质总体性时才成为可能。只有到那时，才能够打破由一种形式主义竖立起的藩篱，这种形式主义已经退化为一种彻底碎片化的状态。然而，这将预设一种对原因、起源以及这种形式主义之必然性的意识；不仅如此，将众多特殊科学机械地统一起来远远不够；它们必须被一种内在综合性的哲学方法加以内在地转化。显然，资本主义社会的哲学无法做到这一点。并不是因为缺乏这种综合的愿望，也不是因为优秀人士张开双臂欢迎一种对生命充满敌意的机械化存在以及与生命相异化的科学形式主义。但是，乍看上去，在这片资本主义社会的土壤上难以实现这种激烈的转变。（*HCC*，第109—110页）

20世纪20年代之前，施米特接受了科班训练并以律师为职业，他同样在处理法律事务时运用了韦伯的框架。[①] 事实上，我们可以将这些早期法律论文看做是为法官开辟出一种位置的尝试，这种法官与韦伯所

[①] See *Gesetz und Urteil*: *Eine Untersuchung zum Problem der Rechtspraxis*, München: Beck, 1969; and *Der Wert des Staates und die Bedeutung des Einzelnen*, Tübingen: Mohr [Siebeck], 1914. 乌尔曼探讨了韦伯思想对这两本著作的影响，第108—110页。See McCormick, *Carl Schmitt's Critique of Liberalism*, 其中的第5章分析了施米特的法律理论。

讲的社会学观察者与卢卡奇意义上的批判者相近，他在意的是，法官既不退化成一台"自动机"也不是一个不受约束的"立法者"，也就是说，他既没有沦为法律客观形式主义的奴隶，也不是法律的全能性主观造物主。在这些早期表述中，法官只是在这样的程度上创造了法律：他或她将自己的主观人格赋予每一件具体案例，同时关注法律形式以及其他法官的实践。然而，由于终究无法解决韦伯式的形式及其新康德主义方法论中的自动机与立法者相对立的范式，施米特在其1922年的《政治神学》（下面简称 PT）中采用了一种全新的方法论。这本著作最初是一部向韦伯致敬文集中的一部分，① 施米特在开篇就驳斥了韦伯式的二分法："最高统治者正是那个能够决定例外情况的人"（PT，第5页）。施米特重新规范了方法，赋予始终是一种崭新同时是例外状况的具体事例相对于先天形式的优先性，他以此开创了一种执行存在优先于机械式无生命形式的方法，在如今的施米特看来，这种无生命形式极为"呆板"（PT，第15页）。②

除此以外施米特甚至比卢卡奇还要激烈地批评了新康德式法学家凯尔森，认为凯尔森是支持那种将个人因素从法律中清除掉的过度形式主义的急先锋："他自身要求的客观性无异于避免任何个人化的事物，并且将法律规则归结为一种非个性化规范的非个体性的有效性"（PT，第29页）。施米特还指责凯尔森，作为一位极端的理性主义者，他在判决与施行时通过净化除去法律思考中最为形式化要求之外的全部内容恰恰养成了一种非理性主义（参见PT，第30页）。形式主义的法律体系将具体内容完全从其所假定的净化了的法律系统中剥离出去，以至于允许

---

① See Schwab "Introduction" to, *Political Theology*, xv n 11.
② 许多人因此将其解释为施米特向非理性的倒退，然而，《政治形式》随之展示了施米特在当时依然坚持的规范性框架。理查德·索玛（Richard Thoma）指出这不是一种完全不受阻碍的、仅仅与一种特殊而例外的事例的无规则性相符合的官员或法官，他正确地指出施米特的终极目标："一种民族主义独裁者和天主教教会之间的联盟有可能真正解决［当代问题］并将重新恢复秩序、纪律与等级"（"On the Ideology of Parliamentarism", trans. by Ellen Kennedy and included as an Appendix to her edition of *Parlamentarismus* 82）。对这一时期施米特的天主教教义与其政治倾向关系的可信性解释，see Renato Cristi, "Carl Schmitt on Liberalism Democracy and Catholicism", *History of Political Thought* XIV 2, Summer, 1993。

这种内容在非法律层面的无原则国家活动中作为非理性之物重新出现。①

在追溯了现代生活几乎每一面相（经济、哲学、伦理学、美学以及法律）中二元论或二律背反的存在及其影响之后，卢卡奇与施米特都到达了一个转折点，两位思想家发现，超越这种他们俩始终试图加以解决的对立是无法避免的。领导权问题的涌现促成这一转折的到来。这是因为，这些僵化的现代性二元论其最重要的后果就是它们造成了一种领导权的真空状态，而这恰好发生于资产阶级貌似已经在全球范围内取得统治地位的时刻。卢卡奇宣称："一方面，（资产阶级）日益控制着资本主义社会存在的细节，使它们服从于它所需要的形式，但同时，也日益失去了从思想上控制作为总体的社会的可能性，因而丧失了领导这个社会的资格"（HCC，第121页）。康德主义"在思想中……在哲学的范围内"将资本主义社会呈现为二律背反、二元论或者说矛盾（HCC，第121页）。而另一些人必须采取行动。因为资产阶级行为内在的消极性——自然的技术转化、物质的形式控制或是审美地沉迷于其中——他们思想最明显的表现就是实证主义和浪漫主义。前者从具体现实中抽身而出，后者则以其自身的主观方式固着于其上但却未能更好地理解其具体现实。因此，现代性的质性因素无法达到超出资产阶级能力的倾向和有意义的**实践**：

> 为了解决自在之物的非理性，试图超越直观的态度是不够的；而且在作为更具体的问题提出来时，实践的本质就在于消除自在之物问题在方法论上所反映的**形式对内容的漠然置之**。因此作为哲学原则的实践，只有在这样一种形式概念同时被找到之后，才能被真正建立，这种形式概念的基础和方法论前提，不再依靠任何纯粹的

---

① 在日后回忆时，卢卡奇评论施米特"关于自由主义新康德主义的分析完全正确，正如他与自由主义社会学不时天才般地交锋一样……他清楚地洞察到了教条主义作为严格认识论这一无事实根据的伪装，新康德主义者借此而在认识论或美学的模式中将正义转至一种自律性的、自我立法的领域"（《理性的毁灭》，第652—654页）。关于德国新康德式的或一般而言"实证主义的"法律体系：see Peter Carl Caldwell, "Legal Positivism and Weimar Democracy", *American Journal of Jurisprudence*, 39.1 (Spring, 1995)；关于施米特与凯尔森，see David Dyzenhaus, "Now the Machine Runs Itself", *Cardozo Law Review* 16.1, Aug, 1994。

理性和从无任何内容规定中摆脱出来的自由，这种纯理性的特征。因此，实践的原则作为改变现实的原则必须适应行动的具体物质基础，如果它要对这个物质基础发生影响的话……事实上，理论和实践与同一些对象有关，因为每一个对象都是作为一种直接地不可分的形式和内容的复合体而存在。……当人们意识到这种情况，即主体的沉思态度和认识对象的纯形式不可分地联结在一起时，人们或者不得不放弃解决非理性问题……的尝试，或者必须从实践方向上寻求解决。(*HCC*，第 125—126 页)

既然所有现实行动和变化都发生在这种"物质基础"之上，资产阶级以一种实质性的方式对物质基础不再采取行动或者不与其相互动，从而放弃了他们的领导地位。从卢卡奇与施米特两人著作的标题就能看出，他们都各自考虑了填补这一真空的人选：无产阶级与天主教教堂。卢卡奇希望通过**阶级斗争**来获得社会的领导权，而对施米特而言，**国家**领导权起初借助教会权威、而最终（就像下文所要阐明的那样）将通过**民族主义斗争**的方式来取得。天主教会的**保守**行径与无产阶级的**革命**活动如何相互促进？

就在《历史与阶级意识》中"无产阶级的立场"一节（指《物化与无产阶级意识》一文——译者注）之前的几页中，卢卡奇指出："就几乎每一个难以解决的问题而言，我们认识到对一种解答的寻求将我们引向历史"(*HCC*，第 143 页)。在卢卡奇看来，历史指明了一条克服形式与内容、纯粹理性与美学幻想的道路："只有在历史中、在历史进程中、在性质上新的东西不断地形成中，才能在事物领域中发现必不可少的典型性秩序。"(*HCC*，第 143 页) 在韦伯方法论中至少有一些方面展现出量化理性，它规划着通向未来的线性模式并且无法洞察到质的改变，由此也导致韦伯的"铁笼"理论具有宿命主义色彩。而那些更具有辩证色彩的理论倾向的人会认识到这种质性现实。

在这样一个被抽象形式化与定量化方法全面统治的时代，卢卡奇宣称只有当唤醒质性的具体时才能真正地对抽象事物复仇："由于变得抽象而思辨的方法最终歪曲并践踏了历史，历史将对这种未能使其整合为一反而将其撕扯成碎片的方法还以致命一击"(*HCC*, 第148页)。这让我们想起施米特解释政治例外如何回击那种至今为止对其忽视或加以压制的自由主义:"在例外情况中,现实生命的力量冲破了那种因重复而变得呆板的机械主义硬壳。"(*PT*, 第15页)事实上,卢卡奇将经济危机描述为具体生活的自我确证,它对于资本主义经济一般认为的"规律性"所起的作用与施米特就自由主义而言的例外论所起的作用一致:

> 漠视这些法则得以建基的主体方面的具体性,事实上使其自身觉察自己处于一种分裂的体系中。这种分裂在危机时代变得特别臭名昭著。……在危机时刻,"事物"的质性存在突然成为决定性因素,它引导事物超越了那种将其错误理解为使用价值以及被忽略的自在之物的经济学视野。(*HCC*, 第101、105页)

曾经在一度顺利运转的经济中与劳动时间相对等值的"事物",在经济"破产"的时代已变成真实的。它们突然间成为充足的桌椅、电冰箱、罐装食品诸如此类,而又瞬间变得匮乏或者相反地成为过量。受到资本主义"物化"程度最深的客体是工人,他们同样在危机时代涌现出来,并要求他们作为生产者与人类的权利,这正是内容与形式、客体与主体和历史变化相吻合的联结点:

> 要由"行动"来证明和指出的主体和客体的统一、思维和存在的统一,事实上,在思想规定的起源和现实进化的历史之统一中获得实现并找到了自身的基础。但是要理解这种统一,需要指出历史是从方法论上解决这一切问题的场所,而且要具体地指出这样一个"我们",它是历史的主体,事实上其行动就是历史。(*HCC*, 第145页)

存在于质性生产场所的无产阶级,事实上就是质性生产的活动者,他们的具体特性被资本主义彻底地转变为抽象数量,在此时则意识到这一现实并转而作为认识到历史变化的行动者、作为历史的"我们"而行动:

> 无产阶级的社会存在更为深远地受到历史进程的辩证特征的影

响……对于无产阶级而言,意识到其存在的辩证性质是一个性命攸关的问题。……剥削中的量的差别以其计算对象的数量规定之形式向资本家显现,而它对工人而言却是其全部肉体、精神和道德存在的决定性的质性范畴。(*HCC*,第 164、166 页)

当工人认识到自己是一个商品时,他的认识是实践性的。**也就是说,这种认识给其认识对象带来了一种客观的、结构性的改变。** 在这种意识中并通过这种意识,作为一种商品的劳动的特殊客观性特征,它的"使用价值"……会像每一种使用价值一样,不着痕迹地消失在资本主义等量交换的范畴之中。现在,这种特殊的客观特征觉醒了,并成为**社会现实**……这种类型商品的特殊本性是在物的外衣下的一种人与人的关系,在数量化的外衣下的一个质性的、活生生的内核。(*HCC*,第 169 页)

当这种"社会现实"对无产阶级显现时,他们或许要极为凶猛地从现在已经被历史淘汰的资产阶级那里攫取领导权:

在这一意识已经出现并超越直接的既定状况时,我们在集中化的形式中发现了阶级斗争的基本问题:**力量**问题。就此而言,资产阶级经济学的"永恒法则"失效了,它变得具有辩证性,由此被迫把历史命运的决定权让给人们的自觉行动。(*HCC*,第 178 页)

施米特在《政治形式》中对天主教教义的描述,即便乍看上去也是令人难以忍受地受到震惊,而当他自己的辩论策略日渐清晰时就显得更加有过之而无不及。施米特在《政治形式》中认为在天主教教义是形式与内容的完美结合、一种"对立面的统一",它的性质使其能够与众多不同的政治实体结盟,因此也总会被贴上政治投机主义的标签(*RC*,第 5—6 页)。但是,知道谁是朋友也就是意味着知道谁是敌人,在施米特的世界观中,前者与后者是一体两面,无法分开。[①] 在总结全

[①] 或许施米特最为人熟知的就是他朋友和敌人的理论,他在 1927 年时明确阐发了这一理论。参看 1932 年《政治概念》(*Der Begriff des Politischen*) 完整版本(注释 21)。一个由施瓦布(George Schwab)翻译的新英译本(*The Concept of the Political*)已经由芝加哥大学出版社出版。

书时施米特告诫欧洲的自由主义、社会主义或保守主义和天主教、新教或犹太教这些缺乏领导权的力量应该在天主教教义的旗帜下统一在一起开始一场与苏联"无神论—无政府主义"精神相抗衡的文化—政治运动（RC，第64页）。在《政治形式》发表不久之后，由于其复杂的婚姻状况，施米特与教会的关系逐渐恶化，他以一种1923年版的《民主制》中得出的更为民族主义的结论取代了宗教组织的、泛欧洲的观点；而俄罗斯则仍然是敌人。①

因此，这两位作者都在欧洲社会中发现了一种剧烈的结构转型，而包括韦伯在内②的大多数自由主义者都力图对之加以忽视。卢卡奇与施米特意识到关于社会与政治的抽象而形式化的理论在当代初步出现的国家与社会开始以福利国家形式融合在一起的过程中已过时，③ 他们试图建构出使社会存在的具体展现在正在出现的政治具有首要性的背景中能够自行完成的理论，而这种社会存在的实现在19世纪的一般性范畴中则受到阻遏。施米特的解决方案④是一种自上而下式的将实体借给早先的"自然"国家，无论其是由教权批准还是民族主义狂热所达到。卢卡奇的解决方案则是自下而上地将整个社会"真正"交付给无产阶级——无产阶级这一内容超越了形式与内容的对立。不问其推动的方向如何，重视像卢卡奇与施米特这样的精英的地位对于这些方案而言很重要。精英的地位被19世纪的自由放任和自我调节的意识形态排斥，而今则被智识—政治精英所确定，以促进上述提及的转型：一种是法西斯主义幻想，另一种则是共产主义想象。

因此，历史就是施米特超级政治理论与卢卡奇超级社会理论的推进

---

① 关于施米特与苏联之间冲突的发展及其尼采式底色的分析：see McCormick, "Dangers of Mythologyzing Technology and Politics: Nietzeche Schmitt and the Antichrist", *Philosophy and Social Criticism*, 21.4, July, 1995。

② See Herbert Marcuse, "Industrialization and Capitalism", *Max Weber and Sociology Today*.

③ 特别参看阿拉托与科恩（Arato and Cohen）在第5章中对这一转型的分析。

④ 关于施米特的国家理论在魏玛共和国第二次危机阶段（1929—1933）及其之后的发展：See McCormick, "Fear Technology and the State: Carl Schmitt, Leo Strauss and the Revival of Hobbes in Weimar and National Socialist Germany", *Political Theory*, 22.4, Nov, 1994; and "Political Theory and Political Theology: The Second Wave of Carl Schmitt in English", *Political Theory*, 26.5, Dec, 1998。

器,尽管他们两人对"历史"的理解大相径庭。卢卡奇将人类视作这种历史进程的创造者,但不是运用他们的知识来创造。施米特则越来越倾向于放弃韦伯将合理化解释为新教徒焦虑之外溢的观点,而是将其归结为精英的有意识选择。① 我们可以回想一下,施米特将现代性之"二元论"的发展归于哥白尼、笛卡尔和康德的努力;卢卡奇则将它们视为对一种社会经济结构的微妙反映。对于施米特来说,现代性是精英一方有意识决定的产物,这些精英试图将自己从传统权威的束缚中解放出来。在使自己成为亲身参与构建的19世纪自我调节社会的多余人之后,这些精英而今获得了有意识地果断地重新确认他们作用的机会。卢卡奇则认为历史就是人类首要境况——劳动实现了自身并将臻于圆满。但是,使得所有质性实体看起来是量化实体的物化进程阻碍了无产阶级自己接近这种质性卓越(指无产阶级解放——编者注),因此有必要让一个先锋性政党来激发他们的意识。② 然而,这种差异能够在很大程度上解释施米特在卢卡奇与列宁以及之后的斯大林共谋十年之后与国家社会主义结盟的原因:卢卡奇的任务仅仅是推动阶级意识的进程,无疑它必须在共产主义政党的帮助之下才能完成,而施米特的任务则是协助重新构造一种总体上由精英推动的国家与社会。这也是唤醒一种意志与自身产生一种意志的区别。③

两位理论家都必然地在他们所描述的抽象物与具体物之间以及他们将自己相应的极点与特殊社会实体相认定中加深冲突。施米特的冲突以

---

① Cf. Schmitt, "The Age of Neutralizations" 132 – 139.
② 卢卡奇的政党精英主义在《策略与伦理学》(*Tactics and Ethics*)(1919—1921)中表达得更为清楚,麦考根(M. McColgan)译,利文斯通编(New York: Harper & Row, 1972),以及《列宁:其思想统一性的研究》(*Lenin: Study of the Unity of His Thought*),雅各布(N. Jacobs)译(Cambridge: MIT, 1971)。就卢卡奇对政党纪律的支持,see Arato and Breines 107, 140; and Breuer 74 – 76. 一种不同的观点,see Feenberg, "Post-Utopian Marxism: Lukács and the Dilemmas of Organization", *Essays in Twentieth-Century German Political and Social Thought*, eds. J. P. McCormick, Durham: Duke UP。
③ 关于对卢卡奇的共产主义生涯、《历史与阶级意识》出版后很快从狂热中清醒过来以及他对政党的持久忠诚,参见卡达凯(Kadarkay)的著作。关于施米特耶拿时期对右翼权威主义的支持、1933年国家社会主义党攫取政权时他的加入以及1936年时的失宠,可以参考本德斯基(Bendersky)的著作,以及 Bernd Rüthers, *Carl Schmitt im Dritten Reich: Wissenschaft als Zeitgeist-Verstärkung*, Munich: Beck, 1989。

民族与文化为中心,而卢卡奇的则是以阶级为中心;施米特的冲突反对俄罗斯,卢卡奇的则坚定地支持俄罗斯。① 因此,除去提出一种卢卡奇和施米特都尝试克服的方法论—政治框架以外,韦伯还提出了社会文化性议程,而他们两人都利用其来从事这种克服。如所周知,韦伯暗示意义仅能通过冲突、最终极为激烈的冲突才能取得②;较少受到探讨的是他对俄罗斯相当严肃的沉迷。③ 卢卡奇采纳了韦伯的冲突理论并积极地稳定住韦伯对俄罗斯的含混态度;施米特运用该理论并将这种含混态度否定化。许多评论者都认识到他们两人都在字面上极为遵循韦伯所谓的政治就是要在"上帝"和"魔鬼"("科学",第148页)之间进行选择以及是否"与残忍权力订约"("政治",第123页)的思考。然而不幸的是,很少有人费力去探求他们两人(特别是就施米特而言)在理论与实践上最终促成这些倾向之前是如何严肃地试图避免它们。④

那么,应在何种程度上指责韦伯提出的类型使其门徒试图加以克服却最终只是将其极端化?尽管对这一问题的争论历时很长,但仍然不清楚韦伯的非理性倾向是否可以被指认为是其学生们思想中坚持的或隐或现的神话之根源。早在写作《政治浪漫主义》时,施米特将神话从其所阐发的二元论结构中排除出去的这一做法便体现出他的神话倾向。施米特认为,神话并不代表一种浪漫主义随意而消极的审美化特质,事实上它是政治行动的一种合法化要素:浪漫主义的消极活动"并不是神话的非理性体现。这是因为,人们是从政治活动中创造一种政治性或历史性神话的,而神话同样无法弃绝的理性结构释放出政治活力。一种神话只有在真正的战争中才会出现"(*PR*,第160页)。⑤ 不仅如此,甚至最抱有同情态度的评论者也注意到,即使在转向黑格尔主义之后,卢卡奇的

---

① 关于卢卡奇终生对"俄罗斯事务"的忠诚,see Congdon 82 – 89.
② See Weber, *ES* 1399; as well as Weber "Religious Rejection of the World and Their Directions" 355.
③ See Weber's *Biography* 327, 636; 韦伯时常攻击"巴枯宁主义"(e.g., *ES*, 988)。
④ See, for instance, Mommsen.
⑤ 关于施米特对神话的运用,参见《议会制》的最后一章,以及 McCormick, "Dangers of Mythologyzing Technology and Politics"。

思想中仍然保持着一种对神话的潜在入迷。① 卢卡奇对"奇迹"、"偶然事件"、"惊奇之物"这些打断日常生活秩序的事物很入迷——这可以追溯到其《灵魂与形式》（第71、153页）——它并没有被其理论中对"危机"及无产阶级的描述所充分涤荡干净。总体来看，这就好像当一种改变看似可以实现时，堂吉诃德（在两人早年对现代性的阐释中，他都是一位重要人物）的活动便被两位作者的新型范式赋予了潜在而彻底的破坏性力量，而在一种康德—韦伯式框架中它却不幸地是悲剧性的，因为在其中客观世界无法被一种主体立场所改变。

施米特与卢卡奇各自都不愿意解除掉他们的老师制造出了现代非理性的责任，而他们自己则会将其付诸实践。在其魏玛生涯、继而向国家社会主义输诚并最终于其晚年时分在德意志联邦共和国时代从科学院中被驱逐出去很久以后，施米特提供了一份对非理性主义的批判，他认为这必将在韦伯的合理化论题内部喷涌而出：

> 决定价值的纯粹主观自由导致了……一种诸多价值与世界观的永恒搏斗，导致一种一切人反对一切人的战争，与过去的战争甚至是霍布斯国家理论中的危险性的自然状态相较而言，它是一阙真正的田园牧歌。远古的诸神从它们的坟墓中走出，再一次开始古老的争斗；只是如今它们已经被祛除魅惑并且运用新型的斗争手段来战斗，这些手段不再仅仅只是武器，而是屠杀与灭绝的恐怖手段——价值中立的科学生产出的骇人产品以及由其所服务的工业主义与技术。对一些人来说是恶魔的事物对另一些人而言则是神明……古老的诸神已经被祛魅并且变成仅仅是被接受的价值，这使得冲突像幽灵一样并使得对立双方无望地争执下去。这就是韦伯的描写为我们呈现的梦魇。②

"二战"之后，卢卡奇在铁幕背后依旧批评他的前任导师，认为他

---

① Cf. Arato and Breines 121, 143.
② "Die Tyrannei der Werte", *Der Tyrannei der Werte*. eds. Carl Schmitt, Hamburg: Lutherisches, 1979, 35.

在与非理性主义搏斗时"仅仅架设了一条通向其更高阶段的浮桥":

> 马克斯·韦伯从其方法论与孤立事实的分析中放逐了非理性主义,而这只是为了将其作为他世界观的哲学基础以一种迄今为止尚未被德国知晓的坚定性加以引入。即便如此,甚至这种从方法论中清除非理性主义的努力也并非全部。正如韦伯在社会学中将一切事物都相对化然后纳入理性类型之中,这与他将获得权位的非世袭领导人视作一种"卡里斯玛"的结果一样,都是一种纯粹的非理性主义。然而与此同时,帝国主义的新康德主义却真的跨过那座桥而首次抵达("志业"讲座中谈及的)非理性主义的存在主义。①

事实上,施米特与卢卡奇都有效地表明,韦伯"伦理责任"的立场面对其自身的合理化论题时站不住脚。是否许可他们两人策略性地将他们自己对"非理性主义存在主义"之"梦魇"的贡献——20世纪的极权主义——归结为"父亲的原罪"并以此而卸下他们自己对于这些贡献的"责任",这仍然是一个开放性的问题。

五、结　论

至此为止,我已经考察了在20世纪早期处于国家与社会关系激烈转型之中的中欧,两位介入性知识分子如何处理韦伯式社会科学的努力。在本世纪,国家处于第二次危机时代(也就是民族主权的衰落与经济权力日渐增长的全球化时代),文化与哲学中"主观"与"客观"两极之间的张力再一次变得峻急,而克服它的需要又很紧迫。如今,统治人文科学领域的尽是熟悉的争论,比如法律中形式主义与反形式主义之间、伦理学中先验道德与内在道德之间、社会科学中实证主义方法与阐释性方法之间以及政治理论中关于正义的普遍主义与特殊主义的观念之间。在美国及海外,我们或许还可以在大众与政治性文化中观察到一种不断增强的原教旨主义,在某些方面使人很震惊地回想到施米特式法西

---

① Lukács, *The Destruction of Reason*, p. 614, 619.

斯主义：在家庭、民族与信仰这些假定为无时间的实体中寻求稳定立场以反对加速变化的社会经济性图景。大众与政治性文化的另一侧面看起来是被与卢卡奇的规划毫不相同的规划所占据：绝望地追寻被边缘化了的具体、质性本质，从他们的立场（如种族、性别、民族性等）来看，对自由主义理论的形而上学辩护乃至于自由民主社会切实存在的不公正都将被克服。当今社会与政治研究的任务之一应是尝试去理解在转型之中不同学术争论、文化流派以及内在于其中的（上文所阐述过的）对立面、二律背反和二元论之间的关系，这一任务将避开韦伯式社会科学的缺陷以及体现在最为激烈的对其不满者的著作中的危险。我们一定不要与这一集合之中任何一个特定方面审美地结合，进而将开启一扇崭新意识的大门这一赌注压在它身上。在考察过对韦伯世界观最为精彩的批判努力之后，应该清楚的是，只有在仔细思考当代诸多矛盾之后，进步性**实践**才能成为可能。正如黑格尔在其《精神现象学》中的著名论述所讲的那样，"超越这种僵化的二律背反是理性的唯一关切"①。

（罗松涛译　刘元琪校）

---

① Hegel, *Die Phänomenologie des Geistes*, Werke, I, 173.

科学认识和政治行动

——卢卡奇《历史与阶级意识》中的思想悖论

吉多·斯塔罗斯塔

导 言

卢卡奇的《历史与阶级意识》是对20世纪马克思主义的社会理论的最为杰出的贡献之一,正如阿拉托和布赖内斯所指出的,这部著作"被批评者同时也被支持者们认为是马克思主义和资产阶级思想史上的一件大事"。[①] 而且,这部著作的影响远远超越了它所属的时代,构成马克思主义的异端——即被称为"西方马克思主义"这一传统的重要基石。当然,尽管这部著作的重要性已经获得广泛认同,但我却很难说《历史与阶级意识》对当下主流的社会思潮产生了一种深远影响。恰恰相反,公平而言,随着形形色色的"后马克思主义"学说日益占据主导地位,卢卡奇的著作或者被遗忘,或者通过对相关方面的精心选择而实现了对其革命意图的驯化。这样一来,卢卡奇关于美学的理论便优越于他的《历史与阶级意识》,因为后者把革命的阶级意识问题置于关注的中心。

然而可以说,除却激进理论——其自身的具体形式表现为在资本积累的情势下工人阶级在政治上的退让——之外,还有一些其他原因导致

---

① Andrew Arato and Paul Breines, *The Young Lukács and the Origins of Western Marxism*. ix., London: Pluto Press, 1979.

人们对《历史与阶级意识》的冷漠。从根本上说，这种冷漠与这部著作自身的缺点相关，这在很久之前就已经被一些批评者所指出（包括卢卡奇自己在 1967 年序言的自我批判）。特别是许多学者都强调，对黑格尔辩证法的理想化"篡改"是其所有不足的源头。①

虽然我总体上同意这些批评，但是我依然认为卢卡奇所提出的问题（即使它被错误地回答了）对于政治经济学的批判仍然具有决定性作用，而且对那些反对者来说也仍然悬而未决。基本上，卢卡奇对于黑格尔哲学的"重新改造"突出强调了辩证法的重要性。更具体地说，卢卡奇把马克思科学理论的方法论特性作为无产阶级的科学赋予其革命性的因素。因此，对于方法的强调便不是一种抽象的、理论的探讨，而是与工人阶级的政治行动直接相关。真正的问题在于在"意识和行动之间建立真正的、必然的联系"。② 我认为这一问题正是卢卡奇思想的核心——也是我们恢复对资本的实践批判所要完成的主要任务。

批评的关键并不在于黑格尔主义对于卢卡奇的影响，相反，我将力图表明卢卡奇的缺陷恰恰内在于那些评论者所谓的他对于马克思主义辩证的社会理论所作的重要贡献——他的物化概念和及其动力——之中。对于卢卡奇思想的最富成果的批判应当是在这个层面。从根本上说，卢卡奇物化理论的基本悖论在于，他把劳动对于资本的实际上的从属看做是物化的根源，但却把对物化的克服置于形式上的从属的层面。这两个层面的外在性注定任何调和都将走向失败。而且我将进一步讨论，这种悖论源于卢卡奇对资本主义劳动过程的错误分析，而这一错误分析源于其对韦伯关于资本主义合理化理论的误用。

---

① 因此，如同杰伊（Jay）所言，"卢卡奇的立场包含了一种简化了的意识主体性"（Martin Jay, *Marxism and Totality*. Cambridge Massachusetts: Polity Press, 1984, p. 115）。从结构主义者和康德主义者的角度对卢卡奇唯心主义的批判，分别参见施德曼·琼斯（Gareth Stedman Jones, "The Marxism of the Early Lukács: An Evaluation." New Left Review, 70, November/December. 1971., p. 27 - 64.）和科莱蒂（Lucio Colletti, *Marxism and Hegel*, London: New Left Books, 1973.）。一个更为严谨与平和的批判可以参见皮可尼（Piccone Paul, "Dialectic and Materialism in Lukács." *Telos*, 11, Spring, 1972, pp. 105 - 133.），他在 1979 年曾提供一个解释，虽然卢卡奇进行了自我批评，却无法否认在《历史与阶级意识》中依然存在一种唯心主义的偏见。

② Georg Lukács, *History and Class Consciousness. Studies in Marxist Dialectics*, p. 2, London: Merlin Press, 1971.

物化和资本主义社会

任何对于卢卡奇在《历史与阶级意识》中所提出的物化概念持有严肃批评的人首先都不得不承认，这一理论提供了某种非常重要的洞见，这将卢卡奇的方法与其他马克思主义者（包括"西方马克思主义"）区分开来。一般来说，工人阶级的革命行动被认为是由一种自由意识所主导，它与屈从于资本主义制度的工人阶级的主体性完全对立。换句话说，工人阶级意识被认为在其本质上是完全自由的，即使其自身受到某些外在形式的压迫——如资产阶级的权力就集中表现在其对生产工具的所有权上，由此限制了无产阶级的本质自由的确证。《历史与阶级意识》的重要功绩之一就是看到了无产阶级的这种社会存在决定了他的物化意识。因此，与传统的马克思主义相比，解放在这里便获得了更深一层的含义。一方面，如同波斯顿指出的，这使得资本的统治具有一种"比私有制基础上的剥削体系更加深入和更为广泛"的特征。① 同时，它也暗含了一种更为广泛和更加深刻的超越资本主义制度的思想。与传统的马克思主义观念相反，对于卢卡奇来说，这不仅仅是一个"经济崩溃"的问题，更蕴含着人类主体性的转变。②

因此，所要研究的问题便转变为物化意识是否源于自身的发展并且会自我克服。抽象地说，我认为卢卡奇的方法指明了一个正确的方向。但是，其物化概念的缺陷阻碍了这一最初的深刻洞见的实现，并且以一种他无法克服的悖论宣告终结。因此，有必要对这一概念进行精细的考察。

被物化的对象性和劳动过程

卢卡奇对"物化现象"进行分析的出发点是马克思的商品拜物教理

---

① Moishe Postone, *Time, Labor and Social Domination*, Cambridge, England: Cambridge University Press, 1993, p.73.

② 然而，值得注意的是，卢卡奇并没有与传统的观点完全决裂，在《历史与阶级意识》英文版第173页还表示了对后者的认可，其目的只是试图去补充它们。

论，后者展示了人在处理与物的关系时所采取的种种形式。这里，卢卡奇试图遵循马克思的观点，认为研究资本主义的社会形式必须从商品出发，因为现代社会的所有矛盾都可以追溯到商品的结构之中。因此，这一结构对卢卡奇而言构成了"资本主义社会一切对象性形式以及所有与之相适应的主体性形式的模式"。① 因此，卢卡奇认为商品是资本主义社会所特有的对象性形式和主体性形式的基础。

随后卢卡奇进一步指出，商品结构的拜物教本质既表现为一种对象性形式，也表现为一种主体形式。对象性形式与劳动产品的自发运动相对应，仿佛它们有自己的生命，构成由自然法则支配的"第二自然"。卢卡奇认为，这一错觉建立在黑格尔主义的表象观念的基础之上，它并不是一种错误的主体性概念，相反，它是社会对象性的一种形式。从这一层面，拜物教在本质上是内在于劳动产品的商品形式之中的。无论如何，当卢卡奇开始思考物化最初运动的主体方面时，他采用了一种非中介的方式，这是一种与资本形式相对应的决定论：劳动者行为的异化是劳动力的商品形式的结果，它产生于劳动者与劳动的客观条件的分离。卢卡奇认为，在资本主义社会，人体个体的劳动力"与任何消费品一样，必然不依赖于人而进行独立的运动"。②

物化的这两个方面都无法穷尽它的规定性。相反，卢卡奇认为它们只是那构成其基础的更深层次之过程的表现。因此，卢卡奇开始转向对这些更深层次的过程的思考。在这里，韦伯对于卢卡奇的物化概念的影响开始显现出来。按照卢卡奇的观点，这一物化形式的客观性基础内在于商品形式之中，体现为资本主义劳动过程的物质性，并且受制于一种"真正的抽象化过程"。③ 另一方面，这种抽象劳动被理解为这样一种过程，即工人被简化为在集体劳动中专门从事某种单一的简单操作的有机体的一部分。在这一意义上，卢卡奇严格遵循了马克思关于资本主义社

---

① Georg Lukács, *History and Class Consciousness. Studies in Marxist Dialectics*, London: Merlin Press, 1971, p. 83.

② Georg Lukács, *History and Class Consciousness. Studies in Marxist Dialectics*, London: Merlin Press, 1971, p. 87.

③ Georg Lukács, *History and Class Consciousness. Studies in Marxist Dialectics*, London: Merlin Press, 1971, pp. 87 - 90.

会手工劳动之特征的分析，这一劳动分工导致了在直接生产过程中从事直接劳动的工人其生产主体性的片面发展。而且，随着大规模工业化的到来，这一过程毫无疑问地被加剧。另一方面，资本主义的劳动过程有助于卢卡奇展示他真正感兴趣的问题：强调"这里实际起作用的原则是可计算性的原则"。[①] 卢卡奇于是转向韦伯，因为他看到了资本主义社会的一种倾向，即社会生活的方方面面都依赖于量化和可计算性的形式或工具理性的原则。这是把每个活动都用分析和机械的方法将其分解成各个组成部分的理论基础。反过来，这又使得经济表面上仿佛具有一种自发的存在性并且受到客观的准自然法则的支配。更有甚者，这种错误的客观性形式延伸到作为一个整体的社会，它是一个由不同的子系统——政治、文化、私人生活等构成的整体。这样，卢卡奇的物化概念便获得了一种更为深刻（韦伯式）的意义。它现在指的是人类个体的孤立化，逐渐丧失了对于社会总体进程之功能的全面洞察。对于现代个体而言，唯一重要的事情就是拥有正式且足够的计算手段可供支配，而不在乎结局如何。

现在，我们可以看到，卢卡奇的论点是如何一步步地将他引向主体性形式这一领域，而这一主体性却是由物化的社会存在所产生的。事实上，卢卡奇理论阐释的结构要求他对物化的主体性进行更加深入的考察。的确，《历史与阶级意识》随后章节确实转向了这一方向。当然，在对卢卡奇的物化主体性理论进行重构之前，我们应当首先对他的物化的对象性理论进行一种批判性分析。

卢卡奇对资本主义劳动过程描述的不足

基本上，可以指出卢卡奇的物化概念的两个主要不足。首先，在他对资本主义社会劳动过程的分析中，一切都是颠倒的。早在《1844年经济学哲学手稿》中，马克思就已经在异化劳动中发现了资本主义社会的特殊性，即主体与客体之间的真正颠倒，主体的类本质变成了客体的属

[①] Georg Lukács, *History and Class Consciousness. Studies in Marxist Dialectics*, London: Merlin Press, 1971, p. 88.

性。现在，这种社会生活的形式规定属于劳动对资本的形式上的从属，因此与劳动过程中特定的物质形式无关。事实上，人类的所有能力在其自我扩张式的自发运动中，都会转化为普遍社会关系中的物质性权力，从属于资本作为价值自发调节机制的最为普遍的决定论。而且毫无疑问正确的是——如同马克思业已指出的——资本在直接生产财富过程中占据统治地位，并且逐步改变它的物质性直至最终实现大规模的工业化，这种转变甚至物质性地表现在劳动过程的特定形式中。换句话说，对于那些停留于直接手工劳动的工人来说，以主体与客体的颠倒为代价的资本主义生产在劳动过程的物质性中获得了一种"技术上的显而易见的现实性"：直接生产过程的物质主体不再是工人而是机器系统。这也就是为什么马克思认为，在大规模工业化的具体形式中，生产的相对剩余价值是通过将劳动工具转变为机器获得的，"使用价值，即劳动工具的物质性质，被转变为充当固定资本以及类似资本的存在"。① 简言之，在生产过程中劳动的条件转变为物质性的主体是**异化劳动的一种具体形式，而不是相反**。

但是，卢卡奇讲述了一个完全不同的故事。在卢卡奇的描述中，劳动过程的物质性构成了资本主义社会主客体颠倒这一特征的基础。而且，他按照韦伯的方式去理解劳动过程的这种颠倒，用资本主义社会合理化过程解释一切过程。这样，依据卢卡奇的描述必然得出如下观点，即资本主义社会的特殊性不再是劳动产品与人类生命中被异化主体之间的颠倒，而是劳动过程的理性化。这样一来，尽管卢卡奇有着自己的主观意图，但最终却还是和资产阶级的政治经济学家一样，以认同资本及其物质形式而告终。②

其次，卢卡奇所谓的物化的决定性因素实际上只是一种对生产过程的具体物质形式的片面绝对化而已；而且，这一维度随着资本逐渐实现它的历史存在目的而日益消失。要澄清这一点，有必要首先简单地讨论

---

① Karl Marx：*Grundrisse. Foundations of the Critique of Political Economy*，Harmondsworth：Penguin，1973，p. 692.
② 马尔库什在 1982 年曾对卢卡奇就资本主义劳动过程的分析提出过一个类似的批评。但是，马尔库什认为导致这一不足的根本原因是卢卡奇对两个不同的马克思主义的概念——异化和物化概念的混淆。

一下大规模工业生产过程的各个决定性因素。

大工业生产过程中,各个具体环节的结合主要体现为以下三个方面:(1)对工人集体的劳动过程进行有意识地规划的能力——即科学;(2)将这种能力运用在直接生产过程的实际组织中;以及(3)直接生产过程中的简单劳动。这些生产过程的物质变化必然引起领薪工人的主体性的转化。大工业条件下集体工人的新形象是通过一种复杂的内在变化而获得了其自身的统一性,这种变化过程反映了截然不同的生产过程。

考虑到工人阶级在直接生产过程中仍然承担着不可或缺的体力劳动,他们生产主体性的转化就采取了某种具体的贬值形式。集体工人的这种部分器官的劳动退化为日益简单的操作。尽管随着劳动过程的物质化,某些特殊劳动中简单操作的技术必要性已经走向终结,但是,与工厂手工业时期的工人相比,卑劣的资本家开始以一种更加残忍的方式在伤害工人的生产主体性。生产的敌对本性是由资本的价值实现过程所决定的,它使工厂中劳动的分工永恒化,使得工人成为一个专业化的机器并且使得他或她成为依附于劳动工具的一种活的附属物。而且,如同伊尼格·卡雷拉(Inigo Carrera)所指出的,这种相对剩余价值之生产的具体形式的本质迫使资本不断地变革机械系统的技术基础,因此,最终将直接劳动过程中的这类工人全部排除出去。随着每一次劳动生产能力的快速发展,工人在劳动过程中展现某种特殊技能已经变得多余,他们被机器中某种对象性功能所取代。无论如何,这一环节并没有完全消除某些工人颇具主观色彩的劳动技能的必要性,相反,"以进一步地将劳动力的物质属性非技术化为基础,产生了更多对活劳动进行剥削的新空间"。[1]

现在,有一点应该明确,当卢卡奇在讨论由资本主义社会劳动过程的结构所引起的物化问题时,他无意识地将这种物化专门指向集体劳动者作为局部组织所正在经历的被降级的生产主体性。这就是为什么他要以"物化的直接性"为核心,并且指出工人无法从这种物化的社会存在中找到出路。依此思路,资本主义社会生产的物质性无法赋予工人任何

---

[1] Inigo Carrera:"La razón histórica de existir del modo de producción capitalista yla determinación de la clase obrera como el sujeto revolucionario." Centro para la Investigación como Crítica Práctica, working paper, clacso. edu. ar/~jinigo, p. 6, 2000.

能力，使得他们可以凭借自己的双手开拓一种有意识有组织的社会生活。不是沿着克服异化的方向——后者使社会劳动的物质产品打上人的标记——在资本主义条件下，社会劳动生产力的发展似乎迫使工人们不断复制他们业已异化的一般社会关系。因此，卢卡奇最终不得不这样认为，只以资本控制下的真实劳动为基础，"矛盾不但得不到解决，而且会在更高的层次上，以不同的形态、更加激烈的方式由历史发展辩证机制再生产出来"。① 这也就是为什么我们会看到，他错误地转向资本控制下的劳动中去寻求革命主体性的源泉。

当然，只有当我们忽视上述提到的大工业下生产过程的总体性并将那不断消逝的运动绝对化，这样的一种景象才会显现出来。但是，如果铭记这一总体性及其反向的历史发展，就将导致另外一种不同的景象。

首先，就资本主义生产的主体性对于资本控制下直接社会劳动的有意识组织越来越无能为力而言，② 从另一角度，随着直接生产过程中非技术工人的数目越来越多，必然会提高工人在剩余的生产环节中劳动主体性地位：促进生产过程中有意识的组织科学的发展和运用。③ 因此，工人集体的存在超越了"工厂铁墙"的范围。更不必说，作为资本积累的一种具体形式，此种工人主体性的发展只能将其自身作为社会劳动产品的一种敌对的、异化的力量。但是，如同我接下来将要谈论的，这种不断扩张的主体性将会达到这样一个历史性的时刻，它将摆脱资本主义社会所强加的一切异化了的社会关系，将后者"高高抛入空中"。

其次，用这种粗暴的和毁灭性的方式——它同时使得工人阶级在资本主义社会的发展过程中碎片化——这一决定论在其自身之中通过废除人手在直接生产过程中的参与而实现自身的解放，这样，卢卡奇所说的

---

① Georg Lukács, *History and Class Consciousness. Studies in Marxist Dialectics*, London：Merlin Press, 1971, p. 197.

② 生产过程的规模及其组织过程中必要的科学特征都使得资本主义社会的主体无法对生产过程的有意识的规程负责（Karl Marx, *Capital. A Critique of Political Economy*, Volume I. Harmondsworth：Penguin, 1976, p. 1024）。

③ 事实上，通过一种与资本剥削所必需的剩余人口的生产，大规模工业化的发展构成了第三种类型的主体性。虽然这是一个至关重要的层面，但是，我认为却无法通过工人阶级的革命行动获得最终解决。

物化的根源就消失了。正如同马克思在《政治经济学批判》中所言，劳动时间——单纯的劳动量——在怎样的程度上被资本确立为唯一的决定要素，直接劳动及其数量作为生产即创造使用价值的决定要素就在怎样的程度上失去作用；而且，如果说直接劳动在量的方面降到微不足道的比例，那么它在质的方面，虽然也是不可缺少的，但一方面同一般科学劳动相比，同自然科学在工艺上的应用相比，另一方面同产生于总生产中的社会组织的并表现为社会劳动的自然赐予（虽然是历史的产物）的一般生产力相比，却变成一种从属的要素。于是，资本也就促使自身这一统治生产的形式发生解体。

卢卡奇对于劳动对资本统治的实际上的从属的错误理解，使得他无法看到在这种人之类本质的异化形式中蕴含着一种本质上相反的力量。因此，他也无法意识到这种矛盾的历史运动是如何促使资本通过给予工人能力去超越他们的异化意识从而实现自身的解体。对于卢卡奇而言，通过机械系统而被科学组织起来的劳动过程的物质性发展只会使得劳动对资本的从属永恒化。

被物化的主体性，直观和科学方法

至此，我们已经对卢卡奇的物化理论及其对象性形式作了批判性重建。然而，除此之外，卢卡奇理论的另一个独特之处就是他集中讨论了物化了的社会生活中的主体性形式。我们现在就转向对这一问题的分析。

我们已经看到卢卡奇是如何在资本主义劳动过程的合理化过程中构建了物化的对象性存在基础。卢卡奇认为，工人在劳动过程中已经与有意识的组织化相分离，从而成为理性化集体生产过程的一个有机部分，这使得他或她成为一个先在的和自足的对象。而且，对于劳动客观条件的分解式的机械分析侵犯了工人的人格，因为"生产的对象被分成许多部分必然意味着它的主体也被分成许多部分"。[1] 因此，物化的社会存在

---

[1] Georg Lukács, *History and Class Consciousness. Studies in Marxist Dialectics*, London: Merlin Press, 1971, p.89.

必然也会影响到主体性层面，这是因为社会生活中所有形式的产生都是与它们的对象性形式相对应的一种意识形式的必要补充。因此，在这个意义上，一种物化意识的产生直接触及资本主义社会每一个个人，其中自然包括无产阶级的每个个体。这种物化意识的决定论包含两个相互联系的方面。

个体的直接意识以一种沉思的形式与他们的对象性形式相关。由于专业化分工使得主体对于整体的把握不再可能，工人在大规模工业化的劳动过程中面临这样一种情况，即"机械地面对固定的法则，作为一种独立的意识而行动，仿佛不受人际间活动的相互影响，如同一个完全封闭的系统……这同样会改变人面对这个世界时所采取的各种直观的态度"。① 工人面对自动运行的机械系统必然会使得自身的主体意志日益钝化，这也同样会影响他对现实的直观态度。这样，人类的行动被限定在一种与世界交往的纯粹"技术"层面，而人的实践也被简化为对现实的调试，被视为一种异化了的对象性，是对超越于人的控制的法律和规则形式的屈从。这种"无活力的行动"只能复制出物化的社会存在，而无法达到卢卡奇所设想的最深刻意义上对现实的真正变革，后者只能是卢卡奇所谓的"实践"的结果。

对于我而言，这种通过对现实采取直观深思的态度来归纳物化意识的特征的方式是成问题的；它体现了卢卡奇物化概念的浪漫主义色彩，反过来构成其方法中"极左"倾向的萌芽。卢卡奇并没有强调在资本主义社会中人的生活行动采取了一种异化的形式，他的物化意识概念试图在主动和被动之间造成一种抽象和错误的对立。这样，这种观点必然会在每次阶级斗争处于激烈化的时候都冒着将其视为已处于"革命的浪尖"的风险，因为任何工人阶级反抗的集体形式都显现出超越经济主义的要求，似乎是要将目标指向作为"总体"的资本主义社会，这一行动被认为是主动的（即对物化意识的否定）。相反，剩余价值的生产显得相对"刻板"，被认为是被动的。以此方式，问题便被简化为斗争和革

---

① Georg Lukács, *History and Class Consciousness. Studies in Marxist Dialectics*, London: Merlin Press, 1971, p. 89.

命在范围和强度上的量的差异，形成一个抽象的命令：成为主动的！事实上，这两个方面都是资本积累条件下异化了的人类生命行动之存在的具体形式。①

更为有趣的是此种物化意识的第二个方面，卢卡奇是用理论化的表达方式对此问题进行探讨的。在这里，问题的提出并不是简单地将对异化主体性的超越简化为一种"战斗状态"，如同主动与被动、实践和反思之间容易引起误导的抽象对立。为了讨论物化意识的第二个方面，卢卡奇对其进行了性质上的区分，即意识的独立的、决定性形式，它是无法超越物化的；另一种是事实上能够克服物化的意识形式。这里的问题的关键在于科学方法的历史性，以及它与人类行动的转化关系。我认为卢卡奇对第二个方面的讨论支持了第一个方面，从而有助于避免其缺陷。

卢卡奇认为，物化的科学思想徒具表面价值，它不加批判地复制物化的直接性，从而使得社会看起来被准自然法则所支配。物化思想的机制服从于社会生活的直接现实性，仅仅尝试在规则的基础上建构准法规的普遍性、它复制"粗鄙的既定事实"并扩展其数量。通过单方面地与"物"建立数量关系，物化的社会科学与社会形式质的规定性迥然不同，因而无法发现它们之间真正的"内在关联"。就其本性而言，它无法消除"把对象错误地分离开来的做法（以及更加错误的通过非中介的抽象就将其联系在一起的做法）"。② 虽然，我认为卢卡奇基于机械系统的"主体碎片化"的见解是一种误导，但是他通过对物化思想的批判却得到一个对于工人阶级革命实践来说非常重要的维度。为了获得彻底改变世界的意志，无产阶级的科学知识必须要超越作为一种资本再生产的具

---

① 参见伊尼格·卡雷拉（Inigo Carrera, "La razón histórica de existir del modo de producción capitalista yla determinación de la clase obrera como el sujeto revolucionario." Centro para la Investigación como Crítica Práctica, working paper, clacso. edu. ar/ ~ jinigo. 2000.)，以及波斯顿（Moishe Postone, *Time, Labor and Social Domination*, Cambridge, England：Cambridge University Press, 1993, pp. 314 – 324)。他们将阶级斗争具体要素的分析看做是资本积累的一种具体形式，而不是看做对它的抽象否定。

② Georg Lukács, *History and Class Consciousness. Studies in Marxist Dialectics*, London：Merlin Press, 1971, p. 163.

体形式的科学的历史规定性,正因如此,物化意识对于克服其自身的异化显得无能为力。这种历史决定论表现为特定形式的对现实的科学认知,即它的方法。① 在这里,卢卡奇思想中另外一个重要方面显现了出来。在下个部分,我将具体讨论卢卡奇的辩证法思想。

辩证法和革命行动

卢卡奇认识到形式主义思维是资本主义社会中异化的社会关系所特有的科学意识的必要形式,由此他领会到,作为超越资本再生产的具体形式的科学的决定性的认识,其确切形式必须是什么——那就是辩证法。相比于传统的再现式的思想方式——它们试图使思想竭力与对象自身的规定相适应——辩证法却不遵从任何一种逻辑性。恰恰相反,辩证法的形式存在于思想对所认识对象内在生活之发展中的再造,即存在于沿着矛盾发展的运动"对现实进行知性的再造"之中。② 通过这种方式,卢卡奇认为,认识可以超越资本主义社会直接的拜物教表象,并且获得作为具体总体性之决定性环节的真正的形式。这种在思想中对社会生活的决定论进行辩证的再造,远非一个简单的和直接的思想过程,而是要求一种"复杂的中介过程,其目标是把关于社会的认识视为一个历史性的总体"。③ 这样,我们就得到了两个紧密相关的范畴:"总体性"和"中介",正如一个极为重要的批评家所言,这两个概念在卢卡奇关于辩证法的思想中占据核心地位。卢卡奇认为,正是源于二者的结合才

---

① 苏恩-瑞舍尔(Sohn-Rethel)在1978年曾以一种更为清晰和更为深刻的方式讨论过这一问题,他对于商品之形式规定性的具有代表性的观点进行了清晰的梳理,从而避免了卢卡奇韦伯式的阐释。但是,苏恩-瑞舍尔未用中介便将智力劳动认同为劳动的挪用的观点则是错误的。另外一种观点认为,资本主义社会关系的异化形式与科学形式之间具有一种"内在关联",这种观点也具有一定代表性,参见伊尼格·卡雷拉(Inigo Carrera, "Capital's Development into Conscious Revolutionary Action. Critique of Scientific Theory." Centro para la Investigación como Crítica Práctica, working paper, clacso. edu. ar/ ~ jinigo. 1993.)。

② Georg Lukács, *History and Class Consciousness. Studies in Marxist Dialectics*, London: Merlin Press, 1971, p. 9.

③ Georg Lukács, *History and Class Consciousness. Studies in Marxist Dialectics*, London: Merlin Press, 1971, p. 169.

赋予辩证法一种批判的和革命性的本质。只有通过辩证知识，无产阶级才能认识到革命行动在它的总体性规定中的必要性，也就是超越任何表象。只有通过这种方式，科学和人类行动才能超越它们的异化分离并且在工人阶级的革命实践中联合起来，从而最终废除资本主义社会的社会关系。换句话说，只有采取一种辩证形式，科学才能与实践的批判同名。

至少在这一普通层面，我认为卢卡奇的观点是一种有趣的洞见并且转向了正确的轨道。但是，在我接下来的讨论中，当卢卡奇沿着这一独特道路前进，并将这些抽象的"理论—实践"关系具体化时，一些困难便出现了。特别是卢卡奇无法解释他这一论述结构所要求的两个问题。首先，卢卡奇必须阐述作为实践的批判（即辩证法）的科学主体是无产阶级。关于这一点，仅仅是表述而非证明。其次，由于卢卡奇本人认为物化意识已经深入到资本主义社会中的每一个人，这就有必要进一步说明为何资本主义社会的规定性能够使得无产阶级实现这种潜能，即将自身提高到辩证法的高度。为了解决这些问题，我们需要进一步考察卢卡奇有关"辩证的直接性和中介"的相关思想。

物化的历史倾向和无产阶级的立场

卢卡奇在《历史与阶级意识》中强调，至少就其直接性而言，无产阶级的立场与资产阶级是没有差异的；它也是一种物化意识，因此无法超越资本主义社会的直接表象并且彻底地改变它。

然而，这一主张似乎与卢卡奇对德国古典哲学的批判相左。根据这种批判，无产阶级必须是辩证认识的主体，并且只有这样才能在实践中克服资产阶级思想的二律背反。在这里，问题的关键是对于物化意识的否定仅仅是一种可能性，并且与卢卡奇称之为被赋予的阶级意识相对应。由此，卢卡奇认为一个阶级的社会规则的意识程度是由它的社会存在所决定的。但是，无产阶级直接的经验意识并不必然地与之相吻合，并且事实上，它无法与"真正"的革命意识相一致。因此，要解决的问题是：作为异化意识的承担者——工人阶级如何能够超越自身的限制，弥合经验意识与被赋予的阶级意识之间的差距？在《历史与阶级意识》中，这种能力作为一种内在的"客观可能性"存在于作为商品的劳动力的社会存在之中。这种商品的结构体现了质和量的辩证关系，从而导致了所谓革命者阶级意识的"客观可能性"。简言之，从劳动主体性的角度，资本积累过程中的量的规定性转变为直接生产者生活体验上的质的规定性。用卢卡奇的话说，这种"量向质的转变"构成了革命者阶级意识发展过程中的第一个环节。然而，这只是反物化过程的开始，通过这一过程"商品结构的拜物教形式开始瓦解"。① 从这个最初的规定出发，卢卡奇指出，一个辩证的"复杂中介过程"开始展现，从最初的自我意识到将"社会作为一个历史性的总体"而重建。② 总之，这些规定性内在于劳动对资本的从属，它为无产阶级社会充分认识到自身的社会地位提供动力。

现在，隐藏在具体总体性观点背后的内容是什么？卢卡奇认为，这一过程揭示出无产阶级作为具体的主体性，在表面看来似乎是自发的客观性过程背后起作用。特别是当我们转向生产领域，即工人作为剩余价值的来源，作为资本再生产的"活的基础"时，这一本质真理就被揭露出来。这一发现引发了一个"行动对象的客观本质的转变"，③ 因为现在所有的"物"都被化解为"过程中的诸方面"，由工人自身的劳动操作所引起。而且，由于"这种表现形式决不仅仅是纯粹思想的形式"，而是"当代资产阶级社会的客观化的形式"，因此，对于它们的消除也只能是通过将思想转变为革命行动的结果。反过来，这种革命实践"不能与认识相脱离"，④ 它只能采取辩证法的形式，因为它所表述的社会过程是那超越直接性即关于中介的过程，而社会过程本身也是辩证的。同

---

① Georg Lukács, *History and Class Consciousness. Studies in Marxist Dialectics*, London：Merlin Press, 1971, p. 168.

② Georg Lukács, *History and Class Consciousness. Studies in Marxist Dialectics*, London：Merlin Press, 1971, p. 169.

③ Georg Lukács, *History and Class Consciousness. Studies in Marxist Dialectics*, London：Merlin Press, 1971, p. 175.

④ Georg Lukács, *History and Class Consciousness. Studies in Marxist Dialectics*, London：Merlin Press, 1971, p. 177.

时，由于这种认识隐含了将社会认作为一个"具体的总体"，它就不能被托付给一个孤立的个体，而是一种集体性的阶级主体——无产阶级，正是这一主体构成了再造社会的行动。

形式上的从属和阶级意识：卢卡奇将辩证法退化为逻辑的表达

正如之前所论述的，《历史与阶级意识》的主要缺陷在于卢卡奇把工人阶级革命的主体性置于劳动对资本的形式上的从属之中。从根本上说，这一观点会导致如下这些问题：

首先，先把卢卡奇讨论此问题所采取的独特形式置于一边不提，我们应该注意到，此观点抹杀了作为人类社会发展之物质基础的资本存在（以及它的取代方式）的历史必要性。作为物质资料生产的一个属性，人类劳动的生产力异化因此被简化为人类历史上的一个偶然的悲剧。资本被设想为剥削人类的劳动的社会形式的一种，而此种人类劳动的特殊性只能被理解为直接生产者的形式自由，它只依靠在数量上无限制的剩余劳动的榨取而获得。因此，从一个唯物主义者的角度，资本的重要性，即它存在的价值，已经和这一思想无关。而且卢卡奇的观点意味着他忽视了这样一个事实：即颠倒了的人类生活的存在方式是构成社会个体有意识联合的必然基础。

其次，正如波斯顿所指出的，这些规定暗示了劳动力仅仅作为一种商品而存在，它在最坏的情况下会导致"工联"意识的发展，而在最好的情况下，它能发展作为剩余价值生产者的工人的自我认识并由此进入一种"分配的共产主义"（即国家所有权下的资本的绝对集中）。但是，劳动的形式前提却永远不会在工人中形成一种意识，使他们充分意识到自己的社会规定性，因此认识到自身的异化本性并且认识到自己有能力以颠倒的方式获得自身的历史与社会潜力。事实上，卢卡奇自己在有关革命意识的决定内容中的讨论已经证实这一点。需要重申的是，对于卢卡奇而言，构成革命意识的关键是发现这一事实，即通过资本再生产的分析，资本稳定的来源依赖于对工人生产力的剥削。这一发现将向工人阶级揭示那隐藏于资本主义物化世界的表象下面的本质真理——在现实中，工人是历史过程中的主体。

然而，我认为通过对资本主义再生产过程进行仔细分析，就会发现另外一种对立的"本质真理"。"物化资本在一个连续的生产和再生产过程中的解体"，只能表明社会资本作为异化的人类生活再生产总体性过程的具体主体是如何获得它的丰富性的。社会资本不仅仅是构成社会财富**生产和流通**的具体主体；而且还在**社会消费**过程中占据主导地位。因此，这是社会资本再生产的自发运动，从而生产和再生产出人类自身作为其对立的人格化形式（资本家和工人）。而且，在人类自由存在的具体表象下（人因此具有自由意识和意志），工人是社会资本的强制劳动力；即他们把他们社会力量的异化存在方式人格化了。最后，卢卡奇对于克服物化的思想停留于这一表象。用他自己的术语来说，资本主义社会具有"物化表象"和"物化本质"的双重特征。与之相反，卢卡奇将物化的表象和**自由**本质（在其"真正"现实性中，指的是社会财富的直接生产过程）完全对立起来。我曾经赞同卢卡奇认为无产阶级意识的出发点不是自由而是物化的思想。但不幸的是，当他试图从"物化的直接性"转向它的中介规定时，卢卡奇放弃了这一重要思想并且以工人阶级的意识是作为一种物化极（作为资本主义再生产对象的直接表象）和一个自由极（作为真正的具体主体的中介本质）的"贯通"范畴而告终。因此，通过这种"辩证"逻辑，体现了两种对立的直接思想总体的矛盾运动（即通过自我否定的确定），卢卡奇最终无法发现革命性主体的出现是异化意识历史运动的内在结果。相反，如同克拉克（Clarke）所指出的，为了"发现一个克服物化的基础"，卢卡奇认为"工人的人性和他的灵魂仍然未被物化染指"。① 因此，对于卢卡奇来说，工人阶级的革命意识不是一种异化意识，因而能够意识到它自身的异化（因此，是对资本异化的社会关系的明确否定），而是一种抽象的自由意识，因而可以发现在资本压迫外衣下的本质自由（因此，是对资本社会异化的抽象

---

① Simon Clarke: *Marx Marginalism and Modern Sociology*, London: Macmillan, 1991, p. 318.

否定)①。由此，卢卡奇不得不承认"任何改造都只能是无产阶级自身自由行动的结果"。② 而且，卢卡奇关于"辩证的直接性和中介"的认识太过笼统和模糊，因而无法就无产阶级实际存在的社会决定论如何能够将被强加的抽象可能性具体化，给我们提供一个线索。经验的阶级意识和被赋予的阶级意识间的裂痕，只能通过一个突然且直接的跳跃来弥补。这样一来，卢卡奇在后面的章节中最终提出一种列宁主义式的方法来挽救这一困境便不足为奇了。阶级意识逐渐被看做是一种抽象的脱离现实的集体意识而非每一个无产阶级成员的属性。通过这一神奇的转变，卢卡奇把政党看做具有本真阶级意识的承担者。以此方式，卢卡奇的工人阶级的意识（物化和自由）范畴便形成对立的两极，它们分属两个不同的社会团体：无产阶级依然停留于物化之中，并且凭靠自身是无法实现其客观可能性的；而这个政党的领导者不言而喻地被认为是辩证认识的承担者，因而是自由的。③ 现在，革命被看做是这两极——"阶级和政党"之间"辩证作用"的结果。

若要彻底批判卢卡奇的列宁主义需要另外一篇论文。这里，我只能指出它的两个主要缺陷。从历史的层面，如同费德里奇（Federici）曾指出的，卢卡奇对于"列宁主义政党的无批判性的接受……尤其是，当这一政党已经失去了它的政治意义"。④ 更为重要的是，无产阶级自觉从事革命行动的普遍内容并不足以说明为什么无产阶级不明确地采取制度化的形式，将有意识地组织与恰当地执行分离开来。这并不仅仅以激进民主的形式表达其对于等级制度抽象的道德优越性，而是我们所说的社会变革物质性结果，即关于作为再生产一般社会关系的人在变革行动中

---

① 参见施密特（James Schmidt, "The Concrete Totality and Lukács' Concept of Proletarian Bildung." *Telos*, 24, Summer, 1975, p. 34）。卢卡奇认为无产阶级既在社会之内又在社会之外。

② Georg Lukács, *History and Class Consciousness. Studies in Marxist Dialectics*, London: Merlin Press, 1971, p. 209.

③ 哈迪斯（Hudis）在 2001 年曾对卢卡奇的列宁主义倾向给予了一种尖锐的批评。而罗伊（Lowy）在 1979 年对卢卡奇的批评则表现为一种同情，他试图为卢卡奇作为现存共产党的辩护者提供理由。他认为我们应当理解卢卡奇所指的是以一种"理想类型"的共产党，而非任何真正存在的组织形式。除了这种方法的方法论方面的不足以外，即使认可这些限定，卢卡奇的政党概念本身也是有问题的。

④ Silvia Federici: "Notes on Lukács' Aesthetics." *Telos*, 11, Spring, 1972, p. 144.

的社会角色之意识的结果。换句话说,它是关于社会变革的集体过程中所必须之意识的结果,它确切地针对变革实践过程中有机总体中的每一个个体。唯有如此,这一行动才能获得充分的变革力量。由某些个人(即知识分子)对有组织的社会行动在意识上的垄断只能说明一件事——这个社会的其他成员的行动是无意识的,他们非批判地接受表象,而他们的领导者却是有意识地在行动,而无论这两极之间是多么的民主,或者说他们的领导者是多么乐于从群众的自发运动中"学习"。① 当马克思将共产主义看做是自由人的联合体时,他是出自真心的,这并不仅仅只是"在感觉好像"是与他人联合或者只是在外在环境的压力下的本能联合(更不用说它是一个道德责任的问题),而是完全意识到这种总体性的联合具有某种社会必要性。另一方面,这也就是为什么政治行动——它完成了人类辩证论的整个转变过程——的社会决定论在头脑中的再现在本质上必须是一个集体意志的产物,当然,它被集体中的所有个体所关注。② 换句话说,只有如此,辩证法才能建立"意识和行动的真正联系"。由于坚持列宁的政党理论,卢卡奇只能切断这种联系。

重振阶级意识决定论

一言以蔽之,我认为卢卡奇在《历史与阶级意识》(包括其优点和缺点)中对社会理论的重要贡献可以简单且公平地概括为这样一种努力,它尝试为正统马克思主义的无生命的机械唯物主义添加一种主体理论。然而,正如我前面所言,卢卡奇的理论事业包含着对正统思想的一种反思和补充,这一正统思想被保留下来或多或少是因为其对革命的

---

① 参见桑德罗(Alan Shandro, "'Consciousness from Without': Marxism Lenin and the Proletariat." *Science & Society*, 59: 3, Fall, 1995, pp. 268 – 297.),他试图通过一种原创的却是无用的思想去拯救列宁的政党理论。

② 因此,辩证认识的本质就是将人的有目的活动的社会决定性在每个个体的单独行动中、在思想中对其进行再现。这就是为什么,对于它的形式而言,辩证认识的本质是自我批判的。而且,这可以帮助我们解释为什么马克思作为一个个人(当然他是一个非常聪明的人),在远远早于实现革命的物质条件的出现之前,就能发现工人阶级革命行动的最一般的规定。至于更为具体的形式,马克思一直反对对未来社会勾画"蓝图"的思想(当然,同样也反对对采取革命行动的组织进行规定)。

"经济客观条件"的精确分析。卢卡奇由此决定把意识问题置于其理论探索的核心,他把马克思主义看做是对于资本客体性和主体性形式的双重反思。与那种将马克思主义看做是资本主义社会对象化形式的拜物教的绝对化观点相比,卢卡奇的观点无疑代表着一种重大进步。然而,卢卡奇这一努力的起点却蕴含了其后来失败的萌芽。由于这一思想是对革命"客观条件"的传统分析的补充,卢卡奇运用一种独立的主体性规定使得资本主义的这两种形式的维度完全外在化。① 这种外在性在卢卡奇运用独特的方法去解决这一问题的时候变得更加明显:卢卡奇所有关于客观条件的反思指的是从属于资本的真实劳动过程,而他所有关于革命者的阶级意识的理论却都是指形式逻辑。

从唯物主义的角度,避免卢卡奇这一思想缺陷的关键是充分意识到对于革命而言,将客观条件与的主观条件相区分是非常危险的。主观条件只能基于对那本质上不可分离之物的分离。对于资本废除而言,"客观条件"和"主观条件"是同一个物质条件的两个方面,它们都是终结人的异化存在的革命变革的必要条件。如同马克思曾经强调的,"在其中个人作为单个的人,然而是作为社会的单个的人再生产出来。使个人在他们的生活的再生产中,在他们的生产的生活过程中处于上述状况的那些条件,只有通过历史的经济过程本身才能创造出来;这些条件既有客观的条件,也有主观的条件,它们只不过是同一些条件的两种不同的形式"。②

因此,我们需要对于"历史经济过程自身"即异化劳动(资本)的历史运动进行一种真正的辩证分析。对于人的主体性的异化过程的细致分析,已经远远超出这篇论文的范围。接下来,我只是概括地介绍一下我所认为的这一替代方法的一般性质和原则。

首先,从一个唯物主义者的角度,批判方法的真正意义在于它试图把握异化意识的问题,因此有必要恢复马克思主义的真知灼见,即人类

---

① 对于政治经济学的这两种必然环节进行调和的失败构成卢卡奇以及上文提及的传统西方马克思主义者的基础。一旦对于客观性和主体性形式的分析碎片化,保存主体性唯一可行自发的理论形式就是文化批判。

② Karl Marx, *Grundrisse. Foundations of the Critique of Political Economy*, Harmondsworth: Penguin, 1973, p. 832.

（及其意识）发展的关键在于"他们……与他们的生产相一致，既与他们所生产之物也与他们如何生产相一致。因此，个人的本质由他们生产的物质条件所决定的"。① 换句话说，这关系到人的生产主体性的发展。

第一个前提将我们引向这一转换性思路的第二个方面。资本的特性并不仅仅取决于它的形式规定，同时也体现了一种特殊的物质规定。具体来说，资本是一个历史新纪元，它使得个体的自由劳动力转变为有意识、有组织的社会劳动力。当然，这两个方面——物质的和形式的——并不能被看做是一种外在的相互关系，而是需要把握形式和内容间的"内在关系"以及这一关系的内在矛盾。这正是卢卡奇失败的地方。

虽然资本是直接社会劳动的历史生产者，它是通过将自觉的组织纳入到社会生活的自发运动中来实现其社会作用，在这里，通过相对剩余价值的生产，社会生活被异化成为物质的劳动生产的一种属性。资本主义这一根本矛盾需要对之进行历史性的分析，借以探讨工人阶级作为异化的主体，其不同形式的存在以及这些存在的规定性，展现他们超越的必然性。不幸的是，《历史与阶级意识》所缺失的正是以劳动对资本的实际上的从属为基础，对产生建立工人阶级革命主体性的必然性的物质条件进行辩证的分析。

有些作者将卢卡奇的理论解释为非决定论的（non-deterministic），并对之持激赏的态度。如此，革命意识的出现对于工人的生活体验来说就变成"开放的"，而非"资本主义发展的客观规律"的机械结果。然而事实上，革命意识的发展只能是工人主观生活体验（由于它是人类生产主体性的一种表达，除此之外，意识能够在其他什么地方发展？）的结果。但是，问题的关键是工人的主体性体验并不缺少社会规定性，而是与他们再生产自己的自然生活的特定方式的具体内容相联系，尤其与那被历史决定的生产的社会关系相联系。在资本主义社会中，这些社会关系呈现出一种异化的形式，并且因此人类是由这些社会关系的人格化（即他们的意识承担者）所决定。因此，马克思认为，他们自身的生产

---

① Karl Marx, and Frederick Engels. *The German Ideology*, 1978, pp. 146 - 200, in Robert Tucker ed. *The Marx-Engels Reader*, p. 150, New York: W. W. Norton.

主体性（以及他们的意识）的发展存在于"生产者的背后"，并且采用一种自发的"决定论"的形式控制和生产他们，而不是生产者有意识地去规定实现他们的类本质。因此，无论喜欢与否，通过政治行动，工人阶级将异化的一般的社会关系即资本积累人格化。① 在工人政治行动的过程中，会涌现出不同性质的意识形式，这样一来，必要的主体性形式就可以为社会资本再生产的决定因素的人格化提供动力，它通常体现为工人阶级的斗争的具体形式。在社会资本的运动中，阶级斗争扮演了一个特殊的角色，这是一种停留在某个直接或间接的表象层面中有待形成的意识。这样一来，工人阶级的斗争甚至可能表现为对其自身阶级行动的否定（女权运动、公民权力运动）。更加间接的意识或许会认同他们的阶级特征甚至会为了显得"革命"而变得非常激进（因此认为其余的工人是作为叛徒的"内部敌人"）。而且，这些主体性形式无法超越他们作为异化意识的具体形式，无法超越资本主义生产方式的任何表象，无法在总体性的决定论中解释他们自身的异化。因此，有必要在两种异化意识形式之间进行区分：一种异化的意识坚持抽象自由的外观，只服从于某些外在的压力；另一种则是意识到自身异化本性的异化。无论在范围上多么广泛，在强度上多么激烈，除非作为对后者的一种表达，否则工人阶级的政治行动便无法被认为是革命的。② 这就意味着工人阶级主体性从所有异化的存在中解放就其本身来说是异化的一种具体形式。

接下来，引发工人阶级的革命行动并创造此行动的历史必要性的那种异化的社会生活条件是什么？如同之前所述，对这一问题的解答必须要到产品的相对剩余价值的历史运动中去寻找。通过对劳动的物质条件的不断变革，资本逐渐通过一种确定的趋势改变了工人的主体性：他们最终成为普遍的劳动者，即凭借他们自身的能力可以科学地组织任何机

---

① 据此，我认为资本的构成是社会生活的异化主体。贯穿资本主义社会发展的始终，这种异化过程包括相应的客观性和主体性的统一体。客观方面，表现为与个人无关的"经济力量"和超越于国家权力的表象。主观方面，作为一种异化的主体性，表现为自由意识和意志，从而与这些被赋予意识的社会客观形式相冲突。如同我们所看到的，卢卡奇已非常接近这一思想，但当处理革命者的意识时却最终导致了神秘化。

② 只有辩证认识体现了发觉这种社会规定性的这种批判力量。

械体系的生产过程以及任何形式的社会合作,集体主体可以有意识地支配他们的生活过程。① 这种生产属性的变化是劳动者通过对工人属性的自我扬弃而真正成为社会个体的必要前提,从而真正实现个体的自由联合。②

在这些情况下,社会物质生产力的进一步发展必然和生产关系相冲突。如果翻译成我们常用表达方式,经典的马克思主义的真知灼见只是意味着:人只能作为一个被生产出的主体而存在,这一主体能够充分意识到他或她自身的能力和行动的社会规定。因此,他或她就不再将社会看做是一个控制他或她的异化的或敌对的力量。相反,他或她将社会生活(即生产性合作)看做是他或她个体性丰富发展的必要条件。但是,这种人的主体性形式必然要和社会形式(资本)相冲突,因为后者将人塑造为私性的、独立的个体,而他们却在后来看到自身普遍的社会相互依赖,并把自身的历史发展看做与社会劳动密切相关的异化和敌对力量运动的结果。只有当人类生产的主体性发展所要求的物质条件出现的时候,无产阶级才能要求社会权力废除异化了的一般社会关系。因此,按照这一思路,工人阶级的革命政治意识只能是他们具体的生产意识的一种表达。

---

① 这似乎意味着我想用脑力劳动者代替体力劳动者作为革命的主体。正相反,我认为问题的关键并不是将知识分子和直接体力劳动者抽象地对立起来,从而给谁以特权,而是要表明资本在其劳动发展中呈现出两种必要的对立形式。由于这种分离的加剧,资本表现为消减体力劳动在社会生活再生产过程中质和量的比重。因此,在劳动过程中资本的转化最终会达到这样一种程度,即脑力劳动和体力劳动的区别再也无法成为构成人的生活过程的一种形式。因此,现在脑力劳动和体力劳动在每一个直接的社会生产者身上——个人主体中又重新联合在一起,但是,由于前者能够将社会知识客观化(科学),而不是劳动者直接生产经验的产物(如前资本主义社会的社会形式)。而且,还需要说清楚的是,这一过程同时也包含了一种科学方法的转变,从而使得知识具有一种辩证认知的形式。在《资本论》中,这一过程仍然是含蓄的,只是作为一种抽象的可能性被提及(Marx, *Capital. A Critique of Political Economy*, Volume I. Harmondsworth: Penguin, 1976, pp. 616 - 619)。而在《政治经济学批判》中,这一问题已经被直接清晰地表达出来(Marx, *Grundrisse. Foundations of the Critique of Political Economy*. Harmondsworth: Penguin, 1973, pp. 690 - 712)。

② 这一概念——全面发展的个人——在卢卡奇的著作中已经得到充分论述。但是,它却被唯心主义地描绘成生产主体的伦理问题,而非生产主体性的问题。参见郎宁(Robert Lanning, "Ethics and Self-Mastery: Revolution and the Fully Developed Person in the Work of Georg Lukács." *Science & Society*, 65: 3, Fall, 2001, pp. 327 - 349.)。

结　论

　　现在，除却哈特和内格里在《帝国》中建立的空想世界外，轻轻扫一眼当前无产阶级的生产主体性的形式就足以发现，理论与实践的统一远非那种能够组织"全面发展的社会个人"之生活过程的普遍性的社会关系。与之恰恰相反，当前的存在方式明显地与之相反：是一种非统一性。而且，如同雅科比（Jacoby）正确地指出的那样，这一分离无法通过一个魔法咒语或者一个愿望就能被克服。这样一来，这就意味着工人们还要经历很多年的斗争才能"不仅实现社会的变革同时也实现自身的改变"，① 从而获得社会力量去终结这种颠倒的社会存在。而这不是因为这些斗争本身会使工人产生革命意识，而是因为它们会迫使资本去彻底变革社会生活的物质条件，由此他们的意识和意志才会升华，使其自身成为革命者。②

　　作为阶级斗争的必要环节，一个重要的迫切任务出现了，那就是作为集体劳动者的有机部分，（共产主义的脑力劳动者）有责任发展一种批判资本主义社会形式的科学知识。这就要求对今天工人的生产主体性的异化发展进行辨证的研究，探索其通过对自身的否定从而实现全面发展的普遍性。③ 也就是说，要分解集体劳动中不同的有机部分，维持劳动者的生产属性（即使当他们扩展到脑力劳动者的领域），这些属性很不幸地与相对剩余价值生产的物质形式密切相关。

---

　　① Karl Marx, "Revelations Concerning the Communist Trial in Cologne." pp. 395 – 457, in Karl Marx and Frederick Engels, *Collected Works*, 11, London: Lawrence and Wishart, 1979, p. 403.

　　② 因此，正如莱布维茨（Michael Lebowitz, *Beyond Capital: Marx's Political Economy of the Working Class*, London: Macmillan, 1992, p. 143; Review of the Incomplete Marx (Felton Shortall), Historical Materialism, 3, Fall, 1998, p. 174.）所言，这并不是工人革命意识发展中的两个不同方面：一方面是劳动过程，另一方面却是阶级斗争。而是这样一个问题，即通过工人的政治行动，他们的生产主体采取何种具体形式的问题。

　　③ 内格里和哈特的理论中"非物质性的劳动者"的一个问题是，他们完全将社会中全面发展的个人外在地强加到同时代的集体劳动者身上，然而这仍然是无效的。唯有如此，他们才能宣称现在我们终于到达了资本主义的最后阶段。从物质的角度，资本被宣布成为社会的寄生虫，而我们现在就在等待人民大众最后的"政治重组"。尽管拥有后现代主义的雄辩言辞，他们难道不是在进一步退化到传统理论中关于革命的主观和客观条件的分裂么？

毋庸讳言，这里需要的不是一种抽象的理论兴趣，而是一种发现政治行动的必要方法，它将调节工人对"无产阶级作为一个整体的历史利益"的直接需求，即全球集体工人的生产主体性的发展。在19世纪40年代，马克思和恩格斯在《共产党宣言》这一政治纲领中就已提出，政治行动必然会加速社会变革的进程：社会资本的革命性聚集将是民族国家的财富。① 因此，他们认为工人阶级的解放从本质上而言是全球性的，但在形式上却是民族国家的。然而，对我而言，在所谓资本"全球化"的今天，需要对这一政治纲领进行重新修改。今天，阶级的政治行动，无论是本质上还是形式上都应当是国际的。在资本全球积累的现有形式中发现内在于其自身并且能够为当代无产阶级国际主义者的行动提供充分且适当的形式，这是一个迫切且无法回避的任务。

（刘芳译　张羽佳校）

---

① 因此，传统理论中强调改革和革命的对立并没有抓住要点。对于这两者的一般性理解是工人阶级通过政治行动从而实现资本主义社会向自由人的联合体转变的两种不同类型的运动方式，这只是当我们抛开具体的决定关系而抽象地谈论这些转变时所用的措词。正如凯特帕德里（Paresh Chattopadhyay, "The Economic Content of Socialism: Marx Vs. Lenin." *Review of Radical Political Economics*, 24: 3&4, 1992, p. 94）所敏锐洞察到的，"在辩证法最深层的意义上，资本主义本身就是向社会主义的过渡"。因此，甚至"无产阶级专政"本身也无法直接导致对资本的超越，而只是后者作为拥有异化属性的社会，其社会生产力达到了自身历史能力充分发展的最完满形式。另一方面，恰好因为如此，这也就构成了工人阶级采取政治行动变革资本主义社会的必要时刻。

早期卢卡奇的马克思主义:一个评估

加里斯·斯特德曼·琼斯

卢卡奇的《历史与阶级意识》最早在德国出版,① 大约半个世纪之后,这部著作终于有了英文版。对于现在才第一次读到《历史与阶级意识》(英文版)的读者来说,可能会对这部著作的内容感到惊奇。对于这部早期共产主义运动的禁书,第一眼望去会发现其中包含许多耳熟能详的主题,这似乎与其昭著的恶名并不相符。虽然卢卡奇所使用的语言相当艰涩,但当代的读者还是能够很轻松地理解这部著作的核心主题。这是因为,卢卡奇这部著作主题已或多或少成为发达资本主义世界左派思潮的共同话语。但是,这并不意味着,卢卡奇在50多年前提出的问题——至今仍然在社会主义思想家中广泛流传——是自明的真理或是马克思主义的显性公理。如果人们确实是这样看待卢卡奇的思想,那便是由于《历史与阶级意识》具有第二个令人惊奇的特征,这就是:在这50多年间,还没有对这部著作进行具有解释力的、切己的批判。这也并不

---

① Georg Lukács, *History and Class Consciousness*, tr. Rodney Livingstone, Merlin Press, London, 1971. 这个版本的英文翻译非常出色,并且在全书的末尾还有一些非常有益的解释性注释。但是,我还是有必要提醒大家一句,这个英文版本的《历史与阶级意识》将卢卡奇于1967年写作的一篇文章当成了全书的序言,而这篇文章是卢卡奇为一部收集了他在20世纪20年代的所有政治学作品的德文文集所创作的,而不仅仅是针对《历史与阶级意识》这部著作而创作的。因此,当卢卡奇在(被当成了)英文版《历史与阶级意识》序言(的那篇于1967年创作的文章)中的第13页谈到关于组织的问题时候,他并不仅仅是针对《历史与阶级意识》中那篇关于组织的文章(即"关于组织问题的方法论"这篇文章)而言的。还应该指出的是,虽然罗德尼·利文斯通将"zugerechnetes Klassenbewusstein"这一德文术语翻译成了"imputed class consciousness"(意即"被规定的阶级意识"),我还是觉得这个德文术语翻译成"ascribed class consciousness"(意即"被赋予的阶级意识")似乎更好。

是说，人们总是一致地认同这部著作。恰恰相反：众所周知，共产国际从这部著作出版伊始就对其加以谴责，而卢卡奇本人也随后对其进行批判，而自这部著作于1956年之后在西欧再版以来，也在西欧内部引发了争议。即便如此，我们还是很难从《历史与阶级意识》再版之后所涌现出的诸多马克思主义文献中找出从总体上对这部著作所进行的系统的、实质性的批判。①

毫无疑问，造成以上现象的部分原因在于，《历史与阶级意识》这部著作具有惊人的广度与深度。卢卡奇的这部著作似乎已经形成了某种权威性的表述，某些经典章节与相关主题自此书首次面世之后，便不断重复出现，并一次次引发回响。我的这篇文章旨在开启这样一种批判：首先，重新检视《历史与阶级意识》的核心信条；然后，对这部著作的历史文化背景进行解释说明，因为如果没有这些说明，我们就无法正确理解这部著作；第三，对卢卡奇思想在理论以及政治层面造成的后果进行批判；最后，对这部著作针对历史唯物主义所提出但却没有给出答案的根本问题进行探讨。

一、资本主义与物化

尽管逻辑顺序复杂，卢卡奇对马克思主义的解读还是表现出某种系统性的观点。② 资本主义的秘密在"商品结构之谜的解答"中得以揭示。③ 马克思《资本论》中关于商品拜物教的篇章"隐含着全部历史唯

---

① 在伊斯特万·梅扎洛斯（Istvan Meszaros）于1971年在伦敦编辑的《历史与阶级意识诸方面》（*Aspects of History and Class Consciousness*）这部著作中，并没有包含任何对于《历史与阶级意识》的具体内容所进行的直接批判。

② 《历史与阶级意识》是一部关于卢卡奇在不同时期所创作的文章的合集，而这些文章在《历史与阶级意识》中并没有按照年代学的顺序进行排列，并且，在这部著作出版的时候，也没有按照这种年代学的顺序对这些文章进行编辑或是对其作出任何重大的改动，我们一定要认识到这一点，因为这一点具有非常重要的意义。以上现象所带来的结果就是，《历史与阶级意识》这部著作中所包含的政治思想发生了一些重大改变，除此之外，在这部著作中还包含着一些前后不一致的内容。这就使得将这部著作中的论证当做是一个整体对其进行研究这项任务变得异常困难。在我的这篇文章中，我只能承诺说我试着对《历史与阶级意识》中的一些主要思想意图进行检验和批判。

③ Georg Lukács, *History and Class Consciousness*, p. 83.

物主义，隐含着无产阶级的全部自我认识，也就是对资本主义社会的认识"。① 从这个意义上来说，资本主义的核心特征就是商品拜物教，而在卢卡奇看来，商品拜物教的核心特征就是物化。卢卡奇将物化看做这样一个过程，通过这一过程，人与人之间的关系表现为物与物之间的关系；人类社会与人类历史本是人的产物，却不再表现为人类社会活动的结果，而是作为一种异化的和非人的力量，将其自身当做一种自然法则，从无到有强加于人性之上。伴随着资本主义的发展，物化变得愈加广泛、深入。正如从手工合作到制造业的转变使得生产的对象变得越来越碎片化一样，这一碎片化进程也愈加深入地侵蚀着人——生产主体——的意识。人不再是这个过程的真正主宰者，而是"作为机械化的一部分被融入机械系统中"。② 人的活动变得越来越较少行动性，而较多筹划性。人必须要适应机械系统的法则。一般意义上的人类活动变成了"工人对待机器的行为（工人操作和观察机器，并在监视机器的同时控制机器的正常运转）"的同义语。③

这一物化进程的标志，就是"理性的机械化"，"计算"的原则被应用到"生活的每一层面中"。理性化的进程随着劳动分工得到进一步的发展。其结果就是，"由于工作的专门化，任何整体的图景都消失了"④。理性计算，也就是资本主义商业的核心，逐渐渗透到资本主义社会商业之外的其他领域。继韦伯之后，人们将现代国家看成一种"商业上的考量"；"法官或多或少成为一种自动执行法规的机器"，其行为是"可以预测的"；与此相类似，官僚统治也表现出一种相同原则，这种原则就是"非人的或者说去人性化的标准化劳动分工，这种劳动分工……与我们在企业的技术以及机器层面所看到的东西非常相似"⑤。我们在所有地方都能够看到物化的进程，无论是在新闻业中（"记者缺少信念，而是出卖自己的经验和信仰，我们只能将这种出卖理解成是资本主义物化的

---

① Georg Lukács, *History and Class Consciousness*, p. 170.
② Georg Lukács, *History and Class Consciousness*, p. 89.
③ Georg Lukács, *History and Class Consciousness*, p. 98.
④ Georg Lukács, *History and Class Consciousness*, p. 103.
⑤ Georg Lukács, *History and Class Consciousness*, p. 99.

制高点"①）抑或是在当代婚姻中（"人的特性和能力不再是他人格的有机组成部分，而仅仅是这个人所拥有的、或者说能够像支配外部世界中的客体或对象那样对其进行支配的'物'而已。"②）都是如此。

然而，在卢卡奇看来，自然科学的方法无疑是对资本主义物化最完美的体现。"那种预先设定资本主义社会与科学方法相协调的观点是很成问题的……当'科学'把直观呈现的数据当做科学概念的基础，并把这些数据的实际存在形式当做是科学概念的适宜的出发点的时候，它就是简单地、教条地站在资本主义社会的基础上，不加批判地把它的本质、它的客观结构、它的规律性当做'科学'的不变基础。"③当科学知识的理念被应用到社会中去的时候，"就变成了资产阶级的意识形态武器……它必须将资本主义看成是由自然界和理性的永恒规律所前定的永远存在的东西。"④

科学方法不仅仅是对于物化之开端的消极反映，通过其自身的程序，科学方法主动积极地摧毁了有机的整体性概念——它无法通过认识的理性模式而获得。以此方式，科学方法摧毁了形而上学，并且创造出了一个由"纯粹"的事实所组成的世界，这一世界被分割成各种专门化的规则系统，与任何一种富有意义的总体性都毫无关联。

寻找同一的主客体

正是这种物化的、碎片化的世界观念造就了德国批判哲学以及18世纪唯物主义所特有的问题。批判哲学的基础正是这样一种观念，即思维仅仅能够把握其自身创造出来的东西，它努力通过将世界看成是一个由其自身创造出来的整体来控制世界。这种试图以理性主义为前提建立起一个普遍体系的尝试根源于"自在之物"这一问题。"自在之物"是物化借以反对任何一种版本的总体性时（举例来说，"借助于理性的局部体系所拥有的概念框架来理解总体是不可能的，并且，个别概念的内

---

① Georg Lukács, *History and Class Consciousness*, p. 100.
② Georg Lukács, *History and Class Consciousness*, p. 100.
③ Georg Lukács, *History and Class Consciousness*, p. 7.
④ Georg Lukács, *History and Class Consciousness*, pp. 10–11.

容也是非理性的"①）所由以凭借的一道无法跨越的障碍。因此，从这个意义上来说，直观或者说反思的理性主义发现自己陷入到一个无法解决的二律背反：必然的现象世界与自由的本体世界之间永远横亘着一条无法跨越的鸿沟。要想超越这种二律背反，思维就要被迫从单纯的直观转向实践。只有在实践这个新的语境中，我们才有可能构想出一个被我们理解为一种生产性或者说创造性存在的思维主体。在康德的《实践理性批判》中预示着要构造"一个同一的主客体"，而费希特、席勒和谢林也都曾经试着借助艺术来克服主体与客体之间的二元分裂。在艺术中，直观的理性被具有实践特征的直觉所取代，因艺术通过创造一种具体的总体性而被视为是解决二律背反的方法。但是，为了使艺术这一解决方案发挥作用，创造就必须被神秘化，并且世界也必须被美学化。然而，真正的问题依然没有得到解决。在黑格尔看来，解决理性的二律背反这一问题的真实场所是历史而不是艺术。"只有当真理不仅被把握为实体，而且被把握为主体；只有当主体（意识、思维）同时既是辩证过程的创造者又是其产物；只有当主体因此在一个由它自己创造的、它本身就是其意识形式的世界中运动，而且这个世界同时以完全客观的形式把自己强加给它的时候，辩证法的问题以及随之而来的主体和客体、思维和存在、自由和必然等等对立的扬弃的问题才可以被看做是解决了。"② 然而，黑格尔没有能够揭示出历史真实的主客体，因此，他被迫借助于概念上的神秘主义来得出结论。这不是黑格尔个人的局限性，这是一种资产阶级思维方式所共有的客观局限性。矛盾的是，古典哲学（即资产阶级哲学）所追寻的是一种即将宣告资产阶级社会终结的哲学。③ 这是因为，那种同一的主客体就是无产阶级。

只有伴随着无产阶级的出现，"人们才完成了对社会现实的认识"，④也就是说，人们才能够认识到其自身是一种社会性的存在，并且是历史进程的主体和客体。上述可能性在封建制度之下是不可能实现的，这是

---

① Georg Lukács, *History and Class Consciousness*, p. 116.
② Georg Lukács, *History and Class Consciousness*, p. 142.
③ Georg Lukács, *History and Class Consciousness*, p. 148.
④ Georg Lukács, *History and Class Consciousness*, p. 19.

因为，在封建社会中，社会关系被解释成一种天然关系。正是资产阶级将社会"社会化"了，但是，资产阶级只是无意识地执行了这项任务。资产阶级所追求的仅仅是直接的阶级利益，其余的就都交由理性去策划了。资产阶级的悲剧在于，资产阶级的阶级意识与其阶级利益是不相符的（也就是说，在资本主义生产的逐渐社会化与个体企业家的利益之间存在着二律背反）。资产阶级思想深深陷入到一种物化了的、主体与客体的二元论中，甚至连黑格尔也无法超越这种二元论。另一方面，无产阶级必须要产生关于历史的意识。由于无产阶级是资本主义社会中被异化得最为彻底的一个阶级，它必须扬弃自身才能够实现自身的解放，而要想解放自身，无产阶级就必须要解放全人类。为了理解自身，无产阶级必须要理解整体，而要想扬弃自身，无产阶级就必须从直观转向实践。"因此，理论与实践的统一只不过是无产阶级社会历史地位的另一层面，它与无产阶级关于自己的认识——主体与客体的统一——是同时发生的。"[①]

被赋予的意识

无产阶级的总体立场，从本质上说就是要摧毁在资本主义制度下被物化了的意识。在取代了二元分裂以及具有拜物教特征的科学方法之后，无产阶级设定了思想的统一性，它是一种辩证的、具体的总体性。在思想中，无产阶级认为现实不仅仅是一种经验性的存在，而是一种生成——一种过去与未来之间的媒介。为取代那些关于永恒之物、天然之物以及经验之物的物化概念，无产阶级提出了社会的、历史的和暂时性的概念。为取代那个由非人的、去人性化的事实所组成的世界，无产阶级思想将世界看成是人与人之间关系的产物。这样一来，一旦拜物教被克服，人就会成为一切事物的尺度，而历史将会变成一个不断地克服客体的形式的过程。

当然，这种无产阶级的总体意识与这个阶级实际经验的意识并非完全一致。无产阶级实际经验的意识是一种"被赋予的"（卢卡奇所使用的德文术语是"zugerechnet"，而加里斯·斯特德曼·琼斯将这个德文术

[①] Georg Lukács, *History and Class Consciousness*, p. 20.

语翻译成了"ascribed",意即"被赋予的")意识。"将意识与社会整体相联系,就有可能能认识人们在特定生活状况中所具有的思想和感情;从而,无产阶级便能够对它的生活状态以及从中产生的各种利益进行评估,这些将影响他们的直接行动以及整个社会结构,也就是说,有可能推断出与他们的客观状况相符合的思想和情感。"① 无产阶级这种"被赋予的"意识会在面临革命危机的时候表现出来。作为单独的个体,无产阶级的成员仍然处于物化的表象世界以及直观的主客体二元论的控制之下。只有作为一个朝着实践方向前进的阶级,无产阶级才能获得总体性的视角。获得这样一种"被赋予的"意识,实际上就意味着去获取社会的领导权,这是因为,一种恰当的意识本身就已经是一种改变了其对象的实践。卢卡奇引用青年马克思的话来说明这种"被赋予的"意识将会产生怎样的影响,"可以说,世界早就在梦想拥有一种一旦认识便能真正掌握的东西"。② 经济变革只能为无产阶级提供一种改变社会的抽象可能性。最终,"每个社会的力量就其本质来说是……一种精神力量。从这一角度,我们只有通过知识才能获得解放"。③ 因此,革命的命运就取决于意识。

历史唯物主义的角色是这一分析的逻辑结构。历史唯物主义是"对资本主义社会的自我认识"④,是无产阶级解放自身的这种努力在意识形态层面的表现。历史唯物主义最为重要的一个功能就是其作为"思想武器"所发挥的功能,也就是揭开资本主义社会的面纱这一功能。⑤ 马克思最为宏大的作品——《资本论》——中所蕴含的一个整体理念就是:

---

① Georg Lukács, *History and Class Consciousness*, p. 50. 我们由此可以看出,隐藏在"被赋予的"意识这个术语背后的理念,于韦伯思想中那种关于理想类型的概念有着密切的联系。然而,"被赋予的"意识与韦伯提出的理想类型这二者之间有一处显著的差别。韦伯提出的理想类型是永远无法在其纯粹的形式中表现出自身的,这种理想类型总是被经验现实中的各种利益的复杂性所覆盖,而卢卡奇提出的(无产阶级的)"被赋予的"意识则是在其最为原始的形式中表现出自身的,或者可以说,这种"被赋予的"意识根本无须借助任何形式就能够表现出自身。

② Georg Lukács, *History and Class Consciousness*, p. 259. 这句话在卢卡奇的原文中采用了斜体的字体。

③ Georg Lukács, *History and Class Consciousness*, p. 262.

④ Georg Lukács, *History and Class Consciousness*, p. 229.

⑤ Georg Lukács, *History and Class Consciousness*, p. 224.

"将经济学研究的对象从物重新转变为过程，转变为人与人之间不断变化的关系。"① 因此，如果我们将历史唯物主义说成是一种科学——或者至少将其说成是我们通常所理解的那种科学——的话，就将会对人们产生误导，这是因为，真理"只有与某个阶级的思想立场相关才能获得所谓的'客观性'"②。实际上，历史唯物主义与无产阶级的那种"被赋予的"意识相同一性，因此卢卡奇很自然地认为，在定义马克思主义的时候，"不应该把经济动机置于解释历史的首要地位"，而应该采取"一种总体性的观点"。③

二、自然与科学

在绝大多数将马克思主义作为一种理论而对其性质和发展历程进行研究的文献中，卢卡奇的《历史与阶级意识》与科尔施、葛兰西以及在俄国革命时期涌现出来的其他左派思想家划归在了同一类别（即左派思潮这一类别）中。在左派思潮这层外衣的覆盖之下，卢卡奇与这一类别中其他思想家一样，或是被称赞、或是被贬损为黑格尔主义、历史主义、人文主义、唯意志主义、自发论或是极左思想。从理论普遍性的角度，这种分类方式是恰当的，也确实具有启发性。从某种程度上说，我们可以将这些作者的作品看成是他们个人对同一个不变的主题——也就是关于历史主义这个主题——所进行的不同阐述。然而，这种分类方式也会迫使我们忽略掉卢卡奇自己思想所特有的东西，这是一个特殊的问题，这个特殊的问题虽然并没有将卢卡奇与其他的左派理论家严格区分开来，但却使卢卡奇与正统马克思主义产生了巨大的差异。对于卢卡奇，这个特殊的问题绝对不是一个次生的问题，即决不是对观念史家的狭隘兴趣。事实上，这一问题对"西方马克思主义"后来的发展产生了长远的影响，并且在最近，它亦渗透到那些激进的理论家以及革命者的态度和行为中，尽管这些激进理论家以及革命者有可能从来没有读到过

---

① Georg Lukács, *History and Class Consciousness*, p. 182.
② Georg Lukács, *History and Class Consciousness*, p. 189.
③ Georg Lukács, *History and Class Consciousness*, p. 27.

卢卡奇的作品，但他们却通过马尔库塞、法兰克福学派、戈德曼、列斐伏尔或是德波而汇聚到马克思主义的旗帜之下。

卢卡奇思想的独特意蕴已经非常自然地流入了马克思主义的理论术语以及马克思主义的学徒与知识分子的思维模式中，并且完全被内化到西方马克思主义的作品中，因此，粗略一看，我们很难发现卢卡奇思想之于历史唯物主义的异质性。如果情况属实，那是因为卢卡奇的问题从属于一个比它更为宏大的问题，这是一个继法国革命之后、自工业资本主义伊始就一直在资产阶级思想中占据统治地位的经久不变的问题。它具有作为意识形态所可能具有的所有欺骗性的外表，它企图固化思想，并且在不断的发展和精细化的论证过程中，在不同外衣的掩盖下不断地复制对思想的固化。与所有此类问题一样，它构建出一个封闭的思维圈子，这一圈子限定了主体跳出圈子进行思考的可能性。我们可以将这个问题概括为以下这种对立：自然与科学或者说自然与工业的对立。

直到18世纪末期，这两极之间的对立还几乎不为人所知。[1] 自然构成了启蒙思想的一个核心范畴。人类进步的道路与自然是相互和谐的；自然这只看不见的手的美好之处被封建制度以及严苛的宗教所抑制，而

---

[1] 许多作者都曾经试图从卢梭的思想中找到后世的浪漫主义在一种理想化的自然状态这一名义之下对理性所进行的批判中的一些元素。然而，这是一种对卢梭的误读，因为在卢梭看来，自然的状态并非一种常态或者说可以照方抓药的惯例，而是一种临界的、危险的策略。至少康德意识到了，卢梭"的作品实际上并没有提出建议说人应该回到自然的状态中去，而是说人应该站在他现在已经获得的高度之上回过头来审视自然的状态"。卢梭从来都没有以浪漫主义的方式来建议我们从理性回到直觉，这是因为"爱弥尔被教导用理性来规范自己的生活"（这句话在卢梭作品中的原文如下："les plus grandes idees de la divinite nous viennent de la raison seule."）。同样地，卢梭也并没有对自然的状态进行理想化的描述："人类这个种族是在不断进步的，人类在其诞生伊始仅仅是动物而已……只要人类处在独居的状态之下，就仅仅是作为没有智慧的动物而存在于世的……人类只有在社会中才能够获得智慧以及关于责任感或者说使命感的权利"（这段话在卢梭作品中的原文如下："quel progress pourrait faire le genre humain, epars dans les bois parmi les animaux... Tant qu'il mene une existence solitaire, l'homme n'est qu'un animal stupide et borne... C'est seulement au sein d'etat qu'il acquiert son intelligence, son droit du devoir."）。卢梭对启蒙哲学的批评与后世对于启蒙主义的浪漫主义批判没有多少共同之处，或者说这二者根本没有任何共同之处。卢梭与启蒙哲学家认同是理性点燃了社会进步的火种。他们之间的分歧仅仅是围绕这种社会进步是否必然会伴随着人的道德进步这一点展开的。关于启蒙主义的自然观的详细探讨，大家可以参考 Ernst Cassirer, *The Philosophy of the Enlightenment*, 1932; tr. F. C. A. Koelln and J. P. Pettegrov, 1951; Peter Gay, *The Enlightenment: An Interpretation*, 2 Vols, 1966 and 1969。

资产阶级所要求的是人的"自然"权利。一旦教士与国王的有害影响被移除，自然的仁慈统治就一定会给社会带来和谐、物质繁荣、公正以及和平。人应该克制自己对自然进行毫无根据的干预，而让自然按照其原本的方式自行发挥作用。这是因为，自然与理性是一致的。

随着法国革命的结束以及工业化的开始，理性与自然亲密无间的联盟开始瓦解，取而代之的是以下二者之间无法跨越的鸿沟：一方面是科学意识形态和工业化的进程；另一方面则是对其所造成的贫困化以及非人化的结果所进行的谴责。在这里，我只能对"自然/科学—工业"这一由相互对立的两极所组成的概念组进行高度概括的阐述。总的说来，持科学主义—工业化这一思想立场的支持者强调，人有能力运用其自身的思想武器来对抗并且克服未知的东西。正是这种能力使得人能够逐渐控制自然环境：这里所说的自然环境既包括人所处的自然环境，也包括人自己原始的本能。这样一来，历史可以被看成是人运用理性（科学就是理性的表现）的力量逐渐克服其自身的动物本性——盲目的情感、无根基的恐惧以及蒙昧的迷信这些原初状态——的过程。科学与科技的进步因此被看成是一个完全是有益的进程，这一进程扫清了由习惯及无知组成的世界，取而代之的是一个由计算与控制所组成的世界。如果将这些在自然科学中获得巨大成功的方法运用到对人自身——也就是对人类行为的方方面面——的研究，将会以无与伦比的速度加快人类历史的发展进程。它将有可能形成一套分析规则，专门研究人类的行为，此规则所产生的效用与那些支配着物理学和生物学世界的分析规则具有同样的普遍性和惯常性。对于这些分析规则进行数学化的阐述，将会逐渐消除随机性与任意性。工具理性将会支配人的活动，并且，预先决定、计划好什么是社会的幸福。

从自然/科学—工业这对相互对立的概念中的一极，即"自然"这一极的角度出发来看，以上这种对于世界的描述是极其错误的。这是因为，科技的进程不仅没有为人类带来幸福感与满足感，反而使得人类与自身的本质性存在分离开来。机器、策划、筹谋这些东西逐渐将人的行为与其自身对立起来，人再也无法在由其自身创造出来的世界中认识到自身了。这是因为，人不是一个通过机械学或生物学方法来理解其动机和行为的机器，人类社会也不是由服从科学规律的原子所组成的集合。同样地，人类社会的成员也不仅仅是由理性的个人利益所支配的。人同时还是一种充满激情的感性存在物。人并不仅仅只是通过工作并喂饱自己，他还能够在艺术以及戏剧中感受快乐，并且，人还拥有精神，在自然科学规律这一狭窄的限制内，是不可能包含人类精神的自由的。人不仅仅是一台机器中的齿轮，人是居住在一个共同体中的存在物，在不受外力干扰的情况下，人类的价值以及活动曾经一度与其周围的自然世界融为一体。人与自然之间真正的亲密关系不在于人这种存在物被那些没有灵魂的自然规律所支配，恰恰相反，人与自然之间真正的亲密体现在人在精神的层面与自然的节奏与方式紧密联系在一起。人不是自然资源的掠夺者，或者简单地运用理性与自然对抗，人与自然之间是一种"有机的"关系。自然不仅仅是人类生命的源泉，也同样是人的想象力以及人的思维中那些关于美与和谐的理念的来源。工业科技对于自然的胜利是以伤害人类自身为代价而获得的。当将人与自然统一在一起的纽带被割断以后，人就会变得没有根基并且失去方向，人以牺牲内在精神为代价，来获取外部的物质成就。

对于工业科技、自然科学以及启蒙理性主义的批判以不同的形式表达了对同一种资产阶级伪善的尖刻抨击。这种批判在不同的国家呈现出不同的形式。在法国和德国，浪漫主义是从对法国革命的反思中产生的。因此，在史塔埃夫人（Madame de Stael）、夏多布里昂（Chateaubriand）、德·梅斯特尔（De Maistre）、施莱格尔（Schlegels）、诺瓦利斯（Novalis）、阿尼姆（Arnim）以及布伦塔诺（Brentano）等人看来，理性永远伴随着极端的恐惧。用施莱格尔的话来说就是，那取代了关于存在的"机械化"概念的浪漫主义所象征的是一种"有机的"概念，也就是说，用直觉取代理性，用信仰取代批判，用美取代真理，用神话与民间传说取代科学，并且用以固定地产为特征的中世纪价值观取代资产阶级的价值观。[①] 另一方

[①] 关于作为一种欧洲特有的现象的浪漫主义的详细探讨，大家可以参考 A. Lovejoy, "On the discrimination of Romanticisms", *Essays in the History of Ideas*, Baltimore, 1948; 此外，大家还可以参考 Rene Wellek, "The Concept of Romanticism in Literary History", and "Romanticism Re-examined", *Concepts of Criticism*, Yale, 1963。

面，在英国，浪漫主义的第一代代表人物华兹华斯（Wordsworth）、柯勒律治（Coleridge）、索塞（Southey）以及黑兹利特（Hazlitt）则欣喜若狂地为法国革命欢呼，而反对法国革命的浪潮则是由惠格·埃德蒙·伯克（Whig Edmund Burke）以及政治经济学家托马斯·马尔萨斯（Thomas Malthus）发起的。① 在英国，浪漫主义的抗议热潮并不是由法国革命本身引发的，而是由一种用冷酷的实用主义社会哲学为自身进行正名的工业资本主义所产生的显而易见的后果所引发的。"工业化"的胜利打破了人类共同体的有机纽带，人与人之间的关系被"金钱关系"所取代了。

一个不变的问题所呈现出来的不同形式

在法国大革命以及工业资本主义到来的双重影响下，自然与科学/工业之间的两极对立一直持续到今天。在资产阶级思维的惯常语汇中，到处都可以见这一问题所产生的回响，这些词汇包括：传统主义与现代主义；自然状态与契约；共同体（gemeinschaft）与社会（gesellschaft）；领会（verstehen）与理解（begreifen）；分析与直觉；感觉的分裂；以及野性的思维（pensee sauvage）等。在过去的170多年中，这一问题一直是资产阶级思想中的一个恒久不变的主题。密尔（Mill）将边沁（Bentham）与柯勒律治的思想并置，我们也可以运用同样的方法来展示利维斯（Leavis）与斯诺（Snow）或是利里（Leary）与艾森克（Eysenck）之间的思想鸿沟。

由于所有的非社会主义文学以及社会主义文学中的一大部分都是在这种二元对立的限制之内发展出来的，某种将这两极对立的其中一极说

---

① 马尔萨斯于1978年发表的作品《论人口原则》最初被人们看成是对于古德温在《政治的公正》这部作品中所阐述的一种在启蒙传统中形成的无政府主义乌托邦所进行的抨击。通过将人口的问题引入到自然中去，马尔萨斯对于在18世纪广泛流行的、关于自然的乐观主义思想提出了严峻的挑战。用塔尔科特·帕森斯的话来说就是："马尔萨斯将一条非常狡猾的蛇放进了洛克所构建的那种和谐的天堂之中。（关于自然的乐观主义的）全部理论结构都面临着崩塌的危险。"相关内容大家可以参考 Talcott Parsons, *The Structure of Social Action*, Glencoe 2nd ed. 1961, p.104. 因此，从这个意义上来说，那些为关于科技进步的思想进行辩护的人并没有突出人与自然之间本质的和谐，而是强调人克服自然的能力。

成是进步的或者是倒退的思想立场便一直占据着支配性的地位。举例来说，在英国，科学主义这一极一直占据着支配地位，并且总的说来，科学主义这一极与统治阶级的思想立场紧密地融合在了一起，而令人惊奇的是，英国的左派人士并不打算支持那种认为反科学主义的浪漫主义思想在本质上持一种进步观的观念。我们可以在利维斯学派的作品中清晰地看到这一思想倾向，并且，这种倾向在雷蒙德·威廉斯（Raymond Williams）的作品《文化与社会》中表现得尤其明显。无论如何，若想简单地将浪漫主义与进步的态度等同起来，就必须忽略浪漫主义这一思想传统发展到后来在一些作品中所表现出来的种族主义和精英主义的特征：这些种族主义以及精英主义的例子包括卡莱尔（Carlyle）对总督艾尔（Eyre）于1865年到1866年间的牙买加叛乱所进行的残酷镇压表示支持；拉斯金（Ruskin）赞同一种相当于当代版本的奴隶制，并且提出我们可以采用此种当代形式的奴隶制来取代"工业化"；D. H. 劳伦斯（D. H. Lawrence）对于"鲜血"以及具有典型法西斯主义特征的反工业化思想的狂热迷恋；以及T. S. 艾略特（T. S. Eliot）的反犹太主义思想，以及他与法西斯主义的亲密互动等。与此同时，李嘉图、霍奇金、J. S. 米尔、赫胥黎、斯宾塞、布雷德洛、凯恩斯以及罗素等人的思想所表现出来的那些更为进步的特征则被忽略，没有得到应有的重视。还有一个令人不快的事实，这就是，在占据支配地位的政治环境的影响下，与社会主义相比，浪漫主义的反资本主义思想与右翼的极端主义以及各种各样的法西斯主义思想更为接近（以上分析也同样适用于科学主义—科技至上这一思想传统中的各种不同政治语境）。① 威廉斯想要执行的实际上是一项不可能完成的任务。这种浪漫主义思想传统所具有的双面特征是

---

① 埃里克·霍布斯鲍姆（Eric Hobsbawm）将浪漫主义说成是一种欧洲特有的现象，其实，说他的这种看法是对于浪漫主义的政治特征所进行的描述才更为恰当。他指出："无论它（即浪漫主义）的具体内容是什么，它都是一种极端主义的信条或者说教义。我们发现，狭义上的浪漫主义艺术家或思想家通常都是极端的左翼人士，例如诗人雪莱、华兹华斯、柯勒律治，以及无数对法国大革命感到失望的支持者们，例如从保皇主义转变为极端左翼的维克多·雨果等，但是，我们几乎从来都没有在中间派或是位于理性主义中心的辉格党的自由主义阵营中看到过浪漫主义的身影，辉格党的自由主义的确是'传统'（理性）主义的大本营。亲爱的老托里·华兹华斯说过，'我对于辉格党人没有丝毫敬意'，'但是，我的脑海中充满了英国宪章工人运动（Chartist）的思想'。"相关内容大家可以参考 Eric Hobsbawm, *The Age of Revolution*, 1962, p. 259。

无法彻底根除的。浪漫主义思想传统的政治内涵所具有的这种矛盾性，也同样存在于意识形态自身的本质属性中。就像阿尔都塞所说的那样："与科学不同的是，意识形态虽然在理论层面是封闭的，但在政治层面上却是灵活、可变的。一种意识形态能够不动声色地迎合其所处的时代的利益，虽然一种意识形态具有吸收、同化并且掌控历史变革的任务，但是它有时仅仅通过对于其内部特有的关系进行细微的调整，便可'反映'这种历史变革……因此，意识形态虽然已经发生了改变，但却不动声色地保持着自身的意识形态形式；意识形态虽然在运动，但却是以一种稳定的方式使得意识形态仿佛一直保持'原地不动'，一直处在其原有的位置，并一直扮演着其原有的意识形态角色。"①

但事实上，意识形态话语范畴的含义却是"易变的"，但这一事实并不意味着自然与科学—工业、浪漫主义与实证主义的两极对立仅仅是它们各自思想立场之间的对立，而这种思想的对立对于它们各自的政治内涵来说是无关紧要的。这一事实首先意味着，由于人们对意识形态的思想立场所进行的阐述不够严谨，因此，一种单一的意识形态的思想立场有可能与很多种不同的解读都能够达成一致；第二，以上事实还意味着，由认为两极对立中的一极是"进步的"而另外一极是"反动的"观点所混合而成的理论，会根据不同的政治情境而发生变化。我们可以清楚地看到，以上这个问题在19世纪得到了进一步的发展。在不同的情境中，我们既可以将圣西门看成是社会主义之父，也可以将他说成是管理型大工业意识形态的创始人。孔德的思想在欧洲以及墨西哥产生了极其反动的影响，独裁者波费里奥·迪亚兹（Porfirio Diaz）就是运用孔德的思想来为自己残酷的独裁统治进行正名的；但是，孔德的思想在巴西则产生了相对进步的影响，废除奴隶制的共和国革命就是以孔德所提出的一些标志性话语为旗帜来进行的。而在英国，实证主义的带头人E. S. 比斯利（E. S. Beesly）是唯一一个对维护共和制起到重要作用的思想家。在德国浪漫主义观念论这一思想传统中，我们也可以看到类似的模糊性，麦克斯·施蒂纳既被看成是无政府主义的创始人，又可以被看成

---

① Louis Althusser, *Reading Capital*, tr. Ben Brewster, London, 1970, p. 142.

是纳粹主义的直接先祖。法国工人运动的一大部分都是在普鲁东所提出的浪漫主义、反科技的意识形态的影响下进行的，而在德国，社会主义运动中的一大部分都是在杜林提出的实证主义意识形态的影响下进行的。在19世纪末期，一方面，在英国信奉社会主义的工人热切地阅读着拉斯金的作品，而他们的法国同伴们则以同样的热情阅读埃米尔·左拉的作品（左拉认为，通过对试验方法的运用，小说一定会成为科学的一个分支）。两极对立中的任何一极在政治的层面上都具有模糊性，这一点从其内在本质上来说是无法被克服的。

德国实证主义的弱点

在德国，在整个19世纪，自然与科学之间的这两极对立中的实证主义这一极一直都是非常弱小的一方。事实上，德国这个国家是浪漫主义这一思想传统最为杰出的源头，同时也是孕育反科学主义、反理性主义哲学最为重要的根据地。即使是在欧洲实证主义的黄金时代，也就是在19世纪20年代到70年代这段时期内，在德国也没有出现任何具有重要影响的实证主义思想家。冯·斯坦（Von Stein）、普林斯·史密斯（Prince Smith）以及杜林是很难与孔德或密尔这样的实证主义思想家相媲美的。当然，我们也可以说这些思想家（即冯·斯坦、普林斯·史密斯和杜林）对由诺瓦利斯、施莱尔马赫、谢林、叔本华、尼采以及斯蒂芬·乔治等人组成的反理性主义思想传统提出了微弱的挑战。最终，我们可以确定的是，德国实证主义的衰弱与德国资产阶级在政治上的软弱，以及由此造成的德国自由主义忧喜参半、心不在焉的事业有着莫大的关联。

从哲学等角度，康德主义将人类存在划分成现象世界和本体世界的做法，大大强化了德国知识传统所具有的特殊性。人既是一种物理实体，又是一种精神性的存在。自然，或者说由现象所组成的表象世界，遵循的是不可变的因果规律；而人作为一种现象的存在，不仅仅是认知的主体，同时也是一个完全处在自然规律影响之下的客体。但是，人还同样拥有另外一个层面，即人能够参与到由精神以及自由所组成的那个世界中，而这种道德生活是自由的，并且是自我决定的。在本体世界中，人不再服从于物理世界的因果性；因此，我们只有通过哲学的思辨方法，才能够理解作为一种社会存在物的人。

这种康德主义的区分所造成的一个后果是，科学与道德、事实与价值、主体与客体、存在与思维、自然与社会被严格地区分开来。① 因此，一方面，在19世纪英国和法国的社会思潮中，实证主义占据了主导地位，它将从自然科学中衍生出来的方法应用到对社会进行普遍研究的理论中去；而另一方面，在德国，康德主义的区分则建立了一种强大的、影响深远的反实证主义思想传统。对于唯心主义哲学家来说，所有对于人以及人的社会生活和文化来说具有重要意义的东西都从现象世界中严格地排除出去，在这些哲学家看来，将一种原子论的分析方法应用到人类社会中的做法是不被允许的。虽然一种机械因果性对于自然科学来说是恰当、合理的，但是，只有通过对于整体的直觉，才能够理解人类的精神领域。社会、历史、艺术、宗教以及哲学都是人类精神的具体表现。对于这一领域，学者无法诉诸因果性，只能通过直觉来了解其含义。这一观念在人文科学或者说精神科学（Geisteswissenschaften）的所有分支学派中都产生了广泛的影响。这意味着，虽然实证主义在德国的确产生过某种影响，特别是在19世纪五六十年代这段时期内，实证主义的影响最为突出，但是，实证主义对于（除了心理学之外的）正统德国文化②几乎没有产生任何持久的影响。从正统的德国文化编年史来看，实证主义这个插曲实际上仅仅表现为在黑格尔主义思想体系的解体与新康德主义复兴的开始这二者之间的一段空白而已。

在19世纪的最后30年，德国思想中的反实证主义偏见以前所有未有的力度对自身进行重新确证，并且在一种非理性主义的生命哲学（Lebensphilosophie）中达到了顶峰。这种非理性主义的生命哲学对"一战"爆发前十年的年轻德国哲学家们产生了强烈的影响，我们可以在康

---

① 关于康德对19世纪的德国哲学传统所产生的影响所进行的精神论述，大家可以参考 Talcott Parsons, *The Structure of Social Action*, Glencoe, 2nd ed., 1961, pp. 473 – 499。

② 关于孔德在德国产生的影响所进行的详尽分析，大家可以参考 W. M. Simon, *European Positivism in the Nineteenth Century*, Cotnell, 1963, pp. 238 – 264；而对于洛伦茨·冯·斯坦（Lorenz Von Stein）的思想的探讨，大家则可以参考 Herbert Marcuse, *Reason and Revolution*, 2nd ed., New York, 1954, pp. 374 – 389。

德主义的复兴中看到这一趋势的源头。

然而,新康德主义运动本身并不是统一的。① 从新康德主义最初的也是最为正统的思想观点来看,新康德主义与它想要取代的实证主义是非常接近的。马堡学派的新康德主义最初想要完成的任务是为科学提供一种理性认识论,并以此对抗形而上学。与恩格斯相类似,马堡学派的新康德主义者坚决地将哲学的视域限定在逻辑以及认识论的范围之内,在他们的作品中,强调了科学与道德、事实与价值之间的严格区分。

海德堡学派的新康德主义者则表现出更为明显的反实证主义特征。文德尔班与李凯尔特所选择的战场最能代表这股潮流,此二人争论的焦点是历史学科的地位问题,而这是实证主义在 19 世纪中期的几十年中不断强调的问题。然而,在海德堡占据统治地位并且最具影响力的却是威廉·狄尔泰的思想,狄尔泰是一位非正统的新康德主义者,他在自己人生的最后几十年中逐渐转向了一种非正统的新黑格尔主义。② 狄尔泰一开始所表现出来的是一种在许多层面看来都与英法实证主义非常接近的思想。但是,在对浪漫主义神学家施莱尔马赫进行研究的过程中,狄尔泰逐渐转向了这些英法实证主义思想的对立面。狄尔泰对于施莱尔马赫进行研究的结果就是,他开始得出这样一个结论,即真正的历史知识是对历史客体的内在体验(Erlebnis),而科学知识则是一种试图理解其外在表象的尝试。"思维只能理解它自己创造出来的东西。自然,即自然科学的研究对象包含不依赖于人的思维活动而被创造出的现实。"③ 历史之所以是可理解的,是因为历史从本质上说是由思维的"客体化"构成的。最终,狄尔泰将这种文化层面的总体性——狄尔泰

---

① 在英语世界中对于新康德主义的不同学派所进行的最为精彩的阐述,大家可以参考 Lewis White Beck, "Neo-Kantianism", *Encyclopaedia of Philosophical Sciences*, 1966。

② 狄尔泰的大量作品至今都没有翻译成英文。然而,我们可以在霍奇(H. A. Hodge)的《威廉·狄尔泰》(*Wilhelm Dilthey*, London, 1944)这部作品中,找到从狄尔泰的一些主要作品中选取出来的一些内容。同样地,大家还可以参考 Carl Antoni, *From History to Sociology*, London, 1962;此外,大家还可以参考 R. G. Collingwood, *The Idea of History*, Oxford University Press, 1946;最后,大家还可以参考 R. Aron, *Essai sur la Theorie de L'histoire dans L'Allemagne Comtemporaine*, Paris, 1938。

③ H. A. Hodge, *Wilhelm Dilthey*, p. 32.

称其为"Weltanschauungen"——与精神的恒定结构中的三个基本变量联系在一起。从狄尔泰到施莱尔马赫,再到后来的解释学,历史学家正是通过这一进路对历史进行解释的,这一进路从根本上说是由自我在他者身上的投射所构成的,而此种投射从终极意义上说,并不是一种知识行为,而是一种想象行为。

生命哲学的兴起

直到狄尔泰去世之前,他的思想中一直保留着实证主义的残余,但是,狄尔泰的作品对于浪漫主义的反科学主义以及非理性主义哲学思潮产生了巨大的推动力,这些反科学主义以及非理性主义哲学自20世纪伊始开始在德国积聚力量。与理性主义提出的那种分析的认知模式相反,狄尔泰强调直觉,这与柏格森所提出的直觉主义生命哲学是一致的,而且,我们还可以在现象学中找到一种与之相对应的、强调对于论断进行非经验性描述的直觉主义思想。生命哲学是以下元素的相互结合,包括文学中的符号学运动,尼采与陀思妥耶夫斯基的广泛影响,以及构成了孕育生命哲学温床的索列尔(Sorels)的非理性主义政治哲学。特别需要指出的是,生命哲学对于直觉的强调,大大削弱了早期新康德主义将哲学限制在逻辑和认识论领域这一做法所产生的影响。正因为如此,生命哲学才能够将本体论重新引入哲学中,在李凯尔特的学生拉斯克的作品中,我们已经可以看到以上现象的痕迹,而在舍勒以及海德格尔的作品中,本体论以一种更为宏大的方式在哲学中复兴。

在同一时期,悲观厌世的反科学主义在德国的社会学中也有明显的表现。这种趋势对马克斯·韦伯的许多思想产生了影响,但是,韦伯的哲学思想与正统的、带有实证主义特征的新康德主义更为接近。正是韦伯第一次将资本主义描述成为一种在西方世界进行的理性化进程,伴随着这一进程,想象、惯例以及传统意义的共同态度被系统地消灭了,而且,日常生活也逐渐被官僚化、标准化。韦伯对于这一理性化进程表现出斯多葛式的顺从:"如果我们想到,未来充斥着这个世界的将只有这些小小齿轮,小人物做着细小的工作,并且为了得到稍微大一些的工作而努力着，那将会是多么可怕……这种对于官僚主义的热情足以使得一个人走向绝望……但是，要想与这种将灵魂掏空的机械化相对抗、从这种进程中保留住一部分人性的话，我们又能做些什么呢？"①

生命哲学的特征在韦伯同时代的思想家——西美尔那里表现得更为明显。西美尔是一位明确持反实证主义态度的思想家，他的思想与海德堡学派的新康德主义更为接近。② 继柏格森之后，西美尔将生命视作创造性活动的一种永不衰竭的动力。在他看来，生命的对立面就是形式，但是，生命只有通过各种形式才能变成真实的东西。个体经验为内容赋予了形式，并且借此创造出外部的现实对象。从某种层面上看，西美尔提出的上述观点与狄尔泰将文化看成是思维的客体化的观点非常相似。但是，在狄尔泰的思想中，这一进程是毫无问题的，但是，对于西美尔，在这一进程中却蕴含着悲剧性的含义。个体创造出文化的客体，并以此来扩展他自己的生活以及潜能，为了做到这一点，个体既需要运用人类创造出来的全部产物（客观精神），也要进一步将这些产物内化并且将其重新融合到他自己的生命之流中。但是，这种将主体与客体重新融合在一起的做法是不可能实现的。客观精神将会以一种完成的形态与生命之流逐渐分离，并按照自己的动力学规律来运行，自此之后，客观精神不再作为手段而是作为目标而发展。因此，从这个意义上说，人逐渐被他自身的产物所奴役。

狄尔泰、西美尔以及海德堡学派（文德尔班、李凯尔特和拉斯克）思想的基本趋势不仅仅是要保存康德主义对于人文与自然科学的传统区分，他们还想要进一步按照某种方式来确证，历史知识比科学知识更加真实，解释学的直觉比因果分析更加可靠。然而，这种确证引发了一个我们如何能确保历史知识具有真实性的问题。就像狄尔泰所说的："在人文科学中进行的所有思考，都具有价值的特性。人文科学思想家们挑

---

① 这段引文大家可以参考 J. P. Mayer, *Max Weber and German Politics*, Faber, 1943, pp. 127 – 128。

② 在英语世界中，西美尔被误认为是在一个小群体中产生的社会学的先驱。然而，西美尔最为重要的作品却是 1900 年版的《金钱哲学》。对于西美尔这部作品中的一些主要观点的解释说明，大家可以参考 S. P. Altmann, "Simmel's Philosophy of Money", *American Journal Sociology*, 1903；同样的，大家还可以参考 Kurt Heinz Wolff ed. *George Simmel*, 1965。

选出他们想要对其进行思考的所谓事实,并且从价值的角度出发来阐述他们的问题。"① 狄尔泰自己对人类进步持有乐观主义的信仰,从而避开了以上论述中所论及的相对主义内涵,并且他希望能够创造一种占统治地位的心理学。由于狄尔泰终究没有能够针对相对主义这一问题提出令人满意的解决方案,这就为他的后继者留下了一个悬而未决的难题,人们有可能从这一未能得到解决的难题中,推导出非理性主义以及虚无主义的结论。

在青年卢卡奇学习哲学的那些年里,针对实证主义所蕴含的价值而进行的批评不断增加。② 卢卡奇在海德堡学习期间,曾经是西美尔的学生,并且是拉斯克与韦伯的亲密伙伴。他还受到了狄尔泰、胡塞尔、柏格森、陀思妥耶夫斯基以及符号学运动的影响。那些对他产生过重大影响的思想主题展现了一种思想潮流,而欧陆哲学已经开始向这种思想潮流转变。卢卡奇在他的第一部重要的德文作品,也就是于1910年发表的《心灵与形式》这部作品中,从康德主义的角度出发,提出关于人类生活与绝对价值之间的关系问题,以及关于人类生活在何种条件之下才是"真实的"这一问题。卢卡奇在这部作品中,对于所有与日常生活相妥协的形式都持批判态度,在他看来,任何一种与日常生活相妥协的形式都是一种逃避。这部作品的重要作用在于,卢卡奇将克尔凯郭尔的思想重新引入哲学讨论中,并且,人们将他的这部作品看成是当代存在主义哲学的一个起始点。③ 在创作《心灵与形式》这部作品以及他的第二部重要作品——《小说理论》(1916)期间,卢卡奇致力于研究克尔凯郭尔对黑格尔的批判。他并没有完成这种研究,但是,克尔凯郭尔对卢卡奇的思想却产生了重大的影响,这一点在他的《小说理论》中表现得

---

① H. A. Hodge, *Wilhelm Dilthey*, p. 80.
② 对于卢卡奇早期的哲学思想发展所进行的最为杰出的阐述,大家可以参考一部收集了他的许多思想片段的自传体文本 *Mein Weg zu Marx* (1933);此外,大家还可以参考卢卡奇在1962年版的《小说理论》中所写的序言,以及1967年版的《历史与阶级意识》序言;同样的,大家还可以参考 Lucien Goldmann, "Introduction aux premiers ecrits de Georges Lukács", *Les Temps Modernes*, No. 195, August 1962, and George Lichtheim, *Lukács*, Fontana, 1970。
③ Lucien Goldmann, "Introduction aux premiers ecrits de Georges Lukács", *Les Temps Modernes*, No. 195, August, 1962.

十分明显。在《小说理论》中，卢卡奇将时间描述为一个"绝对精神之退化"的进程——它像一块幕布不断插入到人与绝对精神之间。在《小说理论》中，卢卡奇从康德主义的思想立场转移到黑格尔主义的思想立场，并且，他运用辩证的方法将古代世界的史诗（在史诗中，共同价值没有表现出任何问题）与小说的形式（在卢卡奇看来，小说是当代个人主义的产物，在小说的各种形式中，我们却再也找不到共同的价值了）这二者对立起来。然而，无论卢卡奇是康德主义者也好，是黑格尔主义者也罢，对他思想产生决定性影响的都是经由狄尔泰所发展的那种精神科学。卢卡奇在1962年回顾了他生命中的这段时期："那个时候，我正处在一个从康德转向黑格尔的进程中，但是，这却没有改变我与那种所谓人类科学之间的关系；从这个层面上来看，我从本质上来说依然依赖于狄尔泰、西美尔以及马克斯·韦伯的作品在我青年时代的思想中所留下的那些印记。《小说理论》这部作品从本质上来说，是在这种人文科学的影响下创造出来的一个典型产物。"①

历史主义与社会民主

我们应该认识到，在海德堡学派中达到顶峰的历史学家与哲学家的思想传统——也就是反实证主义的思想传统——是被保守主义、民族主义以及浪漫主义所支配的，认识到这一点具有非常重要的意义。德国历史主义学派在其刚刚兴起的时候，是一种针对法国大革命以及启蒙主义所进行的有意识的反驳。黑格尔主义试图通过融合理性与历史来回应兰克（Ranke）的断言：每一个时代在上帝眼中都是平等的。自然法理论是启蒙哲学的一个核心思想武器，被萨维尼（Savigny）的历史学派所推翻。古典经济学的经济自由主义理论受到李斯特（List）的抨击，后来，肖莫勒（Schmoller）以及经济学中的历史学派——例如斯密学派以及曼彻斯特学派——又进一步指出，经济自由主义理论并不是对经济行为进行分析的普遍有效的法则，而仅仅是对英国制造业资产阶级所进行的一种特殊的阐述。这种历史主义的反实证主义思想传统发展到最后，逐

---

① Georges Lukács, *La Theorie du Roman*, Paris, 1963, pp. 6–7.

渐与生命哲学融合在一起。历史被看成是一个逐渐退化的缓慢过程。资本主义意味着理性、计算以及官僚主义的思维方式的统治。这种观点在威廉统治下的德意志帝国的知识分子中引发的不是人文主义的恐怖，更不是社会主义的承诺，而是一种浪漫主义的美学尝试。资本主义不断地试图缩小我们能够在其中过着真实生活的空间。人民大众要么是懒散的，要么就是被非理性的激情所驱使，资产阶级则踌躇满志但却毫无修养，瘾君子们则是粗俗不堪并且野蛮不讲理。我们所能够采取的唯一一种恰当、合理的思想立场，就是被挑选出来的少数人所奉行的禁欲主义。

因此，第二国际以及德国社会民主党（SPD）中的马克思主义者以及社会民主主义者们与以上所说的这种德国思想的趋势毫无关联，也就不足为奇了。如果说修正主义与新康德主义有相似之处的话，那它并不是与海德堡学派的新康德主义有相似之处，而是与马堡学派的新康德主义之间拥有相似之处。德国的社会民主运动从马克思主义中吸取了坚定的价值信念与对科学的信仰。自然科学与历史唯物主义之间无法破解的联盟在恩格斯的脑海中留下了强烈的印记。在狄慈根与考茨基这样的半官方哲学家所发表的作品中，历史唯物主义被解释成将达尔文的进化论扩展运用到人类历史中去的理论。当关于修正主义的论辩开始之后，争论的双方都没有对自然科学方法的价值提出质疑。修正主义者在运用康德思想的时候，集中运用的是康德对于科学与道德以及事实与价值之间的区分。论辩的双方对于马克思主义是经验科学这一点都没有丝毫的怀疑。在修正主义者眼中，真正危险的是使思维与存在、事实与价值之间的区分变得模糊不清的辩证方法对于马克思主义的污染。① 正统马克思主义者用一种朴素的唯物主义观点来反驳康德的认识论，认为认识是物质的投射，客观世界不依赖于观念而独立存在。康德主义受到攻击，但并不是由于的实证主义内涵，而是由于它对科学的信仰不够强烈——具体来说，这种攻击所针对的是康德的自在之物理论，恩格斯将其标识为

---

① 关于新康德主义与修正主义之间的相似之处所进行的讨论，大家可以参考 Peter Gay, *The Dilemma of Democratic Socialism*, New York, 1952；此外，大家还可以参考 Karl Korsch, *Marxism and Philosophy*, London, 1970，尤其是序言中的内容。

不可知论。①

卢卡奇在1917年之前所公开宣称的那些反对资本主义的思想，与德国社会民主党的思想传统之间没有任何相似之处。在他的早期著作中，卢卡奇表现出对资产阶级文明的厌恶，这与同时期海德堡学派思想家著作中表现出来的态度颇为相似。然而，与西美尔和韦伯不同的是，他并没有将这种斯多葛主义的姿态与对德国帝国主义不加批判的支持结合起来；他也没有像狄尔泰和托马斯·曼（Thomas Mann）那样，认为德国文化是独一无二的并且是最优越的。卢卡奇从来都没有接受威廉统治下的德国文化沙文主义，因此，我们可以说他的思想对"一战"没有起到任何推动作用，他对"一战"所持的态度是彻底的拒绝以及深深的绝望。这或许是因为，在那种具有病态世界观的生命哲学与匈牙利知识分子对于国家民主的渴望这二者之间的矛盾——卢卡奇本人充分感受到了这种矛盾——使得卢卡奇永远都不能完全臣服于浪漫主义的非理性主义。卢卡奇在后来对他的这种思想进行解释的时候认为，这种思想是道德层面的左派思想与右翼的认识论二者的结合。② 虽然卢卡奇完全赞同当时广泛流行的抛弃实证主义的思潮，但他试图找到一个更为稳固的立足点，从而使得自己不至于径直滑向尼采的虚无主义。他致力于寻找后来被称为"第三条道路"③ 的理论进路。卢卡奇详细考察了帕斯卡和康德提出的"悲剧想象"，他对于克尔凯郭尔所进行的研究以及他向黑格尔思想的转向，都可以从这种"悲剧想象"出发进行解释。卢卡奇的反资本主义思想并不是从一种正统的社会主义角度出发来进行的，而是从一种孤独的浪漫主义个体这一角度出发来进行的。更为重要的是，他从来都不曾感到自己与第二国际有任何共通之处，并且，当他在1908年到1909年这段时期第一次对马克思进行认真研究的时候，他也是透过

---

① 参见恩格斯："路德维希·费尔巴哈与德国古典哲学的终结"，载于《马恩文选》（Selected Works），莫斯科，1968年版，第605—606页。（中文版本参见恩格斯："路德维希·费尔巴哈与德国古典哲学的终结"，载于《马克思恩格斯选集》，第4卷，北京：人民出版社，1995年版，第214—258页。——译注）

② George Lukács, *La Theorie du Roman*, p. 16.

③ George Lukács, *Existentialisme ou Marxisme?*, Paris, 1948, p. 48.

西美尔和韦伯的视角来审视马克思的。① 从政治的层面，更为吸引卢卡奇的是无政府主义的辛迪加主义，以及索列尔提出的那些轰轰烈烈的反对资本主义的乌托邦主义，而不是匈牙利的社会民主党。② 卢卡奇早年对于资本主义的批判，就是他的日常生活批判以及他对于真实生活的追问的同义语。在 1910 年的时候，卢卡奇写道："一个过着平凡生活的人永远都不知道生活这条河流将会载着他走向何方，在任何事情都还没有实现的情况下，任何事情都是可能的……这是因为，人热爱生活中的那些朦胧的、不确定的东西，或许他也十分享受那种能给他带来巨大安慰的千篇一律……当一种奇迹发生的时候，某种真实的东西就实现了……这个奇迹强行进入人的生活中，并且使事物变得清楚可见、毫不含糊……在这一奇迹的时刻，它揭开了灵魂所有欺骗性的面纱，使模糊的情感充满意义。"③

这个所谓的"奇迹"在 1917 年出现了。

---

① Georg Lukács, *History and Class Consciousness*, p. ix.
② 卢卡奇表明，他对于索列尔的兴趣是由埃尔温·萨博（Ervin Szabo）引起的："匈牙利社会民主党内左翼反对派的精神领袖埃尔温·萨博使我注意到索列尔。"参见 Georg Lukács, *History and Class Consciousness*, p. ix. 如果我们考虑到卢卡奇的哲学思想，以及匈牙利在霍尔蒂王朝崩溃之前的处境的话，那么，卢卡奇对于第二国际中的社会民主党式的思想感到厌恶就完全是可以理解的了。作为对于任何一种形式的、公开可见的无产阶级政治斗争的合法代表所产生的结果就是，一种怯懦的、保守的工会领导对于匈牙利社会民主党的控制甚至比以往更强了，这种怯懦的、保守的工会领导的力量之所以能够一直保存下来，是因为一种出于商业目的而不是政治目的而建构出来的组织结构（党派领导人的选举采取了非直接选举的投票方式，并且，这种选举方式是以代表各行各业的工会管理会议为基础来进行的）。党派的领导对于政府持顺从的态度，他们所采取的策略也毫无想象力可言（尤其是他们的农业策略，更是毫无想象力），并且，这种党派的领导还表现出强烈的反知识分子倾向。其结果就是，匈牙利知识分子在党派中找不到恰当地表达自己的不满情绪的方式，而匈牙利的政治教育——在其他的国家，政治教育通常被视为是党派的日常功能中的一部分——是在党派之外的一些平行机构中进行的（特别是在伽利略学派中来进行的）。萨博出身于一个中产阶级犹太家庭（匈牙利革命派知识分子中的大多数重要代表人物都出身于中产阶级的犹太家庭），并且在维也纳的俄国流亡者的影响下成为一名马克思主义者。在 20 世纪初期，萨博发起了对于匈牙利社会民主党的一次强烈攻击，他抨击匈牙利社会民主党的"懦弱的议会"，还对匈牙利社会民主党为了"使小工会的统治长久不衰"而建立的组织结构进行了抨击。萨博对党派进行改革的普遍平台，是建立在从法国无政府主义的辛迪加主义中衍生出来的一种模式的基础之上的。对于 1918 年到 1919 年革命之前的匈牙利社会主义运动的特征所进行的有趣的描述，大家可以参考 Rudolf L. Tokes, *Bela Kun and the Hungarian Soviet Republic*, Stanford, 1967, pp. 1–49。
③ 这段引文出自 Lucien Goldmann, *The Hidden God*, London, 1964, p. 39。

三、对于科学的攻击

现在，我们可以对《历史与阶级意识》在马克思主义思想史中所占据的特殊地位作出更为清楚的评估。《历史与阶级意识》象征着资产阶级思想中的浪漫主义的反科学主义思想传统对马克思主义理论的第一次入侵。人们曾经一度认为，《历史与阶级意识》仅仅是向黑格尔以及青年马克思这些被人们丢弃的思想传统的简单回归，但事实并非如此，《历史与阶级意识》实际上是经由狄尔泰、西美尔以及德国浪漫主义思想传统而对我们可以在黑格尔以及青年马克思的思想中找到的某些思想主题的重新发掘。正是由于这种浪漫主义的反科学主义思想传统是被中欧所有哲学家中唯一一个认真阅读了《资本论》并且对其进行了深入研究的思想家"移植到"马克思主义中去，因此，这样一个哲学家所创作的作品——《历史与阶级意识》——就成为一部非常杰出的并且也是十分具有说服力的作品。

当然，我们在葛兰西与科尔施（在后世对于20世纪20年代的左派理论思潮所进行的讨论中，葛兰西与科尔施通常被看做是与卢卡奇非常接近的思想家）的作品中，也能发现科学被相对化，服从于历史主义的问题逻辑。但是，我们在葛兰西与科尔施的作品中，却绝对找不到对科学进程的消极特征所进行的论述。恰恰相反，在他们各自认识论的界限内，此二人着重强调了科学所具有的解放力量，并将马克思主义自身描述为工人阶级的科学武器。在科尔施《马克思主义与哲学》的最后几页，他指出："正如同一个革命性阶级的经济活动并没有使得政治活动变得无关紧要一样，政治活动或经济活动也没有使得思维活动变得无关紧要。恰恰相反，在理论与实践中，思维活动都必须要贯彻到底，这是因为，在工人阶级夺取国家政权之前，先要进行革命性的科学批判以及煽动的工作，并且，在工人阶级夺取国家政权之后，还要构建出科学的组织，并且在意识形态层面上实行独裁统治。"[①] 而葛兰西则突出强调了

---

① Karl Korsch, *Marxism and Philosophy*, London, 1970, p. 84.

当代科学在当今时代所具有的无与伦比的重要性，以及当代科学与马克思主义自身之间不可分割的密切联系。"经验方法的出现将两个历史世界、两个时代分割开来，并且启动了瓦解神学与形而上学的进程，此外，经验方法的出现还开启了在实践哲学中达到顶峰的当代哲学思想的发展进程。科学实验是新的生产方式、人与自然积极联合的新形式的钟声所敲出的第一声响动。"①

与此形成鲜明对照的是，在卢卡奇的《历史与阶级意识》中，我们看不到任何关于工业化以及科学发明具有解放作用的暗示，更不用说马克思提出的那种信仰，即历史唯物主义理论本身就是一种真正的并且是可靠的科学这种信仰。实际上，卢卡奇的确对恩格斯所提出的工业与科学实验是"实践"的不同形式这一断言进行过严厉的批判。在卢卡奇看来，与恩格斯的看法相反，这些实验恰恰是"最纯粹的直观"②。实际上——并且，卢卡奇以整个浪漫主义及后浪漫主义思想来说，以下观点或许是最有力的论据——马克思本人鲜明地从资产阶级社会思想与感受性这一成不变的两极矛盾中彻底解放出来。在马克思的著作中，我们完全看不到任何其受到浪漫主义的反工业化思想或是实证主义的"诱惑"的暗示：无论是对普鲁东，还是对边沁，马克思都无一例外地表示了轻蔑。在马克思的作品中，既没有关于自然的神话，也没有关于工业的神话。贯穿在马克思作品中的既不是"斤斤计较的计算"，也不是"灵魂及其形式"，而是一种乐观的、充满希望的意象。甚至，马克思一再地强调资产阶级在历史中所扮演的进步角色，并且，伴随着当代机械工业的出现，资产阶级还掀起了一场声势浩大的物质革命，尽管这一进程伴随着对工人的奴役、剥削以及工人所遭受的痛苦。马克思针对他在《共产党宣言》中称为"封建社会主义"的东西所呈现出来的种种样态发表措词激烈的长篇演说。③ 马克思坚定不移

---

① *Selection from the Prison Notebooks of Antonio Gramsci*, ed. and tr. Quintin Hoare and Geoffrey Nowell Smith, London, 1971, p. 446.

② Georg Lukács, *History and Class Consciousness*, p. 132.

③ 参见《马恩文选》，莫斯科，1968年版，第605—606页。（中文版本参见马克思和恩格斯："共产党宣言"，第三部分"社会主义的和共产主义的文献"中的第1小节"1. 反动的社会主义"中的"（甲）封建的社会主义"这部分内容，载于《马克思恩格斯选集》，第1卷，北京：人民出版社，1995年版，第295—297页。——译注）

地认为，他的成熟作品本身就象征着一种新科学所具有的革命性基础。《资本论》在一开始的时候就明确指出，这本著作所针对的是那些"想学到一些新东西、因而愿意自己思考的读者"。并且，马克思还指出："在科学上没有平坦的大道，只有不畏艰险沿着陡峭山路攀登的人，才有希望达到光辉的顶点。"① 进一步说，马克思在《资本论》中使用的那些比喻，与《不毛之地》中的那些比喻是截然不同的：这是因为，虽然资本主义表现出对工人的极端的残酷无情以及压制，但是资本主义却是未来的无阶级社会的绝对前提和物质基础。马克思无数次地表达上述这种观点，他在以下这篇著名的篇章之中，表述得尤为生动："过去的观念认为，人总是表现为生产的手段（然而，这种观念是一种狭窄的民族主义、宗教或者说政治的定义），这种观念似乎比当代世界将生产定义为人的目标、将财富定义为生产的目标这种观念要更为高尚。然而，实际上，当这层狭隘的资产阶级外衣被剥去之后，我们就会看到，财富如果不是在一种普遍交换中被创造出来的个人需要的普遍性以及个人的生产力的话，它还能是什么呢？财富如果不是人类对于自然——既包括人自己的自然本性，也包括那种所谓的外部"自然"——的力量的控制的话，它还能是什么呢？财富如果不是使得之前的历史进程的总体性本身成为一种目标——举例来说，人们无法用任何一种之前已经建立起来的标准来衡量的全部人类力量的进化——除却这一前提条件，人们无法对自己的创造性潜能进行彻底发掘，它还能是什么呢？"② 换句话说，马克思已经通过他的无产阶级革命理论完全"取代"了资产阶级思想中的那种浪漫主义与实证主义的永恒对立。他的无产阶级革命理论就是，通过对于剥夺者进行剥夺，就将会废除导致这种剥夺产生的社会形态，并且创造出一种超越了资本主义及其不可解决的矛盾的新的社会秩序。

从卢卡奇在《历史与阶级意识》中对于历史唯物主义所进行的描述

---

① 参见1961年在莫斯科出版的《资本论》，第1卷，第21页。（中文版本参见《〈资本论〉法文版序言》（1872年3月18日），载于《马克思恩格斯全集》，第23卷，北京：人民出版社，1972年版，第26页。——译注）

② 参见1964年在伦敦出版的马克思：《资本主义生产以前的各种形式》（杰克·科亨译），第84—85页。

中，我们完全看不到以上所说的这种奠定了马克思著作整体"基调"（即无产阶级革命理论是对资产阶级思想中的那种浪漫主义与实证主义的永恒对立的替代）的东西。恰恰相反，我们在《历史与阶级意识》中看到的是一种对于资本主义的非辩证的、非历史性的描述。卢卡奇指出，资本主义从一开始就是一个使社会走向腐朽、将精神分割成片段的过程。卢卡奇没有将资本主义的发展看成是一种既具有解放的作用也具有摧毁的作用的无情动力学，而是将其看做是一个由形而上学的消极层面所组成的不断展开的网，工业与科学实验逐渐变成了纯粹直观。在《历史与阶级意识》中，我们找不到任何线索能够说明卢卡奇究竟是怎样理解马克思所说的将生产力从生产关系中解放出来这一观点的内涵的。然而，就像 L. 科莱蒂（L. Colletti）在他最近一部著作中所指出的那样："大众的自我管理预示着以下这些前提：高效率的生产力，大大缩短工作时间的可能性，在工人—技术人员这个范畴内将脑力劳动与体力劳动成功地结合在一起，大众有意识地并且能够使得社会在一种更高的历史层面上发挥其功能。总结起来就是，大众的自我管理，这就是无产阶级的统治，它预设了现代集体工人。这些前提条件只有在大规模工业生产的基础之上才有可能实现。"① 在卢卡奇的《历史与阶级意识》中，以上这个维度完全是缺失的。卢卡奇并没有为从必然王国向自由王国的飞跃提供任何物质内涵。在这部著作中，我们也绝对找不到关于发达工业社会主义的预见。无产阶级所支配的社会总体性，仅仅是无产阶级过去一直渴望实现的那种社会总体性，因此，商品拜物教与物化就从这种社会总体性中被分离出去。因此，所有的客体形式都被溶解到过程中去。

精神科学的胜利

卢卡奇对于科学与科技所产生的作用所进行的批判，不仅仅是他从自己的前马克思主义思想时期继承过来的、与马克思主义这一主题无关的思想残余。卢卡奇对于科学与科技所产生的作用的批判构成了《历史

---

① L. Colletti, "The Question of Stalin", *NLR*, No. 61, p. 79.

与阶级意识》这部作品的理论核心，并且决定了后来所有从这部作品中引发出来的政治层面的错误。首先，卢卡奇对于科学与科技的作用的批判这一核心主题，对于无产阶级被赋予的那种极端抽象的并且是像空气一样难以捕捉的角色进行了解释说明。在卢卡奇看来，无产阶级所扮演的角色不是一种具体的历史力量，而是一种遗失了的几何学论证术语。无产阶级是一种"上帝的机器"，它的适时出现是为了解决精神科学的难题。德国的反实证主义学派一直没能解决解释学意义上的直觉如何能够确保客观确定性这一问题，这一问题有可能比自然科学的分析方法更为优越，即便不是这样，这一问题也与自然科学的分析方法极其相似。如果人文科学的思考确实具有"价值"的特征的话，那么，我们如何能够避免文化相对主义的幽灵呢？《历史与阶级意识》的成就在于，卢卡奇找到了一种关于解决上述问题的巧妙但却令人感到惊奇的方式：所有的真理都是相对于个别阶级的立场而言的；无产阶级究其本性来说是一个普遍化的阶级，因此，无产阶级的主体性也是普遍化的；但是，一种普遍化的主体性只能是客观的、客体化的东西。

卢卡奇在《历史与阶级意识》中所阐述的这种解决方案所造成的一个结果就是，围绕着自然科学的性质所进行的传统争论被颠倒过来。科学成为一种主体化的东西；而价值（这里所说的价值指的是无产阶级的价值）则成了一种客体化的东西。在卢卡奇看来，自然科学的方法论和观点并不是一种努力取得能够符合自然科学标准的、具有一定程度确定性的历史知识，自然科学的方法和论点只是对资产阶级世界观的一种特殊表达方式而已。与所有其他资产阶级世界观一样，自然科学是片面的；自然科学必然是一种虚假意识，而无产阶级所具有的总体化的思想立场，将会辩证地超越自然科学的这种虚假意识，无产阶级的总体化思想立场将是最后一种也是唯一一种能够达到普遍性的思想观念。

而且，当代科学的分析理性仅仅是对统治着历史与社会的资本主义物化的反映，它只能制造出"局部"的经验发现，相反地，无产阶级的"总体性的思想立场"却是完全有效的，即使它无法制造出"任何一种"局部的经验真理。因此，卢卡奇庄严地声明："出于讨论的目的，让我们姑且假定新的研究认为马克思的每一个个别论点都是错误的。即使这点得到证实,每个严格意义上的'正统'马克思主义者依然可以毫无保留地接受所有这些新结论,放弃马克思的全部论点,但却无须声称放弃马克思主义的正统性……马克思主义的正统性所指的仅仅是方法。"① 卢卡奇的这一著名论断在左翼阵营中被广泛接受并且不断重复,事实上,卢卡奇在他为《历史与阶级意识》所写的 1967 年序言中,也的确从更为深远的角度出发,对其进行了重新确证。② 然而事实上,这样一种信条对马克思主义来说无异于一种思想上的自杀:在历史中,什么样的科学方法能够在它所有的论点都被系统化地推翻之后,还仍然会存活下来?它具有何等的特权呢?

历史的朴素性

从逻辑的角度,卢卡奇轻视马克思穷其一生所研究的那些具体事实,其必然结果就是"历史"将在《历史与阶级意识》中扮演的一个纯粹幽灵般的角色。事实上,在《历史与阶级意识》这部作品中,我们几乎看不到任何关于资本主义生产方式的真实"历史"或是关于工人阶级斗争的真实"历史"的阐述。③

事实上,声势浩大的反科学主义思潮最终不可避免地发现,一旦当它试图对马克思所提出的那些核心政治问题和理论问题进行探讨的时候,它就会陷入一个无法解决的困境。因此,卢卡奇为了将自己塞进他的哲学思想所准备好的这件紧身衣里,只有将历史简化为一种经济—意

---

① Georg Lukács, *History and Class Consciousness*, p. 1.
② Georg Lukács, *History and Class Consciousness*, pp. 25 – 26.
③ 狄尔泰的《体验与诗》这部作品对卢卡奇的思想产生了很大的影响,卢卡奇后来在他在 1962 年为《小说理论》写作的序言中指出:"接下来,这个新的领域向我们表现为一种在理论领域以及历史领域中的宏大综合的思维普遍性。我们没有认识到,这种新的方法根本无须建立在事实的基础之上。伟大的思想家之所以取得了许多伟大的成就,不仅仅是由于这种方法,除了这种方法之外,还有某种我们在激情四射的青年时代所看不到的东西。从一种趋势或是一个阶段所具有的少数特征——我们通常是以一种纯粹直观的方式,来把握这些特征的——出发,然后再从这些少数特征中综合出普遍的概念,最后,再通过演绎的方法回到个别现象中去,并且坚信这就等同于一种宏大的总体性视域,这已经成了一种普遍惯例。"相关内容大家可以参考于 1963 年在巴黎出版的卢卡奇:《小说理论》,第 7 页。卢卡奇之所以构建出这种具有特殊性质的解释学方法,是为了解释他在《小说理论》中所采取的思想步骤。但是,卢卡奇的以上观点也同样可以适用于他在《历史与阶级意识》中所构建的物化这个概念的方法。

识形态的总体性，它反映着前后相继的阶级主体的生活条件。每一个阶级主体都拥有一种世界观，而这种世界观支配并且完全渗入到此阶级主体身处其中的历史总体性中。而且，由于是阶级主体而不是生产方式——它通过生产过程分配社会角色，并能够通过斗争而获得改变——为历史总体性赋予意义，因此，经济所发挥的作用就被还原成为一个模糊的子集，只有当我们需要用这个模糊的子集来解释从一种生产方式向另外一种生产方式的转变时，这个模糊的子集才能够浮现出来。

任何一种既有的社会形态都必然是极其复杂的，它或许是并且通常都是由在一个有等级或者说层次分明的集合中所包含着的"众多"生产方式所组成的混合物，然而，卢卡奇却通过上面一段中提到的那种关于历史是一个前进过程的假设，使得每一种既有的社会形态从一开始就失去了其必然的复杂性。俄国革命就是对资产阶级革命与无产阶级革命的融合，这是因为，在沙皇统治下的社会形态中，封建主义的生产关系和资本主义的生产关系是按照相互交织在一起的方式共存于世的，然而，在卢卡奇的理论体系内，这一点根本却是无法想象的。当然，上述分析也同样适用于在西方国家中存在的小商品生产：如果采用卢卡奇在《历史与阶级意识》中构建出来的思想框架，是无法解释农民在法国所扮演的角色的。从《路易·波拿巴的雾月十八日》这部作品对卢卡奇的思想所产生的影响这一角度看，卢卡奇完全可以当马克思从未写过这部作品。

但是，被卢卡奇像空气一样轻轻抹杀掉的不仅仅是关于生产方式的经济史，即"经济基础"，在"上层建筑"这个范畴内，不同政治体系与文化体系所具有的全部复杂性，也被压缩成为少数几个僵化、呆板的思想主题。对于卢卡奇，在任何一种社会形态中，占据支配地位的意识形态都是统治阶级的意识形态，这一思想被卢卡奇解释成纯粹的阶级主体的意识形态在社会总体之各个层面的浸润。应该注意到，卢卡奇所说的这种意识形态的支配，在现实中并没有任何"体制层面的"机制作为支撑。他所阐述的是一种"纯粹的意识形态"——它是宇宙隐秘的核心所散发出的看不见光芒：这个核心就是商品拜物教。这样，在《历史与阶级意识》中，卢卡奇关于资产阶级在意识形态层面的支配的全部阐述，就都可以被还原成为商品物化所散发出来的不可见的光芒，它削弱了身处资本主义社会中的人们的意识。颇为引人注目的是，在《历史与阶级意识》中，卢卡奇没有对资产阶级权力的上层建筑机制进行任何阐释：他几乎从来不提党派、改良主义工会、报纸、学校、教堂、家庭这些上层建筑机制。在《历史与阶级意识》所阐述的那些图景中，我们完全看不到真实的文化实体，而这些真实的文化实体不仅在现实世界中构成了资产阶级霸权的基础，并且还构成了列宁在《怎么办？》所说的，与无产阶级意识形态相比，资产阶级意识形态"拥有的巨大的、天然的优越性"[1] 时所指的那种东西。在《历史与阶级意识》中，资产阶级不是通过在政治组织、自发的联盟、媒体或是教育体系进行有形的沟通、交流而保持其在意识形态层面的统治，而仅仅是通过幽灵一般的商品话语而保持自身在意识形态层面上的统治。在卢卡奇看来，这些商品本身就是能够言说的东西。

在《历史与阶级意识》中，没有对资本主义社会统治阶级如何传递自己的意识形态这一"机制"问题进行任何讨论，除此之外，这部著作还将统治阶级所传递的意识形态的性质进行了极端的简化。在卢卡奇看来，在一种社会形态中占据支配地位的意识形态，仅仅是对统治阶级意识形态的一种纯粹的表现，它是对此阶级的生活条件以及世界观的纯粹的反映。有两个阶级渴望实现此种形式的统治——资产阶级和无产阶级。阶级内部的政治与社会层面的分歧被卢卡奇简单地解释为仅仅是在实现总体阶级意识的过程中出现的偶然的、危险的失败而已。从其他阶级的意识形态中衍生出来的那些元素会对一种原初的阶级意识形态造成污染，卢卡奇据此将这种污染看成是政治衰退的一种自发征兆。事实上，卢卡奇在《历史与阶级意识》中所阐述的意识形态理论不仅仅是"不严谨"，它从本质上来说就是不正确的。因为根本就不存在卢卡奇设想的那种"原初的"意识形态，意识形态不仅仅是不同阶级出于"对权力的渴望"而造成的主观产物，它还是由相互对抗的阶级进行社会斗争这一"整体战场"所形成的"客观"体系。因此，就像尼科斯·普兰查斯（Nicos Poulantzas）所说的那样："占据统治地位的意识形态所反映的

---

[1] Lenin, *What is to be Done*, p. 131.（中文版本参见列宁：《怎么办？》，载于《列宁全集》，第6卷，北京：人民出版社，第2版，第75页。——译者注）

不仅仅是占据统治地位的阶级主体所具有的那种'纯粹的、简单的'生活条件，意识形态还反映出在统治阶级与被统治阶级之间的一种社会形态内部的政治关系。"① ——也就是说，我们需要将这种关系的"外延"添加到"普遍的"阶级斗争的整体战场中去。以上所说的这种现象在历史中有无数的先例可循，而所有这些例子都与卢卡奇的阶级意识理论不相符合。否则，我们又如何解释雅各宾派的思想——即小生产者的小资产阶级意识形态——会融入法国资本主义的正统学说中呢？或者说，我们该如何解释当今印度大资产阶级的那种所谓的"社会主义"及其国会党呢？或者再换一种说法，我们该如何解释帝国主义的意识形态对于非资本主义国家的统治阶级的意识形态所造成的影响呢？

黑格尔主义的坍塌论

对于统治阶级，卢卡奇的分析式会导致更为严重的后果，而这还将会成为他对"被赋予的"无产阶级的阶级意识这一概念进行了前后不一、令人感到别扭的阐述的主要原因。在卢卡奇的思想框架之内，一个既没有"被赋予的"意识，也没有统治阶级的意识，而是拥有"不均匀的"并且是"不纯粹"的意识的统治阶级是无法想象的。历史再一次被这些不纯粹性的例子所填满，在这些例子中，激进的无产阶级本能常常被各种不同形式的资产阶级意识形态所遮掩，或者，真正的无产阶级意识形态没有受到敌对阶级的污染（第一种类型），而是与联盟阶级——农民或者都市中的小生产者——的意识形态混杂在一起并且被其所污染（第二种类型）。法国早期工人运动中的普鲁东主义，就是以上所说的第二种类型的范例；而德国早期工人运动中的拉萨尔主义，或是一直持续至今的、英国工人运动的费边主义思想，则是第一种类型的范例。在意大利，葛兰西之所以对无产阶级的"总体"意识形态和"霸权"意识形态进行区分，正是为了解决在被剥削阶级内部的不同等级之间，不同意识形态与思想传统之共存的问题。而在卢卡奇思想中，所有这些都被一笔抹杀。事实上，卢卡奇根本没有其他范式可选择，他只能把那些"不

---

① Nicos Poulantzas, *Pouvoir Politique et Classes Sociales*, Paris, 1968, p. 219.

纯粹的"阶级意识看成是结构上根本不存在的东西。因此，在《历史与阶级意识》中，农民或是小资产阶级"总是"被归入完全无意识这个黑暗的空洞中：他们的行动"总是不能决定社会的命运，他们总是轮换着在没有意识的情况下为阶级斗争的双方而战斗……对于这些阶级而言（如果他们能够在严格的马克思主义的意义上被称为阶级的话），根本就谈不上什么阶级意识……因此，对他们来说，意识与个人利益总是处在一种彼此不相容的关系之中。由于阶级意识总被归结为阶级利益的问题，因此，他们的意识便不可能在直接的历史现实中得以发展，这一点在哲学上是可以理解的。"①

无产阶级自身总是处于这两种极端情况之中：即要么就拥有完整的"被赋予的"意识，要么就是完全的无意识。如果无产阶级缺乏完整的"被赋予的"意识，那么，无产阶级就会被卢卡奇谴责为根本没有任何阶级意识。无产阶级只有作为一个阶级打破占据统治地位的思想所具有的物化结构，才能够超越这种无意识。那么，这就引发了以下这个问题：在何种特定的历史情境中，能决定无产阶级从要么是拥有完整的意识、要么就没有任何意识这两种极端情况的一极转向另一极呢？

对于以上这个问题的简单回答是：虽然卢卡奇对第二国际的机械马克思主义进行了大量谴责，但是，他自己的分析模式却依然牢牢地局限在第二国际的一个信念中，这个信念就是，社会主义革命将会导致资产阶级的经济崩溃以及最终灭亡——即所谓的资产阶级灭亡论。卢卡奇之所以会持有这种资产阶级灭亡论，是因为他将真正的无产阶级意识的出现机械地归因于一种大规模经济危机的开始。"只有当历史的进程迫切需要无产阶级的阶级意识发生作用，严重的经济危机使这种阶级意识上升为行动时，这种阶级意识的实践的、积极的方面，它的真正本质才能显示出它的真实形态。在其他情况下，与资本主义潜在的持续性的危机相对应的是，无产阶级的阶级意识始终是一种理论层面的、潜在的东西。"② 在这里，卢卡奇所做的，只不过是用新黑格尔主义的术

---

① Georg Lukács, *History and Class Consciousness*, p. 61.
② Georg Lukács, *History and Class Consciousness*, p. 40.

语，对老旧的卢森堡主义主义与无政府主义的辛迪加主义即经济主义与自发主义进行重新阐述罢了。

在《历史与阶级意识》收录的最后两篇文章中，卢卡奇试图通过突然提出无产阶级的阶级意识"常常落后于"客观现实，因此需要借助政党来为无产阶级的阶级意识印上革命的马克思主义标记而对上述极端原始的经济主义/自发主义模式（这一模式源于罗莎·卢森堡所阐述的一种更为复杂的版本，但却比后者贫乏得多）进行修正。他指出："无产阶级的阶级意识并不与客观经济危机相平行，在整个无产阶级中，这种意识的发展也是不均衡的。无产阶级中的大部分成员在思想上依然受到资产阶级的影响，甚至连最严重的经济危机也不能动摇他们的态度。其结果就是，无产阶级的态度、它对危机的反应远远比不上危机本身的激烈程度……无产阶级的意识形态是落后于经济危机的。"[①] 但是，卢卡奇没能表明，为什么必须要由政党来对这种状况作出补偿。事实上，他只是用政党在意识形态层面上的有效性的神秘主义信仰，取代了关于无产阶级的神秘主义信仰而已。因此尽管无产阶级在修正主义与孟什维克主义的沼泽中逐渐失去了活力，但是政党依然被认为具有一种神奇的力量，能够抵御这种意识形态的危机，而且政党还被赋予召集阶级以实现其真正的历史使命的重任。卢卡奇上述思想的最终结果就是，他用一种组织层面上的自发主义，来取代经济层面上的自发主义。这种转变，并没有使卢卡奇更接近于正统的马克思主义或是真实的历史。当然，在现实生活中经常会出现这样的情况：不是政党组织并引导大众，而是大众要"对政党进行教育"。这种辩证过程，在俄国革命的发展轨迹中有着非常丰富的表现。如果不是布尔什维克中央委员会在二月革命中推翻了沙皇统治，那么还会是谁建立了苏维埃政权呢？

被精神化的力量

卢卡奇关于无产阶级意识形态以及工人阶级政党的观点阻碍了他在《历史与阶级意识》中提出一种能够"对具体情况进行具体分析"的理

[①] Georg Lukács, *History and Class Consciousness*, pp. 304 – 305.

论,而后者被列宁认为是"马克思主义的灵魂"。卢卡奇的无产阶级意识形态观以及政党观使得《历史与阶级意识》这部著作与真实的历史渐行渐远。不仅如此,它还引发了一种超级理想主义的"政治观"。卢卡奇关于阶级力量的阐述,完全局限在像空气一样虚无缥缈的意识形态中,它不仅忽略了资产阶级在资本主义社会形态中"行使"其意识形态统治的全部文化机制,并且还在很大程度上忽略了资本运行的政治机制——国家。在《历史与阶级意识》的主要篇章中,几乎没有任何关于资产阶级国家的论述。

《历史与阶级意识》的这些篇章经常表现出这样一种迹象,即卢卡奇根本无法理解资产阶级国家所扮演的角色。因此,卢卡奇对于国家机制中的法律这个分支进行了重新阐述,将一个非人的、去人性化的法官说成是"一台售票机"——如同资产阶级社会中的所谓公正所具有的形式理性与计算的特征仅仅是显露出这种公正的有害性,但却没有显露出这种公正所具有的全部实质性内涵——也就是阶级压迫!除了以上这些观点以及对于官僚主义所作的类似暗示之外,卢卡奇没有对军队或政体进行过任何讨论。换句话说,卢卡奇实际上没有对国家机器——这里所说的国家机器指的是马克思和列宁所教导的,工人阶级必须要通过实际的、坚持不懈的斗争用物质的力量"在现实中打破"国家机器,从而实现社会主义革命——进行任何讨论。卢卡奇十分有效地将资本主义政权的这种"天然黏合剂"给忽略掉了。

从逻辑的角度,卢卡奇忽略国家机器所导致的结果就是,他最终明确地宣称,统治阶级的力量最终从其本性上来说是一种"精神层面"的东西,因此,真正的无产阶级意识一旦出现,就等于是推翻了资产阶级的统治。"每种社会的力量就其本质来说都是一种精神力量。我们只有通过知识才能获得解放"①。卢卡奇为这个所谓的自明之理添加了一种逻辑上的附注:"获得意识与夺取社会领导权是同义语。"② 事实上,卢卡奇的结论早已铭刻在他全部认识论的开端处。之所以这样说,是因为从

---

① Georg Lukács, *History and Class Consciousness*, p. 262.
② Georg Lukács, *History and Class Consciousness*, p. 268.

卢卡奇最初的认识论出发，无产阶级在获得真正的阶级意识之后，就会成为同一的历史主客体，因此，也就成为第一个能够对社会以及历史进行正确解释的阶级。由于这种意识是一种基于现实的自我认识，并且，在这种意识中包含着思维与存在的统一，因此，无产阶级在获取这种被赋予的阶级意识的过程中，"实际上"已经对自身的阶级地位进行了调整。"一种恰当的、合理的阶级意识本身就已经是一种改变其对象的实践。"卢卡奇坦率地用白纸黑字地对以上这种唯心主义观点进行了确证："正确的意识就意味着它的对象的改变，并且首先是它自身的改变。"① 因此，当无产阶级的阶级意识打破将其降格为一种商品存在的政治经济学的物化规律之后，无产阶级的阶级意识就已经对其自身的生活条件作出了决定性的调整："当工人认识到自己是一种商品的时候，他的这种认识本身就已经是一种实践。也就是说，这种认识使其所认识的客体发生了一种客观的结构变化。"②

事实上，一旦当卢卡奇在认识论层面构建出一种关于"同一的主客体"的假设之后，他就会几乎不可避免地取消对象化与异化之间可能存在的任何差别，他自己在后来也承认了这一点。这是因为，如果说意识本身就是一种改变其客体的实践的话，那么，对客体所进行的这种主观"内化"就不仅仅会对其客体进行调整，还会进一步"消灭这个客体本身"。我要再一次指出，卢卡奇是敢于面对他的这种超现实主义逻辑所带来的结果的。他写道："对无产阶级来说，这种'远离'，也就是这种对直接性的超越，就意味着对行为对象的客观属性的改变。"③ 在此之后，卢卡奇又作出了一点补充说明，他指出，在社会主义革命取得胜利之后，"无产阶级专政的社会意义，即社会化，意味着……就无产阶级作为一个阶级而言……其劳动不再采取一种自发的、对象化的方式"④。因此，从这个角度，卢卡奇会提出无产阶级获得阶级意识与获取社会领导权是"同义语"的这种观点便是非常自然的了。如果说社会的权力最

---

① Georg Lukács, *History and Class Consciousness*, p. 199.
② Georg Lukács, *History and Class Consciousness*, p. 169.
③ Georg Lukács, *History and Class Consciousness*, p. 175.
④ Georg Lukács, *History and Class Consciousness*, p. 248.

终是一种精神性的东西的话，那么，一旦无产阶级获得关于资本主义社会的正确意识，从而完成历史的主客体统一这一使命之后，它就会在最终的"内化形式"中消灭资本主义。卢卡奇提出的以上步骤与黑格尔所说的绝对精神的运动如出一辙，对此无须赘述。而那种残酷的、真实的权力斗争——例如罢工、游行、示威、暴乱、对峙或是内战——也就是真实世界中所发生的革命的种种表现，在卢卡奇的思想中则被完全忽略掉了。

马克思主义的生命哲学

现在可以清楚地看到，卢卡奇的基本观念是一种严格的唯心主义。由于阶级意识能够改变阶级所处的地位，并且完整的阶级意识就等同于对社会整体的统治，因此，权力最终是一种意识形态。一个统治阶级就是通过将其自身的意识烙在社会总体性之上，从而实现对社会的组织和统治的。我们将会看到，如果我们严格运用卢卡奇提出的三段论的话，那么，马克思主义政党在社会主义革命中就几乎没有任何重要作用可言。然而，卢卡奇在《历史与阶级意识》收录的最后几篇文章中，的确试图将政党嵌入他的思想模式中去，但其结果却无法令人满意，只不过是一种哲学的千禧年主义（他试图对其进行修正）与列宁主义（他刚刚开始熟悉这一理论）二者之间令人不快的妥协罢了。让我们回忆一下1967年版的《历史与阶级意识》，卢卡奇在这个版本中曾经指出，他之所以提出"被赋予的阶级意识"这种观点，为的是效仿列宁在《怎么办？》中对"自发出现的工会意识"与"社会主义阶级意识"所作的区分，因为后者"是从外部加之于工人身上的东西，具体地说，是通过经济斗争以及工人与雇主之间的关系而加之于工人身上的"。[①] 无论如何，这种回溯式的辩解方式难以令人信服。考茨基—列宁主义的这一思想策略强调，资产阶级知识分子从其定义来说就是拥有以前所积累的科学知识的人，因此，相对于工人阶级，一定是这些资产阶级知识分子"最先"拥有马克思主义理论。这无疑只是一种片面化的理论而已（因为它忽略了这一理论的历史前提及其物质条件正是工人阶级自身所进行的实际斗争，如果

[①] Georg Lukács, *History and Class Consciousness*, pp. 18 – 19.

没有这种实际斗争，就不可能锻造出历史唯物主义）。但是，以上所说的这种思想策略至少在其自身所宣称的限制条件内是接近于历史事实的，而且更进一步，这种思想策略还具有一个优点，就是它提出了一个尖锐的问题：即当工人大众在一个革命性政党中运用这一思想策略的时候，会对历史唯物主义产生怎样的影响？通过允诺政党与工人大众"拥有各自的自发性"，因此便触及政党与群众关系的核心问题。然而，卢卡奇在分析这一问题的时候，却倾向于将科学说成是意识，并且将阶级意识说成是（危急的时刻的）阶级处境从而一劳永逸地消灭这个问题。列宁将革命的马克思主义科学与自发的工会主义区分开来，但是，卢卡奇却将一种具有韦伯主义特征的"被赋予的阶级意识"与困在被物化了的表象世界中的无意识这二者并列起来。在卢卡奇看来，从困在被物化了的表象世界中的无意识到"被赋予的阶级意识"的转变是一种道德上的提升，并且这种转变通常是在经济危机的压力下发生的："这种阶级意识是无产阶级的'伦理道德'，是无产阶级的理论和实践的统一，是无产阶级解放斗争的经济必然性辩证地变为自由的地方……正确的阶级意识所具有的道德力量……将在实践的政治层面上取得丰硕成果。"① 在这里，卢卡奇所表达的意思无非是，伦理道德支配着政治，也就是说，他在哲学的层面将阶级斗争道德化了。政党的角色不可避免地显得有些多余，仅仅是对无产阶级所肩负的道德的一种复制而已。"政党的力量实际上是一种道义的力量：是在经济压迫下自发起来进行反抗的革命群众的信任赋予了政党这种道义的力量。"② 因此，在《历史与阶级意识》收录的最后几篇文章中，卢卡奇以一种更加具有列宁主义特色的方式，对于政党问题进行了重新阐述，在这个时候，政党问题已经没有了原先那种认识论层面的根基了。卢卡奇将他之前所阐述那种阶级力量简单地置换到政党的身上，至于政党为什么一方面与大众有所差别，另一方面又不能完全脱离大众；它一方面是对大众进行教育的先锋，另一方面又要接受大众的教育这些问题，卢卡奇则根本没有试着对其加以解释。以上这些观点在《历史与阶级意识》的末尾处得到了正式的确证，

---

① Georg Lukács, *History and Class Consciousness*, p. 42.
② Georg Lukács, *History and Class Consciousness*, p. 42.

但是，纵观全书，我们仍然无法为这些观点找到任何理论基础。

实际上，卢卡奇在《历史与阶级意识》的主要篇章中所进行的全部政治分析，都是在他那种反科学的迫切欲望的驱使下进行的，因此，这就使得他不可能把握政党与阶级的关系的复杂性。卢卡奇拒绝承认，马克思主义不仅是一种革命性的政治意识形态，并且还是一种关于社会形态的具体科学，因此，他无法对科学与政治之间的关系进行探讨，并且，他也因此无法对那些相关的政治策略问题进行思考。就像我们之前所看到的那样，《历史与阶级意识》这部著作所采用的理论逻辑具有非常明显的唯心主义特征：从这部著作来看，仅凭意识的力量就足以推翻资本的统治。但是，如果我们认为，《历史与阶级意识》是一部"改良主义"的作品的话，那就大错特错了。从主观层面来看，卢卡奇对于革命的真诚是无可置疑的，并且，在《历史与阶级意识》的许多篇章中——特别是最后的几篇文章中——卢卡奇对社会主义革命的性质进行了正确的阐述，并且，我们在这些篇章中还可以看到他对与革命相关的其他主题所进行的探讨。[①] 但是，以上这些因素并不一定能够融入《历史与阶级意识》这部著作的整体思维模式中去。在某种意义上，正是由于卢卡奇在《历史与阶级意识》中的整体思想模式是与具体的政治相脱节，使得他所提出的那些虚无缥缈的论断免于产生糟糕的后果。卢卡奇在这里所阐述的哲学理论，通过变换范畴的名字，就可以在这部书的不同部分与卢森堡主义以及列宁主义的政治理论真诚而热情地共存。在《历史与阶级意识》中，根本不存在卢卡奇主义的政治学。[②]《历史与阶级意识》这部著作最主要的意图，即卢卡奇在创作这部著作时最初抱有的希望以及野心

[①] 举例来说，卢卡奇很快就承认了，在同一个社会形态中，同时存在着不同的生产方式以及由这些不同的生产方式所组成的等级（Georg Lukács, *History and Class Consciousness*, p. 242）；他还偶尔提到了历史唯物主义是一种真正的科学（Ibid., 224）；有的时候，他在探讨无产阶级专政的时候所指的是工人委员会（Ibid., 80）。

[②] 让-保罗·多勒（Jean-Paul Dolle）正确地认识到了这个问题，并且对其进行了或许是过分热情的强调，相关内容大家可以参考 Jean-Paul Dolle, "Du Gauchisme a l'Humanisme Socialiste", *Les Temps Modernes*, January, 1966。在这篇文章中，让-保罗·多勒指出，这同一个理论问题既能够为20世纪20年代的极左思潮提供根基，也能够为1956年之后的那种优柔寡断的改良主义提供根基。

是将浪漫主义、反科学主义的生命哲学与历史唯物主义融合在一起。①

转变之路

无论如何，尽管作出了以上分析之后，我们还是应该记住，卢卡奇自己并没有将《历史与阶级意识》看做是一部马克思主义的作品，而是将其看成是一部过渡性的作品，其中马克思主义的元素与前马克思主义时期的意识形态问题混杂在一起。我们通过《历史与阶级意识》这部著作本身就可以清楚地感觉到这一点。《历史与阶级意识》收录的最后两篇文章——也就是写于1922年的这两篇文章——与这部作品的其他文章之间有着本质的差异。虽然在"对罗莎·卢森堡《论俄国革命》的批评意见"这篇文章中依然存在有一些乌托邦元素，但是，相比于之前那些文章中的抽象唯心主义，卢卡奇还是向前迈出了一大步。在这部书中，卢卡奇第一次触及任何一个革命进程都必然是被预先决定的这一特征。他公允地批评罗莎·卢森堡过分夸大了俄国革命纯粹的无产阶级特性，以及她在土地问题、民族问题以及选举委员会的问题上作出的错误判断。而且，更令人感到惊奇的是，卢卡奇在这篇文章中还对1914年以前由社会民主党内部的争论所引发的政治后果进行了探讨，他认为社

---

① 我们应该认识到，在《历史与阶级意识》中，卢卡奇只在两个地方明确地直面了浪漫主义这个问题，在这两处，他只是对浪漫主义的自然观进行了简略的讨论，认识到这一点具有非常重要的意义（Georg Lukács, *History and Class Consciousness*, pp. 135 - 140 and footnotes 47 - 53, pp. 214 - 215）。在这几处，卢卡奇指出，从席勒、施莱格尔、谢林到拉斯金以及卡莱尔的浪漫主义思想传统通过强调对于总体性的直觉（这是从艺术作品中衍生出来的），将自然转变成了一种主观的情感。"那种看起来似乎是对于自然的高度内化的东西，实际上意味着抛弃了对于自然的真实理解。"（Georg Lukács, *History and Class Consciousness*, p. 214）然而，卢卡奇从那种浪漫主义的"自然哲学"向纯粹的主观"情感"的转向，是一种过分简化的做法，这种过分简化的做法过分夸大了浪漫主义思想中的非理性主义因素。"所谓'自然哲学'最初是一种对于经典机械论的反抗，而不是对于科学的批判，并且，这种'自然哲学'实际上还引发了许多重要的科学发现。"以上观点大家可以参考 Eric Hobsbawm, *The Age of Revolution*, 1962, pp. 292 - 296。进一步来说，卢卡奇将浪漫主义对于科学以及"物化"的批判还原为对于一种没有具体形式的、模糊不清的直觉的强调，这显然是一种偏见。我们只需要思考一下英国（的浪漫主义）这个例子，布莱克（Blake）将新牛顿主义与"黑暗、邪恶的工厂"联系在一起，或者，我们还可以想一下卡莱尔对于"金钱关系"的去人性化的分析，或是《过去与现在》这部作品中所阐述的资本主义与"冷酷的科学"之间的联系。卢卡奇在《历史与阶级意识》中对于早期浪漫主义思潮的反资本主义思想所进行的高度概括的分析，似乎是为了掩盖卢卡奇自己与这种思想的相似之处而特意为之的结果。

会党没有理解将组织与改良主义政党对意识形态争论的重要性的过分估计分离开来：这是第一次世界大战之前关于改良与革命的争论的一个"插曲"。这篇文章的主要缺点在于，卢卡奇没能理解罗莎·卢森堡的批判所具有的真实内涵。卢森堡谴责布尔什维克领导人在内战的压力下迫使苏维埃政权以及俄国工人阶级组织接受从属性地位，并且使其失去了活力，如果没有西方世界的革命相助，上述做法无疑会使得苏联逐渐衰退。卢卡奇没有意识到那种自发的无产阶级组织对于政治权力的重要性。虽然具有巨大的局限性，但在当时的欧洲，卢卡奇的这篇文章无疑是对卢森堡的批判所作出的最为杰出的赞扬，并且，在当时人们已经开始对卢森堡的思想进行激烈批判的情况下，卢卡奇对卢森堡的思想采取了一种平静、温和的态度，这是非常引人注意的。

在《历史与阶级意识》最后一篇，也就是《关于组织问题的方法论》这篇文章中，我们既看到了卢卡奇思想中经常出现的一些错误，同时也看到了一些真正的进步。在对革命政党的结构及其所扮演的角色所进行的分析中，卢卡奇依然没能够提出任何关于党内民主以及集体决策过程的恰当理论——对此我们并不感到奇怪，因为只有牢牢把握此二者的密不可分性并处理好其与阶级的外部关系，才能够构建出一种正确的理论，然而，正如我们之前看到的那样，卢卡奇最初的哲学思考模式使得他不可能认识到这种不可分割性。无论如何，卢卡奇在这篇文章中仍然清楚地认识到政党与阶级之间的辩证关系，尽管他未能在理论的高度对这一关系进行阐释——我们可以看到，卢卡奇所提出的党内民主问题的解决方案仅仅是一种机械化的轮流坐庄，以及通过周期性的党内净化来抵消官僚主义的危害。与此同时，卢卡奇依然从唯心主义的角度，否认由于无产阶级内部成员在社会—经济层面上的等级差别使得无产阶级意识形态观产生分裂这一事实，因此，他也就无法认识到无产阶级政党具有克服这些分裂的职能。但是在这篇文章中，确实包含着一些对集体纪律与个人的好战性进行探讨的充满智慧的段落，此外，还包含有一些富有启发性的批评，如对改良主义在结构层面上的原因的探讨以及社会民主党内部由于在官僚化所造成的等级分化所带来的消极影响等。这样，在《历史与阶级意识》的结尾处，卢卡奇已经很明显地在努力克服由于其早期哲学思想中所包含的问题而给他带来的理论困境。

历史唯物主义的立场

一年之后，在卢卡奇发表的短篇著作《列宁》中，我们可以看到，卢卡奇已经成功地摆脱了《历史与阶级意识》中那种历史主义的唯心主义观念，并且显示出卢卡奇的智慧所具有的真正的、令人震撼的力量。[①]《列宁》是一部杰出的作品，它在各个方面都优越于卢卡奇之前的作品：事实上，它蕴含着一个截然不同的思想世界。在这部作品中，卢卡奇第一次对列宁主义理论中许多经久不衰的核心思想进行了分析和深化。那些黑格尔主义的术语，例如主客体的同一以及被赋予的阶级意识，都彻底消失了。卢卡奇对科学不再敌视；并且承认马克思主义本身也具有一种恰当的科学性。甚至"物化"这一术语也被放弃（尽管"物化"这个观念依然存在）。在这部书的前几章，我们还可以看到卢卡奇不时会混淆列宁所提出的关于革命环境与革命时代的区分，而在最后一章中，我们可以看到，卢卡奇并没有意识到他对官僚主义所作出的这最后一次伟大斗争所具有的重大意义。但是，除却这两点不足，卢卡奇的这部简短的著作对于列宁政治理论中的核心命题及其"在结构上的内在联系"所进行的解释和梳理是没有任何著作可以与之相媲美的。在这里，我们不能对《列宁》这部作品中全部的维度与思想洞见进行详细讨论。但是，我们有必要在此强调一下，在这部作品中至少有五到六个"绝对核心的问题"标志着卢卡奇与《历史与阶级意识》的彻底决裂。

首先，在之前的经济学和自发主义的观念中，工人阶级的革命是由一种直接的压迫以及贸易危机引起的，而在列宁主义的核心思想中，有一个非凡的、清晰的命题：即在每一个单一的社会形态以及历史时段中，都存在着不同生产方式的"组合"，并且任何一种革命性危机都必然具有"多元决定"的特征："某一种特定的生产方式本身并没有构建出并且扮演一种历史性的角色，只有当取代这种生产方式的另外一种生产方式已经在所有的地方都完成了与这种生产方式相适应的社会变革的

---

① Georg Lukács, *Lenin*, tr. Nicholas Jacobs, London, 1970.

时候，才能说这种生产方式扮演了一种历史性的角色。实际上，生产方式以及与其相适应的社会形式和阶级分层——这些社会形式与阶级分层相继出现并且相互取代对方——倾向于在历史中表现为一些'相互交叉的并且是相互对立的'力量。"① 卢卡奇在谈到革命高潮的时候，非常清楚地表明了这些相互交叉的力量所造成的结果："危机越是深入，革命的前途就越是光明。但是，同样的，危机越是深入，牵涉其中的社会等级就越多，在危机中相互交叉的本能运动就越为多变，并且，两个阶级之间的权力关系也会变得愈加使人感到困惑，并且也会变得更加不稳定，而整体结果最终取决于两个阶级之间的斗争，这样的两个阶级就是：资产阶级与无产阶级。"②

一种马克思主义的改良主义理论

现在，卢卡奇现在已经能够将列宁的战略观念——在列宁看来，如果工人阶级想要发动争取自由的斗争并取得胜利的话，就必须抓住阶级敌人的统治秩序中"最薄弱的一环"，并且对其加以攻击——吸收进自己的思想中去："我们需要考虑到在每一个具体环境中的全部既有趋势，但是，这并不意味着，在我们做出决策的时候，所有的这些趋势都具有同样的重要性。恰恰相反，在每一个环境中都包含有一个核心问题，而对于这一核心问题的解决既决定着所有其他问题的解决，也是所有社会趋势在未来进一步发展的关键所在。"③ 与此同时，政党的职能在于领导工人阶级进行社会主义革命，这是一个与他在《历史与阶级意识》中所描述的那种影子一样模糊不清的政党截然不同的实体。不是在政党与阶级之间进行摩尼教式的选择，卢卡奇在《列宁》中发展了与列宁主义非常接近的政党理论，二者都强调最大程度的"内部"凝聚力和纪律性，并且也需要尽可能在最大程度上与被剥削的人们形成最为广泛的"外部"联盟。而且，政党不再简单地被看成是将大众从沉睡中唤醒的先锋：在政党与工人阶级之间存在着一种恒久的辩证法，政党聆听大众的

---

① Georg Lukács, *Lenin*, p. 45.
② Georg Lukács, *Lenin*, p. 28.
③ Georg Lukács, *Lenin*, p. 84.

声音,并且向大众学习。"政党的作用绝不是将任何一种抽象的、精心谋划的策略加之于大众之上。恰恰相反,政党必须不断地在斗争中学习。在学习的同时,政党还要积极地行动起来,为下一次即将发生的革命做准备。政党必须要将那些大众自发的发现——这些发现来源于大众所拥有的正确的阶级本能——与革命斗争的总体性统一在一起,并且使大众认识到这种统一。"①

而且,卢卡奇现在开始直接面对"不是革命的阶级意识,而是改良主义的阶级意识"这一问题,而且与列宁本人对这一问题的分析相比,卢卡奇对改良主义的现象的起源作了更为复杂和精妙的分析。与列宁不同,卢卡奇并没有将这一问题简单地解释为工会主义的自发主义,以及被帝国主义巨大利润所腐蚀的劳动者当中的上层阶级所造成的结果。卢卡奇强调,除了以上这些因素之外,还存在着一种源自工人阶级内部在社会经济学层面的差异所造成的客观的压力,以及一种工人阶级中的官僚主义者或者说管理者相对于这个阶级内部的其他成员来说所具有的主观上的文化优势——这种优势甚至比之前所说的那种客观压力还要明显——劳动官僚主义者拥有专业知识以及管理技能的相对垄断权:"资本主义的发展从一开始就迫使社会发生等级分化,促使工人阶级联合在一起——虽然在从前是由于地理位置以及行会等因素而发生分化,但是,资本主义的发展在现在制造出一种新形式的分化。这就意味着,无产阶级不再保持对资产阶级同仇敌忾的敌视态度。不仅如此,这种新的分化还引发了这样一种危险,即一些特定的群体有能力对整个阶级造成反动的影响,他们接受小资本主义的生活标准,在政党、官僚主义的工会甚至有时是在市政府办公室等地方占据职位——使得他们不断具有资产阶级的外观,并且缺乏成熟的无产阶级意识——这些都会使这些特定的群体在对无产阶级的其他成员进行教育和管理时感到一种优越性,从换句话说,其对无产阶级组织的影响是使得所有工人的阶级意识都变得模糊起来,并且会导致这些工人与资产阶级形成一种策略性的联盟。"②

---

① Georg Lukács, *Lenin*, p. 36.
② Georg Lukács, *Lenin*, p. 28.

卢卡奇的国家理论

最后,在《列宁》中,卢卡奇放弃了在《历史与阶级意识》中曾经一度占据主导地位的"物化的意识形态"——它通常由商品所引发,在现实中没有与之相对应的机制与机构——这种唯心主义的理论构想,从而真正摆脱了资本主义国家本身的政治强制。与之相反,卢卡奇在《列宁》中表明,正是发达资本主义国家中的资产阶级民主所具有的全部"国家机器",使得工人阶级走向解体并且摧毁了工人阶级的组织。"资产阶级社会的纯粹民主将最为本真、最为抽象的个体直接与国家的总体性联系在一起,而在资产阶级社会的纯粹民主这一语境中,国家也表现为与个体同样抽象的东西。这种纯粹民主所具有的根本性的形式化特征本身,就足以从政治上摧毁资产阶级社会了——这种纯粹民主对于资产阶级来说不仅仅是一种特权,并且还是其进行阶级统治的决定性条件。"[1] 然而,在资产阶级国家中,还存在着大量的辅助性机构,这些辅助性的机构从其自身的本性上来说就有助于资本进行阶级统治,并且能够巩固、增强资本进行阶级统治的力量。在《历史与阶级意识》中完全缺失的那些不同的角色,现在在《列宁》这部作品中开始一一登场:"当然,这种政治民主仅仅凭借其自身是不足以实现它的目标的。然而,这种政治民主却是一个社会体系的政治制高点,这个社会体系还包括经济和政治在意识形态层面上的分离,以及一种官僚主义的国家机器的创制——这种官僚主义的国家机制使得小资产阶级中的绝大部分成员在物质的与道德层面上拥有一种希望国家保持稳定的利益需求——还包括资产阶级的政党体系、媒体、教育体系与宗教等。出于或多或少有意识的劳动分工,政治民主的第一个目标是要阻止受压迫的阶级形成一种与其自身利益相对应的独立的意识形态。第二个目标是将那些单独的个体,那些单纯地作为'市民'的不同阶级的个体成员捆绑到一个对所有的阶级进行统治的抽象的国家中去;第三个目标是促进阶级解体,使之不再

---

[1] Georg Lukács, *Lenin*, p. 65.

作为阶级而存在,并且将这些阶级粉碎成能够被资产阶级轻松掌控的原子。"① 在这种经过严密部署的政治统治的体制面前,再也不存在工人阶级仅仅通过获取正确的意识就能够夺取政权的问题了。从前,卢卡奇曾经认为,"每个社会所具有的力量最终来说都是一种精神力量",而现在,他已经毫无疑问地确信,阶级的统治"在于力量的对比"②,因此,要想"摧毁"资本主义国家,无产阶级就必须要建立起自己的国家机器,这种国家机器所采取的形式就是苏维埃政权:"甚至早在1905年,工人阶级的苏维埃政权还呈现出最为原始的、极不成熟的形式的时候,就已经表现出了以下这种特征:反政府的特征。"③ "工人阶级的苏维埃政权是一种国家机器:它存在于无产阶级的阶级斗争中。"④ 在这里,卢卡奇又一次果决地抛弃了他在《历史与阶级意识》中的唯心主义思想:在《列宁》这部作品中,我们看到的是一种与《历史与阶级意识》完全相反的、关于社会主义革命的唯物主义观念的经典表述。《列宁》这部伴随着国际革命的退潮而发表于1924年的作品表明,卢卡奇是有能力极其清楚、深刻地把握政治与革命的具体内容的,并且,如果他这种杰出的才能够得以自由发展的话,他或许早已成为在革命运动史中最为重要的"政治"思想家了。

从政治中撤退

卢卡奇的思想发展进程被切断这一事实是思想史上的一个重大悲剧,并且对本世纪欧洲的工人运动来说也是一个重大的损失。在一个非常短暂但却是硕果累累的时期内,卢卡奇得以参与到匈牙利共产党以及德国共产党的政治生活中,尽管他对这两个政党持有截然不同的看法。在季诺维也夫和布哈林领导下的第三国际——尽管在第三国际中存在着操控性的中央集权主义——依然在一定程度上保持着党派的多样性以及内部活力。在匈牙利共产党中,卢卡奇是兰德列尔(Landler)派中最杰

---

① Georg Lukács, *Lenin*, p. 66.
② Georg Lukács, *Lenin*, p. 65.
③ Georg Lukács, *Lenin*, p. 62.
④ Georg Lukács, *Lenin*, p. 64.

出也是最活跃的代表人物，兰德列尔派一直致力于反对贝拉·库恩的官僚主义和冒险主义统治。在兰德列尔去世之后，卢卡奇曾经在1928年短暂地、稀里糊涂地成为匈牙利共产党的总书记，在这段时期，他起草了致力于批判第三条路线的《勃鲁姆提纲》。然而，第三国际最终的"一体化"运动清除了第三国际内部所有的差异性：在"社会法西斯主义"这一臭名昭著的教条下，每一个政党都受到了无情的清扫和净化并臣服于斯大林。卢卡奇提出的《勃鲁姆提纲》被坚决废除，并且，他在匈牙利共产党内部也被噤声了。

因此，在1929年的时候，卢卡奇被迫在以下二者之间做出抉择：置身共产国际之外，作为一种积极的反对力量；或者留在共产国际内部，从而退出各种积极的政治。卢卡奇毫不犹豫地选择了后者。而他在这之后漫长的文学与哲学生涯并不是我们在此处所关心的问题。众所周知，当卢卡奇于20世纪30年代在莫斯科读到了马克思的《1844年经济学哲学手稿》之后，他就用那种更为积极、乐观的"劳动"概念取代了作为他分析历史唯物主义的出发点的"商品"概念。① 这就使得卢卡奇能够彻底抛弃他从前的反科学主义立场，而从劳动这一全新的视角出发重新诠释青年黑格尔的思想。事实上，在第二次世界大战之后，卢卡奇

---

① 由于卢卡奇用"劳动"这个概念取代"商品"概念，因此，他就能够对马克思主义作出一种更具有内部统一性的人文主义解释，而在《历史与阶级意识》中，他是不可能做到这一点的。同一的主客体这种观点所暗示的那种发展模式，与黑格尔在《精神现象学》中构建的发展模式极其类似，这个发展模式就是：一个最初是统一的主体在其发展过程中逐渐与自身相异化，其被异化了的本质以一种客体的形式表现出来，并且最终对其自身进行了恢复或者说复原，使其在历史终结的时候再次成为一种同一的主客体。然而，就像约瑟夫·雷瓦伊（Jozsef Revai）在1924年所指出的那样，如果说同一的主客体被设定为无产阶级的话，那么，最初的主体在历史进程的开端处就不存在，而只是在历史的进程中、通过商品生产的发展被创造出来的。因此，那种试图将无产阶级设想成是同一的主体的努力从逻辑上来讲就失败了，并且，卢卡奇与黑格尔本人一样，都要为"观念上的神秘主义"负责。相关内容大家可以参考 Jozsef Revai, "A Review of Georg Lukács's 'History and Class Consciousness'", *Theoretical Practice*, 1971, No. 1, pp. 28 – 29。由于卢卡奇用劳动这个概念——这个概念是《1844年经济学哲学手稿》中的核心概念——取代了商品这个概念，因此，他就能够用"人"的概念来取代"无产阶级"这个概念了，并且，他也因此能够构想出一种在历史进程开始和终结的地方都是存在的主体了。进一步来说，一旦当他将劳动看成是人的发展所具有的核心的、统一的特征之后，卢卡奇就能够清楚地意识到，科学与工业既能够发挥异化的作用，也能够发挥解放的作用。本·布鲁斯特（Ben Brewster）对于卢卡奇早期和晚期哲学思想所进行的对比是十分发人深省的，大家可以参考 Ben Brewster, "Revai and Lukács", *Theoretical Practice*, 1971, No. 1, pp. 14 – 21。

开始创作一部长篇著作——《理性的毁灭》①，对曾经作为自己思想源头的德国唯心主义以及非理性主义传统进行无情的批判。从某种意义上来说，卢卡奇对于反科学主义的浪漫主义的批判之深入几乎是无人可及的。但是，在1928年以后，虽然卢卡奇对他早年提出的世界观的内容进行了批判，但是，与此同时，他似乎从一种更为深刻的层面对自己早期世界观的"结构"进行了重新确证。这是因为，在转向斯大林主义之后，卢卡奇重新发掘了那最初对他的思想进行塑造的思想传统所特有的理论姿态：一种对业已建立起来的外部力量和政治世界的斯多葛式的接受与从内部的、美学的角度出发对这些力量的蔑视二者的结合。事实上，除了在20年代的短暂中断之外，卢卡奇的一生始终保持着一种安静、内向、保守并且是离群索居的状态，甚至在他似乎深深陷入了重大的政治危机的时候也不例外。我们只要列举两个例子就足够了。在1919年匈牙利苏维埃共和国成立的时候，卢卡奇对共产党的自我解体——后来被看成是最重大的失误之一——进行了理论上的辩护。他在当时还出任了主管教育的副人民委员，并且亲身参与了红军在施塔河前线的斗争。然而，从卢卡奇后来的评论中我们看出，他或许一直都认为匈牙利共和国是注定会失败的，并且共和国的成立本身就是一个受到误导的事件。后来，当本世纪第二次革命浪潮在匈牙利爆发的时候，卢卡奇在1956年接受了伊姆雷·纳吉（Imre Nagy）政府中的一个内阁席位。然而，他后来再一次暗示出，他之所以接受这个内阁席位，只是为了与政府维持表面上的团结而已：这是他的一种策略，由于他私下对纳吉政府的看法是有所保留的，因此，这就使得他在这个政府中没有做出任何明确的论断，也没有积极地参与到政府事务中去。在卢卡奇的政治生涯中，以上这两个阶段是他直接参与到大众革命高潮中去的两段阶段：即使是在这两个阶段，他依然在无形中与大众革命保持着一段距离。然而，卢卡奇的绝大部分政治生涯都消耗在斯大林主义最为凝滞与压抑的那几十年中。他对于斯大林主义统治的态度，似乎与他最早的思想启蒙

---

① 参见 Georg Lukács, *Die Zerstorung der Vernunft*, Berlin, 1954。这部作品还被翻译成了意大利文版和法文版。

导师们保持了高度一致。就像韦伯曾经一方面为威廉统治下的德意志帝国的实践与目标提供理论支持,另一方面又在内心蔑视那些粗鄙的容克以及褊狭的官僚主义者一样,卢卡奇也一方面为斯大林主义的教条——从"社会主义的实在论"到"和平共存论"——进行解释和辩护,另一方面又将自己内心对斯大林的御用文人和思想警察的蔑视隐藏起来。斯多葛主义的驯服与隐藏起来的蔑视再一次成为卢卡奇生活的准则。从革命的马克思主义的角度,即使这一外观属于亚里士多德所说的那种荣誉问题,却也无法改变其单调无聊以及因循守旧的性质。卢卡奇在政治生涯中所遵循的社会主义好战性的原则,与他这种美学化的生命哲学是截然不同的。

四、科学与阶级斗争

至少在资本主义世界,很少有人对卢卡奇后来的政治以及思想发展表现出强烈兴趣。《历史与阶级意识》中的那种浪漫主义的、反科学主义的思想主题,一直是从事卢卡奇研究的西方马克思主义者最感兴趣的焦点。卢卡奇将资本主义与社会主义之间在意识形态层面上的斗争解释为分析的形式理性与总体观之间的冲突,包括戈德曼、马尔库塞以及萨特在内的思想家在他们的作品中不断地重复着卢卡奇提出的上述观点。而且,卢卡奇对于以上两种方法论之间的史诗般的斗争所进行的宏大叙述,已经成为贯穿整个发达资本主义世界的激进学生运动所自发携带的意识形态工具中不可分割的一个组成部分。

但是,就像我们之前表明的那样,尽管卢卡奇在《历史与阶级意识》中阐发的思想主题获得广泛的称誉,但这并不能保证其与马克思主义的联系。这是因为,这一思想主题是建立在对历史唯物主义基本信条的双重误解的基础之上的。历史唯物主义能够将科学活动的重要性解释为社会实践,并且能够确切地阐述新科学由以诞生的具体社会条件和历史条件:但这并不能裁定它的有效性和"科学性"。否则,就是将科学的社会效用与科学的实质内容混为一谈;将历史唯物主义的科学性与认识论混为一谈。作为科学,牛顿的物理学定律并不依赖于资本主义的历史宿命。① 如果我们真的相信，随着无产阶级的总体化实践取得胜利，以上这些"片面的"并且是"被物化了的"定律就能够被超越的话，那我们就无法理解，科学的认识论是无法被还原为产生出这种科学的具体历史条件的。不可能出现这种情况，即自然科学的理性的分析方法——这一一度有效且适宜的工具——不再被用来研究自然科学的研究对象，而每一种科学都会采用一种针对其对象的特殊方法和因果概念。

真正的问题不在科学领域，而是在意识形态领域。从历史上来看，任何一块科学新大陆的开辟，都毫无例外地伴随着附着于其上的哲学的发展；这些哲学思想将针对于某一种特定科学对象的特殊方法和因果观从其恰当的语境中分离出去，并且将其延伸到一些它们不再适用的知识领域中：换句话来说，这些哲学就是要创造科学主义的意识形态，而此种意识形态的实践模式就是不同科学之间的两极对立，这些科学主义的意识形态则试图在这种对立中寻求自身的统治。柏拉图主义、理性主义以及实证主义都试图将某一特殊科学的思想步骤普遍化，并且将其应用到其他知识领域，这是一种既愚蠢又有害的"帝国主义式的"努力。② 在《历史与阶级意识》中，卢卡奇从非理性主义的角度出发，对"科学"进行了长期的征讨，其理论核心正是对于这种哲学的科学主义——它采取实证主义的形式对资产阶级的思想领域进行入侵，并在19世纪

---

① 当然，这并不是说，一种科学在特定时期内的视域与适用范围，与其历史性的生产条件是完全无关的，或者换一种表达方式就是，以上观点并不意味着，在任何一个特定时间段内的科学理论，都不会与前科学主义的意识形态因素———般而言，这些之前的因素与当前的因素是很难区分开来的——混在一起。

② 当然，这样的哲学意识形态在特定情况下能够发挥出极端重要的进步作用。举例来说，柏拉图主义思想传统对于促进17世纪的科学革命发挥了至关重要的作用。伽利略提出的"自然之书是用几何语言写成的"这一论断最初的灵感显然是来自柏拉图主义。相关内容大家可以参考 Alexandre Koyre, *Metaphysics and Measurement*, London, 1968, pp. 1 – 43。与此相类似，人们几乎一致认为，霍布斯将伽利略的匀速运动定律转移到政治理论的领域，即使我们最终认定，霍布斯的这种做法是不恰当的，但是，我们也不能否认，他的这种做法标志着观念上的一种巨大的进步。相关内容大家可以参考 C. B. Macpherson, *The Political Theory of Possessive Individualism*, London, 1964, p. 77。我们也不应该忘记，作为意识形态的哲学深刻地反映除了阶级的利益。因此，从这个意义上来说，17世纪和18世纪的机械唯物主义所发挥出的进步作用，与资产阶级在这一时期所发挥出的进步作用是紧密联系在一起的。反过来说，实证主义在发达资本主义国家中所具有的极端反动的特征，也是对资产阶级在这些国家中所具有的压倒性的反动地位的一种反映。

和20世纪变得愈加广泛和深入——所进行的一种本能的并且是充满激情的抵抗。

《历史与阶级意识》的作者为自己制定的这项任务突显出了处在襁褓之中的科学在为获得自主性而进行斗争的过程中所遇到的种种难题。一方面,在维护自主性的过程中,它会受到那些否认其科学性的人的围攻;另一方面,那些试图将其纳入之前就已经存在的科学领域中的人会否认这种科学的自主性。就历史唯物主义而言,浪漫主义与实证主义就象征着对历史唯物主义这种新科学所进行的双重夹击。而卢卡奇的《历史与阶级意识》则一方面受到来自考茨基和布哈林所代表的马克思主义思想传统的攻击,另一方面则受到来自实证主义的攻击。

对于马克思主义者来说,最为重要的是应该首先认识到,历史唯物主义是科学,而不仅仅是一更具普遍性的意识;第二,它是一种拥有自主性的科学,这种科学的有效性标准及其因果观特殊地针对它的对象而建构,因此,无法从之前就已经存在的科学方法论中简单地移植过来。矛盾的是,葛兰西曾对以上这第二种观点进行了极为精彩的阐述,他指出:"每一种研究都有其自身特有的方法,并且会构建出其自身特有的科学,并且,这种方法会随着科学本身的发展和深化而得到进一步的发展和深化,并形成一个单独的整体。那种认为我们能够用一种标准的方法——我们之所以选择它,是因为这种方法作为一种'天然适用'的方式曾经在另外一个领域取得许多良好的结果——来推进科学发展的观念,是一种奇怪的、与科学毫不沾边的幻想。"[①]

历史唯物主义的科学研究对象是"历史"。历史唯物主义是关于各种社会形态及其变化的科学理论。但马克思主义却不是仅此而已。它与政治实践联系在一起的,既想要对政治实践进行解释,同时反过来,又需要建立在政治实践的基础之上。这种政治实践就是无产阶级的普遍斗争,其本身便是革命政党与工人阶级之间的一种辩证关系所造成的结

---

① Selection from the Prison Notebooks of Antonio Gramsci, ed. and tr. Quintin Hoare and Geoffrey Nowell Smith, London, 1971, p. 439. 矛盾的是,由于葛兰西在其哲学生涯的另外一个阶段内曾经暗示历史拥有一种实验性的结构,因此,在这实验性的结构中,历史唯物主义就是科学假设的一个步骤或环节。

果。历史唯物主义与阶级斗争之间的这种特殊纽接，不能从那些支配着其科学的关系出发去思考，这是由于历史唯物主义是由其研究对象的特殊性——生产方式的转换——所决定的。很显然，历史唯物主义所关注的是科学与政治、"理论"与"实践"之间的关系，这与物理科学关注假设与实验之间的关系很不相同。难道有必要指出，以无产阶级斗争为核心的马克思主义实践——其目标在于推翻资本主义国家和资本主义生产关系——是不必服从于从物理和化学中得来的常规模式的么？

历史唯物主义面临双重威胁：一方面来自其支持者，他们以"科学的马克思主义"的名义将来源于之前已有科学的科学意识形态移植到历史唯物主义中；另一方面，历史唯物主义又受到那敌视所有科学形式的人的攻击。之所以如此，是因为科学与政治、理论与实践之间的关系在很大程度上依然是一个悬而未决的问题。① 这一问题的悬而未决使得历史唯物主义面临大批涌入并试图填补这一概念空场的外来意识形态的围剿——在这些外来意识形态中，不乏宏伟精妙之作，并真正对人产生误导。马克思致力并宣称要构建一门关于工人阶级的解放的科学理论。卢卡奇的《历史与阶级意识》依然是现代社会主义传统最具影响力的不朽之作，它向人们昭示马克思的目标是何等艰难，而这项任务又是何等"新颖"！

(孟丹译　张羽佳校)

---

① 这并不意味着，与其他所有的科学不同，历史唯物主义最终能够与科学本身的实践相脱节、实现完全的理论化。

附 录

一位伟大思者孤绝心灵的文化守望

衣俊卿

　　20世纪是一个盛产各种理论家和思想家的时代，不同学科领域的众多理论家和思想家以自己特有的睿智和深邃的目光，穿透不断变幻的世界历史风云。在这个思想和理论星丛中，卢卡奇毫无疑问占据着十分独特的地位，成为当之无愧的20世纪最有影响力的思想家之一。卢卡奇不仅开创了西方马克思主义的独特传统，而且直接影响了东欧新马克思主义的形成与发展。不仅赫勒、费赫尔、马尔库什和瓦伊达等直接就学于他的理论家围绕在他身边形成了布达佩斯学派，而且彼得洛维奇、马尔科维奇、弗兰尼茨基等南斯拉夫实践派成员也自觉地把他视作自己的精神导师和领袖，包括科拉科夫斯基也公开承认这位伟大思想家对自己的直接影响。在《马克思主义的主要流派》的序言中，科拉科夫斯基指出："本书并不自诩对马克思作出特别独创性的解释。但是不难看出，我对马克思的解读受到卢卡奇的影响要远远大于受其他评论者的影响，尽管我并不同意他对马克思学说的态度。"[①]

　　卢卡奇的理论影响力一方面表现在《历史与阶级意识》以物化、总体性、阶级意识、主客体统一的辩证法等建构的西方人本主义马克思主义的理论范式，另一方面则与他后期思想的转折所引发的争论密切相关。这两个方面在当今国内外思想界中依旧是理论家们关注的热门话题。尤其需要指出的是，在不同思想家所经历的前后期思想转变中，卢

---

① Leszek Kolakowski, *Main Currents of Marxism*, I, Oxford: Clarendon Press, 1978, p. vi.

卡奇后期的"思想转折"极其复杂，不仅牵涉到人们对理论观点的不同理解和不同评价，而且牵涉到他本人的曲折经历和自己对这一问题的明确表态。深入研究卢卡奇不同时期的思想变化，不仅有助于对他本人的思想理解，而且对于深刻理解西方马克思主义，乃至20世纪世界马克思主义研究的复杂格局，都具有特别的意义。1983年，赫勒把包括自己在内的那些构成布达佩斯学派核心成员的卢卡奇的学生们在一段时间内所写的关于导师的思想评价的代表性论文结集以《卢卡奇再评价》发表，这就为我们提供了从卢卡奇最亲密学生的视角来近距离地了解他的思想演变和心路历程的可能性。在这里，我们可以更多地从内在的文化动因和心理世界，而不是一般的理论逻辑来全面地理解这位深刻影响了20世纪人类思想演变的伟大思想家。

一、"可道"与"不可道"的思想转折

卢卡奇后期的思想转折是一个十分复杂的问题，关于这一问题，"可道的"与"不可道的"东西、"能说清的"和"说不清的"东西都交织在一起。在具体介入卢卡奇的学生和其他理论家关于这一问题的争论之前，我们可以先行把这一问题所涉及的主要分歧点或争论点解析一下。

争论的核心问题是：卢卡奇晚年在《审美特性》（1963）和《社会存在本体论》（1971）等著作中是否发生了理论立场的根本性转变？是否彻底放弃和否定了他早期《历史与阶级意识》（1923）中对马克思主义的人道主义（人本主义）理解？

如果在思想家的理论逻辑上进一步展开这一争论的核心问题，还包含着更多的相关问题。具体的背景是这样的：关于卢卡奇早期和晚期思想的划界问题还须细化，实际上在《历史与阶级意识》之前，还有一个卢卡奇直接受韦伯、西美尔等人影响的前马克思主义时期，即在《心灵与形式》和《小说理论》等著作中的文化批判思想，而在《审美特性》和《社会存在本体论》的写作之前，还有长达15年的苏联马克思主义时期（1930—1945），体现在《青年黑格尔》、《存在主义还是马克思主

义》，以及50年代初的《理性的毁灭》等著作之中的非理性主义批判等思想。这样一来，如果我们把卢卡奇的思想演变区分为四个阶段，问题就更为复杂了：如果说《审美特性》和《社会存在本体论》的确代表着卢卡奇的思想转变，那么这种转变的深度和性质应当如何评价？进而，《审美特性》和《社会存在本体论》所代表的晚期思想如果是放弃了《历史与阶级意识》的立场，那么是彻底转向了苏联的马克思主义，还是在某种意义上回归了《历史与阶级意识》之前的文化批判立场？还有一点，卢卡奇这四个阶段的思想是不断地依次否定的过程，还是在深层次上保留着不变的追求？

如果在思想家的心路历程上进一步展开这一争论的核心问题，问题也颇为复杂。众所周知，在因为发表《历史与阶级意识》而受到共产国际理论家的批判后，卢卡奇多次作了自我批评，而且公开声明放弃了《历史与阶级意识》的立场。但是问题在于：这种自我批评是迫于压力而违心作出的，还是基于思想转变而自愿作出的？卢卡奇晚年的思想立场到底是彻底改变了，还是形式上改变而内在的理论核心保持不变？

由上述几个层面的问题解析不难看出，要真正把握卢卡奇前后期思想的关系不是一件轻而易举的事情，我们不能把这种研究简化为关于《社会存在本体论》与《历史与阶级意识》的比较研究，甚至无法单单从理论逻辑层面描述清楚卢卡奇几个时期的思想演化脉络，而必须把理论逻辑的分析和心路历程的分析相互交织。因此，这是一项巨大的理论工程，在这里，我们无法逐一展开上述争论问题。我们在这里可以透过卢卡奇身边几个作为布达佩斯学派核心成员的、最有天赋的学生的体悟，来接近这个问题。我发现，卢卡奇的学生们对导师的一些观点（特别是后期的观点）的批评毫不留情，但是，他们从未落入"非此即彼"地比较取舍或者把前后期思想简单地对立起来的做法。特别重要的是，他们的分析从未单纯停留在理论的逻辑上，而是深入到卢卡奇的心灵之中，这为我们建立一种把理论逻辑的分析和心路历程的分析相结合的理论理解范式，提供了参照。

关于上述争论问题，我们首先需要确定的是卢卡奇的这些学生们对他的《历史与阶级意识》的评价，这是全部问题的争论核心。在这一点上，可以肯定地说，无论学生们各自的观点有什么差异，无论他们对卢卡奇的理论，包括对《历史与阶级意识》中的许多具体结论有什么不同见解，他们都充分肯定这部著作在卢卡奇的思想中、在马克思主义的演进中、在20世纪人类思想史中的重要地位。费赫尔明确断言：

> 尽管格奥尔格·卢卡奇把自己掩饰成一个谦虚的马克思的阐释者，但他在20世纪20年代就已经成为一个经典作家。当今，无论是朋友还是敌人都同样承认，《历史与阶级意识》一书的出版是马克思逝世之后马克思主义哲学史上最重要的事件。①

正是基于这种基本的立场，这些学生都不赞同卢卡奇本人对《历史与阶级意识》的否定性评价，赫勒指出，尽管卢卡奇对这部著作进行了自我否定，但是，"这部著作时至今日一直被人们视作卢卡奇理论活动的范式性表达"②。瓦伊达在比较卢卡奇的马克思主义和胡塞尔现象学之间的相似性时，明确指出，要"集中分析卢卡奇的《历史与阶级意识》和胡塞尔的《欧洲科学危机》这两部最重要的作品"，而且他解释说，"作出这样的选择绝非是出于武断。因为这两部著作都是他们所在学派的代表性作品，并且都对后来的思想发展产生了决定性的影响"。③ 这里我们还需要特别指出的一点是，卢卡奇的学生们不仅充分肯定了《历史与阶级意识》的历史地位，而且自觉地承认这部著作对他们的巨大影响。卢卡奇的几位最著名的门生、布达佩斯学派的最核心的成员费赫尔、赫勒、马尔库什和瓦伊达在四个人合写的《关于卢卡奇〈本体论〉的笔记》一文中明确指出：

> 从我们哲学生涯的童年时代起，我们就追寻一种"实践哲学"。在此无须详述这种努力与师从《历史与阶级意识》一书作者这一事实之间的关系，我们从未像卢卡奇那样拒斥这部代表作。④

---

① Agnes Heller ed., *Lukács Revalued*, Oxford: Basil Blackwell Publisher, 1983, p. 75.
② Agnes Heller ed., *Lukács Revalued*, Oxford: Basil Blackwell Publisher, 1983, p. 177.
③ Agnes Heller ed., *Lukács Revalued*, Oxford: Basil Blackwell Publisher, 1983, p. 107.
④ Agnes Heller ed., *Lukács Revalued*, Oxford: Basil Blackwell Publisher, 1983, p. 129.

应当说，布达佩斯学派成员对《历史与阶级意识》的地位的理解和评价，与西方马克思主义一些代表人物，以及其他东欧新马克思主义代表人物等比较一致。应当说，在20世纪的思想演变过程中，早期共产国际理论家和后来的大多数苏联哲学家对卢卡奇的《历史与阶级意识》往往持完全否定的态度，把这部著作视作唯心主义和反马克思主义的理论著作，[①] 除此以外，大多数理论家和研究者，即使不完全赞同《历史与阶级意识》的某些具体观点，也对这部著作给予较高的评价。例如，南斯拉夫实践派代表人物弗兰尼茨基在著名的《马克思主义史》中指出，卢卡奇是一个创造性的马克思主义者，在20世纪马克思主义发展中占据重要的地位。"卢卡奇无疑是本世纪最重要的马克思主义理论家之一。他的著作《历史与阶级意识》，是在时代和人这一哲学问题方面取得的最深刻的思想突破之一，可是，无论是社会主义的左派还是社会主义的右派，基本上都不理解这种思想突破。"[②] 弗兰尼茨基还特别分析了《历史与阶级意识》中所表述的创造性思想的重要性和当代价值：

> 卢卡奇的伟大功绩在于他发扬了马克思的某些基本的思想成就。特别是在分析异化、物化以及现代社会的这一基本结构现象对阶级意识和个人意识的作用方面，他抓住了马克思主义的中心问题之一，同时也抓住了当代世界和人的实质性问题之一。他所抓住的问题，如果不加以解决，任何一个无产阶级革命实际上都不能完成自己的历史任务。[③]

连一向以苛刻地批判几乎所有当代思想家和理论家而著称的波兰新马克思主义代表人物科拉科夫斯基也充分肯定《历史与阶级意识》的深刻影

---

① 在苏联哲学界，对卢卡奇《历史与阶级意识》持否定态度的现象一直延续很久，例如，即使在戈尔巴乔夫时期写作的一些关于卢卡奇的著作，虽然已经开始对卢卡奇的很多观点给予积极的评价，但是，还是把《历史与阶级意识》定性为唯心主义，参见 Б. Н. 别索诺夫、И. С. 纳尔斯基：《卢卡奇》，李尚德译，哈尔滨：黑龙江人民出版社，2003年版，第8—9页、20—21页。

② 普雷德腊格·弗兰尼茨基：《马克思主义史》Ⅱ，胡文建、杨达州、贾泽林译，北京：人民出版社，1988年版，第330页。

③ 普雷德腊格·弗兰尼茨基：《马克思主义史》Ⅱ，胡文建、杨达州、贾泽林译，北京：人民出版社，1988年版，第103页。

响。他认为，尽管卢卡奇自己不断否定自己的这部代表作，但是"无论如何，在他的全部著作中，正是这部著作引起了最多的争议并在马克思主义运动中留下了最深刻的影响"①。不仅如此，科拉科夫斯基还承认卢卡奇思想的创造性。"毫无疑问，卢卡奇是一位杰出的马克思学说的解释家，他通过以与前一代马克思主义者完全不同的方式重建马克思学说，对此作出了巨大的贡献……我确信，卢卡奇的确对马克思哲学形成了一种全新的、正确的解释，从这一点来看，他的成就是毋庸置疑的。"②

在确定了布达佩斯学派主要成员及其他东欧新马克思主义代表人物对卢卡奇《历史与阶级意识》的积极的和肯定的评价之后，我们应当转向关于卢卡奇思想转折的复杂争论中的第二个层面的重要问题：为什么卢卡奇会从《历史与阶级意识》所确立的并且迄今为止一直产生巨大影响的关于马克思主义的独特理解转折？而且，这种"转折"并不是其他研究者在研究卢卡奇的思想历程时概括出来的转变，而是卢卡奇自己反复宣称的自觉的转折，即他通过多次自我批评而宣布放弃了《历史与阶级意识》的基本立场，特别是在1967年为《历史与阶级意识》所写的新版序言中，他作了众所周知的严厉的自我批评。那么，这种"自我批评"和思想转折是被逼无奈的，还是自觉自愿的？

可以说，大多数新马克思主义者对卢卡奇的这种思想转折是不认可的，常常深感遗憾。一般说来，那些不在卢卡奇身边的人，大多倾向于认为，卢卡奇的自我批评和思想转折是一种"被逼无奈的"策略选择，是迫于共产国际和后来的苏联正统马克思主义的政治压力和理论讨伐而被迫作出的一种妥协和让步。弗兰尼茨基就认为，卢卡奇后期研究文学史、文学理论和美学问题是被迫无奈的选择。③ 科拉科夫斯基更是明确断定这一点。他指出，卢卡奇是一个极富争议的人，其主要原因是所受的外界的压力。"他经常受到正统斯大林主义者的谴责和抨击，经常屈从于党的纪律，宣布放弃他先前的观点，而只要时机变得宽松一点时，

---

① Leszek Kolakowski, *Main Currents of Marxism*, Ⅲ, Oxford: Clarendon Press, 1978, p.259.
② Leszek Kolakowski, *Main Currents of Marxism*, Ⅲ, Oxford: Clarendon Press, 1978, p.297.
③ 参见普雷德腊格·弗兰尼茨基：《马克思主义史》Ⅱ，胡文建、杨达州、贾泽林译，北京：人民出版社，1988年版，第104—105页。

他又不断地否认或修正这种放弃。因此，他的著作充满了自我否定、收回成见、撤销这种收回和对早期著作的重新阐释，这尤其表现在 60 年代那些再版著作的序言和跋之中。"[1] 一些无论从理论交往还是理论立场离卢卡奇更远的研究者甚至因为他的妥协而指责他缺乏理论勇气，例如，丹尼尔·贝尔在《意识形态的终结》中认为，"在当代对马克思主义思想中异化观念的'重新发现'得归功于匈牙利哲学家乔治·卢卡奇"。但是，在正统马克思主义的批判压力下，卢卡奇宣布放弃了论文集《历史与阶级意识》的立场。"在那些论文发表 11 年之后，他被迫再一次摒弃了他的著作，这是一次奴颜婢膝的自我厌弃之举。"[2]

相比之下，那些作为卢卡奇的直接学生的布达佩斯学派主要成员，则不是这么简单地理解和评判卢卡奇的自我批评和思想转折。他们往往认为，卢卡奇的转折既是被迫的，也是自愿的；既是被动的，也是主动的；既是对理论的被迫修正以求得自我保存和自我保护，也是基于对原有理论内在缺陷的修正和完善而采取的主动的和自觉的举措。此外，卢卡奇性格中妥协因素和倔强因素的交织等，使得这种自我批评和思想转折异常复杂，难以说清。费赫尔在一篇研究卢卡奇《历史与阶级意识》受到严厉批判之后转而阐述自己的古典主义理想的论文，即《卢卡奇的魏玛思想》中指出，尽管卢卡奇的《历史与阶级意识》是一部伟大的著作，但是，在发表后不久，即 20 世纪 20 年代末，《历史与阶级意识》的理论构想就"崩溃"（collapsed）了（或"瓦解"了）。他认为，这种"崩溃"的确与共产国际对卢卡奇的批判讨伐压力有关，但是，也与卢卡奇对自己理论内在逻辑的完善的需要密切相关，具体说来，卢卡奇虽然一直坚持采取激进主义姿态以消除现存世界的"恶"，但是，在《历史与阶级意识》时期，他把这种解放过多地同"阶级"连在一起，即寄希望"通过国际无产阶级自觉行动来获得迅速而彻底的救赎"，而这一构想随着十月革命之后 20 年代欧洲其他国家的无产阶级革命的相继失败而"消失得无影无踪"。因此，他断言："在 20 世纪 20 年代末，

---

[1] Leszek Kolakowski, *Main Currents of Marxism*, III, Oxford: Clarendon Press, 1978, p. 253.
[2] 丹尼尔·贝尔：《意识形态的终结——五十年代政治观念衰微之考察》，张国清译，南京：江苏人民出版社，2001 年版，第 418、419 页。

《历史与阶级意识》一书所假定的构想崩溃了。用'崩溃'这个词，我并不仅仅（甚至不是主要地）意味着它屈服于共产国际反对异端著作的重压。"① 关于这一问题，赫勒在《卢卡奇的晚期思想》中作了很细致的分析。赫勒明确把卢卡奇的自我批评和自我否定的原因归结为两个方面：一是迫于生存压力而不得不作的生存选择；一是出于用"类本质"概念扩充"阶级"概念来完善自己早期理论而作出的自觉选择。她对此作了比较清晰的描述：

> 与后来其他几次自我批评相比，卢卡奇对《历史与阶级意识》的否定是诚恳的。他的公开认错（recantation）是基于两个动机。其中的一个动机是众所周知的和被广为承认的；而另外一个动机则没有引起人们的注意。第一个动机是由于当时的共产党，进而苏联和第三国际的限制而造成的生存选择。我称之为"生存的"选择，是因为这种选择高于和超越了任何可能的批评，任何事实或争论都不能质疑这种选择。假如卢卡奇继续坚持《历史与阶级意识》中的观点，他就会把这种选择变成相对的，而实际上，这种选择正由于关乎生存，所以在原则上必须是绝对的。一方面是焦虑和挫折感，另一方面是批判精神，促使他只能处于这一生存选择的框架之内。但是，正是这种挫折感和焦虑，以及这种批判精神，为他提供了公开认错的第二个动机。卢卡奇经常向我们，即他的学生们，谈及《1844年经济学哲学手稿》的阅读对他的自我批评具有多么决定性的意义：人的类概念，以及"类本质"（Gattungswesen）在马克思思想中的核心作用的发现，对他是一个巨大的思想震撼。"阶级"不能代替"类"——他当时开始这样理解马克思的立场——但是，正是这样一种替代，构成了《历史与阶级意识》的特征。②

如果我们的分析再深入一个层面，就会发现，同上述关于卢卡奇自我批判和思想转折之动机的认识方面差别密切相关，不同的研究者对卢

---

① Agnes Heller ed., *Lukács Revalued*, Oxford: Basil Blackwell Publisher, 1983, p. 75.
② Agnes Heller ed., *Lukács Revalued*, Oxford: Basil Blackwell Publisher, 1983, pp. 177–178.

卡奇自我批判和思想转折之后的一些著作和理论的评价也存在很大的分歧。以苏联理论界为代表的"正统马克思主义"对卢卡奇后期思想比较多地持肯定态度，认为卢卡奇回到了正确的辩证唯物主义立场。例如，我们从上文所提及的 Б. Н. 别索诺夫、И. С. 纳尔斯基的《卢卡奇》一书的目录就一目了然地看到了这种典型的评价。他们把《历史与阶级意识》划为卢卡奇在真正接受马克思主义之前的探索；把卢卡奇20世纪20年代后期对《历史与阶级意识》的自我批判定位于"找到了马克思主义理论"；把卢卡奇在苏联的15年描绘为"创作之花盛开"；进而把卢卡奇战后回到匈牙利的晚年描绘为"晚年创作硕果累累"。① 并且他们对卢卡奇后期的《理性的毁灭》和《社会存在本体论》评价较高，而对《审美特性》的肯定评价也在很大程度上缘于他们认为卢卡奇在晚年美学研究中承认了苏联革命文学的世界意义和列宁的反映论思想。②

与苏联理论界的这种评价不同，卢卡奇的学生们则对《理性的毁灭》和《社会存在本体论》这些著作评价较低，主要理由无疑是这些著作更接近苏联正统马克思主义的辩证唯物主义立场。赫勒认为，卢卡奇后期著作中最成问题的、最有争议的就是《理性的毁灭》，这部著作把法西斯主义的兴起直接归咎于德国哲学传统。赫勒认为这是"一部魔鬼学（demonology）著作"，在这里，"卢卡奇追问责任的问题：是什么促使人们接受了纳粹的意识形态？是什么使德国知识分子的抵抗能力变得瘫痪？卢卡奇在他称之为非理性主义（irrationalism）的传统德国哲学倾向中找到了责任人"。赫勒指出，这种分析是"站不住脚的"。③ 学生们对卢卡奇的《社会存在本体论》的批评则更多，因为卢卡奇在写作该书时他们逐章直接参加了讨论，并提出了很多细致的批评和商榷。④ 当然，问题不仅出在这些细节的论证，更主要的问题出在，这部著作在许多方

---

① 参见 Б. Н. 别索诺夫、И. С. 纳尔斯基：《卢卡奇》，李尚德译，哈尔滨：黑龙江人民出版社，2003年版，"目录"第1—2页。
② 参见 Б. Н. 别索诺夫、И. С. 纳尔斯基：《卢卡奇》，李尚德译，哈尔滨：黑龙江人民出版社，2003年版，第129—131页。
③ Agnes Heller ed., *Lukács Revalued*, Oxford: Basil Blackwell Publisher, 1983, p. 179.
④ 参见本书中费赫尔、赫勒、马尔库什和瓦伊达四个人合写的《关于卢卡奇〈本体论〉的笔记》一章。

面的确具有向苏联哲学教科书的辩证唯物主义立场靠拢的特点，"他毫无保留地接受了官方的辩唯的概念武库，而他的挫折感、他的焦虑和他的批判精神使他无法借助这些概念的帮助以哲学体系的形式构想出某种积极的东西"①。赫勒对《社会存在本体论》的批判非常尖刻，干脆断言这部著作是卢卡奇的一个"失败"。她毫不客气地批评说："这本长达数千页的巨著充满了逻辑矛盾，充满了关于同一个问题完全对立的构想，充满了空洞的重复，论证过程中充满了断裂。"②

同对上述两部著作的较低评价相比，布达佩斯学派主要成员对卢卡奇后期的《青年黑格尔》和《审美特性》给予了较高的评价。赫勒在分析卢卡奇在苏联时期的理论创作时断言："在自己的生命的这一阶段，卢卡奇唯一真正的伟大著作是《青年黑格尔》，这是一部哲学家的传记，同时也是他的一本自传，因为他是从自己的观点出发来解读黑格尔的思想发展。正如《历史与阶级意识》是卢卡奇青年时代理论努力至高无上的表现一样，黑格尔的杰作《精神现象学》是他青年时代理论努力的至高无上的表现。"③卢卡奇的学生们对《审美特性》的评价则更高，把它称之为"卢卡奇的伟大著作《审美特性》"④，其重要地位仅次于《历史与阶级意识》。对此，赫勒是这样概括的：

> 只有这个自由的世界也是一个进化的世界。艺术证实了个体和类的统一的可能性。艺术的本质是"类特征"水平上的进化的可能性之保证。但是，那一进化本身是一个应该。卢卡奇本人并不使用应该，而是宁愿使用前景。内在于这一美学之中的历史哲学是按照希望的精神（在有保障的希望的意义上）构想的。这正是这本著作能够很容易被人们定位于仅次于《历史与阶级意识》的真正杰作的原因。⑤

从卢卡奇的学生对他后期几部著作的不同评价中，我们可以得出这样的

---

① Agnes Heller ed., *Lukács Revalued*, Oxford: Basil Blackwell Publisher, 1983, p. 189.
② Agnes Heller ed., *Lukács Revalued*, Oxford: Basil Blackwell Publisher, 1983, p. 189.
③ Agnes Heller ed., *Lukács Revalued*, Oxford: Basil Blackwell Publisher, 1983, p. 178.
④ Agnes Heller ed., *Lukács Revalued*, Oxford: Basil Blackwell Publisher, 1983, p. 130.
⑤ Agnes Heller ed., *Lukács Revalued*, Oxford: Basil Blackwell Publisher, 1983, pp. 188–189.

基本印象：他们对卢卡奇后期思想中所出现的同苏联官方辩证唯物主义妥协或接近的倾向持批评的态度，但是，他们并没有完全否认卢卡奇后期的思想，因为他们在卢卡奇的《审美特性》等著作中，看到了理论的创新。那么，这里还要再提出一个问题：卢卡奇晚期这些具有创新的理论探索同早期或者前期的理论之间是一种什么样的关系？是表现为一种完全不同方向上的突破和超越，还是对前期思想某种意义上的"回归"？如果说是一种"回归"，那么具体是向哪个阶段的思想回归？进而，基于这种"回归"，在卢卡奇的后期思想转折与之前的各个阶段的思想之间，具有某种"连续性"或"一致性"吗？

　　显而易见，当我们提出这几个相互关联的问题时，上述关于卢卡奇自我批判和思想转折问题原本逐渐清晰的分析，在这里重新变得复杂化或者模糊了。因为，我们发现，在这个层面的问题上，布达佩斯学派主要成员，也即卢卡奇的几个主要学生的观点更加发散，并且同西方马克思主义或者其他新马克思主义代表人物的观点有所不同。一般说来，那些坚持认为卢卡奇是违心和被迫作出自我批判的理论家倾向于认为，卢卡奇晚期的著作在某种意义和某种程度上又回到了《历史与阶级意识》的立场上。例如，弗兰尼茨基认为："卢卡奇在《马克思和意识形态衰退的问题》的论文中，重新有根据地回到有关现代人的异化及其在艺术和理论方面的后果的思想上来。"① 梅洛－庞蒂在《辩证法的历险》中讨论卢卡奇时指出："我们主要思考他 1923 年发表的《历史与阶级意识》一书。在下一章我们将会看到，他最近的一些论著仍保留了该书的某些观点。"②

　　相比之下，卢卡奇的学生们虽然也充分肯定《历史与阶级意识》的地位和价值，并且明确表明，他们"从未像卢卡奇那样拒斥这部代表作"，但他们很少断言卢卡奇晚年的理论探索又回到了这部著作。如前所述，布达佩斯学派主要成员虽然认定卢卡奇的自我批判和思想转折具有很大的被迫成分，但是，他们也强调其中包含着自主和自愿的成分，

---

① 普雷德腊格·弗兰尼茨基：《马克思主义史》Ⅱ，胡文建、杨达州、贾泽林译，北京：人民出版社，1988 年版，第 105 页。
② 莫里斯·梅洛－庞蒂：《辩证法的历险》，杨大春、张尧均译，上海：上海译文出版社，2009 年版，第 29 页注释。

即卢卡奇后期的确试图突破《历史与阶级意识》的某些局限性。这样一来,卢卡奇的学生在分析卢卡奇晚年的思想探索和理论创新时,没有一般地"比对"后期思想同《历史与阶级意识》的关系,而是在更深的层面或者更广泛的视角来加以审视。例如,马尔库什在《生活与心灵:青年卢卡奇和文化问题》一文中,很重视卢卡奇于1912年到1918年写作的但没有发表的《海德堡美学手稿》,他认为,卢卡奇晚年《审美特性》中的许多重要范畴都已经出现在这部早期手稿中,它们都共同关注着艺术和文化的问题。① 赫勒也有类似的观点,而且她的表述更为明确:"卢卡奇回到伟大的哲学,意味着他(相对地)回到了自己青年时代的思维方式——然而,不是回到了《历史与阶级意识》,而是回到了《海德堡美学手稿》(*Heideberg Aesthetics*)。"② 费赫尔则认为,卢卡奇后期放弃了《历史与阶级意识》时期的政治激进主义,转向了古典主义的伦理民主政治思想,因此,他把卢卡奇后期的探索称之为"卢卡奇的魏玛思想"。③ 卢卡奇的学生们跳出《历史与阶级意识》,在更大的视域中来审视和了解卢卡奇的思想历程,在一定意义上使关于卢卡奇的争论更加复杂,但是,必须承认,他们的探索和思路开辟了一种更深刻地把握卢卡奇思想的新思路:超越一般的理论范畴"比对"和纯粹的理论逻辑推演,在人类文化精神的演进和思想家的深层文化诉求的关联中来把握一个思想家的思想历程。这样,我们实际上就会走入这一思想家心灵深处的文化动机和心路历程。

二、心灵深处的文化家园

通过上述分析可以看出,卢卡奇的确不是一位可以一言以蔽之地清晰概括和说明的思想家,我们关于围绕着他的思想转变问题而展开的争论的梳理,好像是使问题变得清晰一些,但是,还有许多问题实际上依

---

① 参见 Agnes Heller ed., *Lukács Revalued*, Oxford: Basil Blackwell Publisher, 1983, p.2。
② Agnes Heller ed., *Lukács Revalued*, Oxford: Basil Blackwell Publisher, 1983, p.182.
③ Agnes Heller ed., *Lukács Revalued*, Oxford: Basil Blackwell Publisher, 1983, pp.75 - 106.

旧处于"可道"和"不可道"之间。不仅如此,如果我们停留于卢卡奇的直接的理论观点的分析,那么在卢卡奇的思想历程中,不只是明确否定《历史与阶级意识》这一次大的思想转折,实际上还有许多大大小小的转折。例如,在马尔库什看来,卢卡奇1918年从早期的艺术和审美立场转向马克思主义的布尔什维克立场,就是一次十分重大的转折,他借用卢卡奇的一位密友的话说,这是一次在短短一周内就完成的、类似于基督教中"从扫罗(Saul)变成保罗(Paul)"的决定性转折。① 再比如,在卢卡奇在《历史与阶级意识》之后,除了人们通常所说的《理性的毁灭》等著作之中呈现出的向"官方的辩证唯物主义"靠近的趋向,卢卡奇还有其他一些不同程度的转折。赫勒在分析《审美特性》时曾经讲到,卢卡奇最初设计的《美学》(Aesthetics)包括两个部分,即"辩证唯物主义"和"历史唯物主义"两个部分,但是,当他写完第一部分,即《审美特性》后,又发生了思想转变,放弃了第二部分的写作,② 等等。

那么,到底应当如何看待卢卡奇不同时期的这些"思想转折"?是把这些"转折"当成思想进程中的许多"断裂",从中选择某一阶段的思想加以肯定,或者按照习惯的分析方法,强调卢卡奇早期思想的"不成熟"和晚期思想的"成熟"?还是应当超越这些理论表层的"转折"和"断裂",试着从卢卡奇不同阶段思想变化中找到某种深层次的连续性?有一点可以确定的是:卢卡奇显然不是那种没有主见的、见风使舵、随风倒的浅薄理论家,而是一位伟大而深刻的思想家。我们发现,连科拉科夫斯基这位严厉的、"挑剔的"批评家,也没有因为卢卡奇不断的思想转变而看轻和贬低这位理论家。相反,他坚持卢卡奇前后期思想的一致性,他认为卢卡奇自1918年接受了布尔什维克主义立场后就再也没有放弃马克思主义:

> 总之,从那时起,卢卡奇全心全意地承认共产主义是一种道德的、精神的和政治的解答。尽管经受了许多哲学历险,他在此后的全部余生中还是完全认同于共产主义运动。他相信,马克思主义是

---

① 参见 Agnes Heller ed., *Lukács Revalued*, Oxford: Basil Blackwell Publisher, 1983, p. 2。
② Agnes Heller ed., *Lukács Revalued*, Oxford: Basil Blackwell Publisher, 1983, p. 189。

历史问题的最终解答，相信共产主义能够保证人类一切力量的最终和谐并保证人类一切可能性的自由发挥；相信个人与社会之间、人与人之间、偶然存在与"本质"、道德、法律之间的冲突都会在"原则上"得以解决……①

卢卡奇的学生们虽然批评他晚年一些理论探索，但是，从总体分析来看，他们也坚持卢卡奇前后期思想内在的一致性，不过，他们没有围绕着《历史与阶级意识》来建立这种统一性，也没有像科拉科夫斯基那样从卢卡奇对共产主义的信仰出发来确定这种一致性。他们的主流做法是深入到人类文化精神演进的层面上挖掘卢卡奇思想的文化内涵，由此他们在文化批判的层面上不仅重新解读了《历史与阶级意识》的观点，而且建立起一种贯通和穿透卢卡奇全部思想（包括《历史与阶级意识》之前的早期思想）的文化逻辑和理论诉求。我们可以引用马尔库什讨论青年卢卡奇和文化问题时的一段话来理解这一问题：

> 《海德堡美学手稿》与晚期的《美学》之间真正的连接在于，尽管两部著作之间相隔了近半个世纪，使用完全不同的概念手段并往往得出相反的结论，但是它们都致力于解决同一个理论问题。它们都试图在人类活动的体系内确立艺术的位置和功能，并且力图解释艺术与日常生活之间的关系（……）以及与塑造和占用现实的人类活动及对象化这些"类"（'generic'）形式（……）之间的关系。但是在这两部著作为自身设定了同样的哲学目标这一事实背后存在一个问题，一直以来它的存在不仅仅是对卢卡奇的一种理论挑战（的确，这是一个囊括了他全部生活和著作的问题）：也就是**文化的可能性**问题。②

可以说，这一"文化的可能性"问题在布达佩斯学派主要成员关于卢卡奇思想的分析中占据核心地位，马尔库什甚至断言，"文化就是卢

---

① Leszek Kolakowski, *Main Currents of Marxism*, III, Oxford: Clarendon Press, 1978, p.258.
② Agnes Heller ed., *Lukács Revalued*, Oxford: Basil Blackwell Publisher, 1983, p.3.

卡奇生命中'唯一的'（'single'）思想"①。那么，什么是"文化的可能性"问题？透过卢卡奇的学生们对老师的思想和心灵的近距离解读，我们发现，在卢卡奇那里，文化的问题就是人的存在和命运的问题，而环绕着人的存在和命运的问题，在卢卡奇心灵深处一直存在着一种关于世界"善"和"恶"的对立与冲突的判断：一端是"幸福年代"的完整的文化和自由的人；一端是"罪恶年代"的分裂的文化和异化的人。卢卡奇把"填平"这对立两极之间的鸿沟视作自己毕生的神圣使命，因此，文化的问题就是对文化危机的批判，就是扬弃异化、恢复人的自由生存的问题。我们不难发现，关于文化的可能性这一问题，卢卡奇不是在《历史与阶级意识》中分析物化和阶级意识时才确立起来，而是早在第一次世界大战期间就通过艺术和审美问题的研究而清晰表达出来的。我们在《小说理论》中看到了卢卡奇心灵深处那遥远的精神家园，那个以"幸福时代"希腊的"完整的文化"为原型的文化家园：

在那幸福的年代里，星空就是人们能走的和即将要走的路的地图，在星光朗照之下，道路清晰可辨。那时的一切既令人感到新奇，又让人觉得熟悉；既险象环生，却又为它们所掌握。世界虽然广阔无垠，却是他们自己的家园，因为心灵（Seele）深处燃烧的火焰和头上璀璨之星辰拥有共同的本性。尽管世界与自我、星光与火焰显然彼此不太相同，但却不会永远形同路人，因为火焰是所有星光的心灵，而所有的火焰也都披上了星光的霓裳。所以，心灵的每个行动都是富有深意的，在这二元性中也都是完满的：对感觉（Sinn）中的意义和对各种感觉而言，它都是完满的；完满是因为心灵行动之时是蛰居不出的；完满是因为心灵的行动在脱离心灵之后，自成一家，并以自己的中心为圆心为自己画了一个封闭的圈。②

然而，与这样一种完美的精神家园相对立，卢卡奇所面对的现实世界处于一个"极端罪恶的时代"，在这里，"幸福年代"的完整的文化已

---

① Agnes Heller ed., *Lukács Revalued*, Oxford: Basil Blackwell Publisher, 1983, p.4.
② 《卢卡奇早期文选》，张亮、吴勇立译，南京：南京大学出版社，2004年版，第3—4页。

附　录　一位伟大思者孤绝心灵的文化守望

经支离破碎，变成了一种拜物教的物化状态。卢卡奇写作《小说理论》正值第一次世界大战期间，前所未有的邪恶战争把资本主义时代的罪恶淋漓尽致地展示出来。卢卡奇1962年在为《小说理论》再版所写的序言中指出："本书可以说是在对世界局势的永久绝望的心绪中脱稿的。"① 可以说，卢卡奇从青年时代开始，就在内心深处确立起拒斥资本主义的罪恶和物化，重建完整的文化的心理定势。这是一种建立在关于文化的两极对立结构之上的历史哲学：一端是完整的文化和自由的人所代表的总体性（整体性），一端是分裂的文化和异化的人所遭遇的现实物化。这种"善"和"恶"的对立与冲突构成卢卡奇全部思想的内在文化动因。

应当说，卢卡奇心灵深处的文化家园（完整的文化）并非是凭空想象的，而是有其历史原型，这就是完美的希腊世界，一个未分化的完整的文化世界，因此，卢卡奇文化批判的诉求是指向过去的，指向人类曾经拥有过的文化家园。但是，卢卡奇清楚地意识到，希腊世界的这种完美是转瞬即逝的，永远不可重复和回归的，因此，卢卡奇文化批判的诉求、他对那种完美的精神家园的不懈追求也是指向未来的。卢卡奇这样描述希腊世界的秘密和我们以及这一神圣家园之间的关系：

> 如果我们愿意，这条思路可以引领我们去探寻希腊世界的秘密：它的完美对于我们来说简直是不可思议，因此也就是一道使我们与之隔绝的、无法跨越的鸿沟。希腊人只知答案而不知问题，只知（甚至是玄妙的）谜底而不知谜面，只知形式而不知混沌。在历史悖论的这一头，他为形式（Form）画出了一个创造性的源泉，这一切都使他成就了完美，而在历史悖论的我们这一头，它却只能将我们引向琐碎。②

这样一来，卢卡奇关于希腊世界的秘密的揭示就不是一种"逃避"的行为，不是对现存世界的罪恶的精神逃遁，而是一种"批判"的行为，是对现存物化和罪恶的揭露和超越，是重建完整文化的行为。卢卡

---

① 《卢卡奇早期文选》，张亮、吴勇立译，南京：南京大学出版社，2004年版，第Ⅲ页。
② 《卢卡奇早期文选》，张亮、吴勇立译，南京：南京大学出版社，2004年版，第5—6页。

奇清楚地意识到："第一次，也是最后一次，这种统一分解之后，就不会再有自发的存在总体性了。"① 因此，他把对希腊的完美和"幸福时代"的"乡愁"转化为一种批判和摧毁现实罪恶的行为，转化为一种超越物化、重建美好文化家园的内在驱动力。这正是马尔库什所说的"文化的可能性"问题，也正因为如此，马尔库什断言，"**文化就是卢卡奇生命中'唯一的'思想**"。他认为："从卢卡奇作为一位思想家的发展之初起，对他来说文化问题就意味着**是否有可能过上一种摆脱异化的生活**问题。在这个问题背后包含着他对于敌视文化、'文化危机'这些描述现代资产阶级存在特征的状况作出的充满激情的诊断，也包含着他对这种状况的坚定的拒斥。"② 从这样的视角出发，不难看出，在卢卡奇由于历史变局、社会现实变化、政治压力、意识形态批评等因素而经历的不断的理论"转变"和思想"断裂"的背后，有一种深层的连续性，这就是一种基于对人类生存和命运的深深关切而矢志不渝的文化守望。

在《历史与阶级意识》之前的早期思想阶段，卢卡奇对于哲学和艺术（审美）的关注毫无疑问根植于这种文化守望和家园意识。他所关注的并不是作为给定知识形态的哲学和艺术，而是作为文化批判的哲学和艺术。关于哲学，卢卡奇明确断言，它不会存在于幸福的时代，哲学是追寻家园的，因此必然是批判的。他在《小说理论》中写道："'哲学犯了思乡病'，诺瓦利斯说，'不论在哪里它都迫切地想回家。'所以，哲学——无论是生活形式的哲学，还是决定文学的内容和形式的哲学——总是要表征为'内'与'外'的断裂、自我与世界的本质区别，以及心灵与行为（Tat）的失调。所以说，幸福的年代是没有哲学的，要不然我们也可以说，这个年代里的每一个人都是哲学家，共同享有每一种哲学都向往的乌托邦宗旨。"③ 关于艺术，在卢卡奇的视野中，它同样不是为了歌功颂德，而是为了揭露罪恶而生的。早在1911年发表的《心灵与形式》中，卢卡奇就断言："科学以其内容影响我们，而艺术则以其形式影响我们；科学提供给我们事实及其关联，而艺术给我们的则是心

---

① 《卢卡奇早期文选》，张亮、吴勇立译，南京：南京大学出版社，2004年版，第14页。
② Agnes Heller ed., *Lukács Revalued*, Oxford: Basil Blackwell Publisher, 1983, p. 4.
③ 《卢卡奇早期文选》，张亮、吴勇立译，南京：南京大学出版社，2004年版，第4页。

灵和命运。"① 而在《小说理论》的结语中，卢卡奇又更加明确地表述了这一观点："用费希特的话说，小说是绝对罪恶时代的形式，只要世界还是在同样的天体的笼罩下，小说就一定还是主导的形式。"② 无论青年卢卡奇的这些早期著作还存在着多少"不成熟的"地方，他后来又对这些观点作了多少否定和批判，我们都不能否认，在那些著作中已经奠定了卢卡奇毕生的价值追求和文化守望。

从这一"文化的可能性"问题的层面来解读卢卡奇的《历史与阶级意识》及卢卡奇本人对这一代表作的批判态度，我们会形成更为丰富的理解。虽然，从政治立场上看，卢卡奇于1918年选择了布尔什维克立场，即确立了马克思主义立场，是一次"从扫罗变成保罗"的决定性转折，但是，从思想的文化逻辑来看，《历史与阶级意识》的理论阐述并非是一种全新的创造和对早期理论的完全断裂。具体说来，《历史与阶级意识》中对商品拜物教和物化现象（及物化意识）的批判、对无产阶级自觉的阶级意识的呼唤、对主客体统一的辩证法和总体性的追求，在思想逻辑上显然是早期文化批判立场的逻辑延伸，所不同的是，俄国十月革命等历史变局让卢卡奇在无产阶级及其革命运动中找到了他的文化批判的"物质"载体和现实手段。这样就解决了早期文化批判理论的实践上的"软弱"问题。卢卡奇在1962年回头评价自己的《小说理论》时，曾经说过："很清楚，我对战争连同对当时的资产阶级社会的拒斥心理都是纯粹的乌托邦；即使在最抽象的思维水平上，也没有什么东西能缩短我的主观态度与客观现实之间的差距。"③ 显然，1918年后，卢卡奇在无产阶级及其革命运动中找到了这个能缩小理论和实践之间距离的"东西"，这样就不难理解为什么性格上似乎不那么"阳刚"的卢卡奇，在1918年后能够采取革命激进主义立场。他相信"罪"的辩证法或者"恶"的辩证法，相信通过革命暴力，"恶"才能经过历史的辩证法将转化为"善"，转化为绝对，新的总体性。在1919年匈牙利无产阶级革命中，卢卡奇担任了仅存133天的匈牙利苏维埃共和国的内阁成

---

① 《卢卡奇早期文选》，张亮、吴勇立译，南京：南京大学出版社，2004年版，第122页。
② 《卢卡奇早期文选》，张亮、吴勇立译，南京：南京大学出版社，2004年版，第115页。
③ 《卢卡奇早期文选》，张亮、吴勇立译，南京：南京大学出版社，2004年版，第Ⅲ页。

员，并且作为军政委亲赴前线勇敢督战，甚至处决了临阵脱逃的叛徒。

同样，如果从这样一种文化批判立场出发，我们可以理解一个问题，即当很多批评者或研究者从卢卡奇思想"断裂"的角度为卢卡奇对自己的《历史与阶级意识》所作的断然的自我批判而深感不解，并试图从外在的强力压迫来解释卢卡奇的无奈的时候，卢卡奇本人则比较坦然地对待这一自我批判和自我否定。或许在他那里，放弃或者否定《历史与阶级意识》中的一些理论表述并不意味着一种根本性的理论"决裂"，因为他在深层次并没有放弃自己关于文化家园的守望和文化批判的使命。并且，他开始使用更加宽泛的范畴，即"类本质"和"对象化"来建构自己的文化理想。正是在这种意义上，赫勒描述了卢卡奇读马克思《1844年经济学哲学手稿》时的"巨大的思想震撼"[1]。

循着这样的思路，我们就不难理解为什么卢卡奇的学生们在他的后期著作中特别重视《审美特性》了。关于这一问题，我们可以提供内在有机统一的两种阐述。一是马尔库什和赫勒等人对《审美特性》关于类本质层面的"对象化"和总体性的解读。马尔库什认为，卢卡奇晚期美学思想中关于物化的批判和关于对象化和总体性的阐述在某种意义上是在延续他早期的思想逻辑，例如，他谈及卢卡奇早年写的《海德堡美学手稿》时指出："在《审美特性》这部重要的晚期综合著作中包含的某些最基本的观念和范畴，在这里已经可以发现，往往是用同样的术语表达：对象化（objectivation）概念、'完整的人'（the whole man）与'人作为一个整体'（man as a whole）之间的差别、同质中介（homogeneous medium）的范畴、作为自我封闭（self-enclosed）的总体的艺术作品概念，等等。"[2] 赫勒认为，卢卡奇晚年的美学思想超越了《历史与阶级意识》的"阶级"范畴，但是，在"类"的层面上沿袭着《历史与阶级意识》中关于意识问题的理解。她指出："不难看出，这里提出了个体与类的关系问题，而艺术的本质被理解为个性与类的统一。卢卡奇在他的《美学》中勾画了一种历史哲学，在这种历史哲学中，个体与类的统

---

[1] Agnes Heller ed., *Lukács Revalued*, Oxford: Basil Blackwell Publisher, 1983, pp. 177–178.
[2] Agnes Heller ed., *Lukács Revalued*, Oxford: Basil Blackwell Publisher, 1983, p. 2.

一显现为历史的真理。"① 也就是说，在审美的维度中，卢卡奇通过对现代人普遍面临的物化和对象化的冲突问题的分析，探讨了扬弃物化、重建完整的文化的可能性。特别是，卢卡奇在这里通过人在日常生活层面即微观层面的生存方式的转变，探索消除拜物教和物化的途径。② 二是费赫尔在政治哲学层面关于卢卡奇重建古典主义理性精神的思想倾向的解读。费赫尔认为，卢卡奇在后期放弃了《历史与阶级意识》对无产阶级的阶级意识的依赖，回到了以伦理民主政治、理性主义观念和美德人类学为内涵的古典主义理想。这种思想转变的确放弃了"单纯的政治激进主义"，但是，古典主义伦理民主政治同样"意味着激进化"，具体说，"它要求一个与自由集体的伦理相称的世界，应该成为一个非独裁的、没有经历道德暴政（或者任何其他暴政）的多元的伦理民主世界，一个拥有不受统治的公共领域的世界"③。费赫尔还特别指出，卢卡奇晚期美学研究关于"类本质"的思想具有重要性，他指出："'审美'不仅仅是一种民主的，还是一种多元的领域。正如卢卡奇在20世纪30、40年代的文学评论中所描述的那样，《审美特性》为伦理民主的多元主义提供了普遍的哲学基础。"④ 赫勒在《卢卡奇的晚期哲学》中精炼地概括了卢卡奇审美思想中的批判精神和革命精神：

> 艺术是一种对象化，其功能是消除拜物教。在对艺术品的享受和理解中，所有个体都提升到"类特征"（das Gattungsmässige）的水平上；不断地作为意识的非拜物教化而产生的个体的统一得以实现。在艺术的净化中，所有个体都获得了人类的记忆，并且伴随着这种记忆，他们践行了这样的根本要求："你必须改变你的生活"。⑤

需要指出的是，在卢卡奇的后期思想中，不仅《审美特性》等著作关

---

① Agnes Heller ed., *Lukács Revalued*, Oxford: Basil Blackwell Publisher, 1983, p. 183.
② 实际上，赫勒本人的《日常生活》一书提出的"日常生活的人道化"的设想，就是对卢卡奇这一思路的拓展。
③ Agnes Heller ed., *Lukács Revalued*, Oxford: Basil Blackwell Publisher, 1983, p. 87.
④ Agnes Heller ed., *Lukács Revalued*, Oxford: Basil Blackwell Publisher, 1983, p. 106.
⑤ Agnes Heller ed., *Lukács Revalued*, Oxford: Basil Blackwell Publisher, 1983, p. 184.

于艺术和美学问题的思考,传承了早期开启的文化批判和文化守望,实际上即使其他一些不被布达佩斯学派成员所赞许的著作,也并非完全是偏离了他早期思想,以及《历史与阶级意识》的深层文化动机。关于这一点,卢卡奇的学生们也没有彻底否认。例如,赫勒等人认为,卢卡奇在《理性的毁灭》中把纳粹意识形态的兴起和德国知识分子抵抗能力的瘫痪直接归咎于他称之为非理性主义的传统德国哲学倾向,这是"站不住脚的"。但即使如此,我们可以看到,《理性的毁灭》对各种现代理论思潮批判的简单化和极端化的问题,并不仅仅是卢卡奇在苏联期间屈从于政治压力而违心做出的一种姿态,而是他处于自己心灵深处的文化守望而对二次世界大战和法西斯兴起所做出的一种激烈的反应。卢卡奇在本书的后记中引用福克纳获得诺贝尔文学奖时的一段话:"我们时代的悲剧是普遍的、支配整个世界的恐惧。我们在内心承受这恐惧已经如此长久,以致我们对它甚至已能忍受。不再有思想问题,只还有一个疑问:什么时候我被炸得粉身碎骨?"① 显然,卢卡奇用这段话是为了渲染当代社会的文化危机和罪恶的深重,说明拒斥和批判非理性主义思潮、超越文化危机的必要性。同样,卢卡奇的学生们虽然对他的最后一部著作《社会存在本体论》毫不留情地加以批评,指责卢卡奇思想的"退步",甚至断言这部著作是一个"失败",但是,他们并不否认卢卡奇在这里表现出的思想创新和文化追求。赫勒在评价《社会存在本体论》存在的问题时指出:"尽管如此,迄透过这些杂乱的印象迄今依旧能够闪烁微光的东西,证明这部著作并不完全是一个失败;它仍然是20世纪一个最杰出的知识分子的理论成果。在这一点上卢卡奇的写作成果与巴尔扎克的短篇小说《不为人知的杰作》(*Le Chef-d'ocuvre Inconnu*) 中的那幅想象的艺术品相似,在那幅已经损坏的但是色彩鲜艳的画布中间有一只塑造绝妙的脚,证明了画家原创的艺术天才,并且证明了艺术家潜在的天赋和他的思想的大胆探索。"②

这些细致的分析,既让我们看到卢卡奇前后期思想各种转变和变化中的深层的文化批判本质和思想连续性,也让我们进一步领悟到卢卡奇

---

① 卢卡奇:《理性的毁灭》,王玖兴、程志民、谢地坤译,南京:江苏教育出版社,2005年版,第560页。

② Agnes Heller ed., *Lukács Revalued*, Oxford: Basil Blackwell Publisher, 1983, p.190.

全部思想的丰富性和复杂性。特别重要的是，我们从中深切体会到，对于卢卡奇这种以人的解放为毕生追求的伟大思想家的理解，决不能停留于直接的理论层面，一定要深入其心灵深处的文化家园。

三、孤独灵魂中坚忍冷峻的精神

卢卡奇是20世纪当之无愧的伟大思想家，但是，他又是一个少有的悲剧人物。应当说，在20世纪的风云变幻和思想流变中，在各种政治力量和其他因素的挤压影响下，像卢卡奇这样一个处于各种观念争论和交锋之风口浪尖上的思想家，要想保持对心灵深处的文化家园执著不变的守望，不仅需要特别的理论鉴赏力，更需要强大的坚固的精神力量。然而，卢卡奇留给世人的外在性格特征并不是这种坚固的精神力量，而是多次的自我批评和自我否定。在《历史与阶级意识》在共产国际内部遭遇严厉的批判和谴责时，他没有像科尔施那样选择了坚定的"反批判"，并且与政治组织决裂，而是小心翼翼地通过"诚恳的"自我批评和自我否定，通过"妥协"来维持着自己同政治组织的关系。卢卡奇不仅对《历史与阶级意识》作了多次自我批判，而且在其他许多场合也经常"认错"和自我批判：他在20世纪20年代末为了《布鲁姆提纲》而作自我检查，承认自己属于"机会主义"；30年代在苏联为了同现实妥协而作自我批评；40年代末已经回到匈牙利的他，公开发表自我批评文章，承认自己对苏联现实主义革命文学关注不够，并且发表两篇关于苏联小说的评论；1962年在为《小说理论》再版所写的序言中，他承认自己早期思想尝试在许多方面是"失败的"；1967年到了生命的晚期，他在《历史与阶级意识》的再版序言中，再一次作了严厉的自我批评，等等。

的确，很多研究者对卢卡奇的各种自我批评、"认错"和"妥协"提出质疑，甚至提出人格上的批评，连他最亲近的学生也对他的一些做法表达失望。然而，我们能因此指责卢卡奇胆小、懦弱吗？显然不可以。我们发现，卢卡奇虽然表面性格和态度上时而激进时而保守，时而狂热时而冷静，时而固执时而妥协，并常常处于退却和示弱的姿态，但在内心深处他却意志如钢，保持着强大的、不屈的、冷峻的精神结构和精神力量。我们在某种意义上可以借用人们通常所说的"犹太人的智慧"来解读卢卡奇矛盾的性格结构。众所周知,卢卡奇在晚年的回忆谈话中,曾经讲过自己小时候与母亲的"斗智斗勇"。那时候,犯错的孩子要被关到小木屋里受罚和反省,如果主动向母亲认错,则可能得到提前宽大处理。小时候的卢卡奇,就采取了非常灵活的策略:如果在下午一点以后被罚,他不必认错,因为父亲通常一点半回家,而母亲一定会在父亲回家之前把他放出来;但是,如果是一早或者上午被罚,他则会在五分钟之内就认错,以免被罚几个小时。

因此,卢卡奇并没有把自己的各种"认错"和"妥协"视作自己人格存在问题,而是有其正当理由:有时他会把自己的自我批评解释为完善自己的理论的需要;有时也会向自己的学生和身边人坦诚自己的"妥协"仅仅是策略的,并没有涉及"实质"问题。赫勒也认为,我们应当对卢卡奇的这种做法给予理解,她在分析卢卡奇对《历史与阶级意识》所作的"公开认错"时分析了其中的复杂的、深层的原因,她指出:

> 这样,卢卡奇就面临着一个选择:他要么放弃所有伟大的哲学,要么可以带着伪装从事哲学研究。他选择了后者,因为在文学批评的面具之下,在哲学史的面具之下,隐藏着关于他对人的类和人的类得以表达的个性的承诺之表白。①

必须承认,赫勒在这里的分析是深刻的,她不仅指出卢卡奇对哲学的挚爱,而且强调卢卡奇对哲学的"爱"并非出于自我保全的目的,而首先是基于对人的"类"和"个性"的深切关怀,基于对他心灵深处的文化家园的"承诺"。因此,我们不能脱离开具体的历史语境来评价卢卡奇表面上的性格"软弱"和"多变",而应当走入他的心灵深处,去挖掘那种使他能够矢志不渝地守望文化家园的强大的精神力量。

卢卡奇从青年时代起,就已经在追逐着"幸福时代"完美家园的心灵深处,塑造了一种坚固的精神结构,这突出地表现在他所经历的第一次刻骨铭心的、令人心碎的悲剧爱情。卢卡奇在精神上冷峻得让人感到

---

① Agnes Heller ed., *Lukács Revalued*, Oxford: Basil Blackwell Publisher, 1983, p.178.

一丝恐惧一丝寒意，因为，在他那里，为了自己所献身的崇高的精神事业，他可以牺牲掉一切，包括比生命更让人痴迷的爱情。卢卡奇的学生赫勒以女性特有的敏感描述了导师的这场悲剧式的青春恋情。赫勒在《格奥尔格·卢卡奇和伊尔玛·塞德勒》一文中，向我们细腻地剖析了这对热恋的情人之间的爱情悲剧。对于这场恋情的事实描述是人们所周知的：青年卢卡奇对美丽画家伊尔玛·塞德勒（Irma Seidler）一见钟情，他们相知、相恋，却没有最终生活在一起。卢卡奇与伊尔玛一生都没有见过几次面，但彼此在形式中刻骨铭心地陈述着爱与思念。卢卡奇以自己有意识地选择的柏拉图式的方式向伊尔玛诉说着爱意，他称伊尔玛是他"灵魂的主宰"，强调伊尔玛就是"生活"，就是"生命"，但却在肉体上同她保持着距离，不能在生活上给予伊尔玛幸福。卢卡奇强调伟大的爱情总是禁欲的，他不想用世俗的方法去摧毁伟大的爱情，但是，他却摧毁了他所挚爱的伊尔玛。他认为富有创造性的个体只是为了超越生活而接触生活，为了哲学、为了创作，也就是为了形式，卢卡奇放弃了伊尔玛，他使伊尔玛独自哭泣着离开，使她在痛苦中毁灭，以自杀而告终。我们在这里不去具体评价卢卡奇的是与非，因为他与伊尔玛一样经历着无比的痛苦煎熬：用赫勒的话来说，他爱着伊尔玛，同时又害怕伊尔玛，但是，他"并不是因为他的**生活**，而是因为他的**创作**他才害怕"。赫勒借用卢卡奇写给伊尔玛的一封信向我们展示了青年卢卡奇那"可怕的"冷峻精神世界：

> 我想要完成的东西只有不被束缚的男人才能够完成。
> 我越来越强烈地感受到，真正重要的东西发生在孤独中。……我把经历孤独当成是一种伟大的"救赎的"（redeeming）愉悦——我并不认为自己被生命所放弃，而是对生活的一种新的发现，**我的生活，其中一切都是那么适当的那种生活**。①

正如各种"妥协"几乎伴随着卢卡奇的一生，这种对冷峻精神力量的坚忍固守也贯穿了他一生的众多关键时刻：海德堡时期（约1912—

---

① Agnes Heller ed., *Lukács Revalued*, Oxford: Basil Blackwell Publisher, 1983, p.43.

1914）卢卡奇爱上激情如火、几近疯狂的俄国女革命家叶列娜·格拉班科（Jelena Grabenko），并不顾家人的反对而与之结婚；1914年回到布达佩斯后在青年知识分子的"星期日聚会"（Sonntagskreis）上展现出独特的精神影响力与独断固执，并同曼海姆之间为了精神影响力而展现出"紧张关系"；以及匈牙利苏维埃革命期间的激进与狂热，等等。后来，即使在卢卡奇反复作着自我批评的时候，也没有使自己内心坚固的精神世界松动和垮塌。到了晚年，他更是以一种几乎与世隔绝的方式固守着自己内心的冷峻的精神结构。赫勒等人在回忆卢卡奇晚年关于《社会存在本体论》的写作经历时曾描述了他晚年的孤绝心态。1961年与他共同生活了40多年的妻子G.波尔施蒂波（Gertrud Borstieber）去世了，这使卢卡奇陷入了甚至比伊尔玛自杀所经受的打击更大的痛苦和生存危机。但是，卢卡奇以超人的毅力挺了过来：

> 经过了半年多的困扰后，卢卡奇作出了决定。卢卡奇回到了他的书桌旁，从此过上一种严格的、不动摇的苦行主义生活。和青年时一样，卢卡奇"生活"的每一丝踪迹都与世隔绝，他除了把工作作为自己的和环绕自己的唯一使命，不能容忍任何东西。①

即使卢卡奇在得知自己身患绝症、生命就将走向终点时，也没有使自己的精神垮下来。他的学生们描述说："在最后的七八个月里，他已经不能阅读那些由别人辨认、打印的文稿了，因为那时他已经不能工作了。根据1963年的无情判决，卢卡奇想在书桌上等待死亡的到来，但他得到的却是对其一生严格、艰苦的工作的讽刺：他被从空荡荡的书桌送到了医院，曾经奉献于无止境的事业的生命只剩一副骨架了。他在拒绝别人的帮助时常说：'我必须自己洗我的脏衣服。'——当有人想替他负担写作中的技术性工作时，他就会这么说，这句话可以看做他不屈不挠的天性的写照。"② 卢卡奇在生命的最后时刻，不仅仅是在努力坚持工作，而且是继续追求着精神上的突破和创新。赫勒强调，即使毛病百出

---

① Agnes Heller ed., *Lukács Revalued*, Oxford: Basil Blackwell Publisher, 1983, p.126.
② Agnes Heller ed., *Lukács Revalued*, Oxford: Basil Blackwell Publisher, 1983, p.127.

的《社会存在本体论》依旧展示出卢卡奇思想上的大胆探索；即使卢卡奇晚年有意地选择了与世隔离，他对理论问题的进展也没有失去自己的鉴赏力；哲学不是僵死的，精神总是在求索的途中。赫勒是这样描述卢卡奇生命的最后一刻：

> 写作著作的人对自己的作品不满意，但是不满意不是一种悲剧的感觉。既不是绝望也不是信念在引导着卢卡奇前行：绝对的绝对特征心照不宣地引起了质疑。卢卡奇最后几年常常说："我们生存在一个空想社会主义的时代，一切都应当重新开始。"重新开始不仅包含着焦虑和挫折，而且需要勇气，即批判精神的勇气。
>
> 但是，卢卡奇已经没有机会重新开始一个新的批判了。①

卢卡奇没有机会重新开始一个新的批判，开始一种新的精神求索了，但是，他心灵深处完美的文化家园和对家园的精神守望会永远植根于人的生存中和哲学的无尽求索中，那是人性总在寻找的一片"心中的森林"："那里湖面总是澄清//那里空气充满宁静//雪白明月照在大地//藏着你最深处的秘密。"②

当然，不可否认，对卢卡奇在心灵深处固守的这种文化家园，以及为了这种文化守望而永不放弃的孤绝的精神姿态，我们可以在学理上、在理论逻辑上加以评判和批评，指出其空想的成分和乌托邦的色彩，但是，我们切切不可轻视和亵渎这其中所包含的神圣和崇高。它如同布洛赫乌托邦精神中的"希望"和萨特"绝望之中的希望"一样，是朗照人类前行道路的星空。这是一种征途漫漫的"归途"，不断回望家园"难舍难分"的故土却又坚定地指向未来的远方："你的怀抱温暖我冻裂的期盼//期盼在天边那里命运会改变//千山万水走过只为这一片//自由的天地自由的家园//漂泊者的家到底在哪一边//回首故乡遥远//抬头前路依旧茫然//纵然只有倒下才是终点//我只有未来没有从前……"③

---

① Agnes Heller ed., *Lukács Revalued*, Oxford: Basil Blackwell Publisher, 1983, p. 190.
② 选自著名歌曲《挪威的森林》。
③ 选自电视连续剧《闯关东》主题曲《家园》。

图书在版编目（CIP）数据

新马克思主义评论/衣俊卿主编．
—北京：中央编译出版社，2012.8
（超越物化的狂欢）
ISBN 978-7-5117-1449-7

Ⅰ.①新…
Ⅱ.①衣…
Ⅲ.①卢卡奇，G.（1885～1971）—哲学思想—思想评论
Ⅳ.①B515
中国版本图书馆 CIP 数据核字（2012）第 168239 号

新马克思主义评论

策 划 人	薛晓源
责任编辑	郑　锦　　苗永姝
责任印制	尹　珺
出版发行	中央编译出版社
地　　址	北京市西城区车公庄大街乙5号鸿儒大厦B座　邮编：100044
电　　话	（010）52612345（总编室）　　（010）52612336（编辑室） （010）66161011（团购部）　　（010）52612332（网络销售） （010）66130345（发行部）　　（010）66509618（读者服务部）
网　　址	www.cctpbook.com
经　　销	全国新华书店
印　　刷	北京印刷一厂
开　　本	787×1092毫米　1/16
字　　数	460千字
印　　张	29.25
版　　次	2012年8月第1版第1次印刷
定　　价	59.00元

凡有印装质量问题，本社负责调换，电话：010－66509618